21世纪高等院校公共管理系列教材

U0816490

公共政策学

（第四版）

陶学荣 陶叡 主编

PUBLIC POLICY

东北财经大学出版社
Dongbei University of Finance & Economics Press
·大连·

图书在版编目（CIP）数据

公共政策学 / 陶学荣，陶叡主编．—4版．—大连：东北财经大学出版社，2016.3（2021.1重印）
（21世纪高等院校公共管理系列教材）
ISBN 978-7-5654-2266-9

Ⅰ．公… Ⅱ．①陶… ②陶… Ⅲ．政策科学-高等学校-教材 Ⅳ．D0

中国版本图书馆CIP数据核字（2016）第033209号

东北财经大学出版社出版
(大连市黑石礁尖山街217号 邮政编码 116025)
教学支持：（0411）84710309
营 销 部：（0411）84710711
总 编 室：（0411）84710523
网 址：http：//www.dufep.cn
读者信箱：dufep@dufe.edu.cn

大连永盛印业有限公司印刷 东北财经大学出版社发行

幅面尺寸：185mm×260mm 字数：443千字 印张：18.75 插页：1

2016年3月第4版 2021年1月第14次印刷

责任编辑：田玉海 责任校对：仲 果
封面设计：姜 宇 版式设计：钟福建

定价：36.00元

第四版前言

自2005年12月《公共政策学》出版问世以来，至今已逾十年！一个大国崛起，必须要有强大的智力和软实力支撑。政策科学则是强国之路的原科学之一。《公共政策学》以其编排实用性、体例适应性、案例社会性受到学界同仁的青睐和好评，被许多高校用作本科生和研究生的教学用书，反响良好，多次修订、重印。为适应新时代、新形势的发展要求，借鉴学界同仁最新的研究成果，总结近几年在教学与研究中反映出的问题，我们对该书再次加以修订和改版。

公共政策学之所以在较短的时间内迅速兴起和发展，既与现代政府和社会的经济治理特征息息相关，也与公共政策自身的学科特征相联系。现代政府所面临的问题已不再是个别的、单一的、简单的和基本稳定或一再重复出现的社会问题，而是大量相互关联、相互制约的各种纷繁的社会矛盾和问题，具有复杂性、尖锐性、普遍性、专业性、变化性和发展性的特点。与此同时，公众所关心的问题和感兴趣的焦点，也不再是抽象的理念和原则问题，而是那些与自身利益密切相关的特殊的公共政策问题。比如恐怖袭击、犯罪与社会安全、公平与经济发展、种族与社会和谐、战争与外交方针、污染与环境保护，以及住房、医疗卫生、社会保障、公共交通等一系列实际问题。这就必须由权威机构和智库力量建立一种能够兼容各相关学科优势，且能解决各种现实公共政策问题的全新科学，这就是公共政策学。公共政策学缘于政策科学，是一门综合性和应用性很强的、处于迅速发展中的新科学。

本次修订由陶学荣教授和陶叡副教授主持完成。本书的再次修订，得到了东北财经大学出版社的大力支持，特别感谢田玉海副编审细心审慎、鼎力相助，是他从体例到栏目的创新建议使本书熠熠生辉、历久弥新。

陶学荣　陶叡

2016年元月

第一版前言

公共政策学缘于政策科学，是一门综合性和应用性很强的迅速发展中的新学科。它发端于第二次世界大战后几个主要的工业发达国家（如美国）。20世纪40年代末50年代初，一些西方政治学者将微观经济学对效率问题的分析研究方法运用于社会科学的政治领域，从而建立起政策分析的基本框架，到1950年，拉纳与拉斯韦尔主编的《政策科学、范围与方法的新近发展》问世，经过半个多世纪的研究发展，政策科学已经成为战后社会科学领域里发展最迅速、应用领域最广泛、社会效用最明显的学科之一。它的出现被誉为当代社会科学和管理科学尤其是公共管理学、政治学发展的一次重大突破。

20世纪70年代以后，西方的政策科学开始传入我国。90年代末，政策科学以其对我国政府和社会经济发展的积极影响，以及对那些与公共利益、公共产品、公共服务相关的社会问题的独特视角形成的科学化、民主化的公共决策，成为我国政界、学界极为关注的学术领域。随着北京大学等学校公共政策系的设立，公共管理硕士（MPA）专业学位设置的试行，作为核心课程之一的公共政策学，其研究与教学体系逐步规范化、制度化、科学化。

本书为公共管理专业的本科生、研究生的“公共政策”（或“政策科学”）课程提供了一个基本的理论学习框架。全书由11章组成，包括：导论、公共政策基本概念、公共政策的价值、公共政策的环境、公共政策的体制、公共政策的制定、公共政策的工具、公共政策的执行、公共政策的评估、公共政策的终结、公共政策的分析。

本书由陶学荣教授主持编写，南昌大学MPA教育中心和行政管理系的部分教师、研究生参与了本书的研讨和撰写初稿的工作。具体编写分工如下：导论：陶学荣、吴光芸、常青；第1章：刘圣中；第2章：朱旺力、肖小明；第3章：李剑；第4章：林琼、占文军、黄婧；第5章：王萱、贾清萍；第6章：郑利华、李春茂、黄毅锋；第7章：吴光芸；第8章：李荣华；第9章：王锋、邹万平、李剑；第10章：唐兵。

本书的出版得到了东北财经大学出版社的大力支持，特别感谢责任编辑田玉海先生的鼎力相助，是他的热情和信赖，使此书得以付梓。

本书在编写过程中，借鉴、吸收了国内外许多有价值的文献，在此表示衷心感谢。

政策科学是一门发展中的新学科，由于编者才疏学浅，纰漏之处，敬请学界先进不吝指教。

编　者

2005年9月9日

目　　录

导　　论

学习目标

通过本章的学习，你应该能够：

1. 了解西方公共政策学的3个发展阶段。
2. 了解我国公共政策学产生的历史背景。
3. 掌握公共政策分析理论模型的内涵和主要几种模型的特征。
4. 运用各种政策分析模型和研究分析方法解析现实社会中的政策现象。

引导案例

“8·12”天津滨海新区爆炸事故背后的“安评”隐患

一、事故经过

2015年8月12日晚11时许，天津滨海新区第五大街与跃进路交叉口的一处集装箱码头发生爆炸。第一次爆炸发生在2015年8月12日23时34分6秒，近震震级ML约2.3级，相当于3吨TNT，第二次爆炸发生在30秒钟后，近震震级ML约2.9级，相当于21吨TNT。现场火光冲天，多位市民反映，事发时10公里范围内均有震感，抬头可见蘑菇云。爆炸发生后天津塘沽、滨海等，以及河北河间、肃宁、晋州、藁城等地均有震感，造成轻轨东海路站建筑及周边居民楼受损。截至2015年9月13日，事故中抢险救援牺牲110人，另有55人遇难，尚有8人失联。

事故发生后，党中央、国务院高度重视，中共中央总书记、国家主席、中央军委主席习近平立即做出重要指示，要求天津市组织强有力力量，全力救治伤员，搜救失踪人员，尽快控制和消除火情，查明事故原因，严肃查处事故责任人，做好遇难人员亲属和伤者安抚工作，维护好社会治安，稳定社会情绪，注意科学施救，切实保护救援人员安全，国务院速派工作组前往指导救灾和事故处理，各地要汲取此次事故的沉痛教训，坚持人民利益至上，认真进行安全隐患排查，全面加强危险品管理，切实搞好安全生产，确保人民生命财产安全。

二、“走形式”的安全评价

此次重大爆炸事故的起因是天津东疆保税港区瑞海国际物流有限公司所属危险品仓库发生爆炸。天津东疆保税港区瑞海国际物流有限公司成立于2011年，是天津海事局指定危险货物监装场站和天津交委港口危险货物作业许可单位。曾多次进行危化品事故演练，2014年8月，公安部门对该企业进行了多方面检查。其仓储业务中主要的商品分类，基本上都属于危险及有毒气体。该企业安全工作的方针是“更科学、更严谨、更规范，对生命负责”，同时，格外强调“安全”，并称：“金钱再好，没有生命美好，时间再紧，没有安全要紧。”“安全不是万能的，没有安全却是万万不能的。”为瑞海公司提供安评服务的机构，是一家名为天津中滨海盛卫生安全评价监测有限公司。2012年，该公司信息网上公开的情况曾受到国家安全监管总局办公厅的通报表扬。

类似于PX等重大化工企业的安全事故，安评甚至要比环评更加重要，但无论是行业内还是法律管理上，安评的关注度都还赶不上环评，并且“走形式是安评领域普遍存在的问题”。按照规定，每3年需做1次安全评价，但很多时候企业和政府都因为中间没有出过事故，就忽略了更新安全评价这一环节，往往直接延期3年。

8月14日，国务院安委会发出紧急通知，决定立即在全国范围内深入开展危险化学品和易燃易爆物品专项整治，进行安全评价。根据国家安全生产监督管理总局于2007年1月发布的《安全评价通则》，安全评价内容要包括前期准备、辨识与分析危险、有害因素、划分评价单元、定性定量评价、对策措施建议和安全评价结论。其中，最关键的就是风险辨识，有何危险源，会有何影响，怎么进行应对。

【案例思考】

1.天津滨海新区爆炸事故中反映出哪些安全评价问题？

2.环境评价、安全评价为什么重要？

3.公共政策应如何发挥应有作用？

公共政策学是一门发展中的学科，是指权威的国家机构及公共团体为了实现特定的公共目的，对社会价值进行合理配置的决定与实施过程。它发端于第二次世界大战（以下简称“二战”）后几个主要的工业国家，其后迅速扩展到许多国家和地区。经过半个多世纪的发展，公共政策学已经成为二战后社会科学领域发展最迅速、影响面最大、应用领域最广、实证性最强、社会效用最明显的学科之一。

公共政策学之所以在较短的时间内迅速兴起和发展，既与现代社会的管理特征相联系，也与公共政策自身的学科特征相联系。现代政府所面临的问题已不再是个别的、单一的、简单的和基本稳定或一再重复出现的社会问题，而是大量相互关联、相互制约的各种社会矛盾和问题，具有复杂性、尖锐性、普遍性、专业性、变化性和发展性的特点。与此同时，公众所关心的问题和感兴趣的焦点，也不再是抽象的理念或原则问题，而是那些与自身利益密切相关的特殊的公共政策问题，比如犯罪与社会安全、公平与经济发展、种族与社会和谐、战争与外交方针、污染与环境保护以及住房、卫生、社会保障、公共交通等一系列实际问题。由于这些问题直接关系到人们自身境况的改善，因而人们对这类问题的关注与日俱增，并因此产生了对政府制定公共政策的能力、程序、方式以及公共政策的质量的疑问和不满。这就使一批具有一定的学术素养，同时具备相当实际经验的学者、科学家和政府官员深切体会到，应当建立一门能够兼容各相关学科的优势，且能够解决各种现实公共政策问题的全新的学科。这一学科就是我们现在所学的公共政策学。

§0.1 西方公共政策学概论

公共政策学的研究对象从产生到发展经历了一个漫长的演化变迁过程。正是在这一过程中，公共政策学的研究对象与内容才逐渐变得清晰起来，公共政策学作为一个独立的、交叉的、新型的学科门类才逐渐建立起来。

严格说来，西方现代政策科学（modern policy science）是20世纪50年代以后才发展起来的一门社会科学学科。但是，政策科学作为社会科学中的一个研究领域在西方却早已存在。

在19世纪80年代以前，西方的政策研究还只是附属于经济科学。19世纪80年代以后，这种情况发生了很大的变化，引起变化的一个重要原因是西方的一些国家开始重视对公共行政的研究，政策研究也随之进入了公共行政的领域。美国是最早建立公共行政科学的国家，因此政策问题比较早地在美国公共行政科学中得到发展。1887年，伍德罗·威尔逊（Woddrow Wilson）在《政治学季刊》第二期上发表了题为《公共行政之研究》的论文，这是美国公共行政科学正式建立的标志。正是在这篇论文中，威尔逊从公共政策的角度将政治与行政区分为两个领域。他认为政治制度只负责制定或决定公共政策，而公共行政则负责执行公共政策。威尔逊特别指出，政治学应当关心公共政策的发展，应当细心地分析法律、法令的产生与变迁。对美国公共行政科学发展做出了重大贡献的古德诺（Frank J.Goodnow）也十分重视公共政策问题，他也像威尔逊一样，主张政治与行政分开，政治家依据一定的价值标准制定政策，而公共行政却可以以价值中立的态度去执行公共政策。实际上，古德诺把公共政策的制定看成是非理性过程，而公共政策的执行则是理性过程。古德诺和威尔逊的共同点在于，他们都否认政治是一门科学，都相信执行公共政策的公共行政可以完全根据科学和理性来有效地运行。

诚然，人类在20世纪40年代以前所作的政策研究还仅是初步的，政策研究还远远没有上升到学科的地位。对于政策的本质、内容及研究方法也未能进行深入、详细的说明。但是，这种初步的研究却为现代政策科学的兴起与发展奠定了基础。

0.1.1 起步阶段（20世纪50年代—60年代）

作为一门社会科学学科的现代政策研究是在二战以后逐步出现的，它的建立是与拉斯韦尔（Harold D. Lasswell）的名字分不开的。早在1943年，拉斯韦尔就在他的一份备忘录中提到“政策科学”这一概念。1950年，他与卡普兰合著了《权力和社会：政治研究的框架》一书，书中正式使用了“政策科学”这一术语。1950年，劳纳与拉斯韦尔主编了《政策科学：范围与方法的新近发展》（以下简称《政策科学》），在这一著作中，拉斯韦尔第一次对政策科学的学科性质、研究内容、发展方向作了详尽的论述。在西方学术界，人们普遍认为，《政策科学》的问世是政策科学诞生的标志。从20世纪50年代开始，在西方，特别是在美国，出现了一场来势凶猛的“政策科学运动”（Policy Science Movement）。

在《政策科学》这一著作中，尤其是其中的《政策方向》一文中，拉斯韦尔的有关论述奠定了政策科学发展的基础。他认为：政策科学或社会科学中的政策方向可以超越社会科学的零碎的专门化，确立起一种全新的、统一的社会科学；局部的问题并不是政策科学所关心的，政策科学将致力于一般选择理论的研究；政策科学是某种不同于应用社会科学的东西，因为它主要关心“社会中人的基本问题”；关心“解释政策制定和政策执行过程，关心搜集数据并提供对特定时期政策问题的解释”。政策科学采取一种全球观点，强调政策的历史脉络尤其应面向未来，重视对变化、创新和革命的研究。虽然拉斯韦尔在20世纪50年代初就指明了社会科学中的政策研究方向，但在此后的十几年里，除了在政策分析的定量方法及技术方面，特别是运筹学、系统分析、线性规划和成本-效益分析等方法及技术上取得成就之外，政策科学的学科建设并没有取得重大突破。60年代中期以后，情况发生了改变，政策科学取得了迅速的发展。著名的哲学家托马斯·库恩（Thomas S. Kuhn）的《科学革命的结构》（1962）在当时起到了方法论的解放作用，给政策科学的发展注入了活力。但为政策科学的突破做出贡献的是一批政策科学家及政策分析者（更准确地说是一批政治学家、经济学家、社会学家和系统分析家），其中最突出的是叶海卡·德洛尔（Yehezkel D.or）。他在1968—1971年短短的几年里，出版了政策科学“三部曲”——《公共政策制定检讨》（1968）、《政策科学构想》（1971）、《政策科学进展》（1971），并发表了一系列政策科学论文。这些著作构成了政策科学发展的第二个里程碑。德洛尔继承和发展了拉斯韦尔的政策科学思想，对政策科学的一系列基本理论问题作了进一步具体详尽（有时近乎繁琐）的论证，从而形成了拉斯韦尔-德洛尔的政策科学传统。在这些论著中，德洛尔分析当代社会科学尤其是管理科学和行为科学的局限性以及政策科学产生的必然性和必要性，讨论了政策科学的对象、性质、范围及方法论问题。60年代末，当政策科学作为一个独立研究领域刚趋向成熟时，一些著名高等学府的学者就迫不及待地把研究生教育的眼光紧紧地盯住了这个充满希望和诱惑的新领域。从1967年到1971年短短的几年里，出现了第一批公共政策或公共事务学院或研究所（如密歇根大学公共政策研究所、哈佛大学肯尼迪政府学院、加州大学伯克利分校公共政策学院、兰德公司研究生院、杜克大学政策科学研究所等），开始了这方面的硕士和博士教育。这些著名学府不约而同地兴办政策科学专业的研究生教育项目，充分说明了这一领域的重要性和生命力，说明它在培养政府决策、管理和政策分析人才方面的优越性，有力地推动了政策科学的进一步发展。

0.1.2　发展阶段（20世纪70年代—80年代）

在整个20世纪70年代—80年代，政策科学研究获得了新的进展，在政策系统与政策过程的研究上取得了显著的成就，特别是在政策评估、政策执行和政策终结方面形成了各种理论。首先，政策评估成为一个重要的研究领域。60年代，美国联邦政府推行了许多重大的改革和发展政策，70年代对其中的一部分进行了评估，这在客观上促进了政策评估研究的发展。其次，政策执行也成为政策科学研究的一个重要课题。针对60年代美国社会改革政策的失败，政策执行的研究得到了加强。哈佛大学肯尼迪政府学院首先发表了《公共政策执行问题的报告》，指出对政策执行过程的政治与官僚方面的研究往往为人们所忽视；有些学者（如哈格罗夫）则指出，在政策形成与政策成功之间存在着一个忽略或错失了的环节——政策执行，只有加以补充，才能使政策生效；加州大学伯克利分校公共政策学院的普雷斯曼和韦尔达夫斯基等人则对奥克兰计划案例进行了详细的跟踪研究，写成了经典的《执行》一书。他们力图解决失误的政策能否终止、如何终止以及采取何种终止策略的问题，由此形成相关的政策终结及周期理论。最后，70年代崭露头角的公共选择（public choice）理论也可以视为政策科学在这一时期取得的一个成就，因为这种理论实质上是用经济学的视角来研究非市场决策即公共决策问题。

进入80年代中后期，政策科学研究出现了一些新趋势：一是加强了政策价值观或公共政策与伦理关系问题的研究，政策科学的研究者从政治哲学、案例分析、职业道德等角度或方面去研究政策价值观问题。二是政策科学与公共行政学日益相互融合，并出现了用公共事务（public affairs）来统指这两个领域的新趋向，美国政策科学或政策分析最权威的组织——政策分析与管理学会的成立，目的就是要沟通政策分析研究和管理研究，促进组织管理与公共政策的融合。三是政策研究的视野进一步拓宽，一些学者认为过去的政策科学片面强调经济理性和技术理性，无法解释丰富多彩的政策现象，因此，这些学者主张用社会、政治和法律的理性取代经济和技术的理性。现在，政策科学在美国已经体制化了，包括学术团体、资金来源、出版发行渠道、教育培训和职业化等方面都已相当完备。在学术团体方面，出现了一批学会（如“政策研究组织”“评估研究会”“公共政策分析与管理学会”）和大量的思想库（如布鲁金学会、斯坦福研究所、企业研究所和传统基金会）。在出版发行渠道方面，出现了一批政策科学或政策分析的期刊（如《政策科学》《政策分析》《政策研究杂志》《公共政策》《政策分析与管理杂志》）以及一批周边期刊（如

《美国公共行政评论》《美国政治科学评论》）；出版了大量的论著或教科书。在教育培训方面，继第一批公共政策研究学院出现之后，许多大学纷纷效仿，设立相同或相似的学院或研究所。现在美国主要的研究性大学都设有公共政策研究生院、研究所或中心，一般的大学都开设了这方面的课程。在职业化方面，“政策分析师”已成为一种正式的职业，联邦、州和地方政府都设立了政策分析职位，再加上大学及思想库的教研职位，政策科学的职业化已达到相当的规模。总之，经过50年左右的发展，政策科学已成为美国及西方社会科学中一个独立而又有相当影响的领域。

0.1.3 最新发展

20世纪90年代，西方公共政策的研究表现出两种趋势：一种是对原有研究主题的深化；另一种是对新研究方向的拓展。

对原有主题的深化研究主要体现在两个问题上：一个问题是公共政策的伦理与价值，在90年代，学者们感兴趣的是究竟从哪些途径去探索公共政策的伦理价值。罗尔斯在《正义论》、布坎南在《伦理与公共政策》、高斯罗伯在《公共管理部门、系统与伦理》中分别提出了有关社会哲学、社会道德和专业伦理的研究方法。另一个问题是公共政策与公共管理的关系。公共政策与公共管理的关系问题是一个老课题，90年代，学者们不再去讨论两者的区别，而是探索两者的结合。梅尔斯诺和贝拉威在《政策组织》一书中提出了政策管理、政策沟通、政策组织、政策行动四者的相互影响理论；林恩则在《管理公共政策》一书中提出组织行为、政治理论与公共政策的融合思想。

对新研究方向的拓展也主要体现在两个方面上：一是开辟了新的研究领域，增强公共政策的应用性，公共政策学家开始将研究的兴趣转向一系列新的社会问题，如电脑犯罪、信息政策、试管婴儿、温室效应等。二是加强理性，由传统的政策决策研究转向政策调查研究。

0.1.4 总 结

总之，经过半个世纪的发展，政策科学已成为美国及西方社会科学中一个独立而又有相当影响的领域。政策科学的产生是当代社会、经济和科技以及社会科学发展的必然产物，随着技术革命、价值革命和管理革命的迅猛发展，西方各国的政府、公共机构和企业所要解决的社会生活中的公共问题也发生了变化：一是各种社会公共领域的问题具有相互依存性，这种相互依存性不仅表现在一国内部政治、经济关系的连锁反应上，而且还表现在国家与国家之间的关联上；二是公共领域中出现的问题日益错综复杂，矛盾与冲突不仅频繁而且交错在一起；三是公共领域中的问题具有不稳定性，一些问题的解决又会引起另一些问题的出现，新的问题会出人意料地涌现，各种新问题层出不穷。

顺应上述变化，20世纪西方的公共政策无论是在理论方面还是在实践方面都出现了许多新的特点。首先，公共政策的数目增加，多数国家的政府放弃自由放任的理论，转而采取积极干预的立场，因而制定和实行了更多的经济、社会政策。其次，公共政策的范围扩大，政府要干预的不是社会生活的某个方面、某些部门、某些集团，公共政策几乎涉及到所有的部门、层次、领域和集团，政策内容覆盖到经济、政治、社会、文化、国防、外交、军事、技术、交通、卫生、教育等各个方面。再次，公共政策的目标增多，以往公共政策的目标可能是单元性的，但是社会生活的相互关联日益紧密，一种政策的实施，其产生的效果是多重的，有时甚至是意料之外的，因此，政策的目标越来越复杂化、多重化。最后，公共政策的不确定性增强，政策制定和执行的环境日趋复杂、多变，因而制定政策时所要考虑的变量增多，不确定性因素也增多。

§0.2 公共政策分析的基本理论模型

公共政策分析是一门综合地运用各种知识和方法来研究政策系统和政策过程，探求公共政策的实质、原因和结果的学科，它的目的是提供政策相关知识，改善公共决策系统，提高公共政策质量。公共政策分析具有综合性、跨学科性的特点，是在吸收其他学科尤其是政治学、经济学、社会学、管理学、心理学、哲学、统计学、运筹学、系统分析等学科的知识和方法的基础上形成和发展起来的，加之目标政策本身的复杂性和公共政策分析专家的偏好各不相同，这就决定了政策分析理论模型的多样化。那么，究竟什么是政策分析的理论模型？公共政策分析的基本理论模型有哪些？本节将对此予以阐述。

0.2.1 公共政策分析的理论模型概述

1. 公共政策分析理论模型的含义及特点

当我们讨论公共政策分析的理论模型时，其实是在探究政策分析专家进行政策分析的方式方法。通过理论模型，公共政策的制定和执行中的各种因素可以得到比较清晰的界定，使抽象复杂的现实政策得到概括和量化，这无疑有助于我们更好地理解公共政策。

基于以上的理解，我们可以对公共政策分析理论模型尝试作如下解释，即：**公共政策分析理论模型是公共政策分析者为了研究某类或某个特定领域的公共政策，依据相似性原则而创造或选择一种理论分析系统来代替现实的研究对象，并对认识对象作出抽象描述的一种理论分析方法。**毫无疑问，每一位政策分析专家都会经常使用一种或几种适合自己的政策分析模型。对于任何政策分析专家来说，放之四海而皆准的政策分析模型是不存在的。但是，我们通过研究发现，在这些纷繁复杂的各种模型背后总有这样那样的相似之处。通过对这些相似之处的研究、总结和归纳，我们可以找到一些规律性的东西，而且我们发现总有一些模型被更频繁、更有效地使用，这些就是我们所谓的公共政策分析的基本模型。我们试图通过对这些模型的研究，为政策分析者、政策制定者和政策分析爱好者提供一定的帮助。

虽然公共政策分析的理论模型多种多样，但并不等于它们是主观臆造出来的，事实上它们有着现实的根据和自身的特点。把握这些特点，对于构建、理解和使用这些模型具有重要意义。公共政策分析理论模型的特点可以概括为以下几个方面。

首先，公共政策分析的理论模型具有抽象性和概括性的特点。政策分析的理论模型是对现实政策系统的抽象，一方面，模型不能把现实政策系统的所有特性和变量包括其中；另一方面，模型又要尽可能地把握研究对象的主要特性和关键变量。政策分析的理论模型还具有概括性，它是基于研究对象的重要作用机理和结构构建，要突出研究对象的本质因素，忽略次要因素。所以说，公共政策分析的理论模型并非对现实政策的简单的、机械的描述，而是对研究对象的高度抽象和概括。

其次，公共政策分析的理论模型具有相似性和真实性的特点。公共政策分析的理论模型是对具体公共政策的抽象和概括，也就是说，它们是源于客观实践的。如果一种公共政策分析理论模型与研究对象的实际运作过程和机理相差甚远，那么这种模型就失去了它的价值。

此外，公共政策分析的理论模型还有差异性和关联性等特点。公共政策分析理论模型的差异性是指各种模型之间彼此不同、各具特征，例如，“过程模型”侧重对政策过程的研究，包括政策议程、政策形成、政策执行、政策评估、政策调试和政策终结，而“制度模型”则侧重于对与政策有关的制度的研究，包括政治制度、行政制度和领导体制等。公共政策分析的理论模型的关联性是指，各种理论模型虽然各具特点，但它们之间的联系是客观存在的。毕竟各种模型的构建都是基于政策这一对象的研究，所以它们之间必定会有这样那样的联系和关联。公共政策分析的理论模型的关联性为我们提供了这样一种可能，即在分析某一类或某一领域的公共政策时我们可以综合运用几种适宜的理论模型。

2.公共政策分析理论模型的类型

公共政策分析的理论模型是公共政策分析专家根据自己所研究的目标政策的特点及自身知识体系构建起来的。一方面，这些理论模型必须反映目标政策的变量，如时间、地点、政策主体、政策客体和公众等；另一方面，这些理论模型还体现使用者的思维轨迹，如使用者的知识体系、偏好、使用者所处阶层等。这些因素决定了公共政策分析理论模型的多样性。在公共政策分析的学术界，对公共政策分析理论模型有以下几种划分方式：①按使用方法，可以分为描述模型、规范模型、语句模型、符号模型和程序模型。②按变量的确定性，可以分为确定模型、概率模型。③按分析对象，可以分为过程模型、状态变量模型、时间模型等。④按公共政策决策方法，可以分为理性最佳决策模型、非理性主义决策模型、有限理性决策模型和综合决策模型、政策协调决策模型、渐进决策模型、个人判断与集体决策模型以及其他决策模型。

此外，国内学术界有些学者按学科取向把公共政策分析理论模型划分为：揭示认识论本质的理论模型和揭示社会本质的理论模型。揭示认识论本质的政策分析理论模型主要是在管理学的二级学科决策科学中构建起来的，注重于反映和解释政策过程的认识论本质，这类模型包括理性主义模型、渐进主义模型、规范最佳模型与混合扫描模型、政治系统模型等。揭示社会本质的政策过程模型和政治科学有着密切联系，注重于反映和解释政策过程的社会本质，这类模型包括机构制度模型、集团模型、精英模型等，侧重从公共政策与各种社会因素的联系去构建政策分析理论模型。

以上这些对公共政策分析理论模型的划分，虽然标准不同，但总有相似和重合之处。所以，透过这些划分标准和理论模型的表面，把握各种模型的本质就显得尤为重要。也就是说，我们在进行公共政策分析时，挑选理论模型要尽可能地放宽视野，但更重要的是要挑选出适合自己的模型。

0.2.2 公共政策分析的基本理论模型

随着政策科学的发展，出现了许多公共政策分析理论模型：托马斯·R.戴伊（Thomas R.Dye）在其1972年所著的《理解公共政策》中概括出了公共政策分析的8种理论模型，即制度分析模型、过程分析模型、理性分析模型、渐进分析模型、团体分析模型、精英分析模型、公共选择分析模型和博弈分析模型；而在《公共决策》一书中，作者詹姆斯·E.安德森（James E.Anderson）把政策分析的理论模型界定为5种，即政治系统分析模型、团体分析模型、杰出人物（精英）分析模型、功能过程分析模型和制度化分析模型；另外，詹姆斯·P.李斯特（James P.Lester）和小约瑟夫·斯图尔特（Joseph Stewart，Jr.）在他们合著的《公共政策导论》中总结了公共政策分析的九大理论模型，即过程理论模型、客观理论模型、逻辑实证理论模型、经济理论模型、现象（后实证）理论模型、分享理论模型、规范性描述理论模型、意识形态理论模型和历史理论模型。下面，我们将根据戴伊、李斯特和斯图尔特等人的论述，着重介绍以下6种公共政策分析的基本理论模型。

1.过程模型

过程模型将公共政策看作一种政治行为或政治行动，结合公共政策与政治的关系对公共政策行为进行阶段性和程序化研究。根据过程模型，我们可以了解政策过程的每一步骤，对政策过程加以分析，从而发现公共政策是如何形成以及政策是如何实施、评估和调试等。过程模型受行为主义的影响颇深，特别是政治行为科学是过程模型的重要理论基础之一。目前，政治过程和政治行为是政治科学研究的重点。自二战以来，现代行为主义政治学研究对象涉及到选举者、利益集团、立法者、国家元首、官僚机构、司法者和其他一些政治行为者，试图找到一种规律性的行为模式（行为过程）。那些对政策感兴趣的政治学家，根据各种政治行为与公共政策的关系，勾勒出了公共政策的一般过程。例如，托马斯·R.戴伊在其1972年所著的《理解公共政策》中把政策过程模型概括为问题界定、议程设定、政策形成、政策合法化、政策实施和政策评估6个部分；又如，在《公共政策导论》一书中，作者詹姆斯·P.李斯特和小约瑟夫·斯图尔特把政策过程归纳为议程设定、政策制定、政策实施、政策评估、政策调试和政策终结，如图0-1所示。

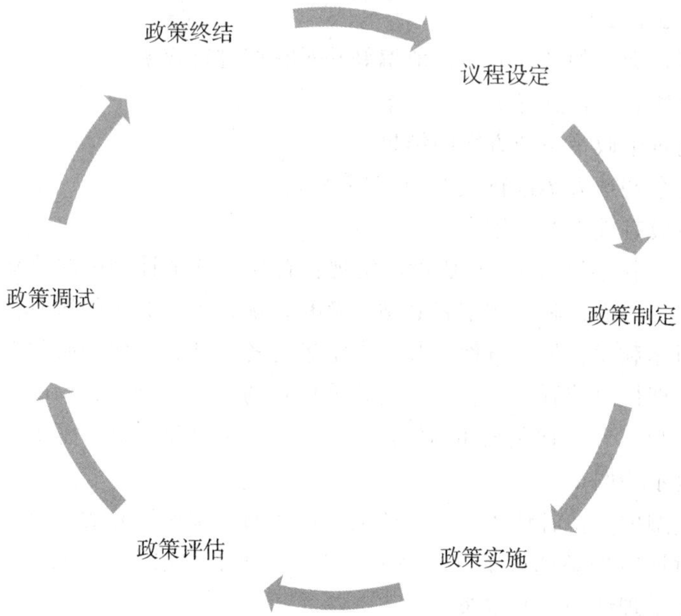

图0-1　政策过程

政策议程，是指在特定时期政府关注并准备解决的一系列公共问题。议程设定，是指确定哪些公共问题能够纳入政府的政策议程。政策制定，是指政府为了解决那些纳入政策议程的问题而制定政策的过程。政策实施是政策过程的第3个阶段，在这个阶段，公共政策得以推行、具体化，政府制定的法规政策开始实施。政策过程的第4个阶段是政策评估，这一阶段关注公共政策实施后的结果，也就是研究政策实施后会发生什么、公共问题是否解决、如果没解决原因何在等问题。政策调试是政策过程理论中较新的概念，是指根据政策评估的结果对原来的公共政策巩固或调整的阶段。政策终结是政策过程的第6个阶段，是指结束过时的、不合适的公共政策，因为，并非每一项公共政策都是永远有效的，对于那些无效、甚至起反作用的公共政策必须及时废止。

毫无疑问，现实中的政策过程要比我们探讨的政策过程的理论模型复杂得多。但是，通过对现实公共政策抽象概括构建起来的过程模型，可以帮助我们更好地认识和理解现实政策。然而，过程模型的构建是基于这样一种假设，即政策制定过程的变化必定引起政策内容的变化。事实上，政策过程并非如模型那样清晰、可以量化。政治、经济、文化、技术等因素对政策内容的影响很大，以至于有时政策过程对政策内容的影响就显得不那么重要。所以，我们在研究和使用过程模型时，要考虑影响公共政策的各种因素。

2.理性模型

追求公共利益最大化是理性公共政策的重要特征，也就是说，政府应当以最少的投入获得最大的公共利益产出。对于理性公共政策追求的公共利益最大化，我们可以从两个层面加以理解：首先，政策产出要大于政策成本；其次，政策选择的结果应当是那些能带来社会收益的政策。当然，我们这里所指的“产出”和“收益”不仅指物质上的产出和收益，而应有更深的内涵，例如，人民素质的提高、社会风尚的改善等都可以看作政策收益。

寻求最佳的公共政策方案是理性模型的基本目标。理性模型要求政策制定者能够依据完整、综合、全面的信息和数据制定出合乎理性的公共政策。一般情况下，理性模型的政策制定包括以下5个步骤：

第一，了解社会中的各种公众价值偏好并对它们进行权衡；

第二，了解所有可供选择的政策方案；

第三，预测每个政策备选方案的结果；

第四，对每个备选方案进行成本-收益分析；

第五，选择最有效率的政策方案。

当然，以上步骤必须基于3种假设的实现：首先，整个社会中的公众价值偏好是可以理解和权衡的。一方面，政策制定者必须了解和权衡整个社会中的所有公众价值偏好，而不仅仅是某些团体利益；另一方面，政策制定者对各种社会价值都必须有比较全面的理解和把握。其次，理性政策制定需要有相关政策信息的支持，例如，精确量化备选政策方案实施后的可能结果、科学评估成本-收益等。最后，理性政策制定需要一个科学的决策系统，戴伊将其表示为图0-2。

理性决策模型的支持者认为，公共政策制定者通过掌握所有的社会价值偏好并对它们进行权衡、了解所有的备选方案以及每个备选方案可能的结果、预测每个方案的成本-收益，可以制定合乎理性的公共政策。

实际上，政策决策过程并非像图0-2那样简单而清晰，理性决策也并非轻易可以实现。因为现实中有很多障碍性因素：第一，并不存在完全一致的社会价值偏好，相反，各

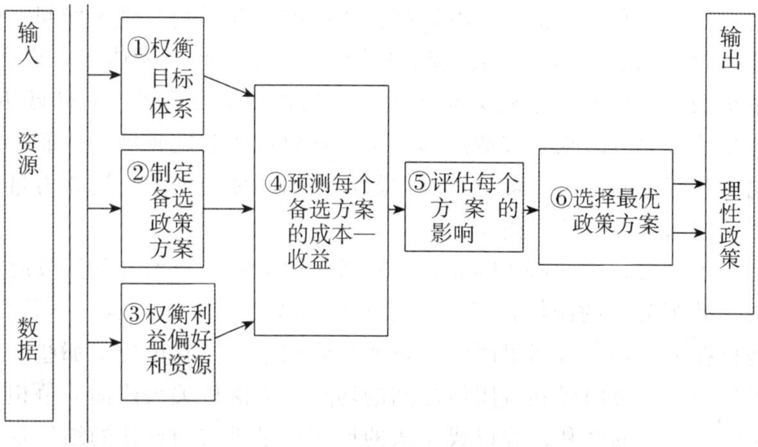

图0-2 理性政策决策系统

种价值偏好往往是互相冲突的；第二，很多情况下某项政策的成本-收益是无法衡量的；第三，政策制定者并非完全从社会利益出发制定政策，而往往是为了自身利益的最大化——追逐权力、地位和金钱等；第四，政策制定者并非都为实现社会利益最大化而制定政策，他们有时仅仅是程序化地选择一个政策方案，而不是寻求最佳的政策方案；第五，就某个公共问题而言，对现有政策的追加投入直接影响到重新选择新政策的成本，也就是说，对现有政策追加投入越多，选择新政策的成本越大；第六，预测每个备选政策方案的结果需要大量的信息，搜集这些信息十分困难；第七，目前，没有任何一个学科能帮助政策制定者理解某项政策输出后产生的所有后果；第八，即使是最专业的政策制定者也无法准确计算每个备选方案的成本-收益，因为影响公共政策的因素是相当多的，如政治、社会、经济、文化等。所以，在实际的公共政策分析中完全运用理性模型来分析公共政策是十分困难的。

3.团体模型

政策分析的团体理论源于政治学对组织问题的思考。团体是个体的集合，是有着共同利益需要或理想追求的一些个人正式或非正式的组织形式。不同的团体有着不同的要求，来自不同团体的不同要求都聚敛于政府，从而对其形成不同程度的压力。政治学家大卫·杜鲁门在《政府过程》一书中指出："利益团体是指社会中有着共同观点和看法并有权力对其他团体提出要求的社会团体。当这个团体通过政府机构或向政府机构提出其要求时，它就从社会性利益团体变成为政治性利益团体。"社会中的个人只有在成为团体成员并为团体利益进行活动时才能够在政治生活中发挥作用。在政府与个人之间，团体成为不可或缺的纽带。团体之间的互动是政治生活的核心。政治实际上就是各团体为影响公共政策而进行的相互斗争。政治体系最根本的使命就是通过以下途径调和团体之间的冲突：

（1）建立团体斗争的游戏规则（规则）；

（2）平衡各方利益，力求彼此妥协（目标）；

（3）以公共政策的形式出台折中办法（手段）；

（4）以各种手段推动政策的实施（执行）。

团体理论认为，公共政策实际上是团体斗争相互妥协的结果，是不同利益之间的一种平衡产物。制约这种平衡的力量来自不同利益团体的相互影响。毫无疑问，公共政策往往更偏向于影响力较大的利益团体，公共政策的相对稳定依赖于团体斗争均衡状态的持续。一旦这种状态被破坏，公共政策就会起变化，待到新的平衡形成，新的政策将随之出现。任何利益团体政治影响力的减弱或增强都会延伸到政策的制定领域，从而导致公共政策不同程度的变化。其变化的方向无疑更靠近力量增强的团体的要求，远离力量减弱的团体的要求，从而在新的基础上达到平衡。

政策学家厄尔·莱瑟姆（Earl Latham）从团体理论这一视角去分析政府在政策形成中的作用，形成了政策分析的团体模式。莱瑟姆在《政治的团体基础》一书中指出："所谓公共政策，是指在某一特定时间里团体斗争所达到的平衡，它体现了那些一直试图获取优势的且相互竞争的派系集团或利益团体之间的均势。立法机关为团体斗争担任仲裁，批准成功的政治联盟所取得的胜利，并以成文法的形式记录进攻与退让的结果及相互之间的妥协。"这个定义实际上就是集团模式的核心命题。

团体对公共政策的影响力由其成员的数量、财力的状况、团体的实力、领导者的能力、团体的凝聚力以及与政府决策层的关系等因素来决定。

团体理论试图以团体斗争的分析框架解释所有重要的政治活动。公共政策只是利益团体斗争结果的合法化表现形式，政策制定者的任务就是对团体的压力不断地做出反应，即通过讨价还价、相互妥协、折中调节等形式寻求利益群体间冲突性要求的平衡。政治家的作用实际上主要体现在团体联盟的建立方面，他们总是在试图联系更多的团体以形成多数。当然，在进行这类活动时，他们也会考虑多数的范围，不会毫无限制地吸收各种团体加入他们的阵营。政治家所在的选区越大，所涵盖的利益种类越多，他的选择范围就会越宽。因此，从选择的灵活性角度来看，处于不同层级的政治家之间存在着非常明显的差异。政党是团体联盟的重要形式，不同的政党往往在团体选择上有不同的范围。

团体模型假定：现代政治实际上是各个利益集团为影响公共政策而展开的一系列活动。政府的作用只在于制定各利益集团的规则，平衡各种利益集团之间的利益冲突，公共政策是各利益集团之间争斗和力量对比的结果。这个假定可以分解成如下一组命题：

（1）制定政策是政治过程的决定性阶段，而政治过程则是各团体争取影响公共政策的行为过程。这里的"团体"指的是个人基于共同的态度或利益而形成的某种集合，集合在一起的人们向其他群体或组织提出要求，并为这种要求得以实现而采取一致性行动，这就形成了利益集团。当一个团体通过任何一个政府机构或直接向任何一个政府机构提出某种要求时，它就成了政治利益集团。

（2）公共政策的制定过程是相互竞争着的团体之间达成平衡的过程。一项政策被提交审议和获得同意的过程就是调节团体间利益冲突的过程，这就意味着每一政策都是团体间妥协的产物。

（3）在现代政治生活中，团体间获取公共政策资源的竞争是不可避免的。因此，问题不在于回避或克服这种竞争，而在于要由公共权力机构制定合理的、法制化的竞争规则。

（4）"在任何时候，公共政策都反映占支配地位的集团的利益，随着各集团力量和影响的消长，公共政策将变得有利于其影响增加的那些团体的利益，而不利于其影响下降的那些团体的利益。"（詹姆斯·E.安德森，1990）

团体理论虽然将政治系统看成是利益团体之间进行竞争的系统，但这种竞争也有其制约因素。首先，他们都不能违背宪法。在政府、各利益团体之外的人群中也有潜在的团体因素，如新闻、宣传等团体都起到了维护宪法的作用。宪法成为任何利益团体不得超越的行为规范，这也保证了政策的相对持久性。其次，各利益团体也并非截然对立，存在着各种复合成员，他们从属于多个团体，起到了缓和冲突的作用。最后，利益团体竞争的存在也同时产生了相互制约的因素，这种斗争与制衡导致了团体间的动态均衡。

在托马斯·R.戴伊所著的《理解公共政策》中，作者介绍了团体模型的机理，如图0-3所示。两个集团A和B同时对政府施加影响，开始时由于集团A的影响力大于集团B，所以政府制定的公共政策偏向集团A（图0-3中的实三角形）；当集团B的影响力增强时，政府的政策开始向集团B倾斜，直到集团B和集团A实力相当时，政府的政策就处于两者之间，形成一种平衡状态（图0-3中的虚三角形所示）。公共政策制定的过程就是利益集团对政府施加压力从而使政府不断做出反应的过程，这种反应表现为公共政策的制定和调整。所以，从某种角度讲，公共政策是平衡不同团体之间利益的杠杆。

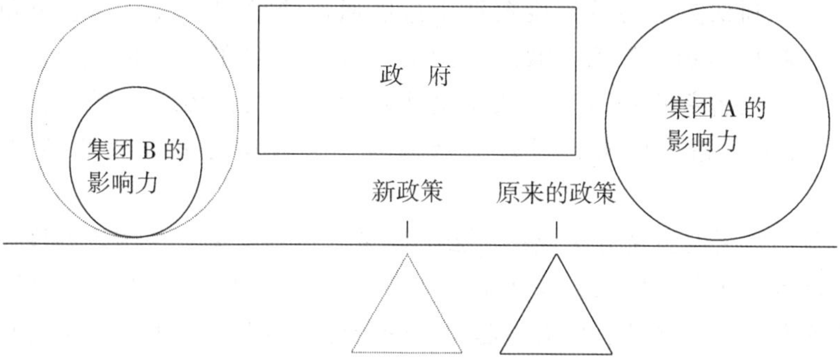

图0-3 团体模型

团体模型给我们提供了一个特殊的视角，使我们能够窥视在多元政治体制里如何在团体竞争中使相互对立的利益得以整合为统一的公共利益，并据以制定公共政策。在这个意义上，它具有很强的洞察力和解释力。但这个模型也不是没有缺陷：第一，它把注意力集中于政策形成过程中那些重要的能动因素的同时，过分夸大了团体的重要性而低估了公共权力机构自身“所起的独立的又富有创造性的作用”；第二，“人类在政府与政治过程上的许多问题，团体决策模型无法解释”，因为它忽略了政治生活中其他许多重要因素对公共政策形成的影响；第三，它对于多元主义政治体制以外的那些政治体制内的决策过程缺乏解释力；第四，团体政治仅仅是民主社会公众参与政治的途径之一，团体模型的结构和分析方法以及现实意义还有待于进一步检验。

4.制度模型

制度模型是基于传统的政治科学构建起来的，具有较广泛的应用空间。制度模型认为公共政策是政府制度的输出。政府的各种机构、制度会对公共政策产生重要影响，公共政策是政府行为的外在表现形式。

传统的制度模型是以国家或政府机构为研究对象的。认为政府权力机构（立法机构、行政机构、司法机构等）都是公共政策的制定者和执行者；而那些对公共权力机构起规范作用的制度，必然会影响公共政策的议程设定、政策制定、政策实施、政策评估、政策调试和政策终结等过程。公共政策过程也就是政府机构按制度行使职责的过程，要了解公共政策过程，就要了解政府的组织、结构、职责和制度，并从这些方面对各项政策进行分析。政府机构和各种政治制度对公共政策的影响是深远的。从政策形成到政策的终结，无处不体现着制度对政策的作用。美国政治学家尼古拉斯·亨利以美国为例描述了传统制度模型的概貌，如图0-4所示。

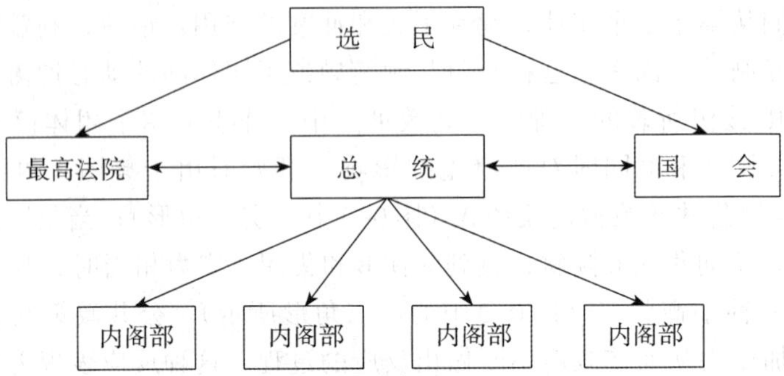

图0-4　传统制度模型

尼古拉斯·亨利认为，传统制度模型中选民通过选举国会议员、总统和最高法院法官的权力对政府施加影响，然后，政府、国会、最高法院在选民的影响下制定出公共政策并通过政府下设的各部和地方政府实施这些政策。显然，传统的制度模型仅仅是一种静态的描述，而非动态的分析，对政府结构与公共政策之间的关联性也缺乏必要的分析。

新制度模型是新制度主义方法应用于公共政策分析的结果。与传统制度模型相比，其更关注制度在政治生活中的作用，并且采用动态的、过程的、定量化的方法，其研究领域包括了制度的各方面，如含义、构成、起源、变迁等。新制度模型有如下特点：

首先，新制度模型试图基于决策的次系统对公共政策进行分类。这种分类一般是通过对两个维度的考察实现的，表0-1即为尼古拉斯·亨利归纳的模型。

表0-1　　**新制度模型一**

		政府强制的目标	
		针对个体的行为	针对整体的行为
政府强制的可能性	预期	分配性政策领域（如农业补贴）	构成性政策领域（如重新划分选区）
	即时	监管性政策领域（如消除虚假广告）	再分配性政策领域（如累进所得税）

新制度模型划分公共政策的两个维度是：政府强制的可能性和目标。强制的可能性是指，强制可以是即时的、立即生效的，也可以是预期的、未来发生的。对于强制的目标，它可以针对个体，也可以针对整体。依据这两个维度，形成了4种不同类型的公共政策，即分配性政策、监管性政策、构成性政策和再分配性政策。

其次，在不同的权力领域，对政策行为者的权力和责任具有不同影响。例如，在分配性政策中，个人直接受益，基本上不用付出明显代价；构成性政策不是对个人进行奖惩，而是通过社会结构自身来重新分配政治和经济价值；监管性政策有可能使特定群体付出代价；在再分配政策领域，权力基本上是通过整体来分配的。

最后，某些类型的政治行为会产生某些固定的政策类型，这种结果是由政府强制行为的目标、可能性造成的，见表0-2。

表0-2　　新制度模型二

政策类型	政治行为的特点
分配性政策	分权、单一、地方、党派/选举、互相依赖、以立法为中心
构成性政策	集权、整体、全国性、意识形态、党派/选举、互相依赖、以立法为中心
监管性政策	分权、单一、地方、特殊利益、集团间讨价还价、以官僚机构为中心
再分配性政策	集权、整体、全国性、意识形态、特殊利益、集团间讨价还价、以官僚机构为中心

制度理论认为，公共政策与政府制度之间的关系是非常紧密的，政府制度是公共政策的母体，它在公共政策的整个生命周期里都有着决定性的影响。也就是说，不同的政府制度会导致不同的政策输出，公共政策是政府制度的产物。戴伊认为，公共权力机构赋予公共政策3个显著的特征——合法性、普遍性和强制性。

政府制度实际上是个人和团体行为的结构性模式，我们在这里使用结构性一词主要是指这些行为模式所具有的持久性特征。这些相对固化的行为模式对公共政策内容的影响主要表现在以下几个方面：第一，它可能有利于某些政策的形成与实施，而不利于另一些政策的形成与实施；第二，它可能对社会上的某些利益需求提供便利，而对另一些利益需求起抑制作用；第三，它可能为某些个人和团体提供接近政府权力的便利，而为另一些个人和团体设置接近政府权力的障碍。

制度研究侧重于政府机构中那些涉及政策过程的组织和政治行为人的行为方式。政府好比一部机器，这部机器由不同的齿轮和杠杆组成，它有固化的结构（如科层制）、约定俗成的工作习惯、规律性的运行方式和程序化的工作过程等。机器自身内在的结构性特征对其产品有着决定性的影响。同理，具有不同制度特征的政府所输出的政策一定会有显著的差别。制度模式视公共政策为政府制度运行的结果。

理性模式断言，重大事件总有重大起因，没有无目的的行动，它视政府为一个整体，其所付诸的行动都是出于某些方面的原因，政策分析就是探究这些原因的行为。然而，理性模式所讲的目标与行动的结合，不得不面对政府机器这一不可回避的方面。以下几点需要明确：

（1）政策过程涉及政府中的许多部门，它们的行为规律存在明显的差异，集中表现于日常的工作惯例。

（2）政策过程中大的行动是无数次的、经常性的小的行动的汇集或结果，政府机构中处于不同层级的部门和个人扮演了这些小的行动的主要角色，尤其是在政策体制内的运作过程中，这些小的行动对政策形成有重要的影响。

（3）政府中的不同部门和个人为一项政策提供多样化服务，他们只是在国家目标、政治目标、组织目标这些富有概念特征的领域部分地一致罢了。

现代组织理论的发展为制度分析提供了理论依据，制度模式逐渐成为政策制定和政策分析的主要方法，代表了当前政策制定和政策分析的最新动态和研究走向。就古巴导弹危机这个典型的政策事件而言，如果政策分析人员能够明确界定苏联政府有关机构的行为模式等制度方面的特征，他们实际上就已经解释了苏联在古巴导弹危机中的反应，回答了“苏联为什么会把导弹安放在古巴”这样一个十分令人头痛的政策问题。制度分析不同于理性分析，不认为某种原因必然导致某种行动，而认为具有某种制度特征的组织必然会做出某种行动的选择。

实际上，制度安排对公共政策的影响是一个经验主义的问题，需要进行深入细致的调查研究。仅靠推论判断当然就会落入假设的陷阱，制度因素有时对公共政策并不能产生独立的影响，二者都会受到环境因素的强烈制约；政府制度安排上的变化并非就一定会导致公共政策的改变，反之亦然。因此，制度分析要以实证研究为基点，并要把研究视野扩展到不同制度环境的比较研究领域，而不以单一形式为研究对象，从而使制度分析方法在公共政策的各个领域得到很好的运用。

§0.3 中国的公共政策学研究

0.3.1 中国公共政策学的产生

中国公共政策学产生的原因在根本上是源于人们对改革开放前公共政策实践的经验与教训，特别是政策失误所带来的不良后果的深刻反思，也是对改革开放后现代化建设实践对政府公共政策科学与民主化及政策执行规范化和高效化的迫切要求。

在改革开放以前，中国在经济建设和政治发展过程中走了不少弯路，多次政治运动导致经济发展几近崩溃。从1958年脱离客观实际的盲目“大跃进”，到1966年发动的使中国社会发展遭受重创的“文化大革命”，一个又一个公共政策上的重大失误在很大程度上与无视决策科学、缺乏科学民主的决策程序、仅凭政治领袖的个人意志决定中国命运的决策方式密切相关。党的十一届三中全会以后，党和政府在拨乱反正、总结新中国成立以来公共政策实践经验和教训的过程中，通过对改革开放前一次又一次决策失误的教训的深刻反思，逐渐明白了决策科学对于政府公共决策乃至国家的发展和民族的兴盛所具有的重要性，正如时任全国人大常委会委员长的万里所言：“我们没有决策科学，决策的科学性就无从检验，决策的失败难以受到及时有效的监督，现在到了非改不可的地步。”

改革开放后，现代化建设迫切需要不仅要加强对公共政策制定问题的研究，而且还要加强对公共政策执行的研究，从决策和执行两个方面来完善公共政策运行机制，提高政府效率。就公共政策的制定而言，改革开放和现代化建设标志着我国进入了一个新的历史发展时期，新出现的各种公共政策问题使得我国政府面临的决策环境空前复杂，特别是伴随着我国融入全球化的加深而置身于一个市场竞争日益激烈的环境和全球经济一体化的格局之中，中国政府所面临的诸如如何通过公共政策创新来适应世贸组织规则和国际贸易惯例的问题，以及因国内改革进程中出现的深层次矛盾而产生的诸多急需回答的公共政策问题，均呼唤着公共政策研究者从理论上去探讨、去应对和解答。对于公共政策的执行来说，在改革开放以前实行计划经济体制时期，似乎并不存在太多的严重问题，那时由于权力的高度集中，加之利益表达机制的不健全，我国基本上是国家大一统的单一利益主体的利益格局。但在改革开放之后，随着中央向地方分权和放权，特别是市场经济取向确定以来，伴随着社会主义市场经济新体制的建立和完善，原有的利益格局已经被打破，各利益主体的利益边界正在变得越来越清晰，多元化的利益格局已经形成，此时，诸如“上有政策、下有对策”，“有令不行、有禁不止”，“政策走样”等政策执行阻滞的不良情况在我国的政策实践中屡有发生，甚至有愈演愈烈之势，严重妨碍了现代化建设事业的顺利进行，为此，迫切地需要通过对政策执行过程进行深入、系统的科学研究来寻求对策。所有这些问题的存在客观上极大地促进了中国公共政策科学的兴起与发展。

正是在这样的背景下，我国理论界、学术界的一些专家学者和从事实际工作的一些政策研究人员，开始引进、介绍西方政策科学的研究成果。随着政策科学研究成果的引进，拓展了我国学术界的研究视野，把人们带入了一个崭新的学科领域。随后，政策科学不仅得到了学术界的重视，而且日益引起了高层决策者的关注。1982 年，国家科委技术局出版了《科学技术政策研究》论文集，在这本论文集里，许多专家学者从研究科技政策开始，提出了一些政策理论问题，发表了一些有益的见解。不久他们便在报刊上发表论文，提出要开展我国的政策科学研究，通常认为这标志着我国政策科学研究的开端。例如，1983年孟繁森发表文章，明确提出要"建立一门研究党和国家生命的科学——政策学"。1984 年李铁映发表题为"决策研究"的论文，文章最后呼吁"加快决策科学化的步伐"，要求"各级领导应该学习决策科学的知识"，并"在各级干部学校、有关大学的某些系或专业应开设决策理论的选修课，系统地讲授各种决策知识和技术，培养造就未来的各级决策者"。随后科学决策和民主决策的问题，引起了党和国家最高决策层的高度重视。1986 年7 月，时任国务院副总理的万里在全国软科学工作座谈会上做了《决策民主化和科学化是政治体制改革的一个重要课题》的报告，明确提出要做"政策研究"这一重大课题，进一步促使我国的政策科学研究走上了大发展的道路。

0.3.2　中国公共政策学概述

中国公共政策学科于20世纪80年代中期在引进西方政策科学研究成果的基础上产生，经过20年的探索，在学界与政界的共同努力下，经过引进、吸收、消化、应用、挖掘、总结、探索、创新等阶段的发展，目前已成为中国公共管理学科乃至整个中国社会科学研究领域一个极为重要且富有活力的部分。中国公共政策科学研究取得了重要的进展，为学科发展、学术繁荣、人才培养和推进中国公共政策实践的科学化、民主化、法制化以及提高公共政策质量作出了重要的贡献。学者王立京对其进行了归纳，其主要表现是：

（1）"使中国公共政策科学开始从政治学和公共行政中分离出来成为一个独立的研究领域"，取得了自己应有的学术地位和社会地位。逐步确立了一个以公共政策问题、政策功能、政策类型、政策结构、政策主体、政策客体、政策环境、政策系统、政策价值等基本概念为基础的，以政策议程、政策规划、政策采纳、政策执行、政策监控、政策评估、政策终结等环节构成的公共政策运行过程为中轴，以政策科学方法论为重要内容的政策科学理论框架，使公共政策科学与其他学科的界限越来越清晰。

（2）在学科化和组织化上取得重大进展。从学科化上看：一是开设了公共政策课程、创办了研究机构、培养了研究生。20世纪90年代以来，在一些全国重点高校的政治学、行政学专业中，陆续开设了以"公共政策分析"、"公共政策"和"政策科学"为名称的课程，成立了从事公共政策研究的机构，如北京大学的公共政策研究所。一些著名高校也在其他专业下，开始招收以公共政策、公共政策分析或政策分析为研究方向的硕士生与博士生。二是翻译出版了一批公共政策教材，发表了千余篇论文。20 年来，我国政策科学研究取得了显著的成果，发表或出版了一批有分量的论著、译著。其中，翻译出版的国外政策科学代表作有：R.M.克朗著的《系统分析和政策科学》（1986）、查尔斯·E.林德布洛姆著的《政策制定过程》(1988)、斯图亚特·S.那格尔主编的《政策研究百科全书》(1990)、詹姆斯·E.安德森著的《公共决策》(1990)、史蒂文·凯尔曼著的《制定公共政策》(1990)、药师寺泰藏著的《公共政策》(1991)、大岛秀夫著的《政策过程》(1992)、E.R.克鲁斯克主编的《公共政策辞典》(1992)、叶海卡·德洛尔著的《逆境中的政策制定》(1996)、拉雷·N.格斯顿著的《公共政策的制定》(2001)、卡尔·帕顿和大卫·沙维奇著的《政策分析和规划的初步方法》(2001)、威廉·N.邓恩著的《公共政策分析导论》(2002)、托马斯·R.戴伊著的《自上而下的政策制定》(2002)、戴维·L.韦默和艾丹·R.维宁著的《政策分析——理论与实践》(2003)等。

国内的专家学者也撰写、出版了不少有关政策科学方面的著作或教材，主要有：王捷文和石磐生主编的《马克思主义政策学》(1985)、孙光的《政策科学》(1988)、孙效良主编的《政策研究学概论》(1989)、林德金等编著的《政策研究方法论》(1989)、桑玉成和刘百鸣著的《公共政策学导论》(1991)、郑新立主编的《现代政策研究全书》(1991)、张金马主编的《政策科学导论》(1992)、王福生著的《政策学研究》(1992)、沈承刚著的《政策学》(1996)、陈庆云的《公共政策分析》(1996)、张国庆的《现代政策科学导论》(1997)、陈振明主编的《政策科学》(1998)、刘斌和王春福主编的《政策科学研究》(2000)、郭巍青和卢坤建著的《现代公共政策分析》(2000)、刁田丁等编著的《政策学》(2000)、宁骚主编的《公共政策》(2000)、郑传坤主编的《公共政策学》(2001)、王传宏和李燕凌编著的《公共政策行为》(2002)、陈振明编著的《公共政策分析》(2002)、陈振明主编的《政策科学——公共政策分析导论》(2003)等，以及邱永林和刘斌主编的《马克思主义经典作家和党中央、中央领导同志论政策》(1989)、杨春贵和赵理文著的《毛泽东政策策略思想研究》(1999)、卫忠海和罗庆华主编的《邓小平政策观研究》(1999)、马德普等主编的《变革中的中国公共政策》(1998)、刘溶沧主编的《中国：走向21世纪的公共政策选择》(1999)、中国社会科学院公共政策研究中心编的《中国公共政策分析》三卷(2001、2002、2003)、郭振英和耿建新主编的《中国政策年鉴(2003)》等。

另外，中国台湾、中国香港地区还出版了林水波和张世贤著的《公共政策》(1982)、林水波著的《政策分析评论》(1984)、张世贤著的《公共政策论析》(1986)、伍启元著的《公共政策》(1989)、林钟沂著的《政策分析的理论与实践》(1994)、曹俊汉著的《公共政策》(1997)等。同时，专家学者们还在《中国社会科学》、《国外社会科学》、《中国行政管理》、《政治学研究》和《理论探讨》等刊物上发表了千余篇学术论文，特别是近几年来研究政策科学的文献更是不断涌现。从组织化上看：一是建立了全国性的公共政策科学研究会。1991年8月，中国行政管理学会在吉林省长春市召开全国首届政策科学研讨会。1992年10月，在山东省召开了第一届中国行政管理学会政策科学研究分会成立大会，这次大会的召开，标志着我国开始有了全国性的专门从事政策科学研究的学术团体。二是其他类型的政策研究组织如行政性政策研究组织和民间性政策研究组织得到加强和发展。

(3) 向党政机关传播了公共政策方面的知识，使他们认识到，公共决策需要科学理论的指导，需要科学化、民主化和法制化。同时，更多地关注和参与中国公共政策实践，使高层决策机构在政策制定和执行过程中做到了制度化、程序化，并建立了相应的政策咨询系统、支持系统、评价系统、监督系统和反馈系统。在产业化及应用方面，政策科学及政策分析的理论方法和技术开始被应用到改革开放和经济建设的重大政策、方针的决策和重大工程项目的研究和论证之中，在推进决策科学化、民主化方面起到越来越重要的作用。

中国公共政策科学研究在20年的发展历程中所取得的成绩是有目共睹的，应予充分肯定，但实事求是地讲，我们又不能不承认它是一个发展中的学科，是一个不够成熟的学科，其自身存在着明显的弱点，主要表现是：

（1）现代公共政策科学产生于西方，建立有中国特色的公共政策科学，必然要经历引进、介绍、消化、吸收、借鉴和提高、创新的过程，这是一个自然的历史过程。但经过20年的发展，中国公共政策科学现在依然处在引进和介绍阶段，关于中国的公共政策的理论研究水平远远落后于西方，一些名为“政策科学”的著述基本上局限于对既定政策的阐述、概括和宣传，缺乏对政策过程的规律的揭示和把握，缺乏科学化的政策分析方法和研究路径，因而也就不能为政策制定和执行公共政策提供科学的理论指导和有力的智力支撑，这不能不说是我国公共政策实践失误频仍的一个重要原因。当然，最近几年我国政策科学研究有了空前的发展，一批有分量的成果相继问世。但从总体上看，能跟踪和把握世界政策科学前沿，并结合中国实际研究中国改革开放以来波澜壮阔的政策环境和政策过程的富有时代气息和中国特色的高质量的研究成果还少之又少。这方面一个突出表现就是，中国的公共政策科学研究目前基本上还停留在西方20世纪70年代以前的水平上，片面重视对政策制定过程及内容的研究，特别是强调围绕所谓政策制定的科学化、民主化，研究有关政策制定的理论、模型、规范、原则和方法等，而对现阶段处于社会急剧转型期的中国而言，改革过程中出现的失序、失范和日益严重的权力腐败等问题，很大程度上都来源于许多科学合理的重大政策在执行过程中被扭曲、变形甚至消解，因此，缺乏这方面的研究，是不能适应中国政策实践的需要的。同时，目前我们对西方理论的介绍，缺乏系统的和深刻的分析，这也不利于中国公共政策科学的提高与创新。

（2）改革开放以来的公共政策科学研究虽然取得了丰硕的成果，一批有关政策科学和公共政策研究的专著和教科书不断涌现，但这些著作和教科书内容重复、体系雷同、缺乏创新，对西方和中国的政策环境及政策过程的差异性认识和强调不足。这一方面表明中国公共政策科学还不够成熟，另一方面也表明一些学者治学态度不够严谨。如果任这种情况发展下去，就将阻碍公共政策科学的进一步发展和创新。

（3）公共政策科学研究方法单一、落后。科学研究需要科学的方法，没有科学的方法，就很难探索出真理。国外思想库的成功，在很大程度上是由于掌握了先进的研究方法与手段。目前，我国公共政策研究方法还较为落后，表现在：一是定性分析多、定量分析少，没有充分利用计算机、统计学、运筹学、计量经济学等方法和手段进行定量分析；二是总结分析多、预测研究少，主要是对历史的总结和现状分析，对未来预测做得不够；三是跨学科、综合性的研究少，只注重考虑经济、技术因素，较少考虑政治、社会因素；四是多局限于某个领域和某些具体政策的分析技术和方法，缺乏整个公共政策研究领域系统而统一的方法论基础。同时，我国公共政策的比较研究薄弱。没有比较，就没有借鉴，也就不可能有较快的发展。20年来，我国对国外公共政策理论、思想、方法和技术虽有过一些介绍，但从历史的角度、运用系统分析的方法进行深入的比较研究，却显得不够。这就大大降低了中国公共政策科学的水平，使我们研究的视野不够开阔。

（4）学科综合化不够。现代公共政策科学和政策研究是一个综合性、跨学科的新研究领域，具有系统、综合的特点，它的产生和发展以借鉴其他学科大量的知识和方法为基础，并在实际政策研究中充分运用这些知识和方法，从而形成了现代公共政策科学。学科综合化是指在公共政策科学的学科框架下，将各学科的知识和方法有机地结合起来，它不仅涉及政治学和公共行政学领域，还涉及经济学、管理学、运筹学和系统分析等学科的知识和方法。而中国的公共政策科学目前多局限于政治学和公共行政学领域，这是制约中国公共政策科学研究由传统向现代转化的主要障碍。

（5）理论与实际相脱离倾向比较严重。原因在于：一是作为政策制定者的各级领导对政策科学重视不够，还处于经验决策、常规决策、非理性决策的阶段，政策制定的随意性和非规范性还很明显。二是有一部分学者仍然把自己关在象牙塔中搞研究，而不去深入实际，调查研究，参与公共政策实践。公共政策的产生是社会发展的需要，公共政策科学是一门应用性很强的科学，研究中国的政策实践是我国政策科学研究和发展的基本目标和根本任务。这种理论与实践的脱节，既使公共政策科学成为无源之水、无本之木，同时也必将使公共政策科学因与社会生活实践格格不入而被社会所遗弃。

0.3.3 研究方法

公共政策学是一门跨学科、综合性的研究领域，它有不同的研究方法和途径，在这里我们主要介绍以下几种分析方法。

1.政治学分析方法

政治学可以定义为对整个社会或社团进行集体决策的组织结构、过程以及公共政策进行研究的学科。它主要涉及权力建立与运用的制度和行为，其研究范畴是政治系统。政治学是规范性的，主要研究政府的制度结构和相应的哲学思想。政治学注重分析公共政策的制定和执行过程，尤其关注利益集团和个体决策者的作用，重点研究具体领域的公共政策，对选举、立法机关、司法、行政部门和其他政府部门的改革以及国际关系和国外公共政策等问题都着重进行了分析。政治学通过建立因果关系的方法和在不同公共政策中进行选择的方法对公共政策进行比较分析。政治学注重研究与政党、利益集团、公众舆论和选举行为以及住房、交通、贫困、犯罪、教育和环境保护等问题有关的公共政策。

2.经济学分析方法

公共政策的经济学分析方法是指采用经济学的理论假定、概念框架、分析方法及技术来看待公共政策问题。在这里，我们介绍几种主要的经济学分析框架。

（1）微观经济学

微观经济学框架即通过对微观个体经济单位的经济行为的研究来说明现代西方市场机制的运行和作用，以及改善这种运行的政策途径。这一框架由以下理论构成：价格理论、消费者行为理论、厂商生产理论、成本理论、分配理论及微观经济政策分析与制定等。

微观经济框架在公共政策分析中具有重要作用。微观经济学是一门选择性科学，为政策制定者提供了政策建议的目标取向。微观经济学家在参与公共政策事务的过程中，致力于政策分析与经济学的交叉研究，把政府或国家作为一个独立的微观个体来看待。根据最基本的前提条件，运用演绎法和数学模型，通过各种行政手段，解决在市场经济运行中存在的“市场失灵”，使各种资源得到最优化的配置，以社会效用最大化为目的来讨论政府的微观行为。其中包括估算政府制定政策的机会成本与沉淀成本，社会效益的最大化以及指导其他微观主体的社会行为等。微观经济学是使公共问题的争论转化为实证分析的有效途径，目的在于提高公共政策决策的科学性和合理性。

（2）宏观经济学

宏观经济学框架是政策制定者运用总量分析方法及宏观经济模型，分析社会总体的经济行为及其后果，制定各项宏观经济政策，实现促进就业、稳定物价、促进经济增长等社会目标。这一框架包括整个社会的产量、收入与价格水平理论、失业与通货膨胀理论、经济周期理论、经济增长理论及宏观经济政策等理论。

宏观经济学框架在公共政策分析中具有重要作用。我国政府在社会经济生活中扮演着重要角色，运用经济模型，通过公共政策的制定与执行，在保持宏观经济总量平衡及经济增长、提供公共物品、消除外部效应、进行收入及财富的再分配以及维持市场秩序等方面发挥着积极作用。例如，现阶段我国政府运用宏观调控手段，尤其是财政、货币和产业政策手段以及指导性的经济计划来调控宏观经济的运行，力求实现经济增长、效率提高和社会稳定等基本经济目标，使国民经济持续、健康、高速发展。

（3）福利经济学

福利经济学从抽象的角度来说，讨论的主要是社会选择标准的界定、收入的再分配及资源的优化配置。从现实的角度来说，福利经济学利用这种标准来评价以不同制度（主要是政府和市场）为基础的经济，以便确认最理想的经济模式。由此可见，福利经济学的框架是建立在社会选择标准的基础之上的，这包括配置效率或帕累托效率、满足原则的必要条件、公平理论及实施的原则、社会福利函数及各个学派的公式、社会最优选择等。

公共政策运用福利经济学的有关理论分析政府的现实政治、经济制度，从微观经济层次的角度，对垄断、外部性、公共产品、收入不公平等社会现象进行剖析，政府针对市场中存在的“市场失灵”等问题，制定微观经济政策，实现收入的公平分配；从宏观经济层次的角度，在封闭的经济中，制定货币政策、财政政策、收入政策和价格政策，保证经济的平稳运行。在开放的经济中，政府通过对货币及汇率制度进行国际标准化的管理，实现国际收支平衡。

（4）制度经济学

制度经济学研究经济生活与制度之间的双向关系，关心的是分析各种具有协调功能的规则和规则集等。制度经济学家普遍关注公共政策与制度之间的互动关系。公共政策意味着通过政治的和集体的手段系统地追求某些目标。公共政策不仅由政治主体（议会、政府、行政官员）来实施，它还由有组织的集团，像工会、行业协会、消费者和福利方面的院外集团的代表来实施，这些集团的代表左右着集体行动。集体行动涉及两个以上伙伴之间的协议，并往往涉及隐含于一共同体内千万人当中的协议。这种“协议”就是规则，而制度被定义为由人制定的规则，那么“这种协议”就是制度。它抑制着人际关系中可能出现的任意行为和机会主义行为；它为一个共同体所共有并总是依靠某种惩罚而得以贯彻。由此可知，公共政策也是一种制度。同时，公共政策知识有助于根据特定目标在现实世界中形成各种制度。经济学家可以就如何才能在不同规则集的基础上更有效率地追求特定目标，提出政策建议。公共政策——在追求某些目标上对政治手段的系统应用——通常是在既定的制度约束中展开的，但它也可以靠努力改变制度的方式来实施。制度变革既可以通过明确的直接方式来实现，也可以表现为公共政策行动的一种附属效应。

关于制度经济学框架在公共政策分析中的运用，其在中国的制度变迁中体现得尤为明显。新制度经济学研究“制度运转的费用”，通过对交易费用的高低判断制度的运行效率，还可以用“制度变迁的成本”或“改革成本”来判别不同改革道路的优劣。在中国，更多的学者注重用制度经济学现实地分析人与人之间的利益冲突、“改革成本”及改革导致的利益分配不均，以此来解释改革与发展中出现的许多问题，如我国产业的非均衡性发展，集中反映在产业结构和就业结构的严重背离上，这导致了以工业发展为基本特征的东部与以农业发展为基本特征的西部之间的差距在不断拉大。制度经济学框架为中国渐进式的改革提供了可借鉴的理论基础及改革思路。

（5）公共选择理论

公共选择理论（Public Choice Theory）是当代西方经济学的一个分支，同时也是现代政治学的一个重要研究领域。它是诺贝尔经济学奖获得者——美国学者詹姆斯·布坎南（J.M.Buchanan）创建的。**公共选择理论运用现代经济学的逻辑和方法，分析现实生活中政治个体的行为特点和政府的行为特点，研究非市场决策的集体决策，并以人的自利作为出发点，分析个人在政治市场上对不同的决策规则和集体制度的反应（即公共选择问题），以期阐明并构造一种真正能把个人的自利行为导向公共利益的政治秩序。**

公共选择理论将政治市场上的集体决策作为主要研究内容，核心问题是要阐明把个人偏好转化为社会决策的机制或程序的选择。该理论认为，公共物品的选择包括公共政策的产生多是在“政治市场”中完成的。与一般经济市场不同，政治市场具有3个特点，即选择结果有间断性、政治选择是一次性的和不完全的、政治消费者不完全清楚自己选择的最终结果。集体决策也不同于市场决策，它包含3层含义，即集体性、规则性和非市场性。在政治领域，重要的命题并不是政府、党派、社会团体自己的选择行为和选择过程，而是这些集团之间与组成集团的个体之间，出于自利动机而进行的一系列交易的过程。有效率的政策结果并不是出于某个政治领袖的头脑，而是产生于集团或组成集团的个体之间相互讨价还价、妥协与调整的政治过程。

政治市场也是由供求双方组成的。需求者是选民和纳税人，供给者是政治家和政府官员。政治家和政府官员负责向社会提供一定数量和质量的公共物品，选民和纳税人获得公共物品并支付一定的税收款项，至于具体的公共物品种类、数量、税收额等内容的确定，则是通过选举过程“讨价还价”完成的。每一个政治市场的参与者，无论是选民还是政治家，在进行选择时，都如同“经济人”一样，先要对个人的成本与收益进行计算，如果一项集体决策给他带来的收益大于他投赞成票时所承担的实际成本，那么，他就会支持这项决策；否则，就不支持甚至反对。但政治市场也存在不完全性，即信息的不完全性、公共物品组合的不完全性、选民权力的不平衡性、投票的“短见效应”，由此在政治选择过程中，政治家是理性的自利者，投票人是非理性的、短视的甚至无知的，这种选择机制预先造就了政府的优势地位。结果是，政府行为缺乏内在刺激与约束机制，依据自身利益偏好行事，以“预算最大化”为工作目标，最终机构膨胀，“寻租”（rent seeking）泛滥，最终政策失败。

公共选择理论明确提出，在一个体制下产生了不好的政策或不好的结果，原因要么是现存的政治体制所对应的规则产生了错误的领导人，要么是在政治决策与执行过程中缺乏有效率的制约机制。因此，唯一的决定因素是规则——产生领导人与约束领导人的规则。

其中，产生领导人的规则，就是人们常说的投票规则，具体有一致同意规则、多数票规则、加权投票规则、否决投票规则等。

公共选择理论分析和研究了公共政策的产生缘由、规则、运行以及结果，它采用经济学的假设理论和方法研究非市场的决策，详尽地告诉我们政策系统的“暗箱”运作过程，公共政策实质上是公共选择的过程。瑞典皇家科学院在为布坎南颁发诺贝尔经济学奖的公告中指出，公共选择理论弥补了传统经济理论缺乏独立的政治决策分析的缺陷，有助于解释政府预算赤字为何难以消除的原因。同样，它在政策科学上产生了相当大的影响，从而推动了公共政策学的不断发展。但是现实政治生活中并非人人都是理性的自利者，并非人人都是“经济人”，而且，集体决策也并非全都公正，多数人决策有可能造成集体行动的困境以及“多数人暴政”的后果。此外，改变不好的公共政策，也并非仅仅靠改变产生领导人和约束领导人的规则就能做到，它还包含许多社会的、文化的等复杂因素。

3.管理学分析方法

广义的管理科学（包括公共行政学在内）努力确立和应用一般的“管理原则”。这些原则都建立在对一系列大规模组织内的管理过程、管理动态和管理活动进行分析的基础上。管理科学是以信息科学、运筹学、系统分析、管理经济学、系统工程和社会心理学为基础，其理论核心是改进管理决策。管理科学对公共政策分析的最大贡献是系统方法，系统方法强调大量条件和事件中的复杂联系，认为不能脱离整个系统的运行来考虑单一要素运行的效果。系统方法用于具体的决策问题时，要看能否获得通过仿真模型来预测系统效果的有效性。这些模型一般是数学模型或计算机程序，特别重要的有线性规划、动态规划、网络分析、对策论以及决策分析等。一般来讲，公共政策为管理科学确立整体性的行为方向与总目标，管理科学的发展要在公共政策的指导下进行。同时，公共政策从总体上来说是一种抽象的行为原则与规范，只有通过管理科学的具体行为才能将公共政策的目标变为现实。公共政策与管理科学尤其是公共管理现在在研究对象上有很多的相同内容，它们都管理社会公共事务、解决社会公共问题，都要经过确认问题、制订方案、实施计划到评估结果的程序。管理学对公共政策分析理论与实践的发展的影响是非常广泛的。

4.社会学分析方法

社会学主要是研究构成社会结构的单位和适应社会结构的人类行为的变化，而社会结构是指任何有选择的、周期的、有规律的和通过各种社会控制来调节的社会相互作用的模式。社会结构的基本单位是社会角色和社会组织。社会学的理论体系包括各种描述性模型：静态模型（通过对各种变量进行组织来说明结构的特征）、过程模型（描述社会结构中各种变量的变化）、动态模型（描述一个社会结构本身的变化）。在这些模型中应用了多元统计分析方法，特别是应用了“路径分析”、与构建非实验数据的因果模型有关的程序和调查研究方法。社会学对公共政策分析的主要贡献在于它对社会问题、种族关系、家庭问题、犯罪学和社会变革所进行的研究。社会学中关于公共政策的研究是描述性的，主要集中在公共政策过程特别是集中在公共政策的制定、实施和效果评价等几个阶段。社会学在社会控制、社会化和社会变化等广泛领域内，形成了大量的实践知识和理论知识。这些都有助于理解不同公共政策的实施效果，有助于理解公共政策制定者和执行者的行为。同时，社会学特别注重研究一些与公共政策分析相关的问题，如为什么有的社会实践会被当作社会问题以及如何寻求解决这些问题的方法等。但由于社会学的体系强调结构化，而且致力于研究实际政策管理的变量，因而社会学对公共政策分析的应用是有限的。社会学多是通过促进管理学和社会服务的发展，通过对城市规划（通过人类生态学和人口统计学）、法学（通过犯罪学和法律社会学）和医学（通过医疗社会学）的贡献来间接影响公共政策分析。

5.组织学分析方法

对公共行政组织的研究方面，人们早已普遍地认识到公共政策不仅仅是政治活动的结果，而且也是政府运行的产物。许多学者甚至认为政策过程是政府运行的核心，公共行政组织是政策过程的一个部分，强调公共政策的研究可以涵盖公共行政的领域而成为公共行政学研究的重心。与政治学研究相比，公共行政学更注重公共政策设计和管理的科学化、理性化方面的问题。早年人们关注的是行政决策的科学化和最优化，采用的是理想型的理性选择模式，这种模式强调在政策选择中充分掌握相关的政策知识和信息，并通过科学理性的分析方法选择最佳的政策方案。随后有学者注意到，理性模式过于脱离现实，忽视了人类认识能力的局限和政治因素对决策的影响，因此提出了渐进的决策模式。进入20世纪80年代后，随着新公共行政学影响的不断扩大，公共政策研究开始注重社会多元价值和伦理方面的研究，强调应用更多的社会知识来规划和设计未来政策。政策设计概念的引入要求公共政策的制定应考虑更多的社会环境的因素，尤其是考虑公共政策对社会及其成员将产生的影响，而不是只考虑谁在统治、谁是政策的获利者和谁在政策制定过程的竞争中胜出等传统政治学问题。他们一般认为，政策的失败与否从根本上讲是一个政策设计的问题。政策设计不是一种纯技术和纯工具性的应用领域。成功的政策设计必须考虑人们的政治、社会、文化和经济方面的环境，并能诱导人们采取有利于政策实施的行为。因此，政策设计理论包括了至少3个方面的内容——政策结构性逻辑的模式、个人决策模式和政策环境模式，而这些概念和模式应该是建立在经验性研究基础之上的。

本章小结

公共政策学自20世纪50年代在美国诞生以来，经历了3个发展阶段：起步阶段、发展阶段和最新发展阶段。经过半个多世纪的发展，它已成为美国及西方社会科学中的一个独立的而又有相当影响的社会科学领域。我国的公共政策学研究起步较晚，这里有着深刻的历史和社会原因，但是发展迅猛，近几年国内学者也著述颇丰。公共政策学的跨学科性决定了其研究方法的多样性，具体有政治学分析方法、经济学分析方法、管理学分析方法、社会学分析方法、组织学分析方法等。作为公共政策学的一个重要分支，公共政策分析科学也具有综合性、跨学科性的特点，是在吸收其他学科尤其是政治学、经济学、社会学、管理学、心理学、哲学、统计学、运筹学、系统分析等学科的知识和方法的基础上形成和发展起来的。公共政策分析科学本身的综合性、目标政策本身的复杂性和公共政策分析专家的偏好各不相同，决定了公共政策分析理论模型的多样化。过程模型、理性模型、团体模型、渐进模型、制度模型和精英模型是公共政策分析界比较权威的六大模型，它们的侧重点和切入点各不相同，各有优劣。在运用公共政策科学的过程中，这些模型可以用来分析现实中的一些政策现象。

关键概念

公共政策学　公共政策分析　理论模型　公共选择理论

综合训练

0.1　单项选择题

1.1887年，美国学者（　　）发表了《公共行政之研究》的论文，标志着美国公共行政科学正式建立。

A.伍德罗·威尔逊　　B.古德诺

C.拉斯韦尔　　D.托马斯·R.戴伊

2.（　　）被誉为现代政策科学的创立者。

A.古德诺　　B.德洛尔　　C.卡普兰　　D.拉斯韦尔

3.公共政策分析的基本理论模型中，（　　）将公共政策看作一种政治行为。

A.过程模型　　B.理性模型　　C.制度模型　　D.团体模型

4.理性公共政策的重要特征是（　　）。

A.权衡所有公众的价值偏好　　B.预测每个政策备选方案的结果

C.对每个备选方案进行成本-收益分析　　D.追求公共利益最大化

5.新制度模型划分公共政策的两个维度是（　　）。

A.政策行为者权力和责任　　B.政府强制的可能性和目标

C.个人与团体行为　　D.政策过程的组织和政治行为方式

0.2　多项选择题

1.叶卡尔·德洛尔出版的（　　）被称为政策科学的“三部曲”。

A.《政策科学》　　B.《公共政策制定检讨》

C.《政策科学构想》　　D.《政策科学进展》

E.《政策组织》

2.按照公共行政分析理论模型的使用方法，可将公共政策分析理论模型分为（　　）。

A.描述模型　　B.规范模型　　C.语句模型

D.符号模型　　E.程序模型

3.按照公共行政分析理论模型的分析对象，可将公共政策分析理论模型分为（　　）。

A.描述模型　　B.语句模型　　C.概率模型

D.确定模型　　E.过程模型

4.调和团体间的冲突可以采取（　　）途径。

A.建立团体斗争的游戏规则　　B.平衡各方利益，以求彼此约束

C.以公共政策的形式出台折中办法　　D.以各种手段推动政策的实施

E.联系更多的团体以形成多数力量

5.公共政策学的分析方法有（　　）。

A.政治学分析方法　　B.经济学分析法方法

C.管理学方法　　D.社会学方法

E.组织学分析方法

0.3 思考题

1.西方公共政策学分为哪几个发展阶段？各个阶段的主要内容是什么？

2.公共政策分析的理论模型是什么？它有哪些特点？

3.公共政策分析的主要理论模型中，你比较推崇哪些？为什么？

4.我国的公共政策分析科学是在什么样的历史背景下产生的？它的产生对我国学术界有哪些贡献？

5.公共政策学的研究方法有哪些？它们各有什么特点？

第 1 章

公共政策概论

学习目标

通过本章的学习，你应该能够：

1.了解公共政策的概念、功能、类型，以及公共政策的系统，包括公共政策主体、客体和子系统组成等内容。

2.运用这些基本概念来分析公共政策问题和具体的公共政策。

3.把握现实政策的产生、结构、性质和功能，把握现实政策的周期等。

引导案例

中国与全球化智库（CCG）

——中国最具影响力的新型民间智库

2008年，由中央人才工作协调小组国际人才战略专题研究组组长、《国家中长期人才发展规划纲要（2010—2020）》起草组特聘专家、哈佛大学高级研究员、南方国际人才院院长王辉耀博士创办的中国与全球化智库（CCG）在京成立。CCG在创办过程中，得到了中国国际人才专业委员会、欧美同学会、南方国际人才研究院的大力支持，特别是得到了中组部、人社部、统战部、商务部、科技部、国务院侨办、国家外事局、中国侨联等部门在许多政策课题研究上的支持。

CCG的真知灼见、建言献策受到中央高度重视。全国人大委员长张德江亲自参与CCG研究成果的颁奖，全国政协主席俞正声2014年对CCG的有关建议做了亲笔批示，国家副主席李源潮积极评价CCG的多项研究成果，国务院副总理汪洋向广东省领导推荐CCG出版的图书。

CCG已经成为国内最大的民营国际化智库之一，在北京、广州、青岛、深圳、香港和纽约都设立了分支机构，拥有50多人全职的智库研究与活动团队，并且在国家民政部门注册成立了中国国际人才专业委员会、南方国际人才研究院和北方国际人才研究院。成立7年多以来，CCG出版了40多本研究著作，在中国社科院社科文献出版社出版了10本蓝皮书，举办了大大小小上百场学术和智库研究活动，承担国家和地方有关政府部门政策研究课题报告50多个。研究整理上报各种《建言献策参考》200多份，出版《中国与全球化研究》《中国与全球化智库》《中国国际人才》《中国海归》《建言中国》等刊物上百份。CCG相关国内外媒体与转载上万次，百度搜索达到几百万次。

纵观西方近500年历史，几乎每一个强大国家的崛起，都伴随着该国智囊机构的涌现。大国崛起必有大国智库。智库是政府之外唯一专业从事政策研究的机构，世界上有超过100个国家的7 000多所智库，美国的崛起与其强大的现代智库体系息息相关。然而，作为世界第二大经济体的中国，都还没有一个真正具有世界影响力的顶级智库。官方统计，我国有近2 500家软科学研究机构，智库数量号称世界第二，但实际上获国际认可的智库仅有400余家，与世界大国地位极不匹配。

2013年4月15日，习近平总书记对“建设中国特色智库”作出重要批示，党的十八届三中全会也强调“加强中国特色新型智库建设，建立健全决策咨询制度。”智库建设已经上升为国家战略，中国智库发展进入了快速发展的新时期。

资料来源　王辉耀，苗绿.大国智库[M].北京：人民出版社，2014.

【案例思考】

1.思考智库对公共政策有何影响。

2.结合本案例，谈谈你对公共政策有何理解。

3.从大国智库对大国崛起的影响力，谈谈“智刃无锋、何以大国争锋?”

公共政策学研究的是现代社会中由权威机构制定的面对复杂社会问题的各项规定和制度。社会问题越复杂多变，对公共政策的需求越多，而公共政策的大量产生则推动了公共政策研究的发展。从一些学者将公共政策作为研究对象以来，这门学科从产生到成熟，逐渐成为政治学和公共行政学的一个重要的分支学科，它已经形成了作为一门学科应该具备的一系列概念和基本原理。

§1.1 公共政策概念

1.1.1 政策概念的起源

在日常生活中，政策是出现频率极高的词语。从词源学上分析，在中国古代并没有“政策”一词，只有“政”与“策”分开的词语。古人云：“政者，正也。”（见许慎《说文解字》）“正”的含义为“规范、规正”。而“策”的含义是“计谋、谋划、策略”。在《人物志·接识》中有：“术谋之人，以思谟为度，故能成策略之奇。”《战国策》就是用“策”为名。《吕氏春秋简选》中解释：“策，谋术也。”

关于现代词语“政策”一词的来源说法不一。一种说法是政策一词来自日本。日本在明治维新以后，将早先传入的汉字“政”和“策”结合起来，用来翻译英文“policy”一词，于是就有了“政策”一词。鸦片战争以后，随着中国国门的打开，它逐渐传入中国，成为现代“政策”一词的来源。

另外一种说法是来自西方人士的翻译。据载，英国传教士李提摩太曾在1895年上书清政府一份《新政策》，其内容建议清政府设置新政部，聘请英美等国人士来主管新政。后来，梁启超在1899年所写的《戊戌政变记》中开始使用“政策”一词：“中国之大患在于教育不兴，人才不足，皇上政策首注重于学校教育之中可谓得其本矣。”后来，孙中山也在文章中使用“政策”这一概念。此后，政策一词就流传开了。

在当代中国，日常所说的政策通常指政府制定的所有规章制度、法规和文件。它常常与“路线”、“方针”、“战略”、“计划”、“措施”、“策略”和“纲领”等词互相替换使用。这些词语都可以归入到政策系统中。但是，这些词语还算不上是科学规范的学术概念，对于研究公共政策学的学者来说，必须从这些日常词语中抽象出更有代表性和精确化的概念，它必须能够准确反映出政策的本质特征。

1.1.2 公共政策概念

公共政策概念是研究者们在对现实生活中各类规章制度、计划项目等材料进行总结和归纳，加上理想的理论思考而得出的一个规范性概念。它具有一般政策概念所不具备的特征和含义。

公共政策概念最典型的特征就是它所包含的公共性含义。**所谓公共性，是区别于私人性而言的，它意指政策属于从私人领域中抽离出来的诸如公共卫生、公共教育、公共环境、公共资源、公共舆论、公共秩序等公共领域的现象，它对公众在公共领域中的行为（包括其权利和义务）进行规范和约束。**公共政策就是基于这种性质由代表公共权威的机构来制定的具有一定合法性的公共事务的计划、规定和法规，它必须为公共利益服务，通过对公共空间和公共事务的规定来保护和协调公众的利益。根据这一属性，学者们在公共政策的研究中加入了很多规范性的价值性要素，并依据这一标准来确定研究方向和研究范式。

公共性是公共政策概念的重要标志，绝大多数学者在研究和定义公共政策概念时都强调了这一点，有的甚至将这个内容作为它最主要的特征。这从一些西方学者对公共政策的定义中可以发现。这些学者虽然从不同角度界定了公共政策的基本内涵，但是都有一个共同点，即强调了公共政策的公共价值和公共目标性。下面是一些比较有代表性的定义：

公共行政学的最早开拓者W.威尔逊认为，公共政策是具有立法权的政治家制定出来的由公共行政人员执行的法律和法规。在威尔逊看来，公共政策主要是一些法律和法规；这些法律和法规又是由政治家制定出来的并且只是交给公共行政人员去执行的。

H.拉斯维尔和亚伯拉罕·卡普兰在《权力与社会》中指出，公共政策是具有目标、价值与策略的大型计划。

戴维·伊斯顿在他的《政治系统》中这样界定：公共政策是对全社会的价值所作的权威性分配。

卡尔·弗里德里奇在《人民与他们的政府》中指出，公共政策是在某一特定的环境下，个人、团体或政府有计划的活动过程，提出政策的用意就是利用时机，克服障碍，以实现某个既定的目标或达到某一既定的目的。

托马斯·戴伊在他的《理解公共政策》中指出，公共政策是涉及大量人力和资源或关系到很多人的政府决定；凡是政府决定做或不做的事情就是公共政策。

安德森在《公共决策》中的定义是：公共政策是一个有目的的活动过程，而这些活动是由一个或一批行为者，为处理某一问题或有关事务而采取的；公共政策是由政府机关或政府官员制定的政策。

通过以上对公共政策概念的列举我们可以看出，学者们在给公共政策下定义的时候具有一定的共性，其反映了公共政策概念的特征：

首先，以上概念都明确了公共政策的主体是政府权威机构。有的概念强调了公共政策主体的两重性，将其分为政治决策机关和行政执行机关，如威尔逊。有的概念将政策主体分为组织团体和个人，认为两个都可以担当政策的主体，如弗里德里奇和安德森。

其次，以上概念都界定了公共政策的性质。这种界定分为动态和静态两种，从动态角度，他们将政策看作一种计划或项目的执行过程，将政策看作特定计划的全部过程，是动态要素的综合，如安德森、弗里德里奇；从静态角度，他们将政策看作是一种计划或一种法规，是政治机构通过的成文的合法的规范性文件，如威尔逊等。

再次，正如前文所述，以上概念都强调了公共政策的价值性和目的性。这是公共政策区别于一般个人决定和团体行为的根本特征，并且这种价值性和目的性是宏观的和全局的，它关注的是全社会和整个国家的公共价值与公共目的。这方面比较有代表性的概念就是拉斯维尔的定义，即“全社会价值的权威性分配”。

通过比较分析，我们发现以上三点正是我们学习公共政策学，了解公共政策概念的基本要点。这3个要点基本上反映了公共政策概念的核心特征。也就是说，这3点反映了公共政策概念的主体、内涵和性质。公共政策的主体是负责公共政策制定和执行的团体或个人，是公共政策发挥效能的主要决定者。这种团体一般是代表公共权威的政府机构，包括政治决策机构和行政执行机构。公共政策的内涵是指公共政策包含了什么内容，反映了什么社会行为过程。从形式上看，它既表现为特定的法规文件，又表现为这些政策文件的执行和运作过程。从内容上看，则表现为其对社会价值的分配和对公共目的与公共利益的追求。公共政策的性质是指它所蕴含的社会属性，从前文我们可以知道，公共政策的根本社会属性就是它的公共性，这是它区别于一般决策的关键所在。

以上是对国外一些有代表性的学者对公共政策概念的定义的分析。自从公共政策学在我国开始建立以来，我国一些学者也对这一概念进行过不同的定义，在提出我们的概念之前，我们可以先考察一下他们的定义。

孙光在《政策科学》中的定义是：政策是国家和政党为了实现一定的总目标而确定的行动准则，它表现为对人们利益进行分配和调节的政治措施和复杂过程。

林金德在《政策研究方法论》中的定义是：管理部门为了使社会或社会中的一个区域向正确方向发展而提出的法令、措施、条例、计划、方案、规划或项目。

王福生在《政策学研究》中的定义是：人们为实现某一目标而确定的行为准则和谋略，政策就是治党治国的规则和方略。

张金马主编的《政策科学导论》中的定义是：党和政府用以规范、引导有关机构团体和个人行为的准则和指南，其表现形式有法律、规章、行政命令、政府首脑的书面或口头声明和指示以及行动计划与策略等。

中国台湾学者林水波、张世贤合著的《公共政策》中的定义是：政府选择作为或不作为的行为。

中国台湾学者伍启元在《公共政策》中的定义是：政府所采取对公私行为的指引。

陈振明在《公共政策分析》中的定义是：政策是国家机关、政党及其他政治团体在特定时期为实现或服务于一定社会政治、经济、文化目标所采取的政治行为或规定的行为准则，它是一系列谋略、法令、措施、办法、方法、条例等的总称。

中国台湾出版的《云五社会科学大辞典政治学》认为：政策是某一团体组织，无论小如社团、大如国家政府，以及国际组织，欲达到其自身的种种目的时，就若干可能采取的方法中，择一而决定之方法。

从国内的学术界的定义我们可以看出，这些概念虽然或简或繁，文字数量不同，但是，在内容上基本包含了西方学者的3个主要的要素：主体、内涵和性质。当然，国内学者的定义在主体方面，特别强调党和政府的双重主体，这是和西方学者概念界定最大的区别。这也是根据我国实际国情而概括出来的。在内涵上，国内学者的定义比较注重形式，强调了政策的多种形式，如法规、条例、措施、办法、方案、规划、文件等，这与我国客观实际有关系，我国大量的文件名称造成了政策定义的复杂化。在性质上，国内学者更多的是强调国家权威性，几乎没有人指出公共政策的公共性质。这是我们和西方学者在观念上的差异造成的。中国一直都有国家权威主义的传统，所以对公共政策的界定自然就突出了它的国家色彩。而西方一直具有自由、民主、自主、自治的传统，所以对公共政策的定义就强调它的公共价值和公共目的性。另外，国内学者的概念比较偏重于公共政策的静态表现，强调公共政策是一种法规、规章、指南和计划，较少指出公共政策也是将这些规章、计划和措施付诸行动的行为过程。

通过对中西方学者关于公共政策概念的比较分析，我们认为，以上学者的概念各有优劣，从不同角度界定了公共政策的内涵和特征。我们充分吸收以上定义的精华，并总结出一个新的概念：**公共政策是权威的国家机构及公共团体为了实现特定的公共目的，对社会价值进行合理配置的决定与实施过程。**

这一概念尝试将前面总结的三大要素都包含其中。首先，强调了政策主体。此概念将政策主体界定为权威的国家机构及公共团体，实际上将主体分为两大类：权威的国家机构和社会公共团体。在社会自治性越来越发展的现代，除了政府机构，社会公共团体也逐渐成为主要的公共利益协调的组织。所以，这是此概念将二者纳入到主体范围的目的所在。其次，这一概念强调了公共政策的公共目的性，任何公共政策都是基于公共目的而制定的，这是它的本质特征。再次，还强调了公共政策的价值分配功能，公共政策最主要的功能就是对社会价值的分配，这是从伊斯顿以来比较公认的判断。最后，这一概念强调了政策制定与实施的静态和动态的相结合，所以指出公共政策包括政策的决定和实施过程两个环节。

1.1.3 公共政策的特征

1.公共性

公共政策的本质特征就是公共性。任何社会出于对公众服务的目的而制定的规定、措施都是代表公共利益的，而不是代表少数人或者个别人利益的。

首先，从公共政策规范的内容上看，它面对的是社会公共问题，政府公共机构必须去解决这些社会公共问题。社会问题是“一个社会的大部分成员和一部分有影响的人物认为某种社会状况不理想或不可取，应该引起全社会关注并设法加以改变的状况”（乔恩·谢泼德、哈文·沃斯，1987）。当代社会，随着经济、科技、人口等要素的快速发展，社会公共问题层出不穷，越来越严重地影响着公共生活的秩序、安全和品质。这些问题包括：饥饿、贫困、吸毒、酗酒、卖淫、嫖娼、种族歧视、性别歧视、精神疾病、家庭暴力、就业问题、人口问题、资源问题、环境问题等。这些问题早已不是某个团体、某个族群、某个社区、某些人口的问题，而是全球性的问题。它影响着所有在地球上生存的人口的状况。这种普遍关联性的社会公共问题对政策的公共性提出了特殊的要求，必须考虑到最广大公众的需求，才能制定出和谐发展的公共政策。任何以少数人为代价的不平衡的公共政策都违背了它的公共性，并不能真正地解决复杂的社会问题。

其次，在公共政策的制定上，它不是任何个人或者少数人组成的团体可以担负的责任，必须是代表全民的公共机构才有权力完成这一重大的使命。这就是公共政策在制定上的公共性。现代国家基本上都建立了专门从事公共决策的最高议事机构——议会。议会的主要职能是确定国家重大政策、批准各项预算、监督政府管理工作，而这些工作没有一项不是关系到整个国家全体公民的集体利益的。在制定这种决策的时候，由民众所选举出来的代表他们参与决策过程的议会成员将公开进行辩论、投票、表决，最终形成决策。这种公开的、选择性的决策过程就是确保公共决策能代表广大民意、保护广大民众利益的程序。

当然，我们也不可以忽略公共政策的阶级性。公共政策从最初产生开始，的确是代表了少数统治集团的利益。统治集团为了维护他们的统治，必然制定出特殊的政策来巩固他们的政治权力，掠夺其他阶级的利益，这种政策是不公平的，它主要出现在封建时代和资本主义时期。但是随着社会公平观念的深入和政治文明的发展，公共决策过程民主化的加强，这种仅仅代表某个阶级的政策类型会逐渐减少，某个阶级主导多数公共政策的情况也会在民主化力量的广泛参与下变得越来越少。也就是说，在民主化发展水平较高的国家，决策体制不可能仅仅允许少数精英集团进入，而不允许其他多数团体参加。民主化必将以允许最广大民众参与到影响自己利益的公共决策中来为重要的标志。民主化必将带来公共决策的公共化，提高公共决策的公共性。

2.价值性

任何公共政策都是价值选择。伊斯顿的著名定义是"政策是对社会价值的权威性分配"。这是因为，社会价值是社会公众生存的根本，价值是公众生存中孜孜以求的目标。几乎所有重大社会问题都是和社会价值的分配相关的，而解决这些公共问题的公共政策就扮演着价值调配的角色。在现代国家产生以前，还没有一个统一的中央政府能够担负这种职责，社会价值分配基本上是地域化的和采邑制①的，社会价值分配也是分散的。只有到了现代国家产生以后，国家权力被高度集中到统一的中央政府手中，国家总体价值分配体系才建立起来，统一的价值分配市场也才形成。因此，中央政府就能够集中国家权威制定统一的公共政策来实施总体价值调配。

公共政策的内容就是价值配置，那么，政治生活中有哪些公共价值呢？公共价值一般包括地位、尊重、安全、秩序、利益等。一定社会总会形成受到公众所关注和追求的特殊地位等级，地位越高受到的尊重越多。哈罗德·拉斯维尔曾说过："尊重是座难以攀登的金字塔。"各种社会等级森严的地位体系赋予了尊重不同的内涵，要获取更多的尊重，人们必须在等级金字塔体系上艰难地攀登。作为政治生活重要标志的公共政策，首先必须对代表公共地位的等级和尊重价值进行合理配置，只有这样才能够将尊重价值回归到公共观念中。对地位和尊重价值的合理配置主要表现在对公共职位的公开化、公平化设置的行为中，如议会代表的公开竞选、公共官员的公开考试、公共职位的公开竞聘都属于这一类行为。现代社会对尊重价值的规范化配置更加促进了尊重的权威性和重要性。

安全与秩序是另一对相关的公共价值。安全是关系到每一个公民的不可或缺的关键价值，从生存本能上看，任何人都追求最大的安全。安全既是国家的总体要求，也是社会的需要，没有安全，任何其他价值都不能得到合理有效的分配。而秩序和安全密切相关，秩序将人们的生活纳入到一种规范有序、可以预见、相互信任的程序中，秩序给人们提供生活、工作必需的可靠保障。作为一对重要的价值，公共政策努力追求提供和分配最大可能的安全和秩序。有许多公共政策扮演这种角色，如公共安全政策、国防政策、对外宣战、警察制度、社会保障、社会救济等。公共政策的目标是将所有公民都纳入到安全与秩序的公平分配框架中。

还有一种重要的价值就是利益。这是一个比较宽泛的概念，它可以包括收入、财物和其他可见与不可见的好处。这是一种最普遍的、最现实的价值，绝大多数政策都牵涉到利益的分配。甚至有学者将公共政策就定义为对利益的分配行为，比如迈克尔·希尔将社会政策定义为"影响公共福利的国家行为"。公共政策，尤其是福利国家时代的社会政策更加具有利益协调的功能，社会政策朝向保护弱者，维护社会公平的道路不断进步。从20世纪初期以来，不断出现的社会保障、医疗福利、公共住房、教育等政策为普通民众提供了更多的利益保护，在基本生活要求的利益配置上提供了比较充分的保护。公共政策的利益性是它影响社会、实现目标的重要指标。

① 国家被分为许多封建领地，封建领主享有领地的价值主导权，这种制度就是采邑制的价值分配模式。

3.权威性

公共政策的权威性是一个比较有争议的性质。从许多学者的理想化界定来看，公共政策应该更多地代表公众的利益，反映公众的诉求，而不应该是从政府的角度运用国家权威来执行的强制性行动。但是，在客观现实中，从来没有一个国家政府的公共政策不具备公开或潜在的权威性。公共政策的主体始终是国家机构，即使在社会自治水平较高的国家，国家设立的公共机构仍然是公共政策的主要制定者和实施者，而一旦公共政策由国家公共机构来制定和实施就意味着公共政策包含着不可忽略的权威色彩。

公共政策的权威性首先表现在作为最大的公共机构的国家政府在享有决策资源、综合运用专家智库、搜集社会信息方面的权威性地位。没有任何组织能够具备国家政府这种优势可以站在社会的制高点上制定更加具有宏观调控力的政策。例如，国际外交政策、人口政策、环境保护政策、社会资源利用政策等，这些政策不是一个单一的专门的组织能够制定出来的，它不能缺少对全球总体状况的把握、对相关信息的全方位了解和对最先进技术与知识的利用，只有这样才能够制定出科学合理的决策，而这种功能必须是由国家设立的具有法定权威、丰富资源和悠久历史的政府公共机构才能够发挥出来。

另一种权威性的含义是指政府机构享有警察权威可以对一些政策实行强制执行。公共政策一旦制定就必须付诸实施。然而，政策实施的过程并不是一帆风顺的，政策的目标群体也是带有自身价值要求的群体，他们在配合政策实施过程中会根据自己的判断，或者合作、或者不合作甚至对抗政策实施。面对目标群体的不合作和对抗，政策执行者除了运用劝说、谈判等手段以外，还有一种手段就是运用其警察权威来强制执行。例如，环境保护政策、人口政策、安全秩序政策、危机处理政策、疾病预防政策等都属于这种带有强制性的政策类型。

公共政策的权威性与公共政策的民主要求之间存在一定的张力，如何在民主化的潮流中减少公共政策权威色彩、更多地赋予社会机构自主的决策权和处置权是民主政府所必须追求的目标。然而，在推动民主化的过程中，政府的权威又在扮演着一个重要的角色，公共权威对反权威的民主倾向的引导与权威本身似乎是一对不可调和的矛盾。决策者只能在这一对矛盾中不断地平衡、发展着。

4.动态性

学者张金马提出，公共政策有一个生命过程，这种生命过程就是其动态性。首先，公共政策要经过政策问题、议程设置、方案分析、决定方案、执行政策、政策评估、反馈修改、政策终结等过程。这种直线式的过程反映了公共政策从产生到发展，再到结束经历了一个生命周期。任何政策都有生命周期，一个政策的终结也就意味着一种社会问题的减退或消失，也意味着另一个新的政策即将开始。公共政策的这种过程的动态性让我们在制定公共政策中要严格遵守政策制定程序，保证公共政策决策和执行的科学化和规范化，提高公共政策效率。同时，这种直线动态性也提醒我们，任何公共政策都不是永远存在的，它必定有一个生命周期。一旦特定的政策面临新的环境而出现不适应的状况，该政策就必须调整、修改或者终止。公共政策的直线动态性要求我们对政策不能抱有任何幻想，任何完美的政策都必定会随着时间的流逝而完成自己的使命。

另外，公共政策的动态性还表现在它本身的不断完善和对外部环境的适应方面。按照理性学派的观点，公共政策是通过管理者和专家的精心设计而制定的最优方案，但是理性决策的观点受到来自西蒙等满意决策学派的挑战。西蒙提出，并不存在最优决策，只有不同方案的满意决策。之所以只有满意决策就是因为人们的理性是“有限理性”，有很多现实条件和理性限制制约着理性决策的水平，客观条件的千变万化也时时刻刻影响着决策方案的实施。所以，决策是在客观环境变化过程中“渐进调适”的过程，通过对客观环境的分析和对决策的调整而不断完善，使决策朝着目标发展。

公共政策的动态性是其本质特征之一，任何制定决策和执行决策的人如果没有认识到决策是动态变化的，那么很容易在行动中因为思维僵化而失去效率。动态性要求我们既要认识到决策没有一劳永逸的事情，也要认识到决策不是一成不变的，决策在执行中要不断调整，不断完善，这样才能最有效地实现政策目标。

§1.2 公共政策的功能

公共政策的功能是指公共政策通过执行在现实环境中所产生的实际效果和影响。公共政策总是要付诸实施，最终产生预期的效果才算完成自己的使命。公共政策最主要的功能是对政策所针对的公共问题产生治理效能。面对不同的公共问题，公共政策所发挥的功能不完全一样，其预期实现的目标也不一样。总的来看，公共政策的功能主要表现在以下几个方面。

1.2.1 目标导向功能

目标导向功能指的是公共政策对社会生活和经济发展规定了特定的目标，并以此来引导社会经济朝这一目标发展。一般说来，一个国家或一个地区的重大战略性政策都具有这种功能。现代国家区别于传统国家的一个显著的特征就是，现代理性支持的国家战略管理越来越发挥着重要的作用，国家在少数精英所策划的宏大蓝图下按计划发展着。在计划经济时代的中国，制定国家计划是最重要的政治工作，几乎所有的工作都被纳入到国家计划当中，国家扮演着一个重要的策划人和总管的角色。这一时期，政策的目标导向功能极为明显。即使到了市场经济时代，计划仍然是国家重要的工作。每隔五年的五年计划和每年的国务院工作报告都会发挥目标引导功能。

目标导向是理性时代公共政策的重要功能。科学技术的飞速发展和社会科学知识的成熟运用是公共政策对社会进行目标引导的重要基础。决策者可以利用越来越发达的科学技术来促进经济和社会的进步，实现复杂的政策目标；也可以利用成熟的社会科学知识来分析公共政策的制定，对政策模型进行科学选择，从而提高公共政策的科学性。公共政策的正确性越高，效率越显著，其对社会的引导越明显。这也正是越来越多的精英被吸纳到政府管理中来的重要原因。

公共政策的目标导向功能还包括价值引导。国家价值体系集中体现在其国家意识形态中。意识形态是国家统治精英所宣传的、合法化的价值体系。在现代国家中，意识形态逐渐或明或暗地影响着公共政策。例如，美国的外交政策总是在保守主义和自由主义两条线中间游移，不会超出两大意识形态体系的规范。价值引导功能对社会发展发挥着重要的规范作用，它利用其价值准则规定着社会的判断，影响着社会群体对未来的认识和展望，从而达到引导社会进步的目的。

1.2.2 法律规制功能

规制的英文是“regulation”，翻译成中文可以译成“规制”、“管制”、“规章”和“规束”等。其含义就是政府利用法律工具对社会行为和经济行为进行规范和管制的政策行为。这是一种制定和执行规范性文件的权力，也是政府通过制定和执行行政法规和规章来限制客观对象，实现其社会经济调控职能的重要方式。规制是一种法律行为，所以规制政策的主体一般包括立法机关、行政机关和司法机关。也就是说，广义的政府机关都可以行使规制权力。

政策的规制功能可以分成两类：经济性规制和社会性规制。所谓经济性规制主要是通过许可、认可等手段，对企业的进入、退出、产品或服务的价格或质量、交易方法和条件所进行的规制。经济性规制的共同点是通过准入规则、进出口规则等来限制同类企业的自由竞争。经济性规制也包括对垄断和不公平交易的规制。经济性规制的目的主要是保护消费者利益和生产者利益。在保护消费者利益方面，为防止垄断企业危害消费者利益，需要对电力、煤炭、自来水、铁路、电话通信等垄断企业的产品和服务的价格和质量进行规制；为防止一些产业出现超额利润，需要对住宅、土地、石油和天然气等产业部门实行价格规制等。在保护生产者利益方面，为防止过分竞争而实行价格规制和准入规制；为促进特定产业的发展而实行进口规制；为防止企业间不公平竞争而实行反垄断规制等。

社会性规制是指为保障劳动者和消费者的安全、健康、卫生、教育、文化、福利以及防止灾害、保护环境而对危害社会安全和秩序的行为实行的规制。社会性规制的目的在于确保国民的生活质量和公民的基本权利，确保社会公平和保护经济弱者，可以说，社会性规制在本质上是以增进国民的社会福利为目的的。从经济学角度看，社会性规制是以管理公共性物品、非价值性物品、外部性以及信息不对称为目的的。对公共性物品，政府规制主要针对其提供方式进行，保证公共物品供应的公平性和开放性。对非价值性物品（如枪支弹药等）则要严格规制以保护社会安全。对具有外部性的物品，则要求通过各种手段来有效规制，以保护社会环境和公共利益。对信息不对称现象的规制主要要求健全信息披露制度，扩大信息公开程度，将信息不对称给消费者带来的损失降到最低。

1.2.3 利益协调功能

公共政策的核心是解决社会利益的分配和协调问题，所以利益协调是其重要的功能之一。公共政策的利益协调功能来自于客观现实中永远存在的利益分配不平衡。利益分配的不平衡会导致各种围绕利益而产生的斗争和冲突，例如，国家的地缘战略冲突，种族的土地、资源冲突，公司的产品市场冲突，个人的利益竞争冲突等等。而作为一个地区的最权威的公共机构，国家和政府自然具有不可推卸的责任来协调这些利益，尽量避免冲突，维持社会的正常秩序，保障大多数人的生活利益。所以公共政策的利益协调功能就是对国家和地方范围内出现的利益矛盾、冲突加以缓解、调和、协调，使其不断趋于和谐。当社会处于激烈变动甚至转型时期，公共政策的协调作用更加明显。政策必须重新调整、规范和协调人们之间的行为、利益，以保证新的制度模式建立，并发挥其法定功能。

利益协调最主要的内容就是贫富阶层的利益协调问题。随着社会市场经济的发展，贫富差距总是在不断地加剧，这是自由市场经济中垄断带来的必然后果。为了减少悬殊的贫富差距，国家利用公共政策加强了利益协调的功能，通过税收手段（个人所得税、遗产税等）向高收入阶层征收较高的税额，然后通过再分配政策，如社会保障、社会救济、转移支付等把国家税收用于适用于所有公众的公共设施、公共教育、公共卫生事业中，以此来保障经济弱势群体的生存机会和生存利益。再分配政策扮演着重要的利益协调角色。

公共政策的利益协调功能表现在国家利益的各个方面，如政治利益、经济利益、社会利益等。决策者制定公共政策总是希望能够通过特殊的政策来实现其平衡政治、经济、社会关系的目标，以确立稳定的社会秩序，提高公民的生活质量。

1.2.4 政治象征功能

有一些公共政策和一般的具体政策不同，它没有具体的实施措施，也没有明确的财政支持，它用宏观的规范性话语来规定社会发展的方向和确立调整社会秩序的标准与条件，以此来达到表达政府的态度和决心、表明政府立场的作用。这一类公共政策的主要功能是政治象征功能。例如，国家在对外交往中，对他国出现自然灾害、其他事故的公开慰问和关切，就属于这种象征性功能。在国内管理中，国家对某些公共事故的批评和谴责，对某些成绩的表扬都属于象征性政策。国家对近期社会发展总体方向的规定也属于这一类政策，它主要发挥社会发展的象征性功能，对给公众以引导、规范、激励。

这一类政策和一般政策最大的不同在于，它们不需要具体执行，它发挥的象征性功能主要是在宏观上对社会起一种表明态度和方向的作用。所以，它的政策周期是非常不明确的：可能是短暂的，一经公布就完成了使命；也可能是不定期的，公布后将发挥长期的规范功能。

象征性功能属于政治功能，它不同于经济、文化、军事等政策的具体性和物质性，它为政治服务，从政治符号上给统治集团提供合法性的论证和宣传作用。象征性政策运用得越好，政府在社会合法地位上越稳定，象征性政策运用得不好，合法性将会受到严重的影响。

1.2.5 社会发展功能

社会发展功能是指公共政策能够运用其财政的物质动力来实施其具体措施，以达到改变现状、实现预定目标的作用。一般来说，几乎所有的政策都可以纳入到这一功能范畴中来，目标导向、法律规制、利益协调和政治象征都可以归入社会发展的大概念中，它们都从不同角度促进社会进步和政治文明。但是，从狭义上说，社会发展功能主要体现在制定具体政策、确立发展目标、促进社会经济进步之中。

当前，最重要的社会发展政策就是经济政策。国家制订经济计划，从宏观上确立发展目标，引导社会经济快速发展，实现赶超发达国家的总体目标。制订经济计划以后，政府为了调整经济发展中的各种不正常现象，保证经济秩序的健康和稳定，频繁利用各种法律、利率、价格等经济杠杆来调整经济秩序，确保经济不至于出现过热或发展不足的现象。一旦出现了经济过热或发展不足，政府就开始制定出新的措施来克服这些不足，力求经济发展按照理想的轨道持续进步。经济政策的目标是实现全体国民的共同富裕，让每一个公民都可以过上富足、自由、有闲暇、有质量的生活。

除了经济政策的发展功能以外，其他如政治体制改革、文化创新、科技进步的政策也属于这一类。它们的目标都非常明确，就是为了促进社会在某个领域，在某个时期的快速进步，从而为实现总体目标服务。

§1.3 公共政策类型

公共政策按照不同的标准可以划分为不同的类型，常用的标准主要有内容标准、层级标准、功能标准、时间标准等。下面我们按几个比较典型的标准分析公共政策的类型。

1.3.1 按政策内容标准来划分

按政策内容标准来划分，公共政策主要分为政治政策、经济政策、文化政策、军事政策、外交政策等，这是比较常见的分类。国家机构针对不同领域的不同工作而制定出了权威的政策，以实现其在这些领域的干预和引导的功能，因此出现了各种不同内容、不同领域的公共政策。

最基本的政策就是政治政策。所谓政治政策，是指国家政府在政治和行政领域制定的专门针对政治体制、政党行为、组织制度、组织机构、国际关系等的政策。这种政策的主要功能是调整国家机构的设置、提高国家组织的效能、完善国家机构的服务职能以及协调国家间关系等。政治政策属于基本性的政策，它影响着国家机构在其他领域制定各种政策的效能。

经济政策主要是在经济领域的针对经济市场、经济活动、经济关系而制定的政策。经济政策包括：市场政策、价格政策、利率政策、财税政策、贸易政策、经济许可政策等。社会经济生活的核心是如何合理、有效地配置各种社会资源，生产出更多的产品，以满足人们不断增长的物质和精神生活的需要。但是经济生活和经济秩序并不是完全按照人们的意愿来发展的，总会出现一定的波折和问题。所以，为了克服这些问题，政府就会利用自己的权威，充分发挥经济学专家的知识优势，制定出科学合理的经济政策来干扰经济市场，维护良好的经济秩序。

其他政策分别涉及到不同领域，如文化、军事、外交等领域，这些政策分别在不同领域发挥效能，促进社会总体秩序的稳定和总体生活水平的提高。不同政策的内涵有所区别，但是在制定和执行的环节上都大同小异，都关系到国家机构和社会之间的关系，也涉及到政府内部组织间关系，在政策制定和执行的特征方面都具有较强的共性，受到总体国家体制的影响。

尽管很多教科书认真区分了政策类型，但是，这种比较简单的分类理论价值并不是很大，它缺乏足够强的理论区分力，其对内容所作的类型学区分并不能对其他方面的分析发挥更大的学术作用。

1.3.2 按政策层级标准来划分

按政策层级标准来划分，公共政策主要可分为元政策、基本政策、具体政策（宏观政策和微观政策）等。

元政策是规范和引导政策过程中政策制定、政策执行、政策评估行为的准则或指南。它是所有政策的原则、基础和标准。元政策在政策体系中属于最高层级的政策。它影响着其他所有层级的政策范式。元政策并不多，主要表现为政府的基本价值标准和总体政策目标，以及政治原则。元政策涉及有关政策制定的理念、思想、思维方法、理论等，它代表了统治集团的主要政策指南。元政策与统治集团的意识形态相关性很强，意识形态的很多内容构成了元政策。元政策的基本功能是引导人们按照政府的指导方针正确地制定政策，并执行政策。元政策一般变化不大，在一定时期内可以保持比较大的稳定性。如果元政策出现变化，它可能意味着统治集团的政策范式将出现较大的革命性变化。例如，改革开放元政策的确立就标志着对旧的阶级斗争元政策的革命。

基本政策属于元政策之下的在一定时期内所确立的大的纲领和重大的国家政策。基本政策不同于元政策的理论性和方向性，是对某个领域和某个社会内容进行明确规定、长期稳定的国家政策，这种政策在一定时期内一般不会出现重大的变化。例如，在改革开放元政策的规定下，国家规定的乡村政治民主化政策、经济市场化发展政策、人口控制政策、可持续发展政策等都属于基本政策。它规定了大的政策走向，确立了稳定发展的政策轨道。基本政策的主要功能是针对当前国家出现的重要问题和未来发展的重大选择确立的基本措施，它帮助国家有重点地制订发展计划和纲要，选择发展道路。基本政策将会影响到其他具体政策的制定，它享有较高的法定权威效力。

宏观政策和微观政策都属于具体政策的范畴。具体政策就是在元政策的规定下，根据基本政策的指导来制定的对具体经济社会生活进行干预和介入的政策。它包括调整宏观社会战略的宏观政策，例如，国家针对经济过热采取的银根紧缩政策，国家针对房地产泡沫采取的提高贷款利率政策等都属于具体经济生活领域的宏观调控的政策。它的内容是具体的、明确的，但是它所规定的范围却是总体的，这是它和基本政策不同的地方。基本政策尽管也是总体的，但是它不是某个具体内容，它规定的是大范畴和长时期的发展方向。国家总是要根据社会环境的变化做出适应性的调整，所以，宏观的具体政策也总是在不断变化。一段时期所确立的利率政策可能在另一段时期就会发生较大的改变。

微观政策则不同于宏观政策，它所调整的范围比较小，层次更低。它是在元政策和基本政策的规定下所确立的对某个小的领域和小的事项的权威性计划。微观政策要么是对宏观政策的细化和落实，要么是地区性的规定，由地区政府所制定的针对本社区的公共项目和公共政策。例如，地方政府制定的食品卫生政策就是对国家相关宏观法规的细化和落实，或者根据本地实际情况另外规定的新事项和新要求。无论是宏观政策还是微观政策，具体政策都具有一些共同的特点：①涉及面广，形式多样；②针对性强、内容详尽；③时效性强，变动性大；④执行性强，操作性强等。

以上是根据政策体系层级标准来对公共政策所做的类型划分。这种分类的意义在于可以帮助我们认识政策的层级结构，认识政策框架及其构成的模式，认识政策框架中不同部分的重要性和角色功能。尤其是对元政策的分析，可以帮助我们认识到一个政府体制中反映其基本价值规范和方向的政策模本，这种政策是其执政的原则和方向，是其他所有具体政策的指针和坐标。对元政策的分析有利于我们认识政府的基本价值导向和政策走向。对其他政策的层级区分也可以帮助我们准确地把握公共政策的层级结构，从而在分析中有针对、有重点地把握公共政策的内容和功能。但是这种区分的意义也不够强，尤其不能够给我们提供公共政策功能和价值方面的信息，对公共政策分析还不够深入。下面我们从公共政策功能标准来对公共政策进行类型划分。

1.3.3 按政策功能标准来划分

按政策功能标准来划分，公共政策主要可分为分配性政策、规制性政策、再分配性政策和构成性政策等。

这种分类是美国著名行政学家洛伊的研究成果，也是比较典型、有影响的政策分类。他的分类角度是政策的功能。按照洛伊的观点，几乎所有的公共政策都可以纳入到这个类型中来，它们分别发挥着4种功能中的一种。

1.分配性政策

分配性政策在各国政治中都扮演长期的、既定的角色，这种政策的目的是确保政府给予特定保护者以一定的优惠。通过各种合法化途径，对优惠的对象与契约进行法律认定，从而对社会中较重要部分的要求予以回应，特别是劳工、商业、农业，以及现役退伍军人等。这种政策就是分配性政策。分配性政策主要是政府希望利用资源调配来回应特殊的社会问题，满足特殊的社会群体的需要，或者按照既定的经济社会发展计划来实施社会发展的措施。分配性政策在社会发展中扮演着非常积极的角色。

2.规制性政策

利用政府的权威对社会和经济发展中出现的各种不良现象进行管制和约束。这种政策实际上是对部分人的行为进行规制，其对象主要是有限的少数。规制少数的目的是保护多数的利益，保护公共利益的安全和发展。例如，国家对企业环境污染的指标进行控制就是为了保护公共环境的健康和安全。当然，有时也会是一个普遍的政策，对规制的对象是全体和大多数。例如，我国过去一对夫妇只生育一胎的计划生育政策就是规制了所有的育龄成年人，除了少数民族以外，汉族都要执行这一政策，接受计划生育政策的规制。规制性政策和分配性政策不同，它主要发挥消极的控制和保护功能。

3.再分配性政策

再分配性政策在国内预算中占有最大比例，所以对社会中大部分人的影响特别重大，这些人从政府那里所获得的超过向政府所缴纳的。税收和福利计划就是再分配性政策的例子。再分配性政策主要是发挥社会资源的再调配，以达到社会公平的目的。再分配政策不将社会资源进行直接分配，而是利用税收政策来有区别地把社会资源集中，然后再利用福利政策，对每一个公民都提供生活所必需的福利，比如教育、医疗卫生、体育、法律保护等。这一政策的实施可以确保所有社会公众都可以在一个公平的、机会均等的基础上共同发展。再分配政策给官僚机构留下的自由处置的余地很小。

4.构成性政策

构成性政策针对的是政府机构本身，它不同于前3种政策，有具体的针对对象和社会内容。构成性政策是对政府机构和组织制度进行设计、变更、完善的组织政策。构成性政策在政策类型中也属于非常重要的政策。政府如果要提供公共服务，就必然面临着组织建构的问题，而组织建构并不是一个简单的工作，它牵涉到复杂的社会、政治、经济、文化诸因素。随着时间的变化，组织制度必须经常做出调整，以适应新时期的特殊需要。构成性政策属于政府自身建构的政策，相对来说，它要单纯一些，不会受到更多外部环境的不确定性因素的干扰。

洛伊的分类是开创性的，基本上比较全面地反映了政策所发挥的基本功能。这四大功能的划分，从国家政策对价值的权威分配，到对社会和经济秩序的管制，再到对社会资源的再次调整和配置，反映了国家政策政治行为的主要范畴。政府对社会的政治责任主要是对资源配置进行调整，以保障社会的公平和有序运转。这种功能就导致两大类政策的产生：分配性政策和再分配性政策。这两大类政策并不相同，一类是政府初次对社会资源进行直接分配，以此来进行国家和社会工程建设，促进社会发展。再分配政策是运用间接的税收和福利等工具来调整社会资源配置、平衡社会的差距、协调社会关系的手段。这两大政策是最主要的政策。第三类政策是规制社会秩序，包括政治、经济、文化各方面的秩序，这是政府权威性的一大表现，正是通过这类政策，政府实施了它的权威，利用强大的权威对社会秩序的稳定实施了保障功能。随着现代国家的快速发展，这一类型政策的使命越来越强，所发挥的功能也越来越大。除了这三大政策以外，还有一种对政府和制度本身进行设计和修改的构成性政策，这是政府对自身进行建构的政策。它也是一个重要的政策类型。政府自身的构成是不断演变和发展的，不同政府会出台不同的构成思路与政策，从而对政府的组织构成产生影响，以此来实现这一特殊政治使命。这也是政府对社会输出政治行为的必要条件。

洛伊的分析基本上比较本质地阐明了公共政策的特征。所以这种分类方法在所有的现代国家中可以通用，其理论价值非常大。它可以帮助我们认识国家在不同领域的功能及其发挥的水平，认识国家对社会管理的模式和程度，认识国家功能表现中的正确和失误。它为我们的政府和政策分析提供了清晰的理论视角和概念工具。利用这个理论工具，我们可以比较便捷地进入公共政策分析的核心领域。

§1.4 公共政策系统

前文在分析公共政策概念的时候，谈到了它的几个主要组成部分：政策制定和执行的主体、政策内容、政策对象、政策过程等。按照系统论的观点，系统是指由若干相互依赖和相互作用的组成部分或要素组成的有机整体，构成系统的各个组成部分之间的结合方式叫系统结构，构成系统的元件叫做系统要素。任何系统都可以发挥特殊的功能。世界上任何事物都可以视作一个系统，客观世界正是由许多系统组成的一个大的统一体。

1.4.1　公共政策主体

公共政策主体是政策系统的核心成分，是指参与和影响公共政策决定、执行、监督等过程的组织、团体和个人。它是公共政策出现和实施的主要推动者，是公共政策能够发挥效能的关键变量。在客观现实中，公共政策主体变得越来越复杂和多样化，几乎所有的社会力量都可以纳入主体的范畴。这一趋势反映了现代社会公共政策社会化的普遍性。当然，无论公共政策主体多么复杂多样，关键的影响者还是比较明显的。概括来讲，主要有以下几个重要的主体。

1.立法机关

按照现代政治学的基本原则，公共权力应该被分成3个部分：立法权、行政权和司法权。其中立法权是最重要的权力，主要反映国家意志，发挥对重要事项的选择和决定功能。所以，从这个意义上看，立法机关是最主要的政策制定主体，它代表着国家意志。在当今世界上，几乎所有现代国家都建立了立法机构，发挥着大致相同的决策功能。当然，各个国家由于国情不同，其立法机关发挥的作用及方式都有一些区别。

美国是世界上三权分立原则最明显的国家。其立法机关按照标准的三权分立原则确立，通过选举产生，可以对总统进行控制，且不会遭到总统的解散威胁。立法和行政权力之间建立了互相制约和平衡的张力关系。美国立法机关主要负责对各种财政预算的政策进行决策，将行政机关申报的财政预案表决通过，然后予以拨款，这样政策才能够得到实施。美国国会还能在独立决策意义上行使其立法权，国会的常设委员会对提交的法案通常拥有表决权，他们甚至可以不考虑议会大多数成员的意见，强行通过相关法案。美国有关国计民生的政策，如税收、人权、社会福利的劳动关系等方面的公共政策一般都要经过国会通过。可以说，在国内的经济社会政策中，国会扮演着非常重要的角色。但是，在牵涉到国际事务，如国防和外交事务的政策制定方面，总统比国会享有更大的决策权。美国各州的立法机关的立法权和国会有所不同，它们因为其职责范围的限制或专业人士辅助不力，难以对复杂的或技术性强的立法事务采取主动行为。他们往往只能简单地批准一些一般性事务，如治理犯罪等方面。

在我国，全国人民代表大会是国家的立法机关，是最高权力机关，主要履行国家重要方针政策的制定。《中华人民共和国宪法》（以下简称《宪法》）规定，中华人民共和国的一切权力属于人民，人民行使国家权力的机关是全国人民代表大会和地方各级人民代表大会。全国人民代表大会是我国的立法机构，但是它和美国的国会的职能有很大的差别。全国人民代表大会不同于美国国会的最大特征是，它必须接受中国共产党的领导，必须在党的大政方针下决定各项公共政策。全国人民代表大会有义务把中国共产党的政治纲领、政治意志用法律的形式表现出来，把这些关键的思想贯穿在公共政策的内容和实施过程中。正因为这种特征，所以我国的全国人民代表大会和中国共产党保持着密切的联系，既保证了党对公共政策的统一领导，又实现了人民当家做主的愿望。当然，因为制度关系建立不够顺畅，有些地方的代表大会对公共政策的影响并不大。这种地方必须加强立法机关的权威性，强化立法机关的决策功能，这样才能更好地确保公共政策的民主化和科学化。

2.官僚机构

立法机关虽有立法权，但并不意味其能垄断立法权。即使在先进的民主国家，立法权往往也由其他机关分享或主导。例如，美国总统有法案否决权（veto power），且实际上约有50%至80%的法案由行政机关起草，并在总统的影响与领导下，由国会通过，英国则由内阁主导立法，议会很少积极立法。其主因是现代国家问题错综复杂，需要有专业知识的专家来解决，行政部门有庞大的文官队伍，信息丰富，又有大量专家，而议会则缺少这种人才和相应的资源。所以，很多学者认为，无论在什么政府，官僚机构成为了实际意义上的最重要的公共政策主体。它不仅决定着大量公共政策的制定，还具体负责各项公共政策的实施。

官僚机构作为重要的决策主体是如何获得最大的决策权力的，主要有以下几种方式：

（1）身份与地位决定了官僚机构的决策权力

官僚机构是当然的权力执行者。官僚机构凭借其管理者的地位，能够在基本决策作出之后很长时间内，持续不断地、有效地参与决策过程。这种与权力的近水楼台关系赋予了官僚们政策制定的权威。所以，官僚机构有着其他任何机构所没有的地位上的权力便利。

美国官僚机构经常受到这样的指责："无论官僚的职权是适度的还是实质性的，有害的还是有益的，技术上有用的还是政治上有开拓性的，在美国当代社会中，官僚机构都是有争议的政策制定的行为部门。"

（2）国会授权

美国著名行政学家凯尔曼对官僚机构为什么享有关键的决定权这一问题，总结出两层理由，其中之一就是国会常常授予政府机构以正式权力去作出具有法律效力的抉择。国会授权是最合法的权力来源，官僚机构正是通过这一途径获取了大量的行政决定权，从而对社会生活实施其重大的影响。

（3）决策信息的来源地

凯尔曼总结出的第二层理由就是关于这一方面的。他认为，政府机构往往是政治过程其他参与者所使用的有关政策问题的信息的一个重要来源。政府机构任何部门关于一个政策范围所具有的专门知识都比不上与该范围有关的政府机构。这种信息上的天然优势赋予了官僚机构大量的信息裁定权。非信息部门对专业化的政策制定难以提出有用的意见，很多情况下都是做出形式上的表决。

按照一些学者的意见，在不同发达程度的国家，官僚机构的政策影响权是存在差异的。美国学者德洛尔认为，行政部门对政策制定的影响在发展中国家要比在发达国家大得多。他认为："由于发展中国家存在的政策问题少，所以大部分的政策问题都能进入政府内阁的议事日程。而且在发展中国家一般缺少专业性的文官队伍，因而行政部门在绝大部分政策制定中都起到核心作用。另外，发展中国家的权力更集中，所以政务部门无须去考虑建立政治联盟的问题，他们有更多的决策自主权。"这一点反映了公共政策在不同国家受到官僚机构作用的程度与范围存在一定差异，所以分析官僚机构对公共政策的作用也要根据它们的客观国情来进行。

3.政党

政党是进行政治整合、政治意志表达的政治组织。它由具有共同志愿和政治理想的公民组成，从而形成一种强大的政治力量，可以参加国家重大的政治活动，影响各项公共政策的制定和执行。所以，政党是公共政策主体中一个非常重要的变量。

政党分为执政党和在野党两大类。两类政党对公共政策的影响程度与方式存在很大差别。一般来说，执政党由于享有国家政权，扮演着国家的治理者角色，所以它的影响是最大的。一定时期内（如在选举制国家，选举的周期就是这个执政党发挥作用的时期）执政党可以按照本党的大政方针，制定和倡导各项新的政策，从而实现其政治纲领和竞选时的许诺。它们一般会不遗余力地推行新政策，如通过政治宣传、媒体传播、国会游说、社会活动等方式将新政策制定出来并予以实施。执政党由于享有丰富的政治和行政资源，所以能够在其执掌政权期间发挥重大的政策主体功能。

与执政党相比，在野党没有政策的决定权，所以不能和执政党相比。不过，在野党也有自己的组织力量和政治资源能够发挥其对政策的推动、促进、反对和影响功能。在野党对有利于本党的政策会大力推动，不惜调动各种政治资源来促使政府实施。相反，在野党对不利于本党的政治决策，尤其是执政党制定出来的政策，他们会大力反对和阻挠通过，或者阻挠实施。他们会借用政治游行、政治游说等方式来力求实现其反对政策的目标。

在政党轮流执政的西方国家，由于定期选举的需要，政党为了获得政治权力，会出现为迎合选举、讨好选民而选择某种政策模式的倾向。这种倾向对经济秩序产生比较重要的周期性影响，因此被学者称为选举的“政治经济周期”。一般来说，在大选临近的时候，执政党为了巩固政权，会选择采取扩张性的财政和货币政策来降低失业率，以获得更多的选票。而在选举后，为了克服扩张性政策带来的不良后果，如通货膨胀，执政党又会采取紧缩性的财政政策，以抑制通货膨胀。这种政策的变动会明显地带来经济的波动，因此，人们将这种随着选举年而采取的政策更替模式所带来的经济波动称作政治经济周期。这是政党主体及其活动给经济带来影响的最明显结果。

4.利益集团

按照美国政治学家阿尔蒙德的定义，所谓利益集团，就是“因兴趣和利益联系在一起，并意识到这些共同利益的人的组合”。利益集团是政治生活中一个特殊的现象，当人类社会面临复杂的政治斗争和政治问题时，单个人并不能直接参与到这种大型的政治行为中，他们必须结合起来形成一种具有规模的力量才能够在公众的交往中表达自己的意志，实现自己的政治目的。这些政治个体的结合除了一种有意识的组织化方式以外，还有一种根据个人的兴趣偏好和利益倾向而自然形成的特殊的利益团体，而后者常常是政治生活中的重要的组织现象。

利益集团的主要功能是集中具有共同兴趣和利益的团体和个人来参加公共政治生活，对公共政策的决定与实施产生一定影响，从而促使公共政策给这一团体带来一定的政策偏好和照顾。所以，利益集团具有利益整合、利益沟通、利益表达和利益保护的功能。一般来说，利益集团的形成总是建立在共同的职业类型或者相近的地域条件的基础之上的，例如，农民组成农民协会、商人组成商业行会等，特定地域的人口形成特定地域的组织和团体等。社会按照职业化和地域化分工，并形成组织化的利益集团，给大规模的政治交流准备了条件，利益集团是大型国家政治沟通不可缺少的途径。利益集团主要负责将这一特殊利益群体的意见表达出来，他们可以通过各种方式，例如游行、游说等来影响决策的进程。社会中的利益集团模式越健全，其政治利益表达越充分，社会政治文明程度越高。这种充分的表达发挥着有效的利益保护功能。加入某一利益集团，意味着个人利益将得到组织的保护。

利益集团的功能受到许多要素的影响，这些要素制约着利益集团政治功能的发挥。这些要素包括：团体的规模、团体的资金水平及其他资源条件、团体的凝聚力、领导层的工作技巧、团体的社会地位、竞争性组织的存在、与官方决策者的关系、在政治系统中的地位等。一般来说，规模越大，资源越充分，与官方决策者联系越密切，在政治系统中，地位越高的利益集团的政治影响力越大，对公共政策的影响度越高。反之，则影响力弱小。这种影响也和总体社会环境有关，在制度化水平非常高的民主国家，利益集团发挥效能的途径和程度也高，而在制度化水平不高的发展中国家，利益集团连形成都会受到权威体制的限制，更不用说发挥积极的政治作用了。

利益集团发挥作用的方式很多，在西方国家主要有院外活动、舆论宣传、政治捐款、抗议示威等。其中有代表性的是游说，利益集团会选择具有一定政治关系的人作为自己的说客，去游说那些国会议员和重要的政府官员，从而推动有利于自己的政策迅速通过。由于这些活动基本上在议院走廊或者休息室进行，所以被人们称作是“院外活动”。游行示威也是最常见的利益表达方式，利益集团会将本组织的成员组织起来，在政府所在地举行游行示威，期望引起决策者的注意，从而保护自己的利益。

以上所讲的官僚机构、政党和利益集团影响公共政策的方式可以做一个简要的比较，从而可以发现3种力量对公共政策影响的特征有何不同，见英国学者米切尔·黑尧的归纳，即表1-1：

表1-1　政策过程中的政策流

	政党政治	谈判	行政
问题种类	主要构成要素的分配后果	影响强大的利益集团	几乎所有各种问题上都有影响力
核心主体	政党	利益集团	官僚机构
阶段—空间	公开	公开和私下	私下
核心阶段—时间	早期	中期	后期

3种力量所关心的公共问题、影响公共政策的空间和阶段各不相同。政党关注构成要素的分配，利益集团关注自身的利益，官僚机构则影响几乎所有问题。政党主要是公开活动，在政策早期发挥影响力。利益集团通过公开和私下两种方式，在政策中期发挥作用。而官僚机构则是私下活动，在政策后期发挥重要执行影响力。

5.思想库

思想库（think tank），又称脑库（brain tank）、智库，是现代公共政策研究组织的别称。它是现代政策主体构成中一个具有特色的重要组成部分，也是现代公共政策制定中不可缺少的环节。思想库主要是由公共政策领域的专家和技术人员组成的对公共政策方案制定、决策、实施、监控和反馈等过程进行跟踪式的分析、咨询、报告、提出修改意见等的组织机构。思想库是现代社会的产物，首先是第一次世界大战后在美国出现的，美国较早的思想库有胡佛战争、革命与和平研究所（1919），对外关系委员会（1921），布鲁金斯学会（1927）等。这一时期的思想库由于刚刚发展起来，还不够成熟，研究方法有待改进，研究领域比较狭窄，所以影响不够大。

但是，到了第二次世界大战以后，思想库如雨后春笋一般涌现出来，不仅在美国，在世界各大发达国家都冒出大量的政策研究组织，参与到国家公共政策的过程中来。这一时期的思想库比较有名的有：美国的企业公共政策研究所（1943）、兰德公司（1948）、斯坦福国际咨询研究所（1946）、巴特尔纪念研究所（1955）、乔治城大学战略和国际问题研究中心（1962），日本的野村综合研究所（1965）、国际应用系统分析研究所（1966），英国的伦敦国际战略研究所（1958），法国的经济与社会委员会（1946），加拿大的公共政策研究所（1972）等。这一时期的思想库逐渐成为组织机构完善、制度化水平高、研究水平高、研究方法先进的专业化的综合性政策咨询机构。党的十八大以来，我国的智库建设也被提上议事日程。2014年底，中办、国办印发了《关于加强中国特色新型智库建设的意见》；2015年11月，中央全面深化改革领导小组第十八次会议审议通过了《国家高端智库建设试点工作方案》。

思想库高度发展以后，原来由政府建立的单一模式逐渐多样化，很多官方机构、半官方机构、民间资本都参与到建立思想库的行列中来。所以，思想库大致有4种类型：官方思想库、半官方思想库、民间思想库和国际思想库。这些类型的思想库建立的方式各不相同。官方思想库由政府组建，主要是为政府的公共决策提供咨询和依据；而半官方思想库则一般由政府和社会资金共同组建，为政府和社会提供决策服务；民间思想库则完全由民间资本建立，民间思想库组织机制灵活，结构简洁，提供服务比政府思想库更加全面和广泛，可以针对政府和社会灵活而有针对性地提供咨询服务。国际思想库主要针对的是国际事务，例如外交、外贸、人口控制、战争与和平、环境保护等，一般都以官方为主。

思想库发挥政策功能的方式主要是利用其专业和技术优势，提供决策咨询和反馈服务，图1-1表示了思想库和各个机构之间的互动关系。

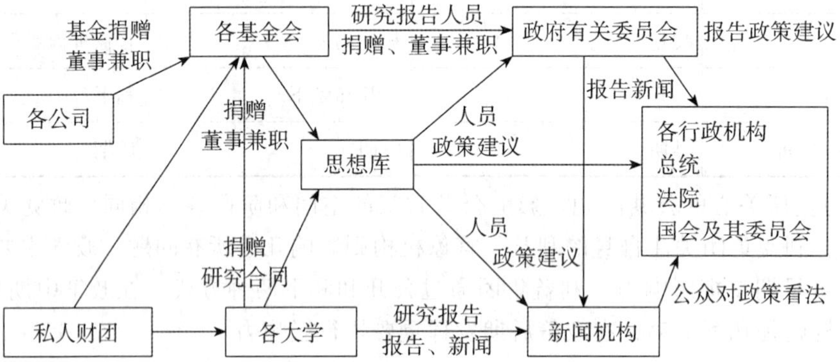

图1-1 思想库与各机构的互动关系

随着社会科学化水平的提高和公共政策的复杂化程度加深，思想库的建设将会越来越发达，专家和学者的知识将随着这一潮流被大量而迅速地应用到政策中来，从而为公共政策的科学化提供更大的保证。

6.新闻媒体

新闻媒体包括利用广播、电视、报纸、杂志、书籍、网络等工具来传播信息和沟通思想的组织机构。它的主要功能就是传播信息和促进沟通，现代社会的重要标志就是信息公开化，人们从私人的交流转移到公开化的公共交流状态，越来越多的信息得到共享，越来越多的话题转向公共化。可以说，新闻媒体的开发和发展是政治自由的重要标准。正因为如此，新闻媒体成为公共政策的重要主体，它对公共政策的决定与实施发挥着重要的影响力。

新闻媒体能够成为重要的政策主体，并不是因为它像其他主体一样能够直接对公共政策产生影响，而是因为它可以在外围对公共政策施加影响，从而达到其目的。新闻媒体一般来说并不代表某个利益团体或者政治组织、个人，它应该是公正的，帮助公众反映突出的社会问题，集中民意，向政府机构呼吁，以此来实现稳定社会秩序，沟通社会信息，协调社会关系的目的。具体来说，新闻媒体的政策功能主要有以下几点：

（1）传播政府的公共政策。新闻媒体总是较早地对公共政策进行宣传和介绍，以达到让公众了解政策和支持政策的目的。当然，新闻媒体也可以成为公众讨论政策的平台，从而为政府提供重要的公众态度信息，以更好地制定政策。

（2）标示社会舆论的走向。新闻媒体是舆论的平台，各种民意和民情都可以通过这个渠道反映出来，而这种反映正代表了社会舆论的走向。舆论常常成为政府制定政策的重要指标。

（3）引导社会舆论的变化。新闻媒体还有一种功能，它可以将一定时期的社会舆论进行正确的引导，从而使舆论对公共政策的执行产生积极的支持作用。

（4）沟通社会信息。各种社会问题、态度、变化的信息必须通过不同的新闻媒体反映出来，并进行广泛的交流，这样才能够实现社会观点和价值的自由交流，才能够充分了解丰富的信息，从而制定出科学的、适当的公共政策。

7.公民个体

在众多的公共政策主体中，公民个体作为单个的形式，属于重要的主体之一。任何公民都有权利参与和了解公共政策制定的过程，尤其是和自己利益相关的政策。国家和公共团体制定公共政策的时候也有义务让最广泛的公众参与到公共政策的过程中来，这样才符合现代社会发展的政治民主价值准则。当前世界范围内出现的下放权力和公民自治浪潮就代表了让更广大的公民参与到政策过程中来的趋势。这是世界民主发展的必然走向。

公民作为一种政治身份最早出现在古希腊的城邦政治中，希腊文的公民（polites）一词就是由城邦（polis）一词引申而来的。公民身份最重要的标志就是对政治权利的享有。亚里士多德说，完整意义的公民是有权参加议事和审判职能的人。在托马斯的公民身份的概念中，公民身份（citizenship）是指对平等的描述，权利和义务在一定程度内实现平衡，并且这一平衡是程序性的。从公民身份或者公民资格概念来看，公民是一个反对特权、要求权利和义务平等、要求民主和平等的大众价值观的概念。

公民实现其公民身份的途径主要就是政治参与。只有在公共政策中能够通过法定的渠道自由地、充分地发表自己的意见，并能在一定程度上得到照顾和认真对待，在政策对自己不利的时候能够提出反对意见，并能够得到回应，这样的行动才是平等和民主的参与。政治参与是公共政策实现其民主目标的唯一途径，参与越广泛，其民主内涵越高。一般来说，公民参与公共政策的途径与制度保障主要有以下几种：

（1）参与国家重大决策的途径和制度。例如，直接投票，在总统选举和重大事项的全民公决中，公民可以参与投票，其投票将对选举结果和公决结果产生影响。这是公民参与重大决策的最直接的民主方式。林德布洛姆说，选举的事实间接地将一个原则强加于未来的决策者，即政策制定要考虑公民的愿望。

（2）参与一般地区性政策的途径和制度。例如，听证会制度、查询和质询制度等，在这种制度中，公民可以就自己关心的议题参加公共机构举行的听证会，提出自己的质疑，从而将自己的意志带入到政策制定过程中。还可以利用查询和质询制度来向已经执行的政策进行追踪质疑，从而获取自己需要的信息和实施自己的权力。

（3）参与本社区政策的途径和制度。例如，社区民主制度，包括社区委员会、社区代表大会等，这是和公民切身利益关系最密切的参与途径。公民可以直接参与到社区委员会和社区代表大会中，对社区的公共政策提出自己的意见。社区自治就是这种制度的目标。

一个政治自由度高的国家，公民将会享有最充分的参与机会，能够参与绝大多数和自己密切相关的政策制定，公民的权利得到最大程度的保障。

以上简要地介绍了几种最主要的政策主体。除了这些以外，还有很多，比如法院系统、军队系统和其他社会团体、经济组织都可以发挥其政治作用。实际上正是这些复杂的社会组织共同组成了一个立体式的公共政策主体群。复杂的主体群形成了多样化的主体，对政策过程实施着复杂的影响。

从理论上讲，一个具有高度政治文明的社会和国家必须具有高度有效的制度，调动社会一切成员的积极性，充分配置社会整体的资源，可以进行高度分工、合作、协调、整合。这一制度是一个有效的、良性互动的，每一个组织体中的参与者都可以自由、充分地表现自我、与别人对话，得到多赢的结果。

表现在政策过程中，这一制度机制必须是有层次的，从宏观到中观再到微观，不同层次的决策和实施先后有序，主体明晰，权责一致。不同的主体主动、有序地表达自己的意见，在积极互动中获取最优的政策选择。这个层次划分不是固定不变的，在相对的范围内，不同主体的资格身份也可以互换，因而可以交叉地出现在不同层次的决策场景中。在这一层次划分中，上下沟通畅通，不存在严重的壁垒，层级不多，沟通有效；但是必要的层级又起到调节和控制的作用，有张有弛，松紧结合，保证了总体体系的有力和稳定。在这样的层级体系中，不同的社会问题在相应层级的政府机构管理下得到最快的解决，尽可能少地出现因为问题的搁置而导致的蔓延后果，避免激化、加深社会矛盾。

1.4.2 公共政策客体

公共政策的客体是指公共政策实施中将要解决的现实问题和会受到影响的目标群体。绝大多数公共政策都肩负着如何解决特定的公共问题这一使命，它所制订的方案、准备调配的资源和确立的目标都是围绕着特定问题而产生的。和问题相关的是特定的目标群体，所以绝大多数政策也必然包含着特定的目标群体，他们在政策规定中将会受到利益的减损和增加。

1.公共问题

所谓问题，是指现实的状况和理想预期的标准之间存在的差距。这种差距往往会导致社会的紧张状态，它超越了个人稳定的环境和范畴，牵涉到较为广泛的社会关系。当社会上的一些人对社会生活中的某些方面表示焦虑和不满，提出一定主张或采取一定行动时，那就显示已经发生了问题。问题可以分为两种：一般的社会问题与比较重大的公共问题。公共问题就是公共政策所要解决的对象。**公共问题是社会问题中影响范围大、程度深、复杂化的已经成为特定地区公众都关注的重大问题。**总的来说，公共问题具有以下几个特征：

（1）一种客观存在的事实、情况；

（2）发展到较严重的程度，影响范围有一定的广度；

（3）为较广大的公众所觉察和认知；

（4）带来了利益、价值和规范方面的冲突；

（5）公众中产生出来的受剥夺感和不满足感已经强烈到非采取行动不可的程度；

（6）公众和政府正在采取行动或者已经认识到必须采取行动。

学者张金马将公共问题的特征概括为以下几点：

（1）客观性，公共问题是客观条件的一种变化；

（2）主观性，公共问题是人们主观上的觉察和认知；

（3）价值相关性，公共问题的判断，必然和人们的价值标准相关联；

（4）社会性，公共问题是涉及大范围的社会生活和公众的问题；

（5）过程性，公共问题的形成必定有一个较长的过程；

（6）系统相关性，公共问题不是单独存在的，必然和整个社会系统和局部系统密切相关。

公共政策把公共问题当作政策对象，必须要经过一个认定的过程，而公共问题认定的主要任务就是了解政策问题的领域、范围和解决方式，它是公共政策制定的基础。公共问题包括以下几个方面：

首先是政策问题的领域。公共政策问题的领域可以说非常广泛，几乎所有社会政治生活中都可能出现不同程度的问题。根据它们的性质和类别可以将公共问题划分为：政治问题、经济问题、文化问题、科技问题、军事问题、教育问题、人口问题、环境问题，等等。对公共政策问题的认定和区分有助于我们更好地确定问题的性质、规模和处理方式，这是认定政策问题的基础。

其次是对政策问题的范围的认定。政策问题的范围是指公共政策问题在空间界限上所划分的不同层次、不同地域和部门。这种划分有助于我们对不同范围的问题进行确认、比较和分析，从而发现共同特征，并找到最有效的解决办法。问题随着不同范围的变化也会出现改变，在某一范围属于问题的，可能在另外的范围则不成为问题。

最后是政策问题的处理方式。对公共政策问题的处理方式的确认是制定政策方案的基础。不同类型、领域和范围的公共问题应该按照不同的处理方式来解决。所有解决方式并不是一成不变的，而是具有多样性和灵活性的。对问题的处理方式大致包括以下几类：强制解决式、协调处理式、法律终止式、资源短截式、转移主题式等。

强制解决是指利用政府强制性权威来解决危机问题，主要针对一些需要快速解决的比较危急以及比较严重的问题。协调处理是指处理因矛盾纠纷而导致的公共问题时对双方进行协调，帮助解决其问题，这种方式主要运用在公共矛盾的处理中。法律终止是指按照法律规定必须将某个特殊的问题在规定的时间内进行强行终止的，例如，对某些有污染的小工厂的限制。资源短截是指上级政府利用其政治资源的优势地位将某些资源予以短截，从而来减少问题的资源支持，以达到终止这些问题的目的。例如，对某些机构改革的资源短截就是这种方式。转移主题是指将原有的问题暂停，而另外开辟新的主题，从而帮助把问题转移成新的关注点，例如，政府在原有政策基础上制定出新的规定就是运用这种方式。处理复杂多变的公共问题，维护社会秩序和发展是公共政策机构不可推卸的责任。

2.目标群体

公共政策是对社会价值进行权威性的配置。社会价值的配置并不是一个价值无限增大的过程，在绝大多数情况下，它就像分蛋糕一样，总存在一些人多些，而另一些人少些的结果，甚至会出现将一些人的利益减损而用来补充另外一些人利益的情况。这种因公共政策实施而使利益受到影响的个体或者组织就是目标群体。

目标群体是公共政策实施的重要环节，也是公共政策实施能否产生成效的重要决定变量。目标群体的特征在一定程度上决定了公共政策实施的成败。影响政策实施的目标群体因素有：

（1）目标群体的规模。目标群体规模越大，对公共政策的影响力越大，公共政策实施者不得不认真考虑这些群体的态度、利益和政治倾向。相反，目标群体较小，则对实施者来说压力也较小，实施公共政策就较轻松。但是有些较小的目标群体也会有强大的政治能力，也可以给实施者带来麻烦。三峡工程需要移民数十万，这么庞大的目标群体自然给实施这一政策带来巨大的困难。

（2）目标群体的结构。目标群体的结构是指目标群体是否组织化，组织化程度如何。一般来说，高度组织化的目标群体具有强大的政治表达力，能够利用他们的组织能力来实施影响。所以，面对这种群体，公共政策主体必须有准备和按照法律规定来加强协调与合作。相对分散、组织化程度低的目标群体在政治组织力方面较弱，对其实施一些权威性政策比较容易，然而，如果要实施一种组织化和动员性的政策则比较困难。例如，在农村地区预防传染病就比较困难。

（3）目标群体的要素性质。目标群体要素的性质主要指群体的文化素质、阶层属性、年龄构成、身份地位等。这些要素明显地会对不同的政策产生影响。文化素质高的群体对公共政策的认知水平较高，较容易说服，但是也容易对不合理的地方提出反对意见。不同的阶层属性、年龄构成和身份地位的群体对有利于自己的政策会表现出支持的态度，而对不利于自己群体的政策则会表现出反对或者消极对待的态度。

（4）目标群体的认知态度。目标群体的认知态度是指他们对公共政策的认识、理解、同情和支持的心理状态，这种心理状态成为目标群体支持和不支持公共政策的重要力量。这就是在公共政策开始阶段要大力进行政策宣传的原因，宣传可以让公众更好地了解相关政策的内容、目的和价值，从而提高认识度和支持度。但是目标群体对公共政策的认知态度受到多重因素的影响，宣传的效果最终也要看它和原有的心理观念的结合情况。根据现有的研究成果，影响目标群体的心理态度的要素主要有：政治社会化的影响；传统思想观念和行为习惯的制约；对政策形式合理与实质合理的看法；对成本-收益的权衡；对大局或整体的考虑；避免受到惩罚；环境条件的变化等。

1.4.3 公共政策系统

公共政策是一个系统，克鲁斯科和杰克逊认为，政策系统是指“政策制定过程所包含的一整套相互联系的因素，包括公共机构、政治制度、政府官僚机构以及社会总体的法律和价值观等”。政策系统是公共政策赖以运行的平台。公共政策就是在所有大系统中密切相关的诸要素之间的互动中发挥其社会功能的。公共政策一方面是社会大系统中的亚系统，另一方面又自成系统，内部由各个子系统组成，它包括政策信息子系统、政策咨询子系统、政策决策子系统、政策执行子系统、政策监控子系统等。

1.政策信息子系统

政策信息子系统由掌握信息技术的专门人才组成，从事信息的搜集、整理、贮存和传递等活动，为公共决策提供信息资料。现代社会已经成为一个巨大的信息社会，复杂多变的信息要求公共机构必须建立相应的组织来搜集、总结、编码和运用，这样才能够在制定政策和执行政策时不会因为信息不足或者信息不灵而失去效力。政策信息子系统是公共政策系统的基础部分，它为政策系统的运转提供信息保障，确保公共政策的科学性和权威性。

政策信息子系统在公共政策行为中发挥着重要的作用，主要有：（1）信息搜集。信息机构负责对埋藏在社会生活中的原始信息进行发掘、搜集，这些信息原来并不是完整的、容易被发现的，而是埋藏在社会生活中，需要通过各种调查、访问、总结、报告等方式来把这些信息发掘出来，建立信息库。（2）信息加工。原始信息被搜集来以后，并不是清晰完整的，需要对其进行科学的归类、整理、修改和加工，从而让公共决策者和参谋人员可以方便快捷地运用这些信息来对决策进行论证和分析，从而制订方案。信息加工一般要经过3个过程：①纯化，就是把杂乱的信息去掉，发现精炼的、有价值的信息；②归类，就是把杂乱无章的信息，按照不同的标准归入不同的类型中，从而方便信息使用者开发利用；③存贮，就是将已经归类好的信息放在不同的信息库中，进行保存，以备进一步的开发和利用。（3）信息传输。信息被加工好以后，除了存贮以外，还要传输。信息传输是将信息运送到使用者手中，方便其利用。信息传输是信息开发的重要环节，需要有畅通的信息传输渠道。信息网络、媒体、各种公开的途径都属于信息传输的渠道。为了提高信息开发的效力，必须建立多样、便捷的渠道。

2.政策咨询子系统

政策咨询子系统又称作智力子系统，许多智力库、智囊团都属于这类系统。政策咨询子系统主要就是由一些专家、学者和专业人才组成的，运用他们的专业知识和才能对政策信息进行加工处理，制定各种供决策者选择的政策方案，为决策和执行提供各种参谋意见的机构。咨询子系统在政策决策过程中主要发挥参谋的功能，以保证公共决策能够科学地计划，反映客观问题，走向正确的方向，可以最大程度地避免决策失灵的问题。

政策咨询子系统的主要功能有：（1）问题分析。各种社会问题纷繁复杂，当它们成为政策问题之前，咨询机构要对其进行分析，分析它的特征、原因、严重性和危害性，然后才可以确定是否是政策问题，是否是权威机构应该最先解决的对象。（2）方案制订。确定和分析了政策问题以后，咨询系统要做的工作是制订出不同的政策方案，不同的方案是为了确保公共政策的科学性、经济性和效益性。这些方案可以用来比较，供决策者选择。（3）执行参谋。在政策执行过程中，咨询系统也可以参与其中，因为执行会遇到各种未预期的问题和变化，需要咨询机构来对这些问题和变化进行即时分析，从而帮助执行者尽快有效地执行下去。（4）效果评估。政策执行完成以后，必然会产生各种效果，但是对政策效果的分析和评估必须由专业的评估机构来进行科学的评价。这种行为也属于咨询机构的功能。咨询机构可以帮助政策主体科学规范地认识政策执行的效果。政策咨询系统可以说是整个政策流程都参与其中，这是现代政策过程的重要特征。

3.政策决策子系统

政策决策子系统是整个政策系统的中枢，负责对政策方案的选定和对政策计划的决断。决策子系统是政策系统的最高权力部分，掌握着公共政策的最终确定权和指挥权，它负责对政策的战略、方案、计划实施进行决定，并对政策的实施效果负有法定的最高责任。决策子系统具有权威性和主动性的特征，享有法定权威，主导公共政策的全过程。

政策决策子系统的功能主要有：（1）提出政策课题。任何政策问题的确定都是决策子系统在信息、咨询等机构对问题的充分调查、比较、分析的基础上确立为政策课题的。这是政策决策子系统的基本职能，确定了政策课题，后面的环节才可以逐步开展。（2）确立政策目标。提出政策课题并不等于确立了政策目标。政策课题是政策的主要内容和方向，而政策目标是决策者针对这一政策课题所规定的发展方向和标准，是政策的目的。（3）组织政策方案设计。确立目标之后，政策决策者的任务就是对此课题进行方案设计。政策决策系统并不需要亲自去设计方案，一般来说，设计方案都是咨询子系统的责任，而决策者的职责是组织好方案的设计工作。(4) 选择方案。政策决策子系统最关键、最重要的职责是对多种方案的挑选和确定，这是政策最终出台的标志，公共政策因此形成。方案选择也是公共政策实施的开始。决策子系统作为政策系统的核心部分，对公共政策的科学性和民主性负有重大的责任，必须在各个环节严格、规范地操作才能够确保公共政策更加有效、更加得到公众的认同和支持。

4.政策执行子系统

政策执行子系统是在政策决策系统之后由基层部门和基层官僚来负责将政策落实的机构和人员。执行子系统在总体政府体系中主要是下层或者基层单位。执行子系统的特征是执行性和具体性，它们主要将政策科学、具体地落实，实现决策系统的目标和意志。

政策执行子系统的功能主要有：(1) 对政策进行细化。执行子系统在执行之前必须对决策系统作出的决策进行细化。决策一般都是笼统的、宏观的目标和计划，没有具体的细则。执行系统必须在决策系统规定的目标下制定出详细的、可供具体操作的细则才能够开始执行工作。(2) 科学配置资源。执行子系统负责具体执行，必然需要配置决策系统所批准和下拨的资源，这些资源的配置是执行政策成败的基础。执行系统必须依据严格的法律规章和决策系统的规定来科学和公正地调配，以保证执行的顺利进行和成功。(3) 加强执行沟通。执行过程是一个复杂多变的环节，客观环境中和政策本身的诸多要素都可能影响政策的执行。为了便于政策要素的协作，必须进行必要的沟通，这是执行系统的重要的功能。(4) 进行分析总结。执行系统在执行中必须及时地对执行效果进行分析总结，发现执行中的问题和困难，及时向决策系统反馈，对政策设计进行调整，重新调配资源，从而提高执行的效果。执行系统的主要价值在于将政策付诸实施，没有执行系统的工作，任何政策都是纸上谈兵。科学、有力的执行是政策效果的重要保证。

5.政策监控子系统

政策监控子系统是指在公共政策大系统中专门负责对公共政策总过程进行监督和控制的系统。作为一个系统，公共政策过程必须具备一个循环的回路，而政策监控子系统就是这一回路的关键部分。这一部分对政策制定、执行、终结等环节进行监督，从而保证公共政策过程在一个可预见和可操控的框架中运转，提高公共政策的科学性和有效性。政策监控子系统具有全程性和反馈性特征。

政策监控子系统的主要功能有：(1) 制定执行标准。政策监控子系统必须对政策执行的时间、地点、主体、方式和目标是否符合现行法律法规制定出严格的标准，这样可以对政策执行进行规范，保证政策执行的合法性和程序性。(2) 搜集政策过程信息。除了政策信息系统负责搜集政策过程信息以外，监控系统也有责任搜集这类信息，主要目的是为了更好地监督和控制政策过程，不同的监督机构将负责这一任务。(3) 反馈政策执行信息。监控系统负责对整个政策过程进行监督和控制，包括政策执行过程，将执行情况及时反馈到决策者那里，可以帮助决策者更好地调整政策。(4) 防止政策出现偏差。监控系统的主要作用是防止政策出现偏差，及时监控政策过程，将政策遇到的困难和问题反馈到高层，作出调整，从而保证政策按照预定的目标发展。政策监控子系统主要保证政策的正确性和及时完成。

本章小结

本章通过对公共政策概念的溯源，以及对中外学者对公共政策概念界定的基础上总结出新的概念。这一概念融合了中外学者最精华的理论成果，并结合自己的分析：公共政策是权威的国家机构及公共团体为了实现特定的公共目的，对社会价值进行合理配置的决定与实施过程。分析公共政策的概念还包括对公共政策的性质进行研究。本章认为，公共政策的性质包括了公共性、价值性、权威性和动态性等基本特征，正是这些特征使公共政策具有不同于一般决策的性质和功能。

公共政策具有较强的政治社会功能，包括目标导向功能、法律规制功能、利益协调功能、政治象征功能和社会发展功能。公共政策不仅能够引导社会发展方向、对社会行为进行严格的规制，还可以协调社会利益冲突、传播政治象征性符号和促进社会的进步。公共政策可以全方位地干预和影响国家与社会。公共政策可以按照不同标准划分为不同的类型，最主要的分类就是公共政策可以分为四大类：分配性政策、再分配性政策、规制性政策和构成性政策。这是洛伊的经典分类，它能够反映公共政策的主要作用。

按照系统论的观点，公共政策是一个复杂的系统。这是一个由施动主体、目标、受动对象和复杂的内部结构组成的结构体。在越来越民主的现代社会，公共政策主体越来越多样化，包括立法机构、官僚机构、政党、媒体、个人等，他们都可以影响公共政策的过程。公共政策还包括两大客体，即政策问题和目标群体，这就是公共政策产生效能和发挥作用的对象。公共政策系统包括政策信息子系统、政策咨询子系统、政策决策子系统、政策监控子系统等部分，几个部分互相作用，共同促成公共政策的形成和发挥效能。

关键概念

公共性　公共政策　公共政策功能　公共政策主体　公共政策客体　公共问题

综合训练

1.1　单项选择题

1.公共政策是（　　）为管理社会公共事务而制定的政策。

A.企业　　B.社会组织　　C.政府　　D.个人

2.在美国，不属于公共政策的是（　　）。

A.司法决策　　B.政党政策　　C.国会立法　　D.行政决策

3.公共政策的本质特征是（　　）。

A.对社会公共利益和价值进行调整和分配

B.对个人利益和价值进行调整和分配

C.对公共事务的相关制度

D.对公共事务的计划和管理

4.（　　）是公共决策体系的核心，是决策的基础。

A．决策主体　B．决策客体　C．决策权力　D．政策目标

5．公共政策系统的中枢系统是（　）。

A．信息子系统　B．执行子系统　C．决策子系统　D．监控子系统

1.2　多项选择题

1．政策的规则功能可以分为（　）。

A．经济性规则　B．目标导向规则　C．社会性规则　D．利益协调规则

2．从政策层级标准来划分，公共政策可分为（　）。

A．元政策　B．基本政策　C．分配性政策　D．具体政策

3．目标群体在一定程度上会影响公共政策的实施，影响政策实施的目标群体的因素有（　）。

A．目标群体的规模　B．目标群体的结构

C．目标群体的要素性质　D．目标群体的认知态度

4．政策咨询子系统又称智力子系统，其主要功能有（　）。

A．问题分析　B．方案制定　C．执行参谋　D．结果评估

5．一般来说，公民参与公共政策的途径和制度保障有（　）。

A．参与国家外交决策的途径和制度　B．参与重大国家决策的途径和制度

C．参与一般地区性政策的途径和制度　D．参与本社区政策的途径和制度

1.3　思考题

1．什么是公共政策？公共政策有什么特征？

2．公共政策的功能是怎样的？

3．论述公共政策主体的多样性。

4．公共政策客体包括哪些内容？

5．公共政策系统由哪些子系统构成？它们分别有什么作用？

第 2 章

公共政策价值

学习目标

通过本章的学习，你应该能够：

1.理解公共政策价值的概念，掌握公共政策的3种价值类型。

2.掌握公共政策价值内涵：正义、效率、平等、民主、秩序、发展、利益。

3.了解公共政策的价值冲突，分析我国公共政策的价值追求。

引导案例

法治中国的新航标

——怎样理解全面推进依法治国总目标

我们处在一个急剧变革的时代，这是一个既充满梦想又不乏困惑的时代。不少人感到，现在国家发展强大了，人们的生活水平提高了，但幸福感并未同步提升；信息丰富了，选择增加了，但焦虑和不安也似乎增多了。怎样在思想日趋多样的同时，让社会有更大共识？怎样在物质更加丰裕的同时，让精神世界更加丰富？社会呼唤着向上向善的精神力量，人们期待着温暖和谐的精神家园。

2014年岁末，“汉语盘点2014”活动评选结果揭晓，“法”字荣膺中国年度汉字，反映出全社会对法治建设的高度关注。这年，中国共产党十八届四中全会的召开，在中国法治建设史上镌刻下闪光的历史标注，全会通过《中共中央关于全面推进依法治国若干重大问题的决定》，提出了建设中国特色社会主义法治体系、建设社会主义法治国家这一全面推进依法治国的总目标。这个总目标，是贯穿全会精神的一条主线，描绘了法治中国建设的美好前景，对全面推进依法治国具有纲举目张的意义。

党的十八届四中全会专门研究法治建设问题，就全面推进依法治国做出决定，这在我们党和国家的历史上还是第一次。以此为里程碑，行进在复兴之路上的中国，进入全新的“法治时间”，为什么要把法治建设提到如此突出的位置，如何认识全面推进依法治国的重大意义呢？

这是历史的深刻启示。综观世界近现代史，凡是顺利实现现代化的国家，都较好地解决了法治和人治问题。相反，一些国家陷入这样那样的“陷阱”，没有顺利迈进现代化门槛，很大程度上与法治不彰有关。在世界社会主义发展史上，不少国家没能解决好法治和人治的问题，没能跳出“人存政举，人亡政息”的人治怪圈。从我们自己来说，新中国成立以来既吃过破坏法治的苦头，也尝到了法治昌明的甜头。历史深刻启示我们，法治是治国理政的基本方式。在我们这样一个13亿多人口、56个民族的大国，要保证国家统一、法制统一、政令统一、市场统一，实现经济发展、政治清明、文化昌盛、社会公正、生态良好，必须秉持法律这个准绳、用好法治这个方式。

资料来源　佚名.法治中国的新航标——怎样理解全面推进依法治国总目标[EB/OL].[2015-02-02]. http://theory.people.com.cn/n/2015/0202/c40531-26489287.html.

【案例思考】

1.结合案例内容，谈谈“法治中国”反映的公共政策价值所在。

2.请结合案例，分析法治建设对中国深化行政体制改革的意义。

3.谈谈我国推进依法治国总目标过程中，如何解决公共政策价值的冲突。

一门学科的发展总是与一定的价值研究和价值关怀紧密联系在一起。公共政策作为一门学科，同样追求人类基本价值，公共政策的价值取向取决于公共行政的价值追求。正义、效率、平等、民主、秩序、发展、利益是公共政策价值内涵的主要方面。但是，公共政策价值有时也表现出效率与公平、民主与科学和多数人利益与少数人利益的冲突。随着时代的变迁与社会的进步，政府公共政策价值取向需要进一步正确定位，要把致力于社会公平的实现作为价值的终极追求。

§2.1 公共政策价值概述

2.1.1 公共政策价值概念

“价值”一词的最初含义是“掩盖、保护、加固”的意思，正是这一含义派生出“尊敬、敬仰、喜爱”的意思才形成了价值一词“起掩护和保护作用的，可珍贵的、可尊重的、可重视的”的基本含义。马克思指出：“价值这个普遍的概念是从人们对待满足他们需要的外界物的关系中产生的”，是“人们所利用的并表现了对人的需要的关系的物的属性”。马克思关于价值概念基本含义的论述，对公共政策的价值的研究具有十分重要的指导意义。

价值的前提是人的需要。没有人的需要，价值就不可能得以体现，就没有价值问题。价值是一种关系范畴，不是实体范畴；是客体对于主体的意义，包括客体对于主体的需要的满足和主体关于客体的绝对超越指向两个方面。作为对于人的需要的满足的价值，是最直观的价值，表现着外在物与人的关系的必然状况，包含着人的希望与理想的成分；所谓绝对超越指向，是指价值在主体处理主客体关系时对于主体始终具有不可替代的指导和目标的意义。作为绝对超越的指向，价值对于人类的行为和思想具有根本的指导意义，甚至是人的精神企求与信仰。价值是人类维持生存与走向完善的双重需要。价值在满足人的需要的同时作为一种绝对超越指向，包含着人类的要求与愿望。它属于人的理想范畴，是人的思想与行为的目标，在指导人类的同时，又评价着人类关注的外在物与自己之间的关系，以及人类的相关思想与行为。

在国际上，随着社会发展的理性需要，特别是价值问题研究的深入，价值研究开始了向其他人文学科的渗透。培里和泰勒就列出了如下八大价值领域：道德、艺术、科学、宗教、经济、政治、法律和习俗或礼仪。历史价值论、法律价值论、艺术价值论、科技价值论……竞相涌现。在这样的国际文化环境之下，为了适应我国政治体制、行政体制建设的需要，公共政策价值论学说也与其他人文科学的价值论学说一道被提上了学术探讨的日程。本书认为，公共政策是人的创造物，只能根据人的理念，也即创造的目的或价值来理解。

价值是指人们所“希望的事件”。公共政策的目的在于使人们尽可能广泛地分享价值，最终目的是建立这样一个世界共同体：民主地分配价值，最大限度地利用自然资源和维护人类尊严。**公共政策价值是人民对政策的愿望和要求的反映，是政策对于人的意义。它伴随着政策产生、发展和消亡，伴随着政策的制定、实施和监督。**俞可平认为，任何政策的制定都是出于一定的价值需要，并在一定目的的支配下进行的。所以，公共政策价值取向也只能以人民公益为基准，以公平正义为基点。至于效率等目标，或可谓市场领域之价值，但就公共领域而言，至多为一个过程性目标，而非基础价值。

2.1.2 公共政策价值类型

我们研究公共政策价值的最终目的，是要在制定和实施公共政策的实践中，坚持明确的价值取向。因为价值取向是公共政策最本质的规定性。从行政管理学和公共决策学的角度看，任何公共政策都要作出某种选择，选择是否恰当，取决于对政策对象即客体的认识和价值判断是否正确。如何确保政策主体对政策客体作出准确无误的价值判断，是政策过程中的一个核心问题，实际上也是一个价值取向的问题。

公共政策价值取向是指政策主体确立的政策价值活动的方向。政策价值取向决定于主体的政策价值追求，而主体的政策价值追求决定于主体的利益与需要。价值取向在政策过程中对目标的确立、方案的选择、价值的判断方面起着重要的作用。我们认为从公共政策价值取向来看，公共政策价值可分为以下三类：

1.公共政策的管理价值

管理是公共政策的基本价值。公共政策是社会利益关系的权威性调控，是政党和国家对公共事务和公共行为作出的规定。它能及时调整公共利益关系，引导人们的行动，具有政治行为规范和公共管理的性质。人类行为受许多不确定性因素的制约，例如，情感、性格、愿望、喜好、灵感等心理因素都可能导致一定的行为。因此，政策科学必须把理性思维与非理性思维、超理性思维结合起来，运用人类所特有的洞察力、创造力、想像力等，去制定和实施适时灵活的政策。所以政策现象本身是十分复杂的，它是对人类这种最高级的社会动物的公共行为和公共事务的管理。公共政策价值的本质就是公共管理，公共政策是人们处理公共事务及实现价值目标的灵活多样的手段和措施。政府对社会的管理总是以政策控制为依归。政府是在政策制定、政策执行、政策评价和政策调整的循环往复中一次次地完成行政管理工作的。"实现公共管理"和"公共行为规范、行动准则和活动策略"，是对公共政策价值最重要的本质说明。管理社会公共生活是国家和执政党的首要职能，而政策则是国家和执政党管理社会公共生活时首选的最常用的管理工具和手段。因为政策管理不仅给人们指明远大的奋斗目标，尤其能及时解决社会生活中随时发生的新问题，政策的具体规定虽然对人们是一种约束，但是对人们有益，因此人们愿意接受它。

政策对管理的意义主要表现在，政策为管理提供计划模式、调节机制和强制保证。首先，政策的管理价值表现在计划模式上。政策科学创始人H.拉斯韦尔说过："政策是一种含有目标、价值和策略的大型计划。"政策就是要设计、规划人们行动的计划、目标、程序、步骤、技术、方法，以及编制预算、实施方案等，从而成为人们的行为准则和行为规范。政策包含着统治者对秩序的希望，政策制定者总是把自己对社会理想秩序的希望注入政策之中，在政策规章制度间形成一个社会秩序管理的预想模式，并以此计划模式作为现实生活中追求的目标。

其次，政策的管理价值表现为调节机制。政策是社会关系的调节器，协调着人们的活动。社会生活是十分复杂的，人们总是各行其是，因此，人们之间总是有矛盾。人们行动的不一致，来自人们大目标的不一致和各人具体目标不一致及责任不明确。政策的重要价值在于它给人们规定了明确的奋斗目标和责任，统一了人们的认识。因而能够消除人们的分歧，使人们行动一致。政策在调整着社会关系的同时，也调整着社会秩序，人们的目标不一致的根源在于人们有不相同的利益要求，个人总是为了自己的利益而行动。因此，矛盾冲突在所难免。政策之所以能起调节作用，原因在于它能对社会资源作权威性分配。政策价值不仅能打破人们利益关系的旧格局，而且能够给人们的行动以新的导向，形成新的利益格局，从而调节人们的利益关系，使社会生活中的矛盾得到解决。

政策的管理价值还表现在它是人们行为的强制保证。强制保证就是管理者对被管理者的监督和约束。政策的这种强行控制作用，是政策的规范机制造成的。政策是人们的行动准则和行为规范，它给人们的行动规定了一定的原则，划出了活动的范围和界限，它鼓励人们向某个方向行动，同时也限制向别的方向行动。不仅如此，政策同时也对那些不执行政策或违反政策的行为给予强制保证。因为将人们行为予以强制性规范是社会有序化生活的必要保证，只有这样，才能使社会机体实现有序的、良性的运动。如果政策的这一管理价值目标起不到应有的作用，政策不能实现对社会的有效管理，造成社会生活失控，就会陷入恶性的混乱之中。因此，政策的国家强制性成为社会秩序的有力保证，它确保了社会生活秩序免遭任何非法的破坏和干扰。

2.公共政策的文明价值

文明是人们改造自然、社会和自己主观世界的成果。物质文明是指人类改造自然的物质成果，表现为物质生产的进步、物质财富的增长和物质生活的改善。精神文明是指人类在改造自然和社会的过程中，改造自己的主观世界，从而使社会精神生产和精神生活得到发展的成果。公共政策具有如下文明价值：

（1）政策促进和保护物质财富的增长

社会物质财富的增长是物质生产进步的结果，没有物质生产的进步就不可能有物质财富的增加。政策促进物质财富的增长即政策的效益追求，政策过程归根到底是受效益原理支配的，政策安排是以效益为轴心的，政策是现代社会的调控器，现代经济的发展离不开政策的效益分析和效益追求，只有追求高效益才能促进物质财富的增长。人类的劳动应当是有效益的，如果人类的劳动效益很低，甚至没有效益，就不能增加社会物质财富，人类生存的质量，甚至能否生存下去，都将成为问题。政策为人们提供适当的行为模式，争取最优化的实际效果。当然，人们的行为模式并非仅限于政策，但它比其他任何行为规范都具有更大的权威性、明确性、肯定性和时效性。政策通过各种行为模式的规定，指引着人们的行为，只有这样，人们的行为才不至于因违反政策而被追究社会责任。良好的政策总是在保障社会稳定与促进社会发展的前提下，力图最大数量地增加社会财富，并使社会财富被合理地使用或者被最经济地使用，以使社会财富不被随意破坏。否则，增加多少财富，人类便浪费多少财富，最终财富并未得到增加，社会物质文明的进步只是徘徊不前。

（2）直接影响人们的思想和行为

人类与动物相区别的一个重要特征是，人类有思想、有文化生活。人类的一切活动，包括政策活动、经济活动和社会活动，都是自觉的和有意识的。恩格斯指出："历史不过是追求着自己目的的人的活动而已。"政策的实施对人们的思想、心理有着极大的促进作用。人，就应该有着人的属性、人的善良、人的道义，以及自我奉献的精神。凡是充分实现自身价值的政策，一般地说，也都是为当时的社会道德所肯定的，人们可以通过政策鼓励什么和否定什么来判断在行为上什么是好的，什么是坏的，从而通过控制自己的行为提高自己的思想和道德水平。政策的引导作用对人们思想的促进，是潜移默化的过程，是极为有价值的。总之，政策的精神价值，一是指政策调节和发展人的精神生产和精神生活；二是指政策作为人们心理上的依据、支柱和目标，使人获得愉悦、舒适、安全等心理感受，并作为永远的精神指引。

3.公共政策的理性价值

理性是现代公共政策的基本价值目标取向之一，理性的含义在理论著述中有下面几层意思：人的关于概念、判断、推理等的思维能力；科学、知识；规律、内在必然性；人的与感性相对的认识状态。人类是理性的动物，人类的一切活动无不打上理性的烙印。理性选择是现代公共政策的基本政策规范之一，理性分析是现代公共政策分析的主要方法之一，因此理性是公共政策的基本价值目标之一。在哲学意义上，理性通常是指一种趋利避害的思维模式或行为模式。这种思维模式和行为模式主要表现为扩大目标成就的行为选择。理性通常具有的特征是：第一，当他面对多种选择时，他会作出一个决定；第二，他会根据自己的价值偏好在各种可能的选择中排列优劣次序；第三，他的价值偏好会随着时空转移；第四，面对同样的选择他会作出同样的决定。政策的理性价值主要是指特定的政策主体为一定的目的，利用一切可能搜集的资讯，经过客观和准确的计算、度量，来寻得最佳的政策手段和最好的政策效果。

2.1.3 公共政策价值的意义

1.有助于合理确定公共政策目标

人民如何确定或取舍公共政策目标往往与人民的价值认识有着直接的联系，尤其是政策决策者关于政策客体对主体的需要和利益关系的认识，直接影响着政策目标的选择。

代表不同利益价值观的政策决策者在确立公共政策目标时，对同一问题的决策会形成不同的政策目标。在阶级社会中，占统治地位的阶级掌握着公共政策的绝对支配权，决策者往往是从统治阶级的立场或统治阶级某一集团的利益出发确立相应的政策目标，这样的目标也许并未被广大公众认可和接受；在社会主义社会，社会的长远利益和根本利益一致，可由于在具体利益方面存在差异和价值观认识的偏差，对同一问题的政策目标的认识也会存在一定偏差，于是，站在什么立场和出发点来制定和执行公共政策，往往决定着公共政策的目标是为个人利益服务、为少数人利益服务还是为社会大众利益服务，即使在政策目标已定的情况下，对决策方案的比较、评估和选择仍然受到一定利益观、价值观取向的影响。公共政策决策者的需要、好恶、情感等因素将直接影响对方案的决策。这一点也正是社会决策实践中，许多决策方案在当时，无论是从众人的意愿还是实践需要看都不应该选择，结果却为决策者所选择的深层原因。(陈振明，2003)

通过对公共政策的伦理分析，我们试图让公共政策决策者深化正当地建立价值目标、进行价值选择和确立价值判断的原则，正确认识和衡量公共政策问题，并认识要解决的公共政策问题所面临的各种利害关系，从而形成解决问题的公共政策和公共政策方案。我们希望由此建立的公共政策目标能够真正代表社会的公共利益，着眼于当代，放眼于未来，既符合社会的道德规范与行为准则，又与最广大群众的价值观、信仰协调一致，那么在此约束下形成的公共政策目标必将获得正当的价值取向。

2.有助于规范公共政策价值导向

在现实中，政府制定实施的公共政策产生了多种多样失误的原因包括：决策者理性认识的局限，公共问题的复杂性，决策手段选择的非理性，认识与能力的局限等等。但更多决策失误在于公共政策的制定者和执行者违背了公共利益的决策价值。我们经常看到，一些公共政策往往是决策者从部门利益、地方利益或个人利益考虑，而置公共利益于不顾，从而造成公共政策失败。事实上，迷失政治方向的公共政策比缺乏科学性的公共政策造成的后果更严重。

社会主义初级阶段下的社会仍然存在着利益矛盾和冲突。事实上，社会主义国家仍然存在着局部利益和整体利益、眼前利益和长远利益、个人利益与集体利益乃至社会公共利益的矛盾。一些政府部门和政府官员有可能从部门利益、个人利益角度出发，违背公共意愿，脱离群众，有的甚至滥用人民赋予的公共权力，造成公共决策及政策执行的失败，使人民公共利益遭受巨大损失。对此，需要改革我们高度集中的决策体制，完善必备的决策规则和程序，提高决策者的理性认识，加强公共政策制定与执行监督，除此之外，更主要的是各级党和政府要树立公共政策的公共利益取向，树立正确的公共政策价值观，只有这样才能最大限度地减少公共政策失误。

对于现代政府而言，公共政策的价值取向大多以功利主义伦理学为基本依据，这无疑是评价政府绩效的一个简捷而又有效的标准。不过，社会生活纷纭复杂，一味注重实利的公共政策有时会与人类社会其他的伦理价值标准发生严重冲突，这将不可避免地在社会及民众中间起到某种恶劣的道德示范作用，如果市场经济不讲道德，不但会妨碍市场经济的道德秩序，最终还将损害市场经济自身和广大群众的根本利益。

通过公共政策的伦理分析，我们试图以一种在社会中普遍倡导的公共政策价值观来引导公共政策主体建立同样的价值取向和价值判断标准，并以这样的公共政策价值观去指导他们在公共政策过程中的思想和行为。与此同时，以正确的公共政策价值观影响公众，让他们清楚地了解各种利益冲突，秉持合理的认识格局，从而保持与公共政策主体在一致的主流公共政策价值观下推动公共政策的有效实施。

3.有助于协调公共政策利益关系

公共政策是一个社会公共资源的分配过程，也是一个社会公共利益的调节过程。公共政策的实质就是个体与群体利益关系的调整与平衡。公共选择理论的经济人假说将个人看作是有理性的利己主义者，认为个人天生追求利益效用的最大化，直到这种追求受到抑制为止。那么，要解决不同主体对利益的追求所形成的利益矛盾，就应制定出不同的政策，引导有关组织和个人采取不同的行动，以综合平衡各种利益关系。在这种政策下，政策主体正是通过利益与代价的分布不均衡来保护、满足一部分人的利益需求，同时抑制、削弱甚至打击另一部分人的利益需求，通过政策作用去调整利益关系，在原有的利益格局基础上形成新的利益结构。这是社会上利益分配要求与决策者对社会利益格局进行分析认定的一个互动整合过程。在我国，由于在相当长的一段时间里政治、经济和意识形态的高度一体化，长期以来没有形成较为明显的多元利益结构，也没有分化出相应的利益集团及其他社会性的政治输入结构来充分体现利益。因此，公共部门通过对社会利益状况的认定和政策利益代价的分配来对利益关系作出调整则显得更为重要，而这种调整必然是以抑制某一部分群体的利益，满足另一部分群体的利益为手段的。

通过公共政策的伦理分析，可以有效实现对社会利益状况的认定及决策利益与代价的分配，以此搞好社会利益的综合平衡。

一方面，政策决策者可以通过伦理角度的思考，把不同阶层、不同群体、不同地区的人民利益加以全盘考虑，尤其是对社会弱势阶层、弱势群体、落后地区给予必要照顾，做到每项公共政策都要考虑公众的承受能力；另一方面，尊重个人利益，只照顾必要的利益，遏止不恰当的利益。当前，最为突出的问题是利用公共政策来协调政府部门之间的利益冲突、地区之间的冲突，反对部门主义，克服地方主义，尤其是地方保护主义，促进社会主义市场经济的健康运行和社会的公平竞争以及社会的整体协调发展。应当看到，在此过程中，伦理分析对政策运行的帮助是特殊的，由它生成的一套系统利益协调机制将帮助公共政策人员在实际工作中获得公正而理性的解决途径。

§2.2 公共政策价值的内涵

任何一门学科的发展都离不开一定的价值研究和价值关怀，任何一项公共政策都不会放弃对人类基本价值的追求。公共政策价值观争论一直伴随着公共政策学科的研究和发展，对价值观的探究亦成为了公共政策理论研究与实证分析的重要内容。本书认为，自由、平等、宽容、民主、效率、秩序、发展是社会文明的基本理念，也是公共政策价值内涵。

20世纪50年代以来，西方政策科学运动就一直没有放弃对人类基本价值的追求。无论是越南战争，还是“水门事件”，都曾围绕着价值问题进行过激烈的公共政策论辩。随着公共事务的逐渐增多和社会问题的不断涌现，诸如战争、暴力、犯罪、种族冲突、恐怖主义、艾滋病、环境污染、能源危机等，人类关于公共政策价值观的讨论就一直没有停止过。作为一门科学，政策科学对价值研究显然无法释怀。到了20世纪80年代，西方公共政策研究进入了一个以价值研究为中心的反思时期。在这一阶段中，信念、价值、伦理等词汇成为学者们的学术“关键词”，以至于有的学者如邓恩（W.N.Dunn）称公共政策学为实践伦理学（Practicing Ethics）。80年代以来，美国政策科学中对政策价值观的研究主要有3种途径：一是从政治哲学的立场探讨政策伦理的最一般方法，如罗尔斯（J.Rawls）的《正义论》主张用分配的正义取代传统的功利主义伦理思想；二是从特定的政策案例中分析政策伦理或价值，如从国家安全、社会福利、死刑、堕胎等案例引申出伦理问题，这方面的著作有布坎南（Buchanan）的《伦理与公共政策》等；三是从政府机构或职业组织的伦理问题入手分析公共责任与义务，即探讨政策分析的职业伦理规范问题，代表作有高斯洛普（Gawthrop）的《公共部门的管理、系统与伦理学》等。直到今天，学者们关于政策问题的价值争论和政策科学的价值研究仍在继续，最近出版的由美国学者卡恩（S.M.Cahn）、卡萨西可夫（T.Kasachkoff）主编的《道德与公共政策》就充分展示了公共生活领域中相关问题的价值关怀。从西方文献研究来看，学者们对公共政策价值观的研究主要集中在正义、效率、平等、民主、秩序、发展、利益等核心概念上。

2.2.1 正 义

正义是指公共政策必须以维护社会正义为价值取向，这是与公共政策的正义价值和法的正义属性相联系的。公共政策的正义在于价值或利益分配的正义公平（前提和结果的双重正义），而且，这种正义的享受者是所有国境内的自然人和法人，亦包括外国自然人和法人。同时，正义功能还在于引导一种社会正义公平氛围，促使形成一种社会正义的内生机制。

2.2.2 效 率

从一般意义上讲，效率（efficiency）这个词的意义是产品的最小耗费、最小浪费和最小活动量。实现效率的途径就是降低时间、金钱和活动的消耗量。它谋求的是资源效益的最大化、产品供给和服务提供的成本最小化。放大的效率概念是人的活动实现其目的的程度，也是人的活动与其所实现目的的比值，即活动手段与活动目的的比值、活动过程与活动结果的比值、活动投入与活动产出的比值、活动成本与活动效益的比值。一般来说，可以表述为：

效率＝产出／投入

政策效率是政策产出与政策投入的比率。确定政策效率标准的目的是要衡量某项政策要达到某种水平的产出所需要的政策资源投入量或一定量的政策投入所能达到的最大价值。它所要探讨的具体问题包括：（1）一项政策的资源投入量是多少。资源包括人、财、物等资源，投入的时间及投入要素的质量。（2）一项政策的效益。一项政策投入一定的资源后有无产出？产出多少？（3）对投入产出进行比较，考察效率高低，探讨有无其他更有效、同时代价更小的方法和途径。效率所关注的核心内容是一项公共政策是否以最小的投入获得最大的产出，即以最小的工作量和成本最大限度地解决某个政策问题，从而凭借有限的政策资源尽量扩大政策效益。关于政策效率，我们认为它涵盖着公共政策整个运行过程，包括政策规划效率、政策决策效率、政策执行效率、政策评估效率、政策终结效率等。其中某一阶段的效率可能影响整个公共政策效率。关于政策效率的计算和比较，有时通过简单的产出比较可以得出，而有时却需要复杂的计算。比如，对政策执行效率的分析就是如此。首先，要计算政策执行所花费的成本，政策执行成本具体包括直接的人、财、物、时间、信息等的投入成本，也包括间接成本、社会成本、机会成本等；其次，要计算政策执行所获得的收益，包括直接的、间接的、具体的、象征性的等；最后，通过对政策执行成本和政策执行收益的量化比较，来分析政策执行的效率。一项政策要考虑其效率，这是众所周知的事情，因此，效率便成为公共政策始终关注和追求的基本价值。

2.2.3　平　等

平等是指用同一个尺度对待或衡量不同的个人，它要求处理各种关系必须遵循对等原则和平衡原则。《辞海》中对平等的界定是："平等是人们在社会上处于同等的地位，在政治、经济、文化等各方面享有同等的权利。"可以说，平等是公平的根本性质和核心前提，没有平等就不存在公平，公平内在地包含着平等。穆勒曾指出："平等观念往往在公道概念及它的实施中都算一个成分，并且在许多人眼中，平等是公道的精义。"虽然，平等内在地包含于公平，但公平并不等于平等，我们可以说越公平越有效率，却不能说越平等越有效率。平等可以说是一个二维概念，它是指在实践交往关系中，自身与他人相互比较的一种结果。值得注意的是，平等既包含着社会交往中不同主体的基本权利是平等的，又包括在利益分配使用统一尺度上的适度差异，如果平等忽视差异就成了平均。所以，平等并非平均主义，它总是包含着一定程度差异的平等。

2.2.4　民　主

民主是一个内涵相当丰富、外延相当广泛的词汇。关于民主的含义，从历史上看有4种广泛的用法，诸如希腊人柏拉图、亚里士多德的说法，罗马人马基雅维利式的论断，法国人卢梭的定义，美国人托克维尔的界定。**但当今最普遍意义上的民主含义是"人民主权**

思想与个人权利受法律保护的思想的融合”，“如果愿意，任何人都可有公民资格，但他们必须在自身权利受到界定、保护和限制的受控制的法定秩序中与其他公民彼此尊重这些平等的权利”。

民主的价值观反映在公共政策上主要体现为“公共性（publicity）”。公共性之于公共政策，是公众在公共领域的政策表达，是有意识的、合理的政策序列设计与安排。对于公共权力机构的政府来说，它是公民权力的代理者，它按照公民的意愿和利益，面向公共或社会共同需要，提供公共物品，塑造公共秩序，规范公共交易，满足多数和保护少数，由此制定和实施公共政策。公共政策的“公共性”也称作“公众性”。所谓公众，它既有多数人与少数人之分，也有强势群体与弱势群体之别。公共政策既是多数人的改革政策，也是少数人的公共政策，一方面它应该最大限度地满足多数，另一方面也应当尽可能地保护少数。在对强势群体特别是由少数人组成的强势群体加以限制的同时，也应该对具有正当利益要求的弱势群体加以保护。在公共政策过程层面上，“公共性”意味着在涉及公共物品提供等集体行动中，存在着有效的决策参与通道和决策选择机制。民主的价值观反映在公共政策上也体现为合法性。公共政策是政治系统或公共权力机构协调和平衡公众利益的途径与手段。任何公共政策要让公众接受，并在实际中发挥作用，就必须从形式到内容都是合法的。所谓内容的合法，是指公共政策所规定的行为准则、所实行的计划措施，能使公众利益得到协调和平衡，符合多数人的、长远的利益要求，能被公众认可和接受；所谓形式的合法，是指公共政策的制定、执行、评估必须是法定主体按照法定程序进行的活动。公共政策内容与形式的合法性也就意味着公共政策本身的科学性和过程的民主性。

同时，民主的价值观还反映公共政策在公共领域中的公开性。在公共领域或公共空间内，公众通过自我理性，而不是单纯的个人偏好，对公共事务进行关注和公开讨论。诚如哈贝马斯所说，“在一个自由的国度里，每个人都认为他和公共事务有着利害关系；有权形成并表达自己的意见。对于公共事务，他们反复探究、认真讨论。他们充满好奇、渴望、专注和猜忌；通过使这些事务成为他们的思想和日常话题，大量的成员获得了一种不错的知识，有些还获得了相当重要的知识……”“在公共领域中，整个社会透过公共媒体交换意见，从而对问题产生质疑或形成共识。”因此，公共政策民主也要求公共政策在公共领域中具有开放性与透明性。公众具有对公共政策及一切重大公共事务的话语权、知情权、参与权和监督权。公共政策的透明和公开，有助于政府的意志得以落实；公众也能够就政策问题与政策制定者进行磋商，能够通过民主的程序表达和整合自身利益，通过特定规则（如投票）决定政策的选择，决定公共物品或公共服务的提供。只有具备了一定的公开性，公民及公民团体才可能了解公共政策是否合理、合法和符合公众的利益。从一定程度上讲，公共政策就是公众政策，它是公众的愿望和利益在公共领域中的公开表达。

2.2.5 秩 序

秩序（order）在本源的意义上是指事件的发生具有有规律的顺序和模式。《辞海》的注解为：“秩，常也。”“序，第次其先后大小。”因而，秩序含有“常度”、“次序”、“人事所在位置”以及“整齐守则”之意。

公共政策是建构秩序的制度外在形式，是“外在地设计出来并靠政治行动由上面强加于社会的规则”，而“公共政策是实现公共意志、满足社会需要的公共理性和公意选择，是规范、引导社会公众和社群的行动指南或行为准则，是由特定的机构制定并由社会实施的有计划的活动过程”。由国家或政府建构的这种外在制度，可以保证制度的公正性、确定性、权威性和有效性，从而有利于形成一种良性的社会秩序。公共政策保障人身和财产安全不受侵犯以及公共安宁，“违反公共秩序的行为——示威、骚乱、恐怖行动和游击战争——通常都同种族、宗教和社会冲突相联系，同不得人心的公共政策相联系，或是同公共政策未能解决严重的不满有关”。良好的政策可以减少社会冲突、保持社会的安宁、维护国内与国际的和平与稳定。比如，枪械管制政策和法律等就是为了保障人身安全不受威胁，城市最低生活保障政策的实施就是为了给社会弱势群体寻求生活上的安全，世界卫生组织在中国江苏的靖港、湖北的黄陂、湖南的澧县、海南的儋州实行100%安全套试点就是为了公共卫生的安全，网络“扫黄”是为了确保青少年的身心健康，民族政策就是为了保证民族的平等、独立和和睦相处，“私人财产神圣不可侵犯”的承诺就是为了保障公民财产的安全，如此等等。同时，政策还规范市场的准入和交易，它可以排除竞争的非个人化，使交易合法、安全、有序。当然，需要说明的是“政府也不能承诺保障所有公民的绝对物质安全”，“因为这会使整个经济系统变得僵化，使败德行为和游手好闲泛滥成灾”。比如，过高的“低保”福利将会使“勤者变懒，懒者更懒”，因而偏离其基本价值。总的说来，政府的政策目标就是要提供安全和秩序，实现充分就业，防止内乱外患，保持经济、政治、社会的稳定度。

2.2.6 发 展

发展（development）作为一个流行用语，其概念有广义和狭义之分。**广义上的发展也是一般意义上的发展，等同于“进步”，泛指人类社会的递进、成长。狭义上的发展也是特定意义上的发展，专指一个社会的现代化问题和现代化的过程。发展，作为自然界和社会变化的一种历史过程，始终无限地延续着。**它是一个自然和社会双重系统的行为变动轨迹。它将导致这一复杂系统朝着更加均衡、更加和谐、更加互补的方向进化。

公共政策的发展观必须是科学的发展观。在现代化的一定阶段上，不少人把发展单纯地理解为经济发展，而把经济发展又简单地等同于国内生产总值的增长。事实上，一国财富的增长并不一定表明该国人民生活质量的提高和社会的协调发展。发展不是单一角度的概念，而是一个生态的、经济的、政治的综合性概念，这就是可持续发展观。所谓可持续发展（sustainable development），是指既满足当代人需求又不危及后代人满足其需求能力的发展。可持续发展的公共政策制定既要考虑当前发展的需要，又要考虑未来发展的需要，不能以牺牲后代人的利益为代价，去换取当代人的一时利益。可持续发展政策主要包括自然资源与生态环境、经济、社会等三方面内容，它是一个“三维复合系统”的内部协调，其中生态持续是基础，经济持续是条件，社会持续是目的。它强调经济、社会和生态环境的协调统一发展。可持续发展政策的核心思想是健康的经济发展应该建立在生态可持续发展能力、社会公正和人民积极参与自身发展决策的基础上。因此，经济政策的制定必须要考虑人口政策、能源政策、环境政策等各方面具体政策的配套协作，也要考虑城乡差别、区域差别等各方面的统筹协调。

2.2.7 利 益

如果我们说公共政策的利益取向是公共利益，这肯定会引来很多学者的质疑，因为学术界关于政府行为的公共利益取向由来已久。总结中外学者们的关于政府公共政策行为的利益取向问题的看法，我们主要可以从两个方面来分析利益问题，即利益和公共利益。利益问题是一个重大的现实问题，公共政策是以公共利益的实现为目标的。所谓公共利益的实现包含着3个层次的内容：维护公共利益、增进公共利益和分配公共利益。三者之间的关系就好比是“看护蛋糕不被偷吃”、“把蛋糕做大”和“公平地切蛋糕”。

我们认为公共政策的出发点和归宿是公共利益。但由于人们对公共利益的认识还不够充分，所以对公共政策能否实现公共利益这一点还是有一些怀疑的。本小节将重点说明公共利益的内涵，以此来说明公共政策应该以公共利益为主要目标。

1.利益的含义

马克思主义认为，利益是阶级社会的人们活动的最深刻的动力，是人们追逐的根本目标，也是人们活动的自发的准则和规范。马克思认为：“人们奋斗所争取的一切，都同他们的利益有关。”**所谓利益，最确切的定义是指人类为了生存和发展、获得自由与幸福所需要的资源与条件。**通俗地理解，利益就是对人们“有好处的东西”。这样说可能过于宽泛。进一步的理解，利益就是对人们有好处的资源，这里的资源既是指物质资源也是指精神资源。从中可以看出，我国将生存权和发展权作为最基本的人权是非常有道理的，也是站得住脚的。它与马斯洛的需要层次理论也是基本一致的。需要特别说明的就是“条件”。比如，饮用水质量就是人们不能忽略的生活条件。它与资源最大的区别就是：资源是看得见、摸得着的；条件往往是看不见、摸不着的。

利益有两种存在形态：独享的和共享的利益。由此，我们可以认为，利益通常以两种形态存在：独享的和共享的。

（1）私人利益

社会公众（主要是指个人）独享的那部分资源和条件，可以称之为私人利益。个人对这部分利益享有所有权、收益权和处置权，带有明显的“产权”的味道。

私人利益通常有3个层次：

①正常利益：不因人的身份、种族、性别等属性而改变，也是所有人都应该独享的资源和条件。比如，衣食住行，这具有比较明显的共通性。

②角色利益：因为人们扮演的社会角色不同，也可以独享的那些“超常”的资源和条件。这是利益差异的主要根源。

③失常利益：一般指通过非法手段获得的那些利益。

以往我们是忌讳提私人利益的，把它等同于提倡个人主义。事实上不是这样的，私人利益保持在适当的限度内，并不见得就会损害社会的发展。过度地限制了私人利益的发展会导致“利益饥渴”，造成不良的社会后果。

特别需要注意的是，正常利益和角色利益都需要由公共政策来保护，失常利益则需要公共政策来禁止和打击，但不能因为反对失常利益而把所有的私人利益都一并反对掉了。

（2）共同利益

部分或全体社会公众共享的那部分资源和条件，通常是不可能分割的。社会公众共同地受这些资源和条件的影响，可能是共同受益，也可能是共同受害。

共同利益有两种表现形式：

①基于利益关系而形成的第3种利益。这与人们之间的交往和利益关系相关。比如，深圳彩电峰会和彩管生产行业的停产都是很好的例子。

②共同体的利益：任何结构松散和结构严密的组织都是利益共同体，也都具有共同体利益。

第一，正式组织的共同体利益。政府、企业、事业单位、非政府组织都有共同体利益。不过，企业的共同体利益，特别是私人企业的共同体利益实际上是私人利益的放大。政府机构也有共同体利益，比如工作条件、工资福利待遇、机构的生存和发展等等。这就等于承认政府利益的存在。总体而言，这类共同体的利益都涉及部分社会成员。

第二，非正式组织的共同体利益。我们所讲的阶层利益或群体利益都没有正式的严密的组织结构，但却有共同体利益。社会就是这样一个共同体。不过，社会这个共同体的利益比较特殊，由于是涉及全体社会成员的利益，所以我们把它称为具有"社会共享性"的利益，也就是公共利益。

2.公共利益

大多数学者认为公共政策的利益取向应为公共利益，因为公共政策问题都来源于公共领域，制定公共政策的目的是为了解决公共问题、管理公共事务、维护公共秩序，而且，公共政策的资源来自于公共资源，以公共权力为保障。公共利益英文为"general interest"。general则被解释为"普遍的、全面的"，此时它指"影响所有人或绝大多数人（的事物）"。**简单地说，公共利益就是那些具有社会共享性的资源和条件。**不过，人们通常认为公共利益是抽象的，是虚幻的。如果这样，那公共政策就失去了目标和依托。事实上，资源和条件都是人们可以感知或把握的，所以我们把公共利益看成是客观的、现实的。

（1）公共利益的纵向层次

①社区性公共利益：社区的治安、环境和生活保障设施。

②地方性公共利益：地方的经济秩序、发展环境、治安状况等。

③全国性公共利益：国家的宪法和法律、经济形势、社会秩序等。

④全球性公共利益：这主要是指可持续发展问题。

区分这些层次的意义在于：不同层次的公共利益应该由不同层次的公共政策来实现。这样，公共政策就形成了一个纵向的体系。

（2）公共利益的横向维度

①秩序性的公共利益：需要通过强制手段来实现的。比如，社会秩序、市场秩序、金融秩序和交通秩序等。

②基础性的公共利益：比如，公共基础设施、公共工程和公共项目等。

③服务性的公共利益：比如，大多数的公共服务。

④保障性的公共利益：比如，可持续发展问题、国防、社会保障等。

区分横向性质的意义在于，不同类型的公共利益，其实现的手段和主体可以不同。比如，秩序性的公共利益通常只能由政府来实现，其他主体并不拥有公共权力。基础性、服务性和保障性的公共利益可以由政府的公共政策来实现，也可以通过其他社会行为主体来实现。比较特殊的是，保障性的公共利益大多数没有现实的收益，所以企业一般不愿意涉足，所以需要政府承担主要责任。

（3）公共政策要维护公共利益

为什么一定需要公共政策来维护公共利益呢？这是因为：

①这是由社会公众集体行动的特点来决定的，集体行动往往具有非理性的结果。

②公共利益本身往往受到最少的照顾。

③公共利益都是非营利性的，一些社会主体都不愿意涉足。

由此我们可以得出结论：公共利益应该由公共政策来维护、增进和分配。

§2.3 公共政策价值的冲突

对于"公共政策"具体含义的讨论，行政学界一直是众说纷纭。国内的学者倾向于给出它的技术性定义，而美国的政治学家戴维·伊斯顿则从较为抽象和概括的角度，认为公共政策是"对公共价值的权威性分配"。一般说来，行政学研究者倾向于从"政策过程"的角度来考察公共政策，认为这是一个包括"政策设计—政策抉择—政策实施—政策反馈—政策评估"的完整过程。同时，经历了实证主义的潮流之后，大家也普遍认识到，任何一项公共政策的出台，都必然包含了政府依据特定的伦理标准来进行的价值选择。政府所作的这种抉择，又会随着政策的贯彻与实施，对公众的心理和行为产生不可忽视的影响。因此，公共政策的实施将引发或多或少、或远或近的非政策性冲突。

2.3.1 效率与公平的冲突

公平与效率是公共政策价值中的最基本价值，效率原则是现代公共行政的一项原则，它要求行政主体在公共政策行为的过程中，应当以经济、有效的方式，以尽可能少的"投入"，获取尽可能大的"功效"。基于政府是国家社会、经济文化建设的综合协调系统，事关国家的兴衰，加上政府管理具有最大的涵盖面，效率就成为当代社会公共行政中公共政策运行内在的要求。

公平作为现代公共行政的基本价值目标，要求公共政策行为形成公平的结果，尽可能满足社会主体（公众）的公平要求。恰当地运用公平的原则，统筹短期与长期利益、微观与宏观因素，兼顾个人、集体、国家等不同主体的利益主张，平衡与之相关的利益冲突。只有这样，才能使公共政策带来良好的行政效应。所以，公共政策主体不能是价值中立的，他们应当担负起实现社会公平的责任，应当把出色的政府管理和社会公平作为制定新的公共政策的基本原理，同时应改革那些在制度上、功能上、效果上妨碍社会公平的公共政策和影响实现社会公平目标的公共政策管理体制。

受计划经济体制的影响，大多数人通常认为公平与效率之间具有不相容性，他们或者主张公平与效率之间具有潜在的冲突，或者强调最有效率的分配原则必定是极端不公平，而完全公平的分配却可能会导致效率较低乃至完全无效率。也就是说，在公共政策公平与效率这一价值关系中，如果其中的一项价值得到了完全的实现，难免在一定程度上牺牲或否定另一价值。效率优先是市场经济的根本要求，也是价值的集中体现，而社会公正原则是伦理价值的基本要求。在市场取向的社会现实中，公平与效率在很大程度上是难以兼得的。也就是说，如果我们充分体现公平原则，就要在很大程度上牺牲效率；反之，如果充分考虑效率，那就不可避免地会牺牲一定程度的公平。因为高效率的充分实现要求社会结构特别是经济结构的最优化。所谓“最优化”，指的是对人的要求是追求一种高文化、高能力、高素质，即偏重于社会的能力取向，它鼓励和保护的是社会经济生活中的强者。自由竞争、适者生存，这一动物界通行的法则也支配着市场活动的秩序，同时也深刻影响着社会生活的各个方面。社会主义的价值理想和价值要求是社会公正和共同富裕。所以，平等、和谐、善良、奉献等都应是我们社会所提倡和主张的社会价值观。这些社会价值所要求和强调的是社会经济的“善”，所体现的是一种人道主义精神，侧重的是社会行为的“良知取向”，而这与市场经济的效率原则却是大相径庭的。我们是服从效率还是恪守公平？这也是我们面临的一个价值难题。

2.3.2　民主与科学的冲突

民主是一个政治体系在政治上的首选价值标准。对于以普遍性和后及性为特点的我国公共政策来说，没有公民的直接参与，公共政策往往缺乏对公众需求的了解以及对公民利益的整合，难以达成与广大公民的事前共识，在实施中必将遇到种种阻力。这不仅有可能直接损害公民的合法权益，而且还会造成行政成本高、政府效率低的后果，即使该项行为本身正确，也达不到理想效果。

目前，我国公共政策制定过程中公民参与能力没有得到充分的发挥，甚至在某些地区和部门毫无此意识。公民无法寻求直接参与公共政策活动充分而有效的渠道，因此政府在制定与其切身利益密切相关的公共政策时，公民便无法充分表达自己的意愿。

与此同时，政府内部的民主性往往被传统的公共行政所忽略。在以首长负责制为内部体制、以金字塔为外在形态的行政科层体系中，权力自上而下呈单向辐射状，往往结构趋于呆板、僵硬。这一状况在当代灵活快捷的信息社会与不断变化的公众需求形成了巨大反差，使政府无法对社会和公民需求的变化作出迅速而有效的政策反应，造成政府制定政策的权威性大大降低。

2.3.3　多数人利益与少数人利益的冲突

多数人利益与少数人利益的冲突是集体主义和个人主义冲突的一种表现，也是中西当代古今伦理价值冲突的核心，因为当代中国主导性的价值观是社会主义价值观，它以集体主义为原则，强调多数人的利益。西方资本主义价值观以个人主义为核心，强调的是少数人的利益。

一个社会不可能没有利益冲突。公共政策的制定无法摆脱利益冲突的影响。可以说，利益矛盾与利益冲突将会成为公共政策制定和执行中一个主要问题。公共政策的基本功能之一是利益关系的调整。对公共政策的选择必然是在利益冲突条件下的公共选择，即政府与利益集团、利益集团与利益集团之间一个政治交易过程。由于各利益集团与政府的讨价还价能力不同，在任何时候，公共政策都反映占支配地位的利益集团的利益。这不仅取决于经济结构，还取决于政治结构。随着各集团力量和影响的消长，公共政策将变得有利于其影响增加的那些集团的利益，而不利于影响削弱的那些集团的利益。公共权力机构掌握着社会利益的权威性分配，尤其在“行政国家”出现后，公共权力渗透到社会领域的各个方面。公共决策结果往往是利益妥协和力量暂时均衡的结果。公共政策不可能按照旁观者的超然立场以最理性化的结果产生。相反，参与公共政策制定的不同角色，包括各种类型的专家本身，也无法摆脱特定利益集团的背景。各角色的先入之见，加大了公共政策的不确定性，以至于若干决策，从形式上看是理性的或基本是理性的，但实际上都是非理性的。由于当代社会利益主体趋于多元化，同时也由于贫富差距的日益扩大，由利益关系引起的社会矛盾和社会冲突在明显增加。

戴维·伊斯顿（D.Easton）认为，公共政策就是对全社会的价值作权威性分配。其中的价值主要涉及到权力、财富、利益、义务、责任的分配，其后果将有利于一部分人，同时不利于另外一部分人。公共政策作为政府调控社会成员之间利益关系的工具，如果不整合好公共利益中各目标群体的利益，就不可避免地会产生这样或那样的利益矛盾，矛盾一旦激发，就会产生利益冲突，这样就会影响社会的有序性。由于政策的目标群体在认识自然、改造自然和认识社会、改造社会过程中谋利的目的不同，以及谋利的方式不同，所以各利益目标群体就会产生不同性质和不同层次的利益需求。“这些利益和需求相互影响、交流、碰撞、摩擦，从而产生各种现实的利益矛盾，它可能发生在个人之间、个人和群体之间、群体与群体之间，甚至是政府和群体之间。公共政策无疑就是要调整和规范这些具有不同性质和类型的利益之间的矛盾。”[①]

1.公共政策的对象是目标群体

利益的冲突发生在目标群体之间。那么什么是目标群体呢？目标群体就是政策对象，即公共政策直接、间接影响的公众组织或是被公共政策规范、管制、调节和制约的社会成员。公共政策的利益主体可以是组织，也可以是个人。在利益冲突中，识别目标群体具有重要的意义。然而，一项政策的制定并不是一开始就对目标群体明确的。例如，代表国家的政府部门制定的公共政策针对和影响的范围就是全国性某个领域、阶层和行业的，但地方政府或地方政府的某一个部门制定的公共政策针对和影响的范围就具有一定的地方性。

目标群体在公共政策的执行中势必要受到政策的影响。有的目标群体受影响大，有的则小。有的倾向于接受政策，有的倾向于反对政策甚至抵触政策。所有的目标群体在政策执行的不同时期对政策的态度可能会不同，可能会发生改变，对政策态度改变的诱因就是利益的转变。

2.多数人利益和少数人利益

（1）多数人利益

“多数人”是一个具有伸缩性的词，我们通常很难用较为准确的数字来进行表述，它一般是指社会中的多数社会成员。如果用数量关系来进行表述，也只能是对特定的领域内的人群进行宏观的描述。“多数人”通俗的理解就是“一半以上的人”，这一半以上的人就可以认为是多数。因为多数人这个概念本身就是一个不确定的概念，所以我们很难用一个准确的数字来界定“多数人”。因此，一般我们使用“绝大多数”和“50%以上”来描述公共政策对象的涵盖面。能满足多数人利益的政策说明该政策的涵盖面大或涵盖性强。因为公共政策主要涉及到权力、财富、利益、义务、责任的分配，其后果将有利于一些人，

① 这种由国家聚合社会利益、倾向和意愿的方式与社会学家费孝通所说的“单轨政治”，有异曲同工之处。所谓“单轨政治”，是指国家与社会关系中，只有自上而下的行政要求而没有自下而上的政治吸纳的一种形式。（陈振明，2003）

同时不利于另外一部分人。一般情况下，政府在制定一项政策会考虑到目标群体的人数问题，但具体的人数也只能用大多数来进行涵括。在公共利益的处理问题上，政府制定政策的水平和平衡不同利益群体的需求的能力体现在维护大多数人的利益，兼顾少数人的利益。作为政府制定的公共政策不可能一味地只满足多数人的利益而不顾少数人的利益，政策的制定和执行要保证全体社会成员的一致性利益。

（2）少数人利益

“少数人”也是一个不确定性的概念，我们一般理解为社会中的少数社会成员，通俗的理解为“一半以下的人”。与多数人一样，少数人在表述时也存在一个数量不明确的关系问题，也具有一定的伸缩性。我们通常情况下使用“极少数人”和“50%以下”来进行描述。满足少数人利益的公共政策说明该政策的涵盖面小或涵盖性弱。如果一项公共政策只满足多数人利益而不顾少数人利益，那么说明该项政策具有道德问题，或者说这项政策具有不道德因素，不利于体现社会公正和公平，并且，政府在制定一项公共政策时，往往需要考虑少数人的利益，这里的少数人是指那些需要社会关心的人，例如残疾人，他们是社会中的弱势群体，理应得到政策的支持和保护，扶持弱势群体利益的公共政策一般不会损害他人的利益，政府在制定政策时需要掌握好“度”的问题，如果没有掌握好“度”的问题，也容易产生不公正和不公平的现象。但是社会中的少数强势群体，如垄断集团，政府在制定公共政策时就需要考虑限制其利益，而不是维护其利益。

3.利益冲突解决的原则

随着现代社会经济的发展和社会分工的精细化，社会角色呈现多元化，相继而来引起了利益的分化，利益也出现多元化的趋势。所有政策对象之间不可能出现利益一致，在政策过程中难免出现利益冲突。利益冲突一旦产生，就会破坏社会的有序运行，甚至危害社会的稳定和经济的发展。政策过程中存在的利益冲突的客观性决定了利益调整的必要性，库伯认为，在利益冲突中，我们必须处理伦理问题和法律问题。所以，政府必须对利益冲突进行有效的调整，所谓利益调整，就是通过道德、法律和行政等手段，使利益冲突保持在社会有序运行可接受的范围内，均衡各方面利益，使利益达到一致性，实现利益的最大化，甚至妥善地化解一切冲突。只有这样社会才能安定有序，人们的生存、享受和发展才能得到更高层次的满足。在解决利益冲突时，我们一般遵循以下原则：

①当个人利益和集体利益发生冲突时，应该坚持“个人利益服从集体利益”的原则，以有利于集体利益为重。

②当局部利益和整体利益发生冲突时，应坚持“局部利益服从整体利益”的原则，以有利于整体利益为重。

③当暂时利益与长远利益发生冲突时，应坚持“暂时利益服从长远利益”的原则，以有利于长远利益为重。

④当先富起来地区（个人）与后富起来地区（个人）发生利益冲突时，应坚持“逐步实现共同富裕”的原则，以有利于逐步实现共同富裕为重。

4.利益冲突解决的方法

我们认为，利益冲突解决的方法主要有两种，即主动解决和被动解决。主动解决就是通过深入的调查研究，科学的分析，预测出在政策过程中可能出现的利益冲突，“对症下药”，设计出相应的对策和措施，并逐步着手付诸实施，把利益冲突解决在萌芽状态。被动解决就是对已经出现的利益冲突及时地进行客观辩证的分析，抓住产生利益冲突的主要原因，即问题的根源，制定出相应的即时对策和措施，并果断付诸实施，力争尽快化解矛盾，解决冲突。实践证明，主动解决利益冲突的社会效果远远优于被动解决利益冲突的社会效果。

§2.4 中国公共政策的价值追求

2.4.1 价值追求的变化历程

公共政策的价值取向取决于公共行政的价值追求，要谈及传统公共政策的价值取向，还得先从传统公共行政说起。传统公共行政发端于19世纪末20世纪初，形成于20世纪20年代，并持续到60年代，它是实证科学的产物，其基本的价值追求是"效率至上"，故又称为"实用的公共行政"。弗雷德里克森认为："实用的或传统的公共行政学试图找出下列两个问题中任何一个问题的答案：（1）我们怎样才能够利用可以利用的资源来提供更多的或更好的服务？（效率）（2）我们怎样才能够花费更少的资金来保证我们的服务水平？（经济）"可见，西方传统公共行政的基本价值在于效率和经济，在他们的视野中，经济特别是效率无可置疑地是公共行政的出发点和终极目标。那么，其相应的政府公共政策价值取向也就是"效率至上"。

大约从20世纪70年代开始，由于传统公共政策过分强调对效率和工具理性的追求，西方各主要市场经济国家相继出现了"滞胀"（即低经济增长、高通货膨胀、高财政赤字和高失业率的同时存在）的局面，使政府行为面临合法性危机，一股呼吁社会公平、参与、社会责任等民主价值的浪潮迅速弥漫开来。于是，人们对公共政策效率至上的批判和对体现民主价值的公平正义理念的追求直接催生了新公共行政学。新公共行政学对西方现代公共政策的影响是最直接的，它使得西方现代公共政策的价值追求较之传统公共政策发生了相应的变化。

新中国成立以来，平等与效率一直是政府追求的两大目标。平等与效率既有碰撞，又有一致。但从历史与现实来看，平等与效率的碰撞却大多制约着二者的协调，成为二者关系的主要方面，阻碍社会的发展。平等与效率的冲突主要经历了两次：平均主义和贫富差距过大。探讨这两次碰撞的变化历程，将有利于当代政府对中国公共政策的价值取向作出科学而合理的选择。

1.平等与效率的第一次碰撞——平均主义

所谓平均主义，是指要求人人均等地享有社会物质财富的心理欲求、思想主张、理论原则及其指导下的社会实践活动。从新中国建立到党的十一届三中全会这一时期的平均主义可以说是泛滥成灾，支持这种平均主义的实践工具就是政府的政策，而政策的价值取向又发挥着极其重要的作用。

平均主义从表面上看似乎实现了社会公平，但人们追求的社会公平绝不是退回到类似原始社会那种维持最低生存需求的公平，而是在社会效率不断提高，社会生产力不断发展的基础上，不断提高生活质量而又不产生两极分化的"公平"。平均主义是农民小生产者的一种不符合历史发展规律的空想，平均主义的政策不利于社会效率的提高。人民公社、

“大锅饭”在社会生产力水平极为低下的情况下，平均分配生活资料，拉平生活水平，于是带来了普遍的贫穷、短缺的经济、日用品的匮乏，以及人们的无奈和期盼，这实际上是共同落后、共同贫穷。因为在劳动还是人们谋生的手段，人们还需要从物质利益方面关注自己的劳动和劳动收入的历史条件下，不承认劳动差别，不管劳动的强弱，不管劳动的简单与复杂，平均主义的分配只能挫伤人们的劳动积极性。

因此，历史上引发的被扭曲了的“平等”与效率之间的第一次碰撞，严重阻碍了当时社会生产力的发展。这种追求结果平等的所谓“公平”，必定损害真正的公平原则，从而造成最终的无效率！这也给当下中国公共政策的价值选择提供了深刻的历史教训：公共政策在价值取向上必须抛弃“均平”——纯粹的平等，以公平为价值取向，特别是在收入分配领域的政策取向。因为真正意义上的公平既保持了适度的平等（差距），同时又有利于效率的提高。所以，公共政策只有以公平为其根本价值目标，才能充分有效地发挥其作用，从而促进社会效率的普遍提高。

2.平等与效率的第二次碰撞——贫富差距过大

改革开放以来，我国经济建设取得了举世瞩目的伟大成就，社会面貌发生了极为深刻的变化，人民群众的物质文化生活水平得到了很大的改善和提高。但是，与此同时产生的贫富差距问题也使人们感到担忧，这也使政府公共政策价值取向的合理性面临深刻思考。

近20年来，我国城乡居民人均收入比改革初期分别增长了20.7倍和16.5倍，生活水平总体上达到小康，且分配制度上的平均主义“大锅饭”和“脑体倒挂”格局均被打破。与此同时，居民收入差距的不断扩大也日益严重，至少已体现出两个应当警惕的症候：其一，2001年城乡整体居民收入的基尼系数已达到0.458，远远超过了国际公认的警戒线0.40。占总户数20%的最富有户收入占全部收入的51%以上，20%低收入户只占4%左右，两者之比从改革初期的4.50：1扩大到12.66：1；而这一差距在相当长的一段时间内还会进一步扩大。其二，不同收入阶层形成“金字塔形”分布。年平均收入接近和超过2万元的占总人口的3.5%左右，而一半以上人口的年平均收入在2 000元以下。国际公认的比较合理的收入分布应该是“橄榄形”，中等收入阶层人数应最多，而我国恰好中等收入阶层非常薄弱，两极分化相当严重。

造成我国居民收入差距过大的原因何在？我们认为，主要原因为以下几个方面：第一，体制不完善造成的差距，如一些行业搞垄断性经营，取得了过高收入。第二，地域差别造成的差距。由于地理环境、历史文化、基础条件、人口素质、生产力水平等差异以及政策因素，致使我国区域经济发展不平衡。第三，再分配手段不完善造成的差距。目前的再分配领域中，无论是对高收入者的税收调节，还是对低收入者的保护都还不完善，初次分配中形成的较大差距缓解比较慢。第四，特殊性职业形成的差距，如影视明星、体育明星等。第五，非法收入造成的差距。由于管理的疏漏和一些现行政策法规的不完善、不配套，给非法收入提供了滋生的土壤。特别是“权力经济”、以权谋私等严重腐败问题，以及利用制假售假、走私贩私、投机欺诈等各种非法手段的“黑色经济”，获取了高额收入。

值得注意的是，我们提出的贫富差距现象包括合理的和不合理的两种。上述这些合理的、合法的贫富差距现象在处于转型期的中国不可避免。社会主义社会的公平，绝不是收入无差距的公平。当前允许一部分人通过诚实劳动和合法经营先富起来，有助于积累必要的财力和物力，以帮助和扶植欠发达地区和贫困群体，逐步实现共同富裕。合理的、合法的高收入所形成的过大收入差距，当然也需要运用公共政策进行公平、公正地调节。同时，当前我国还存在着不合理的贫富差距现象，并引起了社会分配不公。这里的“不公”主要是指前述最后一种原因导致的不公，即“黑色经济”和“权力经济”的腐败造成的不公。这两大社会不公，是社会主义社会不允许存在的不公，是危害国家、人民利益和经济发展的不公，也是与社会效率对立的不公。这两种因素形成的暴富与贫富差距过大，是当前引起平等与效率碰撞的最根本原因，也是解决贫富差距过大的重点。针对这两种因素造成的不公，不仅要求加大法律的打击力度，而且要求公共政策更加规范、合理和公平。所以，公共政策在克服贫富差距的过程中，其基本任务不应强调以效率为核心，而应该以公平为其根本的价值取向。

2.4.2 价值追求的未来发展

自从有了国家，就有政府的公共政策活动。作为一门正式的科学研究，公共政策只是到了现代才刚刚兴起，它反映了政府功能的扩张及公共政策科学化和民主化的要求。同时，公共政策伴随着民主化的演进而得以不断发展，特别是民主宪政体制的确立，为公共政策提供了合法保障。可以说，真正意义上的公共政策应属民主社会所特有，公共政策理论的相应发展，必然离不开民主之平等与自由理念。可见，以公平作为中国公共政策未来发展的价值取向，理论上是公共政策科学存在和发展的要求，是民主化浪潮在全球范围的推进所致。在此，主要从公共政策的本质、公共政策的功能两个方面，对公共政策的公平价值取向的理论依据作以探讨。

1.公平是公共政策的本质体现

公共政策的本质是政府对社会公共利益所作的权威性分配，主要表现为3个基本特征：公共性、权威性、合法性。公共政策这3个特征都是以社会公平为其存在的基础。公共政策不维护社会公平，社会成员就会抑制它，公共政策也会失去权威之源，社会就不可能实现整体进步和社会发展。

2.公平是公共政策功能得以充分发挥的基本前提

在市场化的背景下，必须首先对公共政策的功能有一个合理的定位。我们认为，公共政策与市场各有各的功能，公共政策只能作用于市场失灵的区域，以弥补市场不足而发挥其作用。在“市场机制+公共政策”的现代市场经济中，市场机制主要解决效率问题，公共政策主要解决公平问题，公共政策在其功能发挥的整个过程中，必须立足于公平。

3.公平是民主政治的内在体现

现代化有着诸多的内涵，而政治民主化则是其重要内涵之一。经济增长和政治民主作为现代化的两大支柱，犹如车之两轮、鸟之两翼，相互作用，缺一不可。改革开放以来，我国一直把民主作为现代化建设的三大目标之一，如何推进我国的民主化进程，是我们面临的一项重要任务！同时，伴随着全球化浪潮的高涨，政治领域的“第三波”民主化浪潮席卷了广大发展中国家，人们对社会公平、正义等民主价值的呼吁越来越强烈。大多数学者认为，只有公共政策充分体现社会公平，才能为民主政治的发展提供必要的社会条件，即最大限度地保障社会稳定。所以，公平也就成为民主政治的一项实质性内容和基本目标。

4.公平是市场经济发展的根本诉求

市场经济是以市场机制配置资源为基础的经济运行方式，它以提高效率为出发点和最高目标。但是，就市场经济本身而言，是不是就只有效率没有公平呢？答案是否定的。因为市场经济最基本的特征就是公平竞争，可以说公平本身就是市场经济充满活力、发挥效率的前提条件，市场经济的运行逻辑地要求公平。商品天然就是平等派，市场经济遵循的基本规律是价值规律，遵循的基本原则是等价交换，离开了公平原则，商品生产和商品交换就无从谈起。更进一步说，公平原则是市场经济竞争的基本原则，是人们的市场行为和经济行为的逻辑提升。竞争要有效率，必须要求各经济主体在市场竞争中处于平等的地位，并由统一的规则来调节。

总而言之，理论与现实已从多方面告诉我们：在现代社会中，我国要保证公共政策的不断发展，充分发挥社会主义的优越性，实现经济的长足发展和政治的充分民主，那么，政府公共政策价值取向的正确定位，就应该是致力于社会公平的实现！

本章小结

公共政策价值是人民对政策的愿望和要求的反映，是政策对于人的意义。它伴随着政策产生、发展和消亡，伴随着政策的制定、实施和监督。任何政策的制定都是出于一定的价值需要，并在一定目的的支配下进行的。公共政策价值主要有3种：管理价值、文明价值和理性价值。研究公共政策价值有助于合理确定公共政策目标；有助于规范公共政策价值导向；有助于协调公共政策利益关系。公共政策价值观争论一直伴随着公共政策学科发展和科学研究，对价值观的探究亦成为了公共政策理论研究与实证分析的重要内容。本书认为，正义、效率、平等、民主、秩序、发展、利益是社会文明的基本理念，也是公共政策价值的内涵。

社会转型时期公共政策存在着多元化的价值，在一定时期内，这些价值存在着一个先后、轻重、缓急的次序问题，但既然作为一个公共组织，行使公共权力，代表公共利益，政府的政策和行为必须时刻恪守“公共精神”，并实现这些价值的均衡分布。如果公共政策的价值发生了偏离，将会出现某些价值冲突，如效率与公平的冲突、民主与科学的冲突，以及多数人利益与少数人利益的冲突等。

对于我国来说，平等与效率一直以来是我国政府追求的两大目标。平等对效率既有碰撞，又有一致。从历史与现实来看，平等与效率的碰撞却大多制约着二者的协调，成为二者关系的主要方面，阻碍着社会的发展。平等与效率的冲突主要经历了两次：平均主义和贫富差距过大。

关键概念

公共政策价值　正义　政策效率　平等　民主　秩序　发展　公共利益

综合训练

2.1 单项选择题

1.（　　）是公共政策的基本价值。

A. 管理　　B. 执行　　C. 评估　　D. 反馈

2. 民主的价值观反映在公共政策上主要表现在（　　）。

A. 私立性　　B. 公共性　　C. 排他性　　D. 共赢性

3.（　　）是一个政治体系上的首选价值标准。

A. 科学　　B. 效率　　C. 民主　　D. 公平

4. 价值的前提是（　　）。

A. 人的需要　　B. 生理需求　　C. 心理需求　　D. 利益

5. 公共政策价值不包括（　　）。

A. 正义　　B. 效益　　C. 平等　　D. 秩序

2.2 多项选择题

1. 公共政策的价值内涵主要包括（　　）。

A. 正义　　B. 效率　　C. 平等　　D. 民主

2. 利益通常以（　　）形态存在。

A. 独享　　B. 共享　　C. 它享　　D. 专享

3. 公共政策价值的冲突包括（　　）。

A. 效率与公平　　B. 民主与科学　　C. 多数人与少数人　　D. 多数人和多数人

4.（　　）是公共政策价值的最基本价值。

A. 公平　　B. 效率　　C. 民主　　D. 科学

5. 私人利益通常有（　　）几个层次。

A. 正常利益　　B. 角色利益　　C. 非正常利益　　D. 失常利益

2.3 思考题

1. 什么是公共政策价值？公共政策价值主要有哪几种类型？公共政策价值有何意义？

2. 公共政策价值的内涵包括哪几个方面？其主要内容是什么？

3. 什么是利益、私人利益、共同利益和公共利益？

4. 公共政策价值的冲突主要表现在哪几个方面？如何解决多数人利益和少数人利益相冲突？

5. 我国造成居民收入差距过大的原因有哪些？

6. 试论述公共政策的公平价值取向。

第 3 章

公共政策环境

学习目标

通过本章的学习，你应该能够：

1.掌握政策环境的学科发展历程。

2.掌握政策环境的含义和特征。

3.理解各种政策环境的内容和影响。

4.掌握环境视野下的政策网络理论。

5.理解环境变迁与稳定之间的辩证关系。

6.运用政策环境理论分析一些简单案例。

引导案例

应对气候变化　政策在行动

近些年来，我国大城市雾霾天出现频率明显增多。尤其是2013年伊始，我国中东部出现4次大范围雾霾天气，140多万平方公里、8亿以上人口受到影响，北京市1月雾霾天气多达26天，引起各界广泛关注。来自环保部的数据显示，2014年北京污染天数为175天、天津197天、成都125天、沈阳152天、兰州112天、石家庄高达264天。显然，中国前些年低估了环境污染的严重性，大范围严重雾霾已经给全社会敲响了警钟，造成了重大的健康和经济损失。

2014年2月，习近平总书记在北京考察时指出：应对雾霾污染、改善空气质量的首要任务是控制PM2.5，要从压减燃煤、严格控车、调整产业、强化管理、联防联控、依法治理等方面采取重大举措，聚焦重点领域，严格指标考核，加强环境执法监管，认真进行责任追究。2015年3月，李克强总理在作《政府工作报告》时说："环境污染是民生之患、民心之痛，要铁腕治理。"面对气候变化带来的极端负面影响，国家有关部门也出台了一些政策进行积极应对。早在2010年，国家财政部等四部委就已经出台了更适合新能源汽车市场推广的补贴政策。2012年12月，环保部发布的《关于加强机动车污染防治工作推进PM2.5治理进程的指导意见》指出，到2020年，机动车排放控制水平显著提升，尾气排放总量大幅削减。2014年1月4日，国家减灾办、民政部首次将危害健康的雾霾天气纳入2013年自然灾情进行通报。国家发改委在十二届全国人大三次会议举行的新闻发布会上表示，将实施旨在降低煤耗量、控制受污染地区能源密集型项目的政策。新的《中华人民共和国环境保护法》于2015年1月1日正式生效，这部号称"史上最严的环保法"，表明了国家控制环境污染的强烈意愿和坚定决心。

应对气候变化历来不只是一个国家或地区的事务。西方国家在工业化发展过程中，也制定了许多政策来应对气候环境的变化。英国人反思空气污染造成的苦果，催生了世界上第一部空气污染防治法案——《清洁空气法》——的出台。德国出台政策大力鼓励机动车安装尾气清洁装置，安装过滤器的车主可获得国家补贴。日本东京立法要求汽车加装过滤器，并禁止柴油发动机汽车进入该市，东京还规定，新建大楼必须有绿地，必须搞楼顶绿化。欧盟则要求其成员国2012年空气不达标的天数不能超过35天，不然将面临4.5亿美元的巨额罚款。另外，2015年12月，在历经13天马拉松式的艰苦谈判之后，巴黎当地时间12日晚上7时26分，随着法国外交部长、巴黎气候变化大会主席法比尤斯的一锤定音，来自195个国家的代表终于就共同应对气候变化通过了《巴黎协定》。协定在总体目标、责任区分、资金技术等多个核心问题上取得进展，被认为是气候谈判过程中历史性的转折点，它是历史上首个关于气候变化的全球性协定，体现了世界各国在应对气候变化方面卓有成效的努力。

【案例思考】

1.雾霾天气催生了什么样的公共政策？为什么会有这样的效果？

2.请结合案例分析政策环境的变化对公共政策变革的影响。

3.请结合案例谈谈公共政策对政策环境的作用。

公共政策是一个与外部环境紧密联系的输入-输出系统。公共政策的产生与执行从某种意义上讲就是政策与外部环境的互动过程，脱离外部环境来孤立地看待公共政策是不正确的，同时也不可能对公共政策进行合理的评估。从公共政策与环境之间的关系来看，观察的要点不外乎两个：一是考察公共政策的环境基础，研究环境对政策的影响；二是考察公共政策的输出，即考察公共政策对环境的影响。二者相辅相成，缺一不可。

§3.1 政策环境概述

管理学家卡斯特（F.E.Kast）和罗森茨韦克（J.E.Rosenzweig）指出："从广义上讲，环境就是组织界限以外的一切事物。但是，从以下两个方面来思考环境可能会有用处：(1) 社会环境（一般环境），它影响着某一特定社会中的一切组织。(2) 工作环境（具体环境），它更直接地影响着个别组织。"国内学者张金马在其著作《政策科学导论》之中，也提出了两种环境的概念。由此可见，公共政策与政策环境之间的关系是密不可分的，公共政策基于一定的环境条件而产生，致力于解决环境中的某些矛盾，最后对环境产生一定的影响。必须指出的是，不同的公共政策所处的政策环境是多种多样的，而不同的公共政策对于政策环境的影响也是多种多样的。美国学者戴维·佩里和劳伦斯·凯勒等人指出，"所有的组织都具有相同的环境"只能是"一种神话假设"。所以，在研究公共政策与环境之间的相互关系与影响的时候，要特别注意公共政策所处的具体环境，以及该环境所具有的特殊性。一个明显的例子是不少非洲落后国家盲目照搬西方发达国家的经验，却忽视了本国行政环境的特殊性，结果收效甚微。因此，重视政策环境对政策的影响是公共政策取得良好绩效的先决条件。

3.1.1 政策环境的概念

广义而言，环境是指事物周边的境况，几乎涵盖了所有因素。公共政策处于各种环境之中，并为环境所左右，公共政策的目的是解决环境对政策的压力问题，公共政策的评估则考察政策对环境的影响。在这个双向互动的过程当中，环境和政策完成了相互交流，达到新的和谐稳定状态。

政策环境的概念最初伴随着行政生态学的发展而出现。19世纪，达尔文学派的学者们广泛运用"生态"的概念来描述生物与环境之间的关系。在生态学的视野当中，生物与环境之间进行物质、能量和信息的交换，从而实现自身新陈代谢的生命过程，并维持生态系统的动态平衡。这种与环境之间的互动和交流过程与公共政策的运行模式有着很多相似之处。公共政策对环境有着明显的依存关系，它通过对来自环境的压力作出反应来制定政策，并通过政策的执行回应环境的压力，同时通过政策的实施部分地改变外部环境，最后达到新的平衡。

最早把行政问题与其外部环境联系起来进行研究的是美国哈佛大学的教授高斯。高斯于1936年发表论文《美国社会与公共行政》，初步指出行政环境与行政管理之间的密切关系。1947年，高斯出版了《政府生态学》一书，正式把生态学引入行政管理研究领域。及至1961年，美国夏威夷大学教授雷格斯（Fred W.Riggs）出版专著《行政生态学》，正式运用生态学的理论与方法研究行政问题，并在行政管理领域引起强烈反响。雷格斯借用物理学当中的光学理论，提出了人类历史上的3个社会形态，分别为融合型、棱柱型和衍射型，融合型代表农业社会，棱柱型代表过渡时期，而衍射型则代表工业社会。这种提法首开行政生态学的研究先河。同时，雷格斯通过对各国行政生态要素的分析，提出影响一国行政生态的5个要素，分别为经济要素、社会要素、沟通网络、符号系统和政治构架。这些论述都凸显了行政环境对行政管理的巨大影响。

雷格斯的著作出版之后，在亚洲也引起了巨大反响。印度的亚洲出版社很快在印度推出了该书的英文版。中国台湾的商务印书馆于1978年出版了该书的中文版。此外，中国台湾学者彭文显撰写的专著《行政生态学》，大陆学者黄达强主编的《行政管理学》、王沪宁和竺乾威主编的《行政学导论》、陶学荣主编的《公共行政管理学》等著作都涉及了行政生态学的问题。由此可见，公共政策与政策环境之间的相互关系很早就引起了管理学者们的广泛关注，这也说明了研究政策环境对于制定公共政策的重要性。

综合上述管理学者对于政策环境的论述，我们认为，政策环境可以作如下定义：**公共政策环境是指影响公共政策的所有外部因素的总和。**这个定义包含了3层意思：第一，公共政策环境是一个包含大量因素的庞大而复杂的系统，几乎涵盖了公共政策面临的一切外部条件；第二，公共政策环境对于公共政策的制定具有十分重大的影响，它决定了公共政策的必要性以及公共政策执行的效果；第三，公共政策环境与公共政策之间不断进行各种资源和信息的交流，构成一个循环的系统。

3.1.2 公共政策与政策环境的相互关系

公共政策与政策环境之间有着密不可分的关系，在公共政策与政策环境之间形成的输入-输出系统当中，两者相互影响，辩证统一。我们认为，可以从以下4个方面来分析公共政策与政策环境之间的相互关系。

1.政策环境是公共政策赖以存在的前提和基础

公共政策之所以有存在的必要，其目的是实施有效的社会和公共事务管理，其前提是人类社会的出现。经济基础决定上层建筑是历史唯物主义的重要论断，在生产力水平极度低下、私有制尚未形成的阶段，生产关系十分简单，公共政策就没有存在的必要。随着生产力的不断发展，尤其是剩余劳动产品的出现直接导致了私有制的出现，在这种情况下，社会出现了统治阶级和被统治阶级。公共政策作为统治阶级管理社会公共事务的工具也应运而生了。随着社会规模的不断扩大，生产力水平的不断提高，社会生产关系日趋复杂，公共政策也不断地复杂化、专业化和体系化。但是，归根结底，公共政策都是在一定的政策环境下产生并且存在于特定的政策环境之中，脱离了政策环境的前提，公共政策就没有存在的必要。

2.公共政策必须适应政策环境

谢明在其《公共政策导论》中论述了公共政策与政策环境之间的关系。公共政策依存于一定的政策环境之中，而特定的政策环境也同时制约着公共政策的发展水平。公共政策除了不能脱离于政策环境而单独存在之外，它也不能超越政策环境而存在，现代社会高度复杂和专业化的公共政策体系不可能存在于原始社会低下的生产力之中，而原始社会简单、笼统的公共政策体系也不可能管理好现代社会。同样，发达国家成功的公共政策体系不能被不发达国家和发展中国家完全照搬。众所周知，西方发达国家尤其是欧美发达国家在长期的公共事务管理过程当中，发展出了一整套完备的公共政策体系，在实践当中也显示出了很多优势。结果一些发展中国家和不发达国家蜂拥而上，照搬西方发达国家的管理制度和公共政策，但收效甚微，不少公共政策根本行不通。雷格斯在行政生态学的研究过程当中，着重探讨了发展中国家为何不能适应西方行政模式的问题，提出了著名的“棱柱型模式”。他指出，发展中国家的社会模式是过渡型模式，具有3个基本特性。第一个特征是异质性，即同一个社会中同时存在不同的行政制度、行政行为和行政风范，既有农业社会的，也有工业社会的，从而出现极不调和的现象，如在中央政府部门设置齐全，管理设施先进，而在一些边远地区则根本没有有效的行政机构，依靠宗教组织、家族势力来维持秩序。在那些边远地区，优秀的人才往往因为家庭背景等因素不能进入政治精英集团，从而导致反精英行为。从中国社会的现状来看，异质性特征表现十分明显。改革开放以来，我国不止一次出现人才涌向某一个或几个地区的“人才潮”现象。在改革开放初期，大量人才不分年龄，不分专业，大量涌向沿海开放城市，被人们形象地称为“孔雀东南飞”现象，其根本原因就是异质性造成沿海开放城市与内陆之间在用人观念和用人机制方面的巨大差异。直到今日，农村地区与城市地区，中小城市与大型、特大型城市，东部发达地区与中西部欠发达地区在多种政策环境当中的异质性特征还十分明显，有些方面甚至有不断扩大的趋势。在这种环境下，照搬西方发达国家的管理模式显然是行不通的。因此，我国政府在推行公共政策的过程中强调从中国自身国情出发，走中国特色的发展道路是十分明智的做法，也是公共政策适应政策环境的成功范例。雷格斯提出的棱柱型模式的第二个特征是形式主义，应然与实然不符，理论与实践相脱节。在过渡社会当中，国家虽然有着完整的法律制度，但实际上起不到约束和规范作用，形同虚设，在社会生活的各个方面，传统的价值观仍然起着举足轻重的作用，拥有巨大的影响力。公共政策如果不能适应现实情况轻则失效，重则对社会产生巨大的危害和破坏。例如，20世纪90年代前后，苏联和东欧社会主义国家，不顾其特定的政策环境，盲目推行西方的民主制度，结果造成社会崩溃的严重后果，最终导致苏联解体和东欧剧变，其教训是相当惨重的。而一些东南亚以及非洲国家，仿效西方模式建立民主国家，真正掌握权力的却是独裁的军政府，军人常常发动政变。在这种情况下，宪法只能是一纸空文，这都是政策不能适应环境的恶果。雷格斯总结的最后一个特征是重叠性，即组织和结构上传统与现代并存，且相互重叠。在这种行政环境之中，行政机构不能发挥其应有的功能，就不得不由一些非行政组织，如家族、宗教团体、同乡会等来完成其职责，形成管理机构的重叠。这种机构重叠的恶果是使合法机构的权威性丧失，管理功能瘫痪，管理职责被转移给了非行政组织，而政府纷纷投靠非行政组织，为其提供行政资源和服务，造成行政行为多元化，行政组织混乱，效率低下，腐败丛生。上述3个特征和棱柱型模式的提出雄辩地证明公共政策必须适应政策环境的要求，盲目照搬别国的公共政策，不加分析，不结合本国家实际情况，必然导致失败，造成严重的损失。

3.政策环境的改变是公共政策变革的压力和动力

政策环境并非总是一成不变的，随着时间的推移，尤其是随着生产力的进一步发展和生产关系的变革，公共政策环境必然发生改变，这种改变是客观存在的。公共政策是否有效，有什么么样的效果，关键就看公共政策是否适应政策环境的变化。如果政策环境发生重大变化而公共政策却保持不变，那么公共政策就会成为阻碍社会良性运作的消极因素，政策环境将对公共政策形成强大的压力，迫使公共政策作出调整以适应新的环境。我国的户籍制度就是一个明显的例子。新中国成立以来，我国在几十年的时间里实行严格的户籍管理制度，限制人口的自由流动。但是，随着改革开放程度的不断深入，社会主义市场机制的不断完善，各种资源的流动成为社会的大趋势，政策环境因此发生重大变化，其中一个重要的变化就是大批农民工涌入城市。在这种情况下，由于户籍制度与就业、子女就学、社会保障等多种制度密切相关，导致农民工的权益长期得不到合理保护，这就是公共政策不适应政策环境的现象，由此带来的后果就是阻碍了社会资源的流动和分配，造成了许多社会问题。所以公共政策环境的重大变化往往是社会系统发生重大变化的表现，公共政策作为社会系统当中担负社会公共事务管理职能的工具，必然面对巨大的压力，而这种压力的本质要求是解决公共政策与政策环境之间的矛盾，使公共政策适应新的政策环境的要求，消除原有的公共政策对于社会发展的阻碍作用。从这个意义上讲，政策环境对于公共政策的压力恰恰是公共政策变革的动力。如前文所述的户籍制度一样，政策环境最终迫使政策进行调整和改变，从而适应新的政策环境的要求，作为公共政策制定和执行部门的政府也就更加重视对于农民工合法权益的保障，农民工的生存状态得到了改善，政策环境对于公共政策的压力成为新的公共政策产生的动力，使公共政策得以不断演进。

4.公共政策对于政策环境具有能动的反作用

从上述政策环境与公共政策的关系当中，我们可以看出，政策环境对于公共政策具有决定性的作用，是主导因素。但是，必须指出的是，公共政策对于政策环境的适应并不是消极和被动的，公共政策在其执行过程当中必然对政策环境产生影响，从而部分地改变政策环境，它具有能动的反作用，尤其在现代社会，政府的影响力日趋扩大，公共政策往往不仅仅是适应政策环境的被动工具，而且还是推动政策环境发生变化的动力。我国的改革开放政策就是一个明显的例子。改革开放政策的提出是由于旧有的计划经济体制不能适应社会的发展要求，严重制约社会发展，这是政策环境对于公共政策的巨大压力。而改革开放政策的实施有力地指导了我国从计划经济公有制向市场经济公有制的转变，促使当时的政策环境发生重大改变，这是公共政策对政策环境能动的反作用的表现。所以公共政策并不是消极应对政策环境的变化，而是主动适应并改变着周围的环境。公共政策如果能适应环境变化，并且能推动环境优化，就能改善政策环境，推动社会发展；反之，则会导致政策环境的不断恶化，造成严重后果。

3.1.3 政策环境的特征

综合上述对政策环境的描述，我们看到了一个包含了诸多因素的复杂体系。围绕着公共政策的因素互相作用，构成一个系统，与公共政策进行资源和信息的交换，并且深刻地影响着公共政策的全过程。我们认为，政策环境具有如下特征：

1.复杂性

政策环境并不仅仅是一个单一因素构成的简单系统，也不仅仅局限于某个区域，随着社会的不断进步，政策环境所涉及的范围越来越大，影响程度也越来越深。以政策环境的影响力大小和影响方式来分，政策环境可以分为一般环境和具体环境。从政策环境的地域划分，政策环境可以分为国内环境和国际环境。从政策环境作用的时间划分，政策环境可以分为历史环境和现实环境。从政策环境的表现形式来划分，政策环境可以分为物质环境和精神环境，前者包括经济环境，地理环境等，后者则包括社会文化环境和制度环境等。

因此，政策环境具有十分复杂的特性，应当用综合的眼光来看待政策环境，尤其是要将政策环境置于各种不同的层面进行比较，全面地评估公共政策在政策环境各个层面上的影响，绝不能只见树木，不见森林，片面地强调和夸大政策环境的某个方面。例如，我国有些地方盛行的地方保护主义政策就是一例。地方保护主义政策之所以在一些地方大行其道，一个重要的原因就是片面强调地方经济发展这样一个小的政策环境而忽视了整个国民经济发展全局这样一个大的政策环境，以偏概全，盲目追求地方小政策环境的利益而不惜损害大环境的利益。再比如，一些地方片面追求招商引资项目，片面追求GDP增长，却忽视环境和可持续发展因素，甚至为了地方经济高速增长而不惜引进重污染项目，收益于当时，遗祸于子孙，究其原因，就是片面追求政策环境的物质方面而忽视其他方面造成的。所以，充分认识政策环境的复杂性对于制定科学的公共政策具有十分重要的意义，对于政策环境的各种偏见和误解最终将导致错误的公共政策。

2.多元性

政策环境的多元性特征指的是同一个层面的政策环境也有许多不同的利益和价值取向的存在。这种多元性的政策环境使得公共政策很难兼顾各种利益群体的利益，也导致公共政策的制定过程变得十分微妙，它代表了政策制定者的价值取向，也加强了公共政策对于政策环境的影响力。在现实生活当中，政策环境多元性的例子比比皆是。美国学者韦伯（Christopher M.Weible）和萨巴特（Paul A.Sabatier）精辟地指出："传统的公共政策制定过程是一个铁三角，即管理机构、立法委员会和利益集团共同作用的结果。"之所以会出现这种所谓的"铁三角"的政策制定模式，原因正在于政策环境的多元性特征。政府的管理机构、立法委员会以及各种利益集团代表了公共政策环境当中的不同价值取向，都致力于影响公共政策朝着有利于自身的方向发展。在我国，政策环境的多元性特征也十分明显，中央与地方，城市与农村，富裕人口与贫困人口都具有各自的利益，构成政策环境的某一个层面，并且致力于影响公共政策，这就是人们常说的众口难调。政策环境的多元性特征也常常导致公共政策摇摆不定，这在西方国家表现得更为明显，往往是新一届政府刚刚上台，上一届政府的许多公共政策就被推翻，使得公共政策缺乏长效性和延续性，严重时也会造成很大的损害。

3.特殊性

政策环境的特殊性主要是指政策环境对于具体的公共政策来说是各不相同的。一项公共政策是否有效，是否能够促使政策环境优化和改善，关键是看该项公共政策是否适应其所处的特殊的政策环境。同一项公共政策，在一国可能是有效的，而在另一国则有可能是无效的甚至是起阻碍作用的。我国由于人口众多，资源的人均占有量低，生产力水平低，引发了大量的社会问题，因而实行了计划生育的公共政策。而法国、德国等西欧国家由于人口过少，社会老龄化现象严重，同样引发了大量社会问题，因而实行鼓励生育的公共政策。同样，我国也经历了由一对夫妇只生育一胎的计划生育到允许全面生育二胎的政策转变。这种政策上的差异性的根本原因就在于政策环境的特殊性。所以在制定公共政策之前，首先要考虑的就是公共政策环境的特殊性因素，考虑公共政策是否适合于当前的政策环境，切忌盲目引进，照搬照抄。

4.可变性

政策环境的可变性主要表现为政策环境并不是一成不变的，它是一个不断变化的体系。政策环境的变化主要来自于两个方面：一是自身的不断发展变化，如生产力的进步、生产关系的改变、社会文化的发展等；二是由于公共政策本身的影响造成公共政策环境的变化。这两个方面的共同作用使得政策环境成为一个运动的体系。所以公共政策从可变性的角度来看，必须用联系的、运动的眼光看待问题，不断适应政策环境的变化，不断解决新的政策环境中的各种矛盾。同时，尽力通过公共政策对政策环境施加能动的反作用，促使政策环境不断优化和改善。我国当前正在进行经济体制和政治体制改革，社会处于转型期，其直接的表现就是政策环境变化迅速，这对管理者驾驭变革的浪潮提出了更高的要求。在转型期，由于政策环境的快速变化，大批公共政策由于面临不能适应政策环境的问题而被淘汰，这些变化的公共政策反过来又进一步促进了政策环境的变化，从而形成了一个不断增强的循环过程。转型期政策环境这种急剧的变化使得社会公众失去了原有的环境和位置，对社会公众产生了巨大的心理压力，也使得公共政策的终结成为了一项重大的课题，这些都是政策环境的可变性带来的社会问题。

综上所述，政策环境是一个包罗万象、复杂庞大、拥有多个层面和多种价值观的体系，这个体系无时无刻不在发生变化，公共政策在政策环境的变化中不断面临压力，不断获取动力，通过解决政策与环境以及环境内部的各种矛盾，改善政策环境，从而推动社会的进步和发展。

§3.2 政策环境分析

公共政策不能离开政策环境而孤立存在，政策源自环境，必须适应环境。不仅如此，政策环境的构成因素复杂而多变，各种因素都体现了政策环境的某一个方面，下面我们将重点阐述对公共政策构成较大影响的政策环境因素及其对公共政策的影响。

3.2.1 地理自然环境

地理自然环境是指一个国家所处的地理位置和自然状况，它包括地形、地貌、气候、自然资源、土壤、水系、矿藏及人种构成等方面。地理自然环境是一个国家生存和发展的物质基础，也是国家经济建设的立足点和出发点，构成政策系统最基础、最稳定的环境。

公共政策与地理自然环境有着密切的关系，许多学者早已注意到了这一现象。让·博丹和孟德斯鸠认为，气候条件影响民族特性，决定国家的法律和政策。西奥多·罗斯福总统的对外政策深受艾尔弗雷德·马汉的“海权论”影响，哈尔福德·麦金德的“大陆心脏说”则为二战后美国政府实施的遏制战略提供了理论依据。在历史的发展过程当中，这种现象比比皆是。中国由于地处大陆，农业生产极为发达，所以重农轻商几千年来一直是封建王朝的基本国策。荷兰由于国土面积狭小，面对海洋，所以重商轻农，“海上马车夫”之名举世皆知。澳大利亚的畜牧业、中东的石油产业等都是地理自然环境影响公共政策的例证。同时，一国的军事政策和国防政策在很多时候也受地理自然环境的影响。例如，有的岛国由于国土面积狭小，资源匮乏，因此一直把海军作为发展重点，军事政策一直富有企图性和扩张性，人们将这种民族心理称为“岛根性”。中国由于地处大陆，国土辽阔，资源绝对数量多，农耕文化发达，所以陆军在中国的军事力量当中一直占据重要地位，历朝历代多采取闭关锁国的军事政策，对于海上扩张一直没有多大兴趣，国防政策也多以防御型为主，绵延万里的长城就是一个最好的例子。

必须强调的是，地理环境对于公共政策虽然具有很大的影响力，而且其影响力是长期的、巨大的，但是，如果过分夸大地理环境对政策系统的制约作用而忽视政策系统自身的能动作用，则会导致机械唯物主义的"地理环境决定论"，这是错误的。例如，以色列作为中东小国，地处沙漠，按照一般中东国家的发展模式，以色列的政策应当以发展石油工业为生，根本不具备发展农业的条件。但是，以色列通过发展出世界最先进的滴灌系统，使得农业成为国民经济的重要支柱，这种发展模式就不是地理自然环境决定的。因此，地理自然环境对于公共政策的制定具有重要影响，但绝不是决定性因素，也不是不可以改变的。

3.2.2　经济环境

所谓经济环境，是指对政策系统的生存、发展与运行具有重要影响的各种经济因素的总和。其包括生产力的性质和结构、生产资料所有制的形式、经济结构、经济制度、经济体制、经济总量等。经济环境影响公共政策的主要外化形式是经济制度，经济制度是指一个社会的经济基础，即在一定生产力状况基础上形成的生产关系的总和。

如果说政治制度主要是决定在一个国家里有价值的东西（包括财富、收入、权力、社会地位等）如何分配给人民（包括用什么方法去分配，分配给谁，怎样分配，每人分得多少等），则经济制度主要是指决定一国有限物质资源如何生产、如何使用、如何消费等问题的制度。

经济基础决定上层建筑是历史唯物主义的重要论断。社会的经济基础决定了上层建筑，同时上层建筑对经济基础产生能动的反作用。无论什么性质的政策主体，其决策体制、目标、行为、职能、原则和方法都会受到经济环境的制约。宁骚在其编著的《公共政策学》一书中，给出了经济环境影响和制约公共政策的4个方面：

（1）经济环境是制定和执行公共政策的基本出发点。经济环境是人类社会生活最基本的环境，政策系统不可能超越经济环境所提供的物质条件和要求。政策系统只能对经济资源的存量进行科学合理的配置，而绝不可能超量配置。同时，政策系统对存量资源的配置也不可能脱离经济制度或经济体制的框架，否则必然要引起经济体制和制度的反弹，延缓生产力和科学技术的发展以及生产关系的完善。

（2）经济环境提供了政策系统运行所必需的资源。公共政策的制定、执行、评估、监控等活动都需要消耗一定的人力、物力、财力、信息、权威等资源。这构成了政策系统的运行成本。没有一定的资源投入，就不可能出现有作为的、良好的政策效果。政策主体系统提取的实际资源不可能是无限的，总要受到经济规模总量、经济实力的限制。

（3）经济环境影响政策系统的经济目标取向。在现代公共政策体系中，占主导地位的是经济政策。政策主体不可能仅凭自己的主观愿望制定和推选某些政策，而必须将特定时期的经济状况、经济利益矛盾、经济资源分配等因素作为制定和实施经济政策的基本依据和主要内容，并由此决定公共政策不同的经济目标取向。

（4）从历史发展的角度看，经济环境大致可以分为自然经济、计划经济、市场经济3种不同的经济形态。不同的经济形态对政策系统提出了不同的要求，并间接地影响到政策的导向、政策调整的范围、政策运作的方式以及政策质量。

3.2.3 政治环境

政治环境是指对公共政策有重要影响的各种政治要素的总和，主要包括政治制度、政治体制、政治结构、政治关系、政治传统以及政治文化等。按照古德诺的行政与政治二分法，政治是统治阶级意志的体现，行政是统治阶级意志的执行。因此，政治环境是公共政策最直接的影响因素。

政治环境对于公共政策的影响主要表现在3个方面：

（1）政治制度和政治体制影响政策系统的性质。政策系统是由一系列阶级、阶层、政党、利益集团和其他组织共同运作的复杂体系。政治制度和政治体制决定了政策系统中各种政策主体处于何种地位以及各政策主体之间的相对关系。政治制度和政策体制体现了一国政治生活的基本框架，体现了公共权力的分配和行使原则。

（2）政治环境当中的政治文化成为个人和社会的特定行为方式与价值观念，进而影响公共政策的制定和行使过程。美国学者阿尔蒙德（G.A.Almond）认为，政治文化是一个民族在特定时期流行的一整套政治态度、政治信仰和政治情感。政治文化通过社会化过程代代相传，是影响公共政策的一个重要环境因素。在不同的政治文化背景下，政策系统表现出不同的特征。无论是政策的制定者、执行者，还是政策的受众，都处于一定的政治文化背景之下，并因此在公共政策的形成和实施过程中不可避免地带有主观判断、价值选择和文化取向的色彩。每个国家、每个民族均有其在政治领域长期积累的特定行为方式和价值观念，这些特定的行为方式和价值观念深刻地影响着公共政策。就我国而言，传统的以人治为特征的政治文化在政策领域内还存在很大影响，并由此形成我国独特的政策制定过程。

（3）环境影响政策的民主化程度和合法化程度。政策环境决定了政治生活当中的民主化程度，并由此决定了公共政策的合法化程度。在封闭的专制的政治环境下，政策的民主化程度必定低下，政策就难以反映公众的需要，人治取代法治就是这种影响的必然结果。政治环境的封闭和专制进而导致法治环境的恶化，最终使公共政策的合法化程度受到损害。

3.2.4 社会文化环境

社会文化环境是指对公共政策产生影响的社会状况与文化状况的总和。社会文化环境包括人口规模、性别比例、受教育程度、民族构成、社会道德、社会风尚、人口素质等方面。社会文化环境影响公共政策的运行，这包括两个方面：一是社会文化环境决定了公共政策的制定者和执行者的素质构成。社会文化环境越优越，政策制定和执行团队的整体素质就越高，就越有可能更好地管理社会公共事务；反之，公共管理部门和团队的效率就越低下，公共政策也就越难以有效实施。例如，在江西省的公务员当中，有研究生学历的公务员仅占0.8%，这成为制约公共部门管理能力的一个重要因素，于是发展MPA教育、对公务员进行培训就成为政策选择。二是社会文化环境决定了公共政策受众的基本素质，这同样是公共政策制定和执行过程的重要考量。我国庞大的人口规模催生了计划生育政策，而多民族的社会构成，以及“大杂居，小聚居”的民族地理分布现状则成为民族区域自治政策形成的基础。目标群体的素质越高，公共政策的推行就越顺畅；反之，阻力就越大。

社会文化环境是政策环境下面的重要子系统，而这个子系统的核心同样是政治文化。政治文化既是政治环境的子系统，又是社会文化环境的子系统，因此，在公共政策的制定、执行等方面发挥着重要的作用。

3.2.5 国际环境

政策环境除了受上述4种环境的制约之外，还受到国际环境的制约。国际环境也称“超环境系统”和“超社会”。**国际环境是指一国与他国的相互关系以及他国之间的相互关系的总称。**在当今世界，全球化趋势日益加强，一国的公共政策不仅受到国内诸多环境的影响和制约，同时受到国际环境越来越强大的影响。随着国与国之间交往的日益频繁，国际环境的影响也越来越清晰，不少的问题已经超越国界，成为全人类面临的共同问题。例如，为了减缓全球变暖的趋势，世界各国相继签署了旨在减少温室气体排放的《京都议定书》，这份文件同时影响了全球各个国家的环境政策，这充分说明了国际环境对于公共政策的影响日益深刻的现实。在WTO框架下的经济一体化进程，使经济环境与国际环境部分重合，对一国公共政策的影响尤其强烈。2005年，中国与欧盟、美国等国家和地区相继发生贸易摩擦，为了消除欧盟对中国部分出口纺织品征收惩罚性关税的不利影响，中国宣布对部分出口纺织品实行关税减免的政策，这种国际环境对于公共政策的影响是直接的、迅速的，较之以往间接、缓慢的影响过程，充分显示了国际环境在全球化背景下的影响力。其他诸如国际油价持续攀升导致我国实行节约型的能源政策、国际反恐合作影响了我国的安全政策等事例都清楚地反映出当今世界国际环境对于公共政策的影响无处不在，而且这种趋势还有进一步强化的迹象。总体来说，国际环境深刻地影响着公共政策的价值选择、目标选择，公共政策的制定和执行模式，以及某些全球性问题，如环境政策、核政策、反恐政策、能源政策等。由于国际环境的影响日益增强，作为传统政策主体的国家和政府甚至丧失了对部分政策的决策权，这是应当引起我们充分注意的一个问题。

3.2.6 工作环境

公共政策环境从宏观和微观的角度划分，可以分为一般环境和工作环境。不同的环境对不同的公共政策影响力的大小也不同。**政策系统的工作环境是政策一般环境中的不同部分在特定时间点上的聚合，因而具有多样性、变动性、主观性和人为性等特点。**一个国家现实的和历史的环境有所不同，一个国家内部各个地区、各个省份的环境也有所不同，这种差异性分别在不同的政策层面上发挥作用。因此，公共政策对于政策环境的依赖实际上体现在两个层面上：一是对公共政策一般环境的总体把握和认识；二是对公共政策当前所处的工作环境的把握和认识。只有真正认识和了解公共政策的一般环境和工作环境的全貌，才有可能制定出切实可行的、正确的公共政策。

综上所述，公共政策在一定的环境条件的基础上，受政策环境的影响和制约，并反作用于政策环境。公共政策与政策环境之间的相互关系决定了公共政策必须适应环境的要求。只有认真分析了解公共政策环境中的各种因素，才能使公共政策真正适应环境要求，保证公共事务管理的高效、有序运行。

§3.3 政策网络

根据美国学者的观点，政策制定过程如同一个“铁三角”的模型，构成这个“铁三角”的三方分别是行政管理机构、由立法机关组成的专门委员会和利益集团，三者构成政策网络。在当今社会，公共政策的制定过程日益复杂化，公共政策的执行环境也日益多变，从美国学者的“铁三角”模型出发，逐渐形成了关于政策制定和执行环境分析的新的视角，这个视角就是政策网络（policy networks）。

3.3.1 政策网络概述

根据政策网络的概念，一个公共政策的制定过程是由多个政策子系统参与完成的，各个政策子系统之间形成一定的网络，这些因素共同影响着公共政策。政策子系统通常界定为一个有限的地理范围，一个相对独立的问题，以及数个来自政府各个阶层的活跃的参与者，不止一个的利益集团、媒体和研究机构。这些政策子系统相互竞争，以使自己的政策目标成为政府的政策。所以，政策网络实际上突破了原有的孤立的、静止的政策环境观念，是从联系的、动态的角度看待政策环境的变迁。政策网络宛如一面镜子，反映西方先进工业社会行政与政治的多元性与复杂性，政策网络的理论途径解释了政策过程中参与者高度复杂的关系，有其启发性的价值，相当程度地影响了公共行政与公共政策理论的建立。

1.美国学者的定义

美国学者的政策网络定义大多奠基于次级政府（sub-government）的概念，而强调利益团体、官僚机构与政府的接触。

（1）K.Benson（1982）认为，行政与利益团体因为资源的相互依赖性而形成一体，以确保共同的政策偏好获得满足，排除其他异议团体。

（2）A.Farland（1987）认为，在政策领域中，政策利害关系人或团体持续沟通而形成议题网络（issue net works），参与者包括行政官僚、国会议员、游说团体、学者专家与大众传播业者。他认为议题网络不同于铁三角关系，因为议题网络是开放的，而且有多元参与者。

（3）S.Wilks与M.Wright用社会中心途径（societal-centred approach）提出政府与产业界之间的网络关系（government-industry relations，简称GIR模型）。他强调的是政策网络中的人际互动关系，而非制度结构关系，并进一步提出GIR模型特性，包括：

①公共行政部门与私人产业部门均呈现功能专业分化的情形；

②专业化组织与政策制定机构普遍出现；

③互动关系频繁与密切。

2.英国学者的定义

英国是内阁制的国家，行政与立法合一，立法部门在决策过程中之政治重要性不像美国立法部门，因此，英国政策网络的主要参与者，通常仅包括政府官员与政策利害关系者。

（1）H.Heclo（1978）是最早将议题网络与美国行政的铁三角相比较的政治学者。

Heclo认为多数政策议题的决策方式并非铁三角的封闭关系，而是在政党系统、国会、行政系统等正式组织结构之外，形成的一种非正式的、复杂的议题网络形态。

（2）R.A.W.Rhodes认为，政策社群是政策网络的一种形态，政策网络才是主要的概念。他观察到，自1980年以来英国政治出现一种新的治理结构，即在各个政策领域出现由多元组织组成相互关联的网络。他根据权力相互依赖的观点，将政策网络定义为各个组织，包括国家机关相关行政部门，它们基于权威、资金、正当性、信息、人员、技术、设备等资源相互依赖，结合成一种联盟或利益共同体。其内部运作过程是一种资源交换的过程，如同交易赛局（game）。Rhodes强调网络的结构，界定政策社群为具有稳定关系、参与者人数少、垂直相互依赖以及与其他网络或机关相隔离的特点，最不稳定的网络为议题网络。

Rhodes将网络分析层次着重在政策部门，而不是政策次级部门。同时，Rhodes以政策网络概念分析中央与地方政府之间的府际关系（intergovernmental relations，简称IGR模型），认为两者之间的互动关系呈现多元竞争与复杂的赛局形式。

Rhodes的IGR模型与S.Wilks和M.Wright的GIR模型主要不同处在于前者强调将政策网络研究焦点置于政府部门层次（sectoral level），分析政策领域中个别行动者的利益如何汇集为团体利益；而后者认为将研究焦点置于部门层次时，涉及的行动者过多，造成分析时的困扰过多，因而将分析层次置于政策次级部门，并集中在网络间人际互动关系的讨论。

3.欧洲大陆学者的观点

欧洲大陆学者的观点系以德国学者为代表，他们的观点与英国学者有许多相似之处，主要差异在于欧洲大陆学者视政策网络为一种治理结构，英国学者视其为一种利益团体中介模型。

（1）K.Hanf认为，网络指的是政策制定包括来自于政府与社会不同层级与功能的公共与私人参与者的事实。

（2）P.Kenis与V.Schneider认为，20世纪70年代末期学者纷纷运用政策网络的隐喻并非偶然，而是政治实体转变所致，政策网络的概念反映当代公共过程的下列特点：

①组织化的社会或筑基于组织化集合行为之社会的出现；

②理性精致的部门化（sectorization）政策制定的政治系统趋势；

③竞争利益渐增的动员，导致日益拥挤的政策制定；

④由于政党竞选时开出的政策承诺，国家的政策制定范围日渐增大；

⑤国家的分权化（decentralization）与片断化（fragmentation），部门利益的整合就是国家的目标；

⑥公、私界限的模糊，政策制定趋向于介入扈从利益团体（clientelistic interest group）的利益。

从上述的非正式制度的政策制定参与结构观点出发，他们认为政策网络乃是参与者、参与者的联结及其边界，包括相对稳定的公私统合行动者的组合。（Kenis & Schneider，1989）参与者的联结是沟通与交换信息的管道，政策网络的边界并不是正式制度所决定的，而是相互认知功能互相依赖与结构镶嵌的结果。

Kenis与Schneider认为，现代社会功能高度分化的结果是私人部门控制许多重要的资源，其在政策形成与执行时扮演不可或缺的角色。政策制定相当程度地依赖参与者之间非科层体系形式的互动关系。政策网络即是由一群具有自主性，且彼此之间有共同利益的相互依赖行动者所组成的关系。

总而言之，从上述学者对政策网络的定义可知，政策网络是一种分析政策参与过程中团体与政府关系的方法，它是一群行动者之间建立某种稳定程度的社会关系形态，以促成政策问题或方案的形成或发展。当团体与政府交换信息，而且此项信息的交换使得团体在某种政策领域中获得利益时，即产生政策网络。

美国的政策网络研究途径多属于利益中介学派。利益中介学派假定不同的网络结构环境影响网络参与者的互动逻辑，进而影响政策过程与结果，所以政策网络不仅是一种分析国家与公民社会组织之间制度化的互换关系的工具，尤其能更细腻地考虑部门（sectoral）与次级部门（sub-sectoral）的差异、公共与私人部门角色的扮演及其正式与非正式的关系。而且，政策网络是跳脱传统官僚层级结构及自由市场机制两种治理结构的另类“政治制度”，逐渐成为解释政策执行的重要因素。同时，这个概念也指明了公共政策的制定和执行过程中的各种环境的互动影响。

3.3.2 政策网络的关系类型

政策网络作为政策过程的一个影响因素，各种团体和政府之间不断通过频繁的信息和各种资源的交换实现互动，共同构成政策过程中的环境。但是，随着构成政策网络的行动者的不同，政策网络呈现出不同的形态特征。

1.R.A.W.Rhodes的模式

Rhodes认为，政策网络中利益团体与政府的关系是部门性的。所谓部门性，是指政府各部门或各部门所属单位与利益团体的关系。关系形态因政策领域之不同而有所不同。同时，Rhodes从其对地方政府的研究中，证明利益团体与政府的关系不是零和（zero-sum）的关系，而是互赖的关系：政府希望达成特定的政策目标，利益团体希望影响政策，团体与政府互相依赖。

进而，支配的联盟保有自由裁量，决定游戏规则，管制互换的过程。根据Rhodes的观点，政府拥有的资源比团体多，是支配的参与者，决定何种资源应该交换、如何交换。网络的关系是不对称的，政府创造网络，控制接近的管道以及游戏规则。政策网络的影响端视互动组织相对权力的潜力而定，如拥有的资源以及交换的方式。

Rhodes发展政策网络类型以解释英国中央与地方政府的关系，Rhodes的政策网络分析架构建立在包含下列5个基本命题的权力相互依赖的基础上：

（1）任何一个组织必须依靠其他组织的资源；

（2）为了组织目标的达成，组织必须彼此交换资源；

（3）虽然组织内部的决策制定被其他组织所限制，但是处于支配地位的联盟（dominant coalition）仍然拥有较大自主权，决定交换何种资源；

（4）支配性的联盟有能力在游戏规则中采取各种策略管制交换过程；

（5）自主权的差异是互动组织目标与潜在相对权力的产物，潜在的相对权力则是组织资源、游戏规则与组织间交换的过程。

Rhodes根据参与成员整合的程度、参与成员的类型与成员间资源的分配，将政策网络放置在高度整合与低度整合的光谱上；高度整合的政策网络为政策社群（policy communities），低度整合的政策网络为议题网络，在高度整合与低度整合两个极端的网络中间，有专业网络、府际网络、地域网络与制造者网络。

Rhodes认为，政策制定过程的标准如下：

（1）利益的群体：参与网络的利益团体，到底是服务的、功能的、地域的，还是扈从（client）的；

（2）成员：参与成员是公共或私人团体；

（3）垂直的相互依赖：政策网络依赖的程度，到底是依赖上面层级还是下面层级；

（4）平行的相互依赖：网络之间是何种互相联结的关系；

（5）资源的分配：参与团体拥有什么资源去交换。

根据这5个层面的标准，Rhodes界定了5种类型的政策网络，政策网络包含高度整合的政策社群到低度整合的议题网络的一系列光谱，这些网络根据参与者人数以及资源的分配进一步区分如下：

（1）政策社群或地域网络（territorial networks）。这是一种具有高度稳定与限制性成员的网络，垂直的相互依赖基于共同传递服务的责任，并且与其他的网络（民众、国会）隔离，这种网络具有高度垂直依赖性与有限的平行意见，它们是高度整合的。

政策社群主要立足于政府的功能利益上，如教育、消防服务网络；如果包含主要的地域利益，如苏格兰、北爱尔兰，则称地域网络。

（2）专业网络（professionalized networks）。这是专业团体支配的网络，例如全国健康医疗服务网络、自来水服务网络。专业网络表达特殊专业的利益，并具有实质的垂直互赖关系，与其他的网络有所隔离。

（3）府际网络（intergovernmental networks）。这是代表地方政府利益的网络，最大的特点是有限的地方参与者，追求广泛的地方上所有的服务，垂直的互赖性有限，但有广泛的平行意见的沟通，与其他网络相渗透。

（4）制造者网络（producer networks）。这是经济团体（包括公共与私人部门）扮演主要角色的网络，网络成员流动性高，垂直的互赖关系有限，中央依赖工业组织来传递期望的财物等。

（5）议题网络。议题网络的特点是参与者人数很多，垂直的互赖关系有限，水平的意见并未整合。网络的整合度很低，相当不稳定，成员很多，来来去去，故不能成为坚强的网络。

Marsh和Rhodes将各种政策网络的特点归纳为表3-1。

表3-1　**政策社群与政策网络：Rhodes的模式**

网络类型	网络的特点
政策社群/地域网络	稳定、高度有限的成员、垂直的相互依赖性、有限的平行意见
专业网络	稳定、高度有限的成员、垂直的相互依赖性、有限的平行意见、服务专业的利益
府际网络	有限的成员、有限的垂直相互依赖性、广泛的平行意见
制造者网络	流动的成员、有限的垂直相互依赖性、服务制造者的利益
议题网络	不太稳定、参与者人数很多、有限的垂直相互依赖性

2.Stephen Wilk与Maurice Wright（1987）的3种修改模型

Wilk与Wright强调政策结构（policy sector）中政策网络的分立性质，认为政府与工业的关系是次级部门（sub-sectoral）的政策网络，不是部门层次的政策网络；Rhodes根据府际组织的理论强调制度间的结构关系，而Wilk与Wright强调人际关系才是政策网络的重点。他们重新界定政策网络名称，区别政策环境（policy universe）、政策社群与政策网络。

（1）政策环境：很多参与者与潜在的参与者共享工业政策的共同利益，并且固定地参与政策过程。

（2）政策社群：比政策环境网络更为具体的系统，包括分享利益并且彼此互动的参与者与潜在参与者，他们交换资源以便于平衡并最佳化他们的相互关系。

（3）政策网络：是政策社群内部或若干政策社群之间的联结过程与资源互换的结果。

3.Marsh与Rhodes的类型

学者纷纷提出不同的政策网络与政策社群特点，Grant等人界定了3个政策社群的特点：分化、专业化与互动。同样，Rhodes界定4个网络的维度（dimension）：利益、成员、相互依赖（垂直与平行）与资源。Saward提出支配性的利益（dominating interest）。Marsh与Rhodes的类型建立在这些基础上，将政策网络看成利益团体与政府的关系类型，网络的类型依据关系的紧密性呈现一系列的光谱，政策网络是通称，政策社群在光谱的一端，包含紧密的关系，议题网络在光谱的另一端，包含松散的关系。

Marsh 和 Rhodes界定了下列几个决定网络在整个光谱中地位的因素：

（1）参与者人数：政策社群的参与者有限，常常包括一个政府机构或机构内部的单位，偶尔包括一个以上的部门。参与者有游戏规则，如果团体想要接近政策社群，它必须放弃竞赛的形貌，因此政策社群很容易排除激进团体。为进一步排除外来的参与者，政策社群常以互动频繁的咨询委员会制度作为基础，处理特定问题。议题网络的参与者很多，可能有几个政府部门、机构、小组委员会，而利益团体可能有上百个，而且不断地改变。

（2）持续性：政策社群参与者少，意味着网络维持稳定不变；议题网络成员不断变迁。

（3）互动频率：政策社群中政府与主要利益团体每日互动，而且互动程度高。议题网络成员的互动是不稳定的。

（4）共识程度：政策社群对政策目标有高度共识，事实上，政策社群有其决定世界观的意识形态。议题网络不可能有共识。

（5）关系性质：政策社群的参与者拥有信息、合法性以及执行的资源，可以交换，是资源互换的关系。议题网络虽然有些参与者拥有资源，但非常有限。

（6）交易与协商：如果团体需要交换资源，则交换政策方向。政府机构需要压力团体的资源，则提供团体所偏好的政策。议题网络的关系则限于协商。

（7）权力分配：政策社群的权力是正和（positive-sum）的，也就是一个参与者不必为另一个参与者牺牲权力。议题网络的权力并不平衡，可能有赢家，也有输家。

（8）参与组织的结构：如果是一个政策社群，压力团体的领导者必须确保一旦达成协议，成员将接受政策。在议题网络中，团体成员的控制不是重要因素。

Marsh 和Rhodes将政策社群与议题网络的对比归纳为表3-2所示的内容。

表3-2 政策网络类型：政策社群与议题网络比较

层面	政策社群	议题网络
1.参与者人数	参与者有限，某些团体刻意被排除	很多
2.追求的利益	以经济和/或专业利益为主	牵涉到的利益范围很大
3.成员互动频率	频率高、质量高，对于与政策议题有关的一切事务均有互动关系	互动的频率与强度变换不定
4.持续性	成员、价值观与政策后果均有长久持续性	成员与价值观变化很大
5.共识	所有成员分享基本价值观念并且接受政策后果的合法性	可达成某种协议，但是冲突一直不断
6.网络的资源分配	所有参与成员均有资源，基本的关系是互换关系	某些参与成员虽然拥有资源，但是有限，基本的关系是谘商性的
7.内部结构	层级节制体系，领导者可以分配资源	变异性很大，不同的分配与管制成员的能力
8.权力	成员间的权力均衡，虽然可能有压力团体，但是必须是非零和的游戏，政策社群才能长存	不平等的权力，反映不平等的资源以及不平等的接近网络的机会——零和博弈

3.3.3 政策网络的研究途径

网络分析可从早期的参与管理学派找到影子，然而参与管理学派的研究焦点集中在组织上，虽然他们强调由下向上（bottom up）、开放的、民主的特性，注重人员发展与所有参与的要素。毕竟，参与管理基本上是一个工具性的途径，追求的是管理的利益以及组织领导，尚不能列为政策网络途径。

现代许多网络的分析途径同样强调由下而上的民主取向，只是注意焦点放在“政策”而非组织上。网络分析包括两个学派：一为利益中介途径；一为治理途径。许多网络的研究仍然以运用政府宣布之政策作为勾勒相关关系与互动的起点与终点，而不敢质疑政治、社会或行政网络在相关政府政策中的互动，将宪法、政府与管理网络当作新的政策工具处理，而不是当作动态的互赖关系治理群处理。可是，也有许多途径的网络分析，从不同的假定强调互赖关系为自主体系或次级系统的自我治理（self-governance）基础。

为了解读不同概念的政策网络，Tanja & A.Borzel提出了两个区分政策网络的方法：

（1）数量与质化的网络分析

数量与质化的网络途径皆将网络当作分析的工具，所不同的是数量的途径认为网络分析是社会结构分析的方法。数量的分析运用量化的方法，例如等级群集分析、密度表、区截模型，根据参与者的凝结性、结构的等值和空间的代表分析参与者的关系。质化的分析不只重视参与者互动的结构，还比较重视过程趋向，运用质化的方法，如深度访谈、内容与言谈分析，了解互动的系统。数量与质化的分析方法互相补充而不互相排斥。

（2）政策网络为利益中介的类型与政策网络为特殊形态的治理类型

政策网络理论可以分为两个学派：一为利益中介类型（a typology of interest intermediation）；

一为特殊形态的治理类型（a specific form of governance）。利益中介学派认为政策网络是各种利益团体与国家关系形态的统称；治理学派认为政策网络是一种特定形态的治理，是政治资源广泛分布于公共与私人部门时的政治资源动员机制。利益中介是可以量化测量的概念，治理是质化的政策网络概念。依据Tanja & A.Borzel的观点，利益中介与治理的政策网络可以是分析性的工具与理论途径，但利益中介学派多从分析工具观点检查部门的政策制定（sectoral policy-making）与次级部门的政策制定（sub-sectoral policy making）。

Tanja & A.Borzel将不同政策网络的对比归纳为表3-3所示的内容。

表3-3 **政策网络的类型**

	量化的政策网络概念	质化的政策网络概念
	利益中介类型	治理类型
政策网络是分析性的工具	政策网络是国家或社会的关系类型	政策网络是分析非层级体系形态的公、私参与者在政策制定过程中互动的模式
政策网络是理论途径	政策网络的结构是政策过程与政策结果的决定因素	政策网络是特定的治理形态

我国学者李瑞昌认为，政策网络的研究路径有两条：一是作为公共政策分析方法；一是作为治理手段。

（1）作为公共政策分析方法的路径

作为公共政策的一种分析方法，它是从团体主义分析法发展而来的，因而与团体主义分析法有共同的地方，如关注决策中的非正式安排，注重各组织之间的联系等，但由于团体主义注重的是单个组织在政策程序中的作用，强调决策过程中的静态分析，这使政策分析失去了独特性和可预测性。网络分析恰好相反，它注重的是决策者之间的关系，突出动态的非正式的关系，每一项政策的出台，其决策者内部关系都是不同的，这就决定了每项政策的制定过程都会有很多差异。在这种分析方法之下，政策网络又分为两种范式：

①网络结构分析法。网络结构分析法认为网络本质上是一种结构，是由相互依附的资源形成的结构。这种结构对代理人起作用，政策行动者在结构中相互作用，寻求相互之间的利益，因而参与者的利益关系是网络的纽带。例如，瑞埃德（Read）研究了英国烟草业的政策网络基础，认为它是财政部、烟草业和一定范围的广告业在分享经济利益。在这个网络中各行动者均有自己的利益偏好，形成一种合作结构，这些公司有更多的销售额，财政部就有更大的财政收入，广告商就有更多的盈利。

②网络人际交换分析法。网络人际交换分析法的代表人物主要是窦定（Dowding），他是在批评马奇和罗茨的研究路径上提出此法的。他认为网络结构分析法并不能解释政策结果，主要是因为网络阐述的驱动力和变量不是网络自身的特征，而是网络中构成部分的特征。这些构成部分既解释了网络的本质，又构成政策过程的本质。网络结构分析法没有收集到关于行动者如何相互作用的充分、细致的资料，以致不能解释任何正式的、有大量交换关系的参与者行为。于是太多的关于政策网络的文章处理的是一般性的事务，并未找到政策网络和政策结果交换的任何直接联系。因此，他认为政策网络概念仅仅作为一种启发装置或一种隐喻被使用，网络结构本身对政策结果无影响。网络反映的是代理者之间的资

源交换与相互作用的一种模式，是这些资源交换决定政策结果：政策结果的解释依赖于政策行动者的特征，而不是依据网络。

（2）作为治理手段的路径

近年来，治理理论成为各学科关注的显学。将网络作为一种治理的手段最早是由德国和荷兰学者提出来的，许多政策网络研究学者也开始将网络分析法与治理理论结合起来，使网络理论从政策分析工具向社会治理解释框架转型，并希望在法团主义与多元主义走向融合的大趋势下，将两大传统中一些相关概念整合成政策网络一个概念，以增强它的解释力。例如，英国的罗茨在《理解治理：政策网络、回应性与责任》和《新的治理》中，就已经把研究重点转变到网络中的治理问题。将政策网络发展为一种治理形式，德、荷两国研究侧重点各有不同。德国特别注重如何形成政策结果，它接近以行动者为中心的制度主义，结合了部分制度主义理论与公共选择理论。在这些网络案例中，争论的是制度作为一种规制结构，它约束而又方便了那些寻求自己偏好最大化的行动者。这一路径因新制度主义批评网络作为一种结构和作为行动者资源交换模式而忽视制度的作用而在英国的文献中受到青睐。另外，荷兰和德国的文献尽管都强调制度结构的重要性，但是荷兰更少将注意力放在理性选择路径上。这也造成它们之间的差别。凯科特（Kickert）在他编辑的《如何管理复杂网络——公共部分的策略》中，主张以组织理论、政策科学、政治科学的理性组织理论、组织关系理论、资源依附理论、危机处理办法、有限理性思想、程序理论、代理理论、多元主义、新法团主义、新制度主义等作为政策网络理论的基础，运用博弈论、混沌理论、信息经济学等发展多中心合作网络的治理策略。

综上所述，政策网络作为一种理解公共政策与政策环境之间相互关系的新的模式，突出了政策行动者之间的相互依赖和相互交流，将政策环境置于互动的大背景下进行研究，使得公共政策环境的研究更加深入。但是，诚如前面所论述的那样，公共政策网络是一种经验与理论交错的复杂体系，时至今日，仍然缺乏一个公认的清晰定义，可是这并没有阻碍政策网络的理论与方法在政策环境分析当中发挥越来越重要的作用。

§3.4 社会变迁——转型期中国政策环境概述

中国社会目前正处于转型期，政策环境发生着急剧的变化，无论是政策环境的深度还是广度，都远远超过一般时期。因此，中国当前政策环境最典型的特征就是社会变迁。只有在转型期社会变迁的背景下来认识当前中国的政策环境，才能够正确分析当前公共政策提出、制定、执行、评估、终止过程当中各种政策参与者之间的相互关系，才能够正确认识中国公共政策的发展趋势和特征。

3.4.1 社会变迁——一种特殊的政策环境

政策环境是一个包括了所有影响公共政策的因素的总和，但是，政策环境并不是一成不变的。从政策环境所处的状态来看，政策环境可以分为常态环境和特殊环境。政策环境在特殊的条件下，会在比较短的时间之内发生激烈的变化，这个时期被称为转型期。常态环境之下，人们通常关心的是政策环境系统对公共政策系统的输入-输出过程，即关心公共政策的首尾两个状态。但是，当社会处于转型期的时候，实际上部分地超越了传统的政策环境对公共政策的影响范畴，政策环境本身的变化速度也成为影响公共政策的重要组成因素。因此，社会变迁作为一种特殊的政策环境，不同于前面所介绍的任何一种政策环境，它既包含了前面所有的政策环境的相关内容，又拥有鲜明的独特性。

社会变迁是指社会制度（包括社会的根本制度和各种具体制度）、社会结构、社会组织、社会人口、社会规范、哲学、宗教、文学艺术、风俗习惯等一切社会现象突发的、急剧的变化或渐进的、缓慢的变化。这是一个广义的概念，而我们在本节讨论的社会变迁仅指政策环境的急剧变化过程。也就是说，我们将要讨论的问题不是政策环境的长期变化趋势，而是在转型期这样一个政策环境迅速变化的条件下，政策环境如何影响公共政策过程，以及公共政策如何适应政策环境。我们认为，转型期社会变迁具有以下的特点：

1.变异性

转型期当中，政策环境处于急剧的变化当中，大量的环境因素在很短的时间内发生改变，而公共政策系统由于政策过程的延迟，对于变化着的政策环境反应迟缓，应对失措。转型期政策环境的变异性在不同的环境类型当中的影响是不一样的。所有政策环境当中，受影响最小的是地理环境，而其余的政策环境都在社会变迁的过程当中发生深刻的变化。经济环境面临着市场规则的重新定义和资源的重组，政治环境面临着变革和再造，文化环境面临着主体文化的衰弱和多元文化的兴起等。这些过程都对公共政策系统产生了冲击。从公共政策系统的变更状态来看，处于常态环境下的公共政策系统实际上是一个相对稳定的政策体系，面对环境的变化所进行的是调整，而在转型期，公共政策系统面对的是一个全新的环境，并且这个环境还在快速改变，所以公共政策系统需要的就是重构而不是调整。因此，变异性是转型期社会变迁的最重要特征。

2.流动性

转型期的政策环境之所以具有很大的变异性，一个重要的原因就是转型期各种资源的流动速度大大加快，流动的规模也急剧膨胀。我国每到春节就会出现一个特有的现象——“春运”。日益庞大的春运规模形象地反映出转型期社会变迁所带来的流动性。流动性使原本受地域、时空限制而缓慢交流的各种政策环境被打破，进行剧烈的交流和碰撞。在转型期政策环境的流动性条件下，就不可避免地出现两种力量：一部分社会成员主动寻求流动，寻求更好的环境；而另一部分社会成员则阻止流动，固守他们的既得利益。例如，在我国转型期的政策环境当中，城乡之间一度呈现紧张的对立状态，其原因就是城市居民认为大量的外来人口特别是农民工动了自己的“奶酪”。从国际环境的角度来看，整个世界由于科技和通信的迅猛发展，交流日益频繁，也在进入大规模流动的转型期。劳动力资源、国际游资、能源等资源在国际范围内的大规模流动使得整个世界的行政环境都发生了巨大改变，正如我们已经论述并看到的那样，这种流动性正在越来越深刻地影响着世界各国的公共政策。

3.4.2 转型期政策环境对公共政策的影响

转型期的社会变迁使政策环境不同于一般情况下的政策环境，呈现变异性和流动性的特征。这种转型期政策环境的特征决定了转型期的公共政策过程与常态情况下相比具有其特有的内容。转型期政策环境对于公共政策的影响主要体现在以下几个方面：

1.公共政策的周期缩短，政策风险增大

转型期的政策环境复杂而多变，公共政策处于这个复杂多变的环境之下，就会产生一个悖论。一方面，转型期快速变化的政策环境要求加快公共政策的反馈过程，提高公共政策对环境的灵敏程度；另一方面，转型期复杂的政策环境使公共政策执行的难度加大，要求公共政策必须严密而有效，而要达到这个要求通常意味着一个比较长的政策制定周期。与此同时，公共政策的性质决定了判断一个公共政策是否适应环境的需要不是一个短期能够完成的工作，公共政策通常需要一个比较长的运行时间才能够真正看出效果。因此，公共政策的灵敏度和严密性之间的矛盾成为转型期公共政策过程的一个难点。从我国的公共政策过程来看，公共政策的周期比一般环境下显著缩短，政策风险也明显增加，同时公共政策出现失误的情况也有所增加，这些都是转型期政策环境对公共政策的影响所决定的。例如，我国实行个性化车牌的公共政策就是一个典型案例，该政策在论证不充分的情况下匆忙出台，结果一经实行，很快出现了很多问题，最后不得不终止。

2.转型期政策环境迫使大量公共政策在短期内终结，并使公共政策终结遭遇多重障碍

社会公众的环境依赖心理以及对政策终结代价的承受能力会随着公共政策总体情况的变化而变化。社会公众对于政策变更的承受能力也不是一成不变的，尤其是在转型期，这种心理变化尤其明显。任何一项公共政策都是在一定的行政环境背景下产生的，转型期的一个重要特征就是政策环境发生急剧变化，大量的公共政策在很短的时间内变得不再适应政策环境，面临变革的压力。虽然从单个的公共政策角度来看，这种变革是必要的，动力是充分的。但是，当大量公共政策在很短时间内同时终结的时候，情况就发生了变化。公众将发现自己周围的环境发生急剧变化，在社会当中的定位模糊不清，这种对于未来的不确定感使公众产生整体性的危机感，会降低公众对于变革的欲望。特别是一些公共政策终结带来“阵痛”时，公众对于政策终结将持反对态度。在很多情况下，公众对于变革本身并不清楚，更多的是改善现状的模糊愿景，当政策终结的效果不能很快显现，而要公众付出一定代价的时候，公众会认为与其为不确定的未来承担代价，不如保持现状。这时，公众将对整体的政策终结持保留态度，反对一切结果模糊的政策终结过程，从而使政策终结面临来自公众的阻力而难以施行。我国实行多年的户籍制度之所以难以终结，一个重要原因就在于转型期政策环境的变化使公众的路径依赖增强，改革欲望削弱，所以尽管户籍制度在现在的政策环境之下早已经丧失了其绝大部分的实际功用，但是仍然有相当的公众试图从户籍制度中固守城乡差别，还有不少公众对新的户籍政策实施之后的政策环境疑虑重重，结果使得一个几乎已经没有内容的公共政策遭遇不正常的终结压力。

3.公共政策执行过程阻力增加，政策的实效削弱

公共政策在一定的政策环境变化的压力下会产生变化的动力，但是，一个新的公共政策的执行仍然有赖于一个相对稳定的政策环境。当社会处于转型期的时候，许多公共政策环境发生了变化，新的政策环境对于公共政策的执行有可能产生阻碍，这就削弱了公共政策的实效。与此同时，公共政策的执行系统本身也由于转型期的政策环境变化而被削弱，更加剧了公共政策执行过程的困难。计划生育政策是我国的一项基本国策，在现阶段该项公共政策仍然具有十分重要的现实意义，但是，随着转型期政策环境的变化，这项重要的公共政策的执行力度被削弱了。原因是以前的计划生育政策是与严格的户籍管理和编制管理紧紧联系在一起的，如果违反计划生育政策，就会面临不能落户和失去工作的风险。但

是，随着转型期的社会变迁，政策环境发生了很大的变化，人口的流动性显著增加，户籍制度已经丧失了绝大部分的功能，无力对计划生育政策进行约束。随着经济环境的变化，市场经济成为社会经济生活的主流，大量的人在非公有制经济组织当中就业，违反计划生育政策并不会给他们带来失业的风险。进一步地，为了应对老龄化的冲击，国家转而实施允许全面生育二胎的生育政策。这些转型期政策环境的变化对公共政策的执行产生了影响，同时对公共政策的执行者提出了更高的要求。

4.政策环境的变化使得公共政策缺乏稳定性，过渡型政策增多

转型期政策环境的改变是剧烈的，因此政策环境的变迁速度成为影响公共政策的重要因素。当公共政策环境的变迁速度与公共政策的执行周期相比不能被忽略的时候，公共政策就面临着时效性的难题。往往是一项政策刚刚出台或者试运行一段时间准备推广的时候，政策环境已经发生了重大变化，这就使得公共政策缺乏稳定性。单一的公共政策由于急剧变化的环境而难以形成一个相对固定的模式，于是大量的过渡型政策应运而生，公共政策缺乏稳定性。整个公共政策体系更是由于政策环境的影响而被切割得支离破碎，频繁变化的公共政策使社会公众对于政策和政府信心不足，产生求稳思想，阻碍了公共政策的有效实施。从政府的角度来讲，政策环境变化过快使得一个长期的政策制订计划变得毫无用处，政府只能采取频繁改变政策的方法被动应付，政策的变迁反过来又使得政府责任不清，相互推诿，造成管理的重叠和真空状态并存的局面。

5.转型期政策环境的变化使社会呈现多元化特征，公共政策的价值体系和受益面受到影响

转型期是一个旧的社会文化和价值体系崩溃及一个新的社会文化和价值体系重构的时期。当旧的社会文化环境尤其是政治文化环境逐渐解体时，新的社会文化环境还没有建立，社会文化和价值体系都会呈现出多元化的特征，没有一个被全社会大多数成员共同接受的文化模式和政策范式，这导致了政策网络日趋复杂，公共政策的不确定因素增加。同时，随着转型期政策环境的变化，社会逐渐分化为许多阶层，各个阶层形成自己的利益集团，这使得政策过程当中的关系复杂化，形成“众口难调”的局面，各个利益集团争相想把自己的政策目标变成政府的政策。这样，任何一项公共政策都只能满足一个或几个利益集团的要求，其受益面受到了比较大的制约。从政府本身来说，政治文化的解体同时意味着政府的官僚体系丧失了自己的价值体系和组织文化，加上转型期的规制削弱，官僚体系寻租的机会大增，在利益的驱动下，官僚体系会倾向于选择使自身利益最大化的公共政策，更加影响了公共政策的受益面。

3.4.3 政策与环境的稳定

政策环境的变化形成了两种力量：一种是推动公共政策变革的力量；一种是阻碍公共政策变革的力量。从政策科学的角度上来看，适度稳定的政策环境和公共政策体系是公共政策发挥良好效果的先决条件。公共政策需要相对稳定的政策环境的配合，而政策环境的改善也要以相对稳定的公共政策为基础。我国正在经历转型期的社会变迁，政策环境变化速度很快，这种变化速度一方面是改革的重要推动力量，另一方面对我国的公共政策体系产生了一定的冲击。如上所述，转型期社会变迁是转型期政策环境的特殊形态，驾驭这种特殊的政策环境对公共政策提出了更高的要求。我国在转型期当中，一个重要的命题就是

正确处理好改革、发展、稳定之间的关系。正确处理改革、发展和稳定的关系实质上就是正确处理政策环境的变化与稳定的关系，既要保持变革的动力，又要减少政策环境的变迁对公共政策产生的影响。从政策环境的类型来分析，当前我国的公共政策过程的基本思路应该是保持地理环境的可持续发展，鼓励经济环境的变革，适度推动政治环境的变革，保持社会文化环境和国际环境的相对稳定，灵活机动地处理工作环境。

同时，必须指出的是，转型期快速的社会变迁过程不是政策环境的常态，只是在特殊条件下产生的政策环境的特殊形态，因此，转型期向相对稳定的调整期过渡是公共政策和政策环境变迁的最终结果。从世界各国的发展历程来看，西方各主要发达国家已经渡过了转型期，进入了一个相对稳定的调整期。以日本为例，在经历了战后经济的高速增长过程之后，转型期已经结束，进入相对平稳的时期，法国、德国等西欧国家的情况也大致如此。不过值得注意的是，日本经济在转型期结束的时候没有能够很好地处理转型期出现的种种问题，结果导致转型期结束之后出现了十年的衰退，现在日本政府正在一系列领域进行变革，这种变革是否会使日本社会重新进入转型期的问题是值得我们关注的。稍后崛起的“亚洲四小龙”在经历了高速增长的转型期之后，也正在进入相对稳定的调整期。我国正在经历转型期，必须十分注意正确处理变革与稳定的关系，要对转型期之后的政策环境进行提前规划，防止在转型期向调整期过渡之后出现衰退。

综上所述，政策环境是决定公共政策的重要因素，公共政策对政策环境具有能动的反作用。政策环境对于公共政策的影响正在日益增强，因此，如何改善并利用好政策环境，是公共政策能否取得预期效果的重要前提。尤其是像我国这样处于转型期的国家，政策环境对于公共政策的影响更大，政策环境本身也更加多变，更要注重对政策环境的认识和研究，这样才能够在复杂多变的环境之下驾驭变革的浪潮。

本章小结

政策环境是公共政策运行过程当中的一切内外因素的总和。它不是公共政策，却对公共政策的过程起着决定性的因素。政策环境与公共政策之间形成了一定的“输入-输出”关系。公共政策从政策环境当中获得旧政策消亡的动力和新政策产生的条件。公共政策的产出过程则会影响并改变政策环境，就是在这样的一个循环过程当中，政策环境和公共政策不断发生调整和演变。政策环境对公共政策起着决定性的作用，公共政策对政策环境起着能动的反作用，这就是政策环境与公共政策之间的辩证关系。

最早把行政问题与其外部环境联系起来进行研究的是美国哈佛大学教授高斯。高斯于1936年发表了论文《美国社会与公共行政》，初步指出行政环境与行政管理之间的密切关系。1947年高斯出版了《政府生态学》一书，正式把生态学引入行政管理研究领域。及至1961年，美国夏威夷大学教授雷格斯（Fred W.Riggs）出版其专著《行政生态学》，正式运用生态学的理论与方法研究行政问题，并在行政管理领域引起强烈反响。雷格斯提出了人类历史上的3个社会形态，借用了物理学当中的光学理论，将其称为融合型、棱柱型和衍射型，其中融合型代表农业社会，棱柱型代表过渡时期，而衍射型则代表工业社会，这种提法首开行政生态学的研究先河。随后，政策环境理论转向研究宏观层面的一般环境和微观层面的工作环境，并且对政策网络的概念、方法和理论进行了环境视野下的诠释。

就我国的情况而言，现阶段政策环境的主要特征是转型期背景下的社会变迁。只有从转型期社会变迁的背景下来认识当前中国的政策环境，才能够正确分析当前公共政策提出、制定、执行、评估、终止过程当中各种政策参与者之间的相互关系，才能够正确认识中国公共政策的发展趋势和特征。当社会处于转型期的时候，实际上部分地超越了传统的政策环境对公共政策的影响范畴，政策环境本身的变化速度也成为影响公共政策的重要组成因素。因此，社会变迁作为一种特殊的政策环境，不同于前面所介绍的任何一种政策环境，它既包含了前面所有的政策环境的相关内容，又拥有鲜明的独特性。

关键概念

政策环境　地理自然环境　经济环境　政治环境　社会文化环境　国际环境　工作环境　政策网络　社会变迁

综合训练

3.1 单项选择题

1.具有参与者众多、垂直的互相依赖关系很有限、平行意见未整合特点的政策网络类型是（　）。

A.议题网络　B.制造者网络　C.专业网络　D.政策社群

2.Marsh and Rhodes 认为决定网络在整个光谱中地位的因素不包括（　）。

A.参与者人数　B.持续性　C.共识程度　D.参与者年龄层次

3.下列不是雷格斯提出的社会形态的是（　）。

A.环状型　B.融合型　C.棱柱型　D.衍射型

4.政策环境与公共政策之间的关系是（　）。

A.输入-输出　B.委托-代理　C.原因-结果　D.投入-产出

5.正式把生态学引入行政管理研究领域的是（　）。

A.雷格斯　B.高斯　C.Marsh　D.Stephen Wilk

3.2 多项选择题

1.政策环境的特征有（　）。

A.复杂性　B.多元性　C.特殊性　D.可变性

2.对公共政策构成较大影响的政策环境因素有（　）。

A.地理自然因素、经济环境　B.政治、社会文化环境

C.国际环境　D.工作环境

3.政策系统的工作环境具有（　）特征。

A.多样性　B.变动性　C.主观性　D.人为性

4.网络分析包括的两个学派是（　）。

A.中介途径　B.治理途径　C.基层途径　D.公民途径

5.转型期社会变迁的特点有（　）。

A.变异性　　B.流动性　　C.稳定性　　D.常态性

3.3　思考题

1.试述政策环境和公共政策的关系。

2.政策环境有哪几种类型?

3.政策网络的流派有哪些?

4.政策网络的研究方法有哪几种?

5.当前,我国的政策环境对公共政策的影响是怎样的?

第 4 章 公共决策体制

学习目标

通过本章的学习，你应该能够：

1.掌握公共决策体制的含义，认识公共决策体制的特点和结构。

2.理解公共决策过程中的宏观决策体制和微观决策体制。

3.掌握公共决策的4种规则。

4.掌握中国公共决策体制的3种制度，分析我国决策体制存在的问题与发展前景。

引导案例

"东方之星"沉船事故救援方案的选择

2015年6月1日晚，从南京驶往重庆的客船"东方之星"号在长江中游湖北监利县水域沉没。截至2015年6月13日，"东方之星"号客轮上的454人中成功获救12人，遇难442人，全部遇难者遗体均已找到。据媒体报道，失事船舶为重庆东方轮船公司所属"东方之星"客船，1994年2月建造。

事故发生后，中央领导作出批示并赶往事发地组织救援，事发地湖北省和有关方面迅速组织力量全力开展搜救和善后工作。救助打捞专家反复测算、研究打捞方案，所有的打捞部署和决策都是"把救人放在第一位"。

※黄金救援期的蛙人搜救方案

由于"东方之星"船体有4层楼高，沉入江底后，江面上仅仅露出六七十米长、最宽处六七米的船底，江水湍急，船是横在水里的。救援专家建议，这种情况下，只能靠蛙人下水营救。水下救援专家海军工程大学动力工程学院损潜中心主任李其修教授，在事故救援过程中一直待在沉船附近的救援船上，指导水下救援工作。救援前期，潜水员的主要任务是确认各个房间有无生还者。采用潜水员水下救援，是在第一、二天的黄金救援期里最快最直接的办法。同时，这种派潜水员到舱中探摸生命迹象再实施打捞的方案，也是国际通行做法。

※船体切割搜救方案

6月3日晚，交通运输部公布了接下来的救援方案，其中之一就是切割船体。在船体切割开孔是探测生命的最后一招，在专家看来，"东方之星"是在非常短的时间内倾覆的，如果有乘客进入底舱，就有存活机会，切割船体可以为处于底层的幸存者带来更多的生存希望。通过实施该方案，65岁的朱红美和21岁的陈书涵得以获救。

※扶正船体搜救方案

按照国际惯例，人们普遍把72小时作为生命的标准线，如果72小时到了，确定没有生命，再把船翻过来。6月4日晚，救援人员开始对沉船进行扶正。在长江航道救助打捞局水下检测专家看来，此时采用船舶整体扳正起浮方案，是为了能够尽快地全方位对所有舱室进行排查，有利于在最短时间搜寻失踪人员，最大限度保护逝者尊严。先扶正、再起吊，不仅是国际通行方法，更重要的是，整体扶正打捞作业符合行业专业做法和国际惯例，现行技术较为成熟。据专业计算和评估，当今沉船现场船舶的起吊能力已经能够满足扳正和起浮作业的需求，从全国抽调的潜水、打捞、救助、船体、船舶修造等领域的专家和技术人员也能够提供技术支持保障。

【案例思考】

1.上述案例使你对公共决策体制有哪些认识？

2.请结合案例谈谈公共决策中专家咨询制度的意义。

3.谈谈我国在应对突发事件过程中，如何保障公共决策的科学性。

公共决策体制不是自发产生的，而是随着人类社会的发展为使决策活动更能满足人们的需要而人为设计出来的产物。正是由于公共决策体制是由人专门设计出来的，而设计公共决策体制的必然是统治阶级。因此，在不同的历史时期、不同的国度，为了维护不同的统治阶级的利益，公共决策体制也就表现出不同的形式和不同的决策规则。本章主要就公共决策体制概念、公共决策体制的类型及公共决策体制的决策规则加以论述，并对中国的公共决策体制专门加以阐述，以及对中国公共决策体制现存的问题和发展前景加以描述。

§4.1 公共决策体制概述

要深入了解决策体制，必须先了解决策体制的各个组成部分及其联系方式。公共决策体制是公共决策组织的核心部分。因此，要了解公共决策体制必须先从什么是组织谈起。

4.1.1 公共决策组织

公共决策组织就是按照有关法律规定的程序组建的负责推行决策任务的决策结构体系。决策组织具有两层含义：第一，是指把决策群体按照一定形式合理地、有效地组织起来，协调一致地去实现公共决策任务和目标；第二，是指在指定的职权范围内行使权力，发挥公共决策作用并由此产生各种活动的组织实体，即组织机构。公共决策组织的中心问题是机构组织问题。机构是组织实体，组织是机构的活动体；任何群体组织都应设置相应的机构，任何机构都必须有群体组织才能发挥职能作用。所以，组织和机构是密不可分的，公共决策组织是公共决策活动的载体。任何公共决策系统的决策活动，总是在一定的组织机构中进行的，并且通过组织发生决策行动和决策实施过程。所以，任何公共决策活动都离不开一定的组织。

公共决策组织一般具有如下特征：（1）目的性。由于任何公共决策组织都是某些统治阶级用以实现其意志的工具，是其为了达到一定的目的的组织形式，因而它首先具有目的性。（2）系统性。国内外的决策系统，虽然具体情况有所不同，但是，一切公共决策组织都是按照宪法和法律规定，结成上下沟通、密切配合的层阶式组织体系，以保证决策权的正常运用。（3）约束性。公共决策组织，一方面受国家宪法和法律、管理法规、方针、政策的约束，另一方面则对其下层组织具有较强的约束力。（4）强制性。公共决策组织因其拥有决策权，而任何法律赋予的行政权力又都有强制性，所以，公共决策组织还具有强制性。只要是在公共决策组织管理范围内，都必须按照决策规定的要求执行，不得违反；否则，就会影响、干扰决策目标的实现。当然，这种强制性只是相对而言的。在我国，公共决策体现了民主和强制的对立统一。

4.1.2 公共决策体制

1.公共决策体制的含义

公共决策体制是决策权力分配的制度和决策程序、规则、方式等的总称。决策体制是公共决策工作的组织形态。为了保证一定的决策组织行为有效果，必须按照不同时期的政治经济发展和决策活动的需求，加以规范，形成制度，并建立相应的决策体制。决策体制和领导体制既有区别，又有联系。领导工作主要包括决策的制定、决策的监督和执行等。而决策的制定，不是公共决策者和领导机构单独完成的，还必须依赖于参谋系统和信息系统的配合。不同层次的决策的重要性、复杂程度和决策方式有很大的区别，因此不同层次的决策是不一样的。

2.公共决策体制的特点

不同的时代，决策体制有着不同的特点。近几十年来，随着决策的程序、思想、技术手段和方法的重大变化，决策体制也随之发生了深刻的变化，展现出新的特点：

（1）决策制定与决策执行的相对分工越来越显著

决策者，特别是高层次的决策者，摆脱日常事务，集中精力主要研究涉及全局的重大问题，制定战略性决策；而决策的执行则是依靠中下层人员的努力。

（2）决策行动与决策研究分工日益明显

“决策研究”是指智力机构如“思想库”、智囊团等决策咨询机构，或者是具体业务管理机构，为决策者提供各种备选方案和论证资料的过程，其任务就是“谋”，没有决断权。“决策行动”是指在决策研究的基础上，由决策者个人或决策集团作出决定的过程。决策者个人或决策集团受知识、时间、才能和精力等的限制，无力“多谋”，主要任务是“善断”。这样，“决策研究”与“决策行动”、“谋”与“断”相对分工又互相配合。

（3）决策系统与信息系统紧密地结合

信息系统已成为现代决策体制的重要组成部分。现代社会是信息社会，人们认识到信息作为一种重要的资源，在各个领域都显示了其显著的作用。计算机的出现、信息科学和信息技术的发展，首先在发达国家，然后在世界范围内发生了信息革命。我们可以说，现代决策对信息系统的依赖不断加强；在现代，决策系统的决策必须以信息系统提供的信息为依据。

（4）“人”与“机”紧密地结合

现代科学技术广泛渗透于社会生活的各个方面，决策活动也越来越依赖于现代的技术知识和科学素养，而且决策本身的技术性和科学性也很强。现代决策体系都是“人-机”系统。无论是信息系统、智囊系统，还是决策系统、执行系统、监督系统，都是现代化的技术发展同具有较高科学素养和技能的人的结合体。

（5）高度分工和高度综合的有机整体逐渐形成

现代决策体系结构功能日趋复杂，横向方面不仅以决策系统为核心，智囊系统、执行系统、信息系统和监督系统与之协同作战，而且，各系统自身也是由多元的子系统所组成的。纵向方面则由多层次决策系统组成，自上而下，各有分工，互相配合，高层次的战略决策同中下层次的策略决策和战术决策紧密结合，形成完整的决策体系。

3.公共决策体制的结构

组织理论认为，结构是使组织实现其目标的基本管理工具，是组织躯体的骨架，它可表现为工作分工的几何图式及其等级上的排列。对公共决策体制的结构划分，自古至今具有不同的标准及不同的划分类型。本书将决策体制划分为五大系统，即智囊系统、决策系统、执行系统、信息系统和监督系统。

（1）智囊系统

智囊系统是为公共决策服务的专门研究咨询系统，是广泛开发智力、协助决策活动的组织形式，一般由各种不同专业的自然科学专家或社会科学专家所组成。其主要任务是对接受的某项决策进行咨询，采用现代预测与运筹的方法，利用由信息系统提供的数据资料，对决策问题进行系统研究，从不同侧面、不同角度分析决策的形态以及各方面的反应，探明各种影响因素的联系，并寻求平稳的逻辑方法，依据组织效应原理，通过专家集团内部反复的思维共振和信息交流，最终提出高水平的可供公共决策者进行选择的比较方案。

（2）决策系统

决策系统是决策体制的核心部分，由负责决策责任的决策者所组成。一切同决策有关的系统，都是适应决策系统的需要而建立的，甚至许多活动也是在它的领导和安排下进行的。决策系统的核心是拥有决策权的决策集团或者决策者个人。围绕这个核心，设立决策工作机构，负责承担决策核心交代的具体决策任务。决策系统的主要任务是根据信息系统提供的大量情报和智囊系统制定的若干可供选择的方案，从全局出发，在战略性思维的指导下，充分运用决策者长期积累的丰富经验和科学知识，经过权衡利弊的分析，最终作出决策。

（3）执行系统

执行系统是指通过执行决策系统的各项决策指令将决策付诸实施的系统。决策即为采取行动，没有执行的决策是毫无意义的。因此，任何完整的决策体制都不能缺少执行系统。执行系统是一个从下到上保证决策实施的系统。下一级的执行机构除了保证自己实施上一级决策机构正确的决策方案外，还必须为上级决策机构服务，以保证上一级的决策目标的实现。在执行和实施决策系统的决策指令的过程中，执行系统还要将执行情况及新的信息反馈到决策系统中，再由决策系统追踪决策或修正完善方案，或做新的决策，以保证决策活动的顺利进行。由此可看出，没有执行系统的决策体制是不完全的决策体制。执行系统不仅是公共行政体制的重要组成部分，也是决策体制一个有机组成部分。

（4）信息系统

信息系统是设立在各级公共决策系统周围，专门搜集、传播、检索、显示有关信息的组织机构。它利用现代通信技术和电子计算机的高速运算功能，对来自各方面的信息进行综合处理与分析，及时地、有效地为各级决策系统提供综合性的、准确的、适用的和足够的信息资料，为正确的决策奠定坚实的基础。决策的每个环节都离不开信息系统。整个决策过程可以说就是信息输入、转换和输出的过程。

（5）监督系统

监督系统是指对执行系统的指令情况进行全方位的监督和检查，并帮助决策系统实现自我调节，以保证指令的顺利贯彻执行和决策目标的胜利实现的系统。决策职能部门一般按专业进行监督，此外，还设有专门的监督部门。

依据以上5个系统建立起来的决策体制进行决策，具有以信息为据、广泛咨询、集中决策、分散执行、独立监督、及时反馈、不断调节之特点，从而保证了决策的民主化和科学化。

§4.2 公共决策体制的类型

在公共决策的过程中，不同的体制将体现不同的特点，具体可分为宏观政治决策体制与微观组织决策体制。从宏观上讲，它主要指国家的政治体制。随着社会政治的不断发展，在不同时期曾经出现过多种公共决策的政治体制。每一种政治体制在最高决策权的归属、最高决策者、主要决策方式上都具有自己的特征。对于现代社会来说，公共决策主要的政治体制可以概括为3种，即人民代表大会制度、议会制度、独裁制度。从微观上讲，它主要指行政决策的组织机构，主要由三部分构成，即行政决策中心、咨询机构和信息系统。

4.2.1　宏观政治决策体制

1.议会制度

议会制度是西方近代资本主义国家在彻底推翻了封建主义统治之后所建立的政治制度。随着西方社会的发展，现代西方发达国家在政体上普遍推行议会制。**西方国家议会制度的主要特征是国家立法、司法、行政系统三权分立，相互制衡。**在议会制度下，国家系统分权制衡使得公共政策的制定过程更加体现出多元价值从冲突到均衡的政治互动性。虽然西方发达国家都普遍推行议会制度，但是由于国情不同，政治文化传统不同，议会制度又在不同的国家表现为不同的形式。概括说来，可以分为总统议会制、内阁制和联邦委员会制。

(1) 总统议会制

推行总统议会制最典型的国家是美国。总统议会制可以说最充分地体现了“三权分立、相互制衡”的政治原则。在总统议会制下，总统既是国家元首又是政府首脑，立法、司法、行政三项国家权力完全分立并且相互制衡。

在三权分立的原则下，立法权属于议会。从纵向层次来说，议会分为联邦议会（国会）和地方议会。从内部结构来说，议会又分为参议院和众议院。参众两院的议员由民众选出，对自己的政党和选民负责。国会拥有最高立法权、宪法修订权、对外宣战权和国家财政监督权。地方议会拥有地方立法权和地方财政监督权。行政权属于国家总统、联邦政府、地方行政长官和各级地方政府。国家总统拥有最高行政权、最高军事指挥权、立法提案权、国会决议的否定权。总统和地方行政长官均由选民直接选出，对选民负责。司法权属于联邦最高法院和各级地方法院。各级法院均有独立的审判权，联邦最高法院具有立法监督权和宪法解释权。

在权力制衡的原则下，三权不但严格分立而且相互密切制约。第一，总统与国会相互制约。总统作为最高行政长官可以任命高级行政官员，可以否定国会通过的法案，可以发布具有法律效力的行政指令。反过来也是一样，总统任命的高级行政官员须经国会参议院认可，国会不但可以否决总统的提案，而且可以弹劾总统。第二，总统与联邦最高法院相互制约。一方面，联邦最高法院法官由总统任命并终身任职；另一方面，联邦最高法院法官对总统的违法行为具有司法审判权。第三，国会与联邦最高法院相互制约。一方面，总统任命最高法院法官须经国会参议院认可，国会参议院可以弹劾最高法院法官；另一方面，最高法院法官可以利用立法监督影响和制约国会通过任何法案。第四，联邦与地方分权制衡，各地方立法、司法、行政系统同样三权分立，相互制衡。

在总统议会制下，公共决策的最大特征是“代议制”。代议制要求首先由选民一方面选出能够代表自己价值、意愿和利益的议会议员，另一方面选出自己认为能够胜任的总统和地方行政长官，然后通过议员代表自己参与公共决策，通过总统和地方行政长官任命自己所属的行政官员执行公共决策。各政党、社会集团和选民组织一方面可以通过自己在议会中的代表来表达自己的利益要求；另一方面也可以通过所谓的“院外集团”游说不能代表自己的议会议员，使其接受自己的观点，在议会中为自己服务。这样，民众意愿可以通过议员进入议会，在议会中通过政治协商达到意见的均衡，从而形成公共决策。

（2）内阁制

内阁是指在国家元首之下，由议会中占有多数席位的政党独自或联合组成的国家最高行政机构，这一机构的最高长官称为“内阁首相”或“内阁总理”。内阁制最早产生于18世纪的英国。英国国王威廉三世在世时曾经选拔出一些国会议员，与自己秘密商讨重大国策。这些人后来形成固定的国家首脑机构，称为“内阁”。现代西方国家的内阁是在首相或总理大臣的领导下，总揽国家行政权力，并且向议会负责。这种政治体制被西方资本主义国家普遍采用。根据公共决策权力核心的不同，内阁制又可分为内阁议会制和总统内阁制。例如，英国、日本等君主立宪制国家和英联邦国家，内阁总理在公共决策中处于核心位置，可以说属于内阁议会制；而法国虽然也设置内阁总理，但国家总统在公共决策中处于核心位置，可以说属于总统内阁制。

与总统议会制相比，内阁议会制具有一些明显的特征。第一，国家元首处于“虚位”状态。不论是君主立宪政治文化传统所遗留的国王、皇帝，还是现行民主共和政治体制下所产生的国家总统，都仅仅是名义上的国家元首。仅在国家礼仪性、法定程序性的国家事务中行使职权，并在政治调节和国家象征等方面发挥影响作用。第二，在内阁议会制下，国家立法、司法、行政三权总体上贯彻分立原则，相互制衡。内阁一般由议会中多数党组成，多数党领袖担任内阁总理或内阁首相。内阁的工作要对议会负责，并与议会互相监督。在议会与内阁发生重大冲突不能共存时，要么是“议会倒阁”，即丧失了议会信任的政府内阁实行总辞职，由国家元首任命新的内阁总理或首相，重新组阁；要么是按照一定的法律程序由内阁提请国家元首解散议会，重新举行议会选举，建立新的议会。第三，尽管实行分权制衡，内阁总理或首相仍然是国家权力的中心。他可以利用自己政党在议会占有多数席位的优越条件和不受虚位元首约束的特殊地位来影响甚至操纵议会，形成对自己政党有利的政策。

内阁议会制下的公共决策过程与总统议会制基本上是一致的。社会民众的意愿通过政治代表进入议会或内阁，同样是在立法、司法、行政三权政治互动中产生公共决策。但是在政治互动的过程中，总统议会制下三权出现重大矛盾往往可以继续共存，由此体现一种公共决策过程的混乱；而内阁议会制下三权出现重大矛盾往往无法继续共存，要么倒阁，要么解散议会，由此达成议会与内阁的一致。所以，内阁议会制下的公共决策往往因国家高层人事变动而出现混乱。

不论是内阁议会制还是总统内阁制，虽然都是以三权分立为基本政治原则，通过政治互动形成公共决策，但是在公共决策过程中起核心作用的因素不同。在内阁议会制下，内阁总理或首相是国家权力的核心，在公共决策的过程中起着决定性作用。在总统内阁制下，总统是国家权力的核心，在公共决策的过程中起着决定性作用。

（3）联邦委员会制

议会制的另一种体现形式是联邦委员会制。联邦委员会制同样坚持三权分立的政治原则，联邦议会是最高国家权力机关，由民选产生，拥有立法权和国家公共事务的最高决策权。联邦委员会是国家最高行政机关，其职责是贯彻执行联邦议会的决定，且无权解散联邦议会。同时，联邦议会也无权对联邦委员会提出不信任案，不能迫使联邦委员会总辞职。联邦委员会由若干委员构成，联邦委员会委员从联邦议会议员中选出。议会议员一旦进入联邦委员会成为联邦委员会委员，就不再享有议员的议会表决权，而是享有议会的发言权和公共决策的建议权。在联邦委员会中，委员地位平等，讨论的一切问题要以多数通过才能形成决议，并以联邦委员会的名义发布执行。在公共决策过程中，联邦委员会委员如果发生意见分歧，提案要交由联邦议会讨论决定。

联邦委员会制由瑞士创始，而且只在瑞士实行。瑞士联邦委员会由7人组成，这7人分别担任7个部的部长，任期4年。联邦议会在这7名委员中选举产生联邦委员会主席、副主席各1名，任期1年。联邦委员会主席不能连任，1年期满后由副主席接任，同时由议会选出新的副主席。联邦委员会主席既是国家元首，又是政府首脑，对外代表国家，对内主持联邦委员会的工作。

很明显，这种公共决策的联邦委员会制充分体现了国家立法机构的最高权力地位，由议会产生国家行政机构和政府首脑，政府的公共决策必须经由议会表决。与总统议会制、内阁制比较，联邦委员会制避免了总统或内阁总理权力过大、地位特殊给公共决策造成的影响。

诚然，实行议会制决策体制的国家，大都在宪法中认可“全民公决”这种决策方式。但是，这种由公民投票直接决定国家大政方针的做法在一些人少地小的国家行得通，而在像美国这样的大国操作起来则有诸多困难。美国学者艾伦·李帕特（Arend Lijphart）对21个西方国家从1945年至1980年“全民公决”的次数进行过统计。结果显示，瑞士以169次高居榜首，其次是澳大利亚18次，再次是新西兰17次，美国、加拿大、德国等西方大国皆为零次。

2.独裁制

独裁制是指最高统治者个人独揽国家最高权力，并实行专制统治的政治体制。这一政体从古到今一直存在。《淮南子·证论训》曰：“周公事文王也，行为专制。”高诱注曰：“专，独；制，断。”因此，专制与独裁是同一含义。西方社会中的“专制”一词，最早指权力授予一个人行使的国家治理方式，而当国家统治中出现了个人掌握特权，凌驾于法律之上为所欲为的独裁、暴君政治、寡头政治之后，独裁专制就泛指国家统治者对人民行使的绝对权力，以及以这种权力形式为主导的国家政治体制。

从历史上看来，奴隶制和封建制国家中普遍采用了奴隶主和封建君王个人专制。从现代社会看来，早期曾经出现过德、意法西斯政党党魁独裁。现在一些国家中仍然存在着国家元首独裁、宗教领袖独裁、军人独裁等不同形式的独裁制度的政体。

“个人独裁”与“个体元首制”有着本质的区别。“个体元首制”也称“单一元首制”，是与“集体元首制”相对的政治体制概念。个体元首制是指由一个人单独出任国家元首职务，行使国家宪法规定的元首职权，并接受立法与司法机构的制约。例如，美国的总统、英国的女王、日本的天皇、阿曼的苏丹、卢森堡的大公等，都可以说是个体国家元首，但是都不是独裁统治者。在个人独裁专制的政治体制下，最高统治者个人作为“国家元首”或“政党领袖”独揽国家权力，全面否定了民主与法律。即使在最高统治集团内部，多数人也丧失了民主权利，而屈从于独裁者。从国家管理结构来说，独裁专制的国家一般不设有议会，即使设有议会，议会也不能正常行使民主代议机构的职权，司法机构也不具有独立地位。同时，处于独裁地位的国家统治者具有至高无上的权力，凌驾于法律之上，不受任何限制与约束，独断专行，以言代法，以非常手段控制社会的各个方面。独裁者往往通过极端的思想控制手段，推行蒙昧主义政策，鼓动狂热的民族主义情绪和极端的个人崇拜。

在独裁专制下的公共决策过程中，独裁者的意愿完全取代了社会民众的意愿，或是通过极端的宣传教育手段，甚至恐怖主义手段，将独裁者所代表的价值观念强行灌输给国民。因此，独裁专制下的公共决策过程相对来说比较简单，国家最高统治者说一是一，说二是二，国民要么狂热地盲从，要么忍气吞声，否则将被消灭。在独裁专制下，国家军队完全效忠于独裁统治者个人，国家行政完全执行独裁者的决定，立法、司法机构即使设立，也都是独裁统治者的工具。在宗教领袖独裁的政体中，国家决策的现实依据主要来自于宗教系统，然后由宗教领袖凭自己的意志独裁决断。在政党党魁独裁的政治体制中，例如二战时期的纳粹德国、法西斯意大利等，国家决策的现实依据主要来自于法西斯政党系统，然后由政党领袖凭自己的意志独裁决断。在军队首脑独裁的政治体制中，例如二战时期的军国主义日本、南美洲的一些军人政权国家等，国家决策的现实依据主要来自于军队系统，然后由军人首脑凭自己的意志独裁决断。

3.人民代表大会制度

人民代表大会制度是社会主义中国公共决策的政治体制。在人民代表大会制度的框架下，全国人大和地方人大不是领导关系，而是法律监督关系、选举指导关系和工作联系关系。全国性的重大问题经全国人大及其常委会讨论和决定，地方性的重大问题经地方人大及其常委会讨论和决定，民族区域自治地方则在宪法和法律规定的范围内享有自治权。当然，由于全国人民代表大会及其常务委员会集中代表全国人民的利益和意志，因而全国人民代表大会及其常务委员会制定的法律具有最高的效力，地方必须服从中央。

人民代表大会制明显不同于西方“三权分立”的议会制的地方在于实行“议行合一”。国家行政机关由人民代表大会产生，并向它负责，人大代表同时也可以是政府成员。国家主席、政府总理的权力来自于人民代表大会，他们对人民代表大会不存在“制衡”的问题；而且，他们是人民代表大会所制定的政策的贯彻者、执行者。作为最高行政首长的政府总理，有义务向全国人大及其常委会提出议案。行政立法权在整个立法体系中虽然占了不小的比重，但行政立法要接受人大的监督。

人民代表大会制还有一个重要特征，就是中国共产党对国家事务的领导。党在人民代表大会制中的领导作用主要体现为：第一，国家的一切重大问题，都由党首先提出建议，再由人民代表大会或其常委会讨论决策；第二，中共中央领导机关——政治局的常委兼任全国人大常委会委员长；第三，党培养、选拔优秀干部到人民代表大会等国家机关去工作。因此，党的决策制度在中国的公共决策体制中具有重要作用。关于人民代表大会制度，我们在本章的第四节“中国决策体制”中有详细论述，此处不详叙。

应当肯定，人民代表大会制作为民主集中制的一种形式，较之于西方代议民主制具有明显的优点。比如，民主集中制要求人们在公共决策中坚持马克思主义的一切从实际出发、实事求是的思想路线；坚持“从群众中来，到群众中去”的群众路线；坚持以“少数服从多数”的原则做出最后决策等。民主集中制的这些特点和要求，可以更充分、更真实地反映出广大人民群众的根本利益和愿望，减少因议而不决、长期的讨价还价而耗费的成本，提高公共决策的效率。西方的代议民主制往往受到参与者利益多元化因素的影响，决策成本高、效率低。

4.2.2　微观组织决策体制

对于公共决策体制的类型，多年来人们根据不同的标准作出了不同的划分，较为常见的是根据最高决策者的人数划分为首长制和委员会制，以及根据决策权力使用的特点划分为集权制和分权制。

1.首长制和委员会制

首长制又称一长制或独任制，其特点是最高决策责任和权力赋予一个承担者，归其独掌。首长制历史久远，神权制中的宗教领袖、王权制中的专制君主一人独揽国家立法、行政、司法大权，便属首长制。现代美国总统制也属于首长制，其行政系统皆听命于总统一人。

首长制在决策中具有决断迅速、职权集中、责任明确、效率较高的优点，便于建立强有力的指挥系统。但同时可能由于一人独揽大权而导致权力滥用，压制民主，公共政策的民主化、科学化会受到严重影响。尤其是现今知识更新迅速的信息时代，作出各项决策需要比以往更多的专业知识和理论素养，当领导决策者个人知识、智能和精力有限，又不依靠“众谋”作基础时，很容易发生个人专断和“智者千虑，必有一失”的现象。

委员会制又称会议制，其特点是最高决策权由两人以上的委员会议集体执掌。瑞士联邦是实行委员制决策体制的典型。

委员制的优点是能够集思广益，采纳多方观点，考虑周密，集体负责，分工合作，便于发挥集体的智慧和力量，有利于决策的民主化和科学化。但其缺点是工作不太灵便，决策过程缓慢，且由于权责没有具体到个人，容易造成争功诿过的现象，导致决策迟缓，决策成本人为增加。

2.集权制和分权制

集权制是指决策权集中于上级政策机关，上级机关包揽较多的决策事务，下级机关必须依上级指令行事的决策体制，下级机关没有或少有自主权。

集权制的优点在于能够集中意志，统一政令，指挥更加灵便，公共政策的制定更具全局性，更能统筹兼顾。其缺点是权力过分集中，束缚下级的主动性和积极性，政策适应性差，不能因地制宜，并容易导致上级政策机关的独断专行、“一刀切”。

分权制是指各级决策机关在各自管辖的范围内享有决策权，上级机关无权干预下级机关决策活动的决策体制，这种决策体制在联邦国家中较为普遍。

采用分权制，可以发挥决策系统中下级机关的积极性、主动性和创造性，使下级决策者能够根据不同的情况去处理问题，能够因地制宜制定政策，政策针对性强，比较适应客观环境的变换；缺点是容易发生政令不一、本位主义、分散主义、不管整体的现象，使各级决策机关的政策难以协调，易产生冲突。

§4.3　公共决策规则

公共政策所指向的是一系列的公共问题，这类问题涉及公共利益，无法仅靠市场中个别人的行为加以解决，因此，公共政策的形成过程就是一个“公共选择”（public choice）的过程。决策方式是公共选择理论的一个重要研究方面，丹尼斯·缪勒（Denis C.

Mueller）指出："公共选择的主题就是政治科学的主题，即国家理论、投票规则、投票者行为、党派政治学、官方政治等。"本节将讨论几种主要的决策规则：投票规则、听证制度、专家咨询制度与脑库。

4.3.1 投票规则

公共政策制定之时，为了体现决策民主性，充分表达民意，尊重政策利益相关人的意见和权益，引入了投票规则，即让公众通过投票方式来决定政策是否能够通过。在进行投票过程中又会有以下几种情况：

1.全体一致规则

所谓全体一致规则（unanimity rule），是指所有投票人都对待决方案投赞成票，一致同意才能使方案通过的规则。全体一致规则主要有以下特征：首先是一票否决。决策人形式上都平等地享有决策权，任何一个否决行动，对决策方案能否最终通过都具有决定性的意义；其次是"帕累托最优"。全体一致规则是肯定导向"帕累托最优"的唯一投票准则。所有决策人都能用自己的投票行为获益，或者说，决策人中至少没有人因此而利益受损。

全体一致规则尽管蕴涵着导向"帕累托最优"的诱人之处，但这并不是应用最为广泛的方式，因为全体一致规则具有以下两个明显的缺点：

（1）决策成本过高

要求社会成员寻求共同的满意选择，需要耗费大量时间，这在人们的偏好各异的大社会中尤其如此。这一弱点与参与决策的人数成正比，如果人数足够庞大，按全体一致规则不可能达成集体决策。所以，在不能肯定集体决策的结果是否能给自己带来损失的前提下，人们很可能更愿意接受其他投票规则而不愿为达到全体一致去耗费时间。因此，这一规则仅仅在较小范围内的集体行动中才有可能被采用。

（2）鼓励"策略行为"

在全体一致规则的条件下，每位决策参与者都享有决策的否决权，因此，这一规则会鼓励人们运用"策略行为"来争取自己所偏好的方案的胜出。其中，较为常见的是以下两种形式：第一，讨价还价。现实中人们的兴趣爱好、利益预期是多种多样的，人们为了达到某一个大家都满意、互不损害对方利益的"最优"方案，不得不进行再三的讨价还价，一次性协商极少能解决问题。第二，弃权。在这里，需要纠正一个普遍的错觉——全体一致规则至少有一个优点，可以避免"搭便车"现象。有人认为，在全体一致条件下，由于每位决策参与者都清楚他人也平等享有对决策的否决权，任何"搭便车"行为都可能招致他人反对而使公共决策方案告吹，因此，每人在为方案讨价还价时都会顾及他人利益。但是，上述分析显然排斥了这样一种可能性：决策者可能根据自己对政策结果的预期，"冒险"认定政策结果合乎自己的要求，采取诸如"弃权"这样不明显阻挠决策的行为，从而避免应承担的公共活动成本，而享受公共活动收益。这种情况在多人决策中尤为常见。显然，这也是一种"策略行为"，它表明全体一致规则并不能真实反映投票人的意愿。

2.过半数规则

所谓过半数规则（majority rule），是指对一项表决方案，需要超过二分之一的投票人赞同方才通过的规则。过半数规则在现代社会中是应用最广泛的决策方式。既然全体一致规则因众人偏好的差异而难以普遍应用，那么只能退而求其次，采用多数票制，以最大限度地照顾公众利益。多数票制一般可分为简单多数和过半数两种方式。简单多数指在多个方案中，哪一个方案获取的赞同票多，哪一个就获得通过。由于简单多数只能反映“小多数”人的意愿，因此人们在实践中逐渐选择能反映“大多数”人意愿的过半数方式。

与全体一致规则相比，过半数规则的特征是：第一，决策效率高。决策过程中无需人人都投赞成票，只要有超过半数的赞成票，决策方案就能通过；第二，“少数服从多数”，按过半数投票规则进行集体选择过程的本质，即少数投票者被迫参与他们不能阻止也不能对其所引起的损害要求补偿的那些活动。过半数规则要求公共行动方案对全体参与者都具有强制性，即占少数的反对者必须服从占多数的支持者所做出的抉择。

过半数规则在现实中应用广泛，但究竟过半数的人占全体成员的百分之多少才是最恰当的，是51%还是60%、70%、80%？人们根据不同的实际需要，制定了多种规则，如2/3票制、3/5票制等。标准的多样化也说明，过半数规则本身还存在一些缺陷，须在实践中加以修正。

（1）“多数剥削少数”

按多数规则选择出的每一项集体行动方案都具有内在的强制性。因为最终的集体决策是按多数人的意愿决策的，而决策的结果又要求全体成员服从，这就意味着多数人把自己的意愿强加给少数人。最终集体决策结果所体现的是多数人的利益，属于少数人的利益被忽略了。这种不公平和对民主制原则的违反，并不因为受害的是少数，罪恶就少一些，因为每个人如不和其他人同等重要就不存在平等的选举权。显然，在多数规则下，少数人没有权利。从经济学的视角分析，“少数服从多数”还要冒净收益小于净损失的风险。

（2）决策结果未必可靠

这方面最著名的例子是，乌克兰在1991年3月的全民公决中，70.2%赞成维持前苏联联邦体制，不赞成独立；同年12月的全民公决中，90.3%的人却转过来支持乌克兰独立。布坎南说：“在集体选择上，个人可能知道他自己偏好的选择对象是什么，但是他不知道其他一些人将怎样进行选择，从而不知道他们会怎样投票。”在多数票规则下，“个人行为与结果之间并不存在联系，而各备选方案的机会成本的估计又必然很困难，因此集体决策基本上是不负责任的”。由于单个参与者的选择行为在多数票规则中无足轻重，从而无形中助长了选民不重视选举权的行为，甚至轻易放弃表决权。当这种倾向为多数人所有时，压力集团（利益集团）便会应运而生。压力集团以较小的代价（如花费一定金钱）收买一些可能弃权的选民，让他们按压力集团的意愿来投票，结果是政策取向更加偏离大众的利益。

3.现代投票方式的改进

现代的投票方式是有缺陷的，如何改进这些政治或民主的技术？西方学者就这一问题做了不少探讨，在此就介绍一下公共选择学者提出的建议。

布坎南与另一位著名公共选择理论家塔洛克（R.D.Tullock）在他们1962年合著的《一致的计算》（The Calculus of Consent）中认为，在公共选择中，由于他人的行为而使选择结果偏离了单个投票者的预期，而集体选择的内在强制性又迫使投票者接受这个结果，结果与预期的差就是这个投票必须承担的外部成本。对单个投票人而言，如果他认为某项方案合乎自己的利益，他可能会为了这项方案最终得以通过而去说服别人，直至得到所需的同意人数规模，那么他在这当中所耗费的时间、精力等，就构成了他的决策成本。因此，当人们选择投票的方式或规则时，他就会选择那种给自己带来的外部成本与决策成本都最小的方式或规则，以实现自身收益的最大化。

围绕个人效用最大化这个主题，公共选择学者们设计了多种决策方式，这些模式被认为更能准确显示投票者的偏好，有利于克服"策略行为"造成的外部成本与决策成本过高的缺点，这里着重介绍需求显示过程和投否决票两种。

（1）需求显示过程。

需求显示过程（demand-revealing process）的实质是通过对个人征收某种税收的办法来促使个人真实（或近似真实）显示他对公共物品的需求，从而确定给投票者带来好处最多的方案。这一方法从20世纪70年代开始，引起了人们浓厚的兴趣。

我们用一个例子来说明需求显示过程是如何进行的。

假定现在有A、B、C三人要对两个方案P和S进行选择。要求三位投票者将他们预期从偏好的方案中得到的好处用货币量表示出来。假设A偏好P，并将从P中获取30美元的收益；C也偏好P，也可得到20美元的收益；B却偏好S，并且S获胜他将获得40美元的收益，具体见表4-1：

表4-1 **需求显示过程例证** 单位：美元

方案 投票者	P	S	税收
A	30		20
B		40	0
C	20		10
总额	50	40	30

列出收益表后，再将这些量化的收益相加，看哪一个方案代表的价值最多，哪个方案就能通过。P因为总价值量最多（为50美元）而被选中。

但是，这样做我们尚不能保证A、B、C三人所公布的预期值是真实的，还必须加上税收的约束。计算税收的方法是：先算出只有其他人参与时各方案的价值总额，找出当选的方案，然后再加进投票者自己表示的货币量，看集体选择结构是否因此发生变化。如果不会变化，他就不用交税；如果会，他就交相当于没有参与投票时另一个方案获胜的预期净收益的税额。

例如，假设A没参加投票，那么S的总额是40美元，P是20美元，S当选。当A加入时，结果发生了变化，P是50美元，P当选。A应缴纳的税额就为S获胜时净收益20美元（40-20）。B的投票行为不影响结果，因而不用交税。C的投票行为也会改变选择结果，C的税额为10美元（40-30）。

实行税收制后，A所表示的从P中得到的收益值等于或大于21美元时，将使集体结果为P，那么他的税收值不变。如果他表示的收益小于20美元，S将当选，A此时可以不付税，但他预期从P中得到的30美元收益也将同时化为乌有。在这种机制下，投票者产生了真实显示其偏好的动力，他不愿过高显示他的偏好，因为这样一来他就得冒税收大于实际收益的风险；他也不愿过低显示其偏好，因为这样一来他得冒得不到任何好处的风险。

由此可见，需求显示过程的最大优点就是鼓励投票者真实表达自己的偏好，从而避免人为增加决策成本，提高了决策效率。

（2）投否决票

投否决票（voting by veto）就是让所有投票者都提出自己认可的方案，然后汇总，再随机地将这些方案排序，让投票者按从全部方案中否决一个的方式进行，最后剩下的方案当选。

投否决票方式特别针对全体一致方式的某些缺点加以改进。由于参与者既有机会表达自己的偏好，又有权力否决自己不喜欢的方案，因此，参与者提出方案时需积极考虑到他人利益，以避免自己所偏好的方案被否决的命运。在这种方式下，投票人之间的“策略行为”相对会少得多，自己意愿表达得更真实。

投否决票方式实施起来会受到一定的限制，这就是投票者的意愿、志趣的方向必须大体一致，否则可能所有方案都遭否决。例如，数名投票者对将某笔资金用于改善生活条件进行表决：如果大家都认为应该用来建蔬菜基地，或是混合蔬菜基地，通过投否决票最终有望达成某项协议。但是，如果有人认为改善生活条件重要的不是“菜篮子”，而是要有田径场，或者是影院，或是公园，那么最终可能所有提案都行不通。

4.3.2 听证制度

在西方神话中，上帝在决定将亚当和夏娃驱逐出伊甸园前问他们：“我命令你们别吃的那个果子，你们没吃吧？”如今，“当事人非经听取意见不受人身或财产的处罚”这一古老原则或法治理想早已变成了具体的制度规则，而且被不断发扬光大，形成了现在的听证制度。

1.听证制度的起源与发展

西方有关听证的传统可以追溯到英美普通法的起源。听证的观念，在西方国家甚至可以被追溯到神法时代。英国的“自然公正原则”（natural justice）是西方听证制度得以依存的法理基础，以后的美国“正当法律程序”（due process of law）又深化了这一法理。在大陆法系国家，依法治国理论，行政法治原则，也为这些国家的听证制度奠定了法理基础。听证（hearing）制度并不是一开始就被应用于行政领域的。在世界范围内，司法领域里的听证是一个古老的命题，“司法听证”已经成为司法民主的一个重要标志。随着司法听证的广泛应用和不断发展，听证逐渐被移植到立法方面，形成了“立法听证”制度。20世纪以来，随着行政权的不断扩张，行政机关拥有了行政立法权和行政司法权。按照自然正义的原则，行政机关行使行政立法权应遵循立法听证的要求，行使行政司法权也应遵循司法活动的要求举行司法听证。自20世纪中叶以来，世界上很多国家都制定了行政程序法，对听证制度作了具体的规定，从而形成了现代意义上的行政听证制度。我国听证制度的雏形则是改革开放后在行政执法领域逐步形成的。1996年3月17日通过的《中华人民共和国行政处罚法》首次以立法的形式规定了听证程序。它标志着听证制度在我国行政执法领域里的初步确定，从而成为行政法制的一个里程碑。之后，1997年通过的《中华人民共和国价格法》中规定了价格听证，2000年通过的《中华人民共和国立法法》第五十八条又规定了在行政法的起草过程中，为了广泛听取意见可以采取听证会的形式。这一系列法律的规定，标志着行政听证制度正在我国逐渐完善和发展起来。

2.听证制度的内涵

听证制度是各国行政程序法中一项共同的制度，它有广义和狭义之分。**广义听证一般指在国家机关作出决定之前，给利害关系人提供发表意见的机会，对特定事项进行质证、辩驳的程序。**这里，听证的内涵是听取当事人的意见，听证的外延则涉及立法、执法和司法领域。行政法学界一般很少在这种广义上使用听证一词。**而后的发展使听证只在狭义上使用：听证即行政听证，指行政机关在制定条例、法规或作出具体裁决时广泛听取有关人士的意见，以使决定公正合理的制度。**

3.听证制度的原则

概括地说，在听证的整个过程中，公开、公正原则贯彻始终。确保公正是设置听证制度的初衷，而公开听证是推动和监督公正实现的重要保障。首先，公开是现代法治社会的一个基本要求，就现代法律程序而言，追求民主、保护公民合法权益是其主要特征，公开原则就是促成该时代特征的基础性的条件。听证程序的公开，不仅体现在事前公开处罚内容上，还体现在听证方式、听证会的运作方式上。其次，公正同样是现代法律程序所追求的一个基本目标，程序公正保证了结果公正的实现，能够最大限度地保障当事人的利益。同时，对于听证权利义务的设置的一视同仁、公平合理又使得程度公正最终落实到实体公正。由此可见，就听证的原则精神而言，无论操作中采取的是准司法的正式听证程序还是不求形式的非正式听证程序，都同样存在着公正和公开的要求，并且这一原则的重心不在于公民是否享有某种程度上的权力，而是要求行政机关在行使行政权力时，一旦实施的结果可能对公民造成不利影响或侵害，就必须遵循一个公正、公开的程序，提供行政相对人及时补救的机会。在当今，这种原则更是会通过各种途径体现出来。

4.听证制度的功能

决策理论认为，任何一项决策都必然包含着价值趋向和实施依据两个相关因素。因此，要建立一个现代的公共决策体制，其基本价值趋向和本质要求应是决策民主化、科学化的辩证统一。听证制度的产生正是顺应了这一发展趋势，无论就公共决策的民主化还是从公共决策的科学化而言，听证制度都为它们提供了制度上以及实践操作上的保证。

（1）听证制度保证了决策的民主性

公共决策民主化是时代发展的趋势，党的十六大报告指出："要完善深入了解民情、充分反映民意、切实珍惜民力的决策机制，推进决策科学化。""要完善重大决策的规则和程序，建立社情民意反映制度，建立与群众利益密切相关的重大事项社会公示制度和社会听证制度，完善专家咨询制度，实行决策的论证制和责任制，防止决策的随意性。"这对决策过程的具体环节提出了明确要求，反映出党和国家领导人对行政决策民主化的高度重视。但是如何找到适当的方式来顺应这种趋势以促进行政决策民主化，则是一个需要在实践中不断探索的过程。听证制度运用于公共决策领域是公共决策民主化的重大突破。第一，听证制度本身就是人民主权的直接表现。第二，听证制度为公众的政治参与提供了渠道。第三，听证制度使行政决策更具公正合法的形象。第四，听证制度是行政公开的重要内核。

（2）听证制度保证了决策的科学性

第一，听证制度为行政决策提供了大量的信息资源。通过设置听证程序，让决策的利害关系人以及有关的专家学者就个人所掌握的信息对拟制定决策的科学性、合理性、可行性等畅所欲言、各抒己见，使决策所涉及的客观情况得以充分的反映，这就有助于政府决策者的决策建立在全面、准确的信息基础之上，有助于其按照社会发展的客观规律作出符合客观的决策。第二，听证制度为行政决策的执行建立了制度保障。行政决策总是要付诸实施的。政府的任何一项决策倘若因不切实际而缺乏可行性，那么它便无异于一纸空文。参加听证会的公民往往代表了大多数利害关系人的利益，经过他们的讨论而制定的决策，无疑会在执行中得到他们的接受和支持，这样就大大减少了决策在执行中的阻力。第三，听证制度为决策的评估择优创造了条件。评估择优是科学决策的关键环节，它直接关系到决策的效果。在决策过程中设置听证程序，让参加听证会的各方代表就所提供的决策备选方案的优劣充分发表自己的看法，以达到集思广益的目的。从某种意义上可以说，决策听证正是对决策备选方案进行比较、鉴别的一种十分科学、有效的方法。

4.3.3　专家咨询制度与脑库

1.专家咨询制度

行政决策不是行政决策者的随意行为，必须有严格的规范的行政决策程序，规范的行政决策程序使行政决策的过程中有例行办法可以遵循，避免因分歧、错乱、凌乱而流于迟钝和繁琐。科学合理的行政决策在某种程度上要靠规范的行政决策程序来保证。一般来说，一个科学完整的行政决策程序都包括4个必不可少的步骤，即发现问题、确定目标；集思广益、拟订方案；综合分析、选择方案；及时反馈、完善方案。其中，方案的拟订和方案的最终确定对于整个决策过程来说起着至关重要的作用，因此必须高度重视这两大环节，要完善专家咨询制度和决策论证制度，以制定出科学合理的政策。

（1）专家咨询制度的意义

政府在制定公共政策时采用专家咨询制度是符合决策的科学化和民主化要求的。首先，我们的社会正处于一个信息爆炸的时代，行政领导在制定政策时，可供参考的信息不计其数，而领导者要在所有可用的信息中独立完成甄别，筛选有用的信息并依据这些信息制定一个合理的政策是一个庞大的任务并且是不切实际的，因此，通过咨询专家的意见，利用他们的专业知识和建议，将大大提高政策的科学性和效率。其次，随着我国民主化进程的加快，公共决策的制定也呼吁着民主化，在过去计划经济时代，公共政策的制定往往是由领导一人说了算，经常出现“拍胸脯”这样的凭经验制定公共决策的现象，但是光是凭借领导个人的知识结构、经验来决策是有很大的局限性的。同时一些素质不高的领导受个人利益或单位利益的诱使，作出一些实际上不利于广大人民群众利益的政策，从而影响了政府的形象和公信力，从长远上产生了不利的影响。

（2）专家咨询制度有待解决的问题

在我国，专家咨询制度尽管已经发挥了一定的作用，但是还需要一些改进。首先，专家咨询制度需要得到切实的履行，而不能只是流于形式。在一些地方，一些政府部门在公共政策决策体制中虽然确立了专家咨询制度，但是在实际制定政策中，领导依然喜欢独断专行，或者虽然听取了一些专家的意见，但是却并未采纳这些建议而是束之高阁。其次，一些政府部门的领导没有充分认识到专家咨询的作用，没有建立固定的机构来负责组织专家进行政策调研和政策制定的前期工作，而是在政策已经确立之时临时召集一些专家提供建议，这样造成了时效性的缺失并且不能充分发挥专家在制定科学合理的公共决策中所应发挥的作用。最后，在政策实施后的执行和完成阶段，也没有充分发挥专家的评估作用。政策在执行后随着时间的推移，政策环境已经发生了或多或少的变化，以前制定的政策可能已经不能发挥最初的既定效应，或者与初衷已经背道而驰，因此，在政策执行阶段，不进行适当的评估就不能及时发现问题，进行适当的修改以适应新形势的需要。在政策完成阶段，适当的评估有利于找出问题所在并给下一个政策的制定提供借鉴，而专家在政策评估中的专业知识、经验、作用不容小看。

2.脑库

所谓脑库，是指帮助决策者分析制定政策的智囊团、幕僚等参谋机构。作为决策者的助手，脑库在中外历史上很早就出现了，而现代西方脑库的发展则为政策科学的产生提供了重要的社会条件。

（1）现代脑库的产生

20世纪以前，作为决策者的参谋咨询机构，西方发达国家的脑库只是处于一种萌芽阶段。由于政府很少干预经济事务，所以脑库的作用不明显、功能不明确、法律地位也很模糊。第二次世界大战之前，西方国家危机四伏，矛盾重重，急需专业性的政策研究组织帮助政府决策。针对这种情况，专业性的政策研究咨询机构在国家的资助下得以大量产生。

1932年，罗斯福竞选美国总统时，曾经组织大批专业人员成立了自己的参谋咨询机构。当时《纽约时报》的编辑詹姆斯·基兰第一次将这些人员称为总统的“脑库”，并被社会各界所认可。罗斯福总统的参谋咨询机构也被公认为西方现代社会最早出现的决策者脑库。罗斯福的脑库曾针对20世纪30年代的经济萧条提出了振兴经济的“新政计划”，使社会各界对大力发展脑库的必要性有了进一步的认识。在这种背景下，美国的政策专业研究机构在数量上和质量上都逐渐居于世界的领先地位。第二次世界大战期间，西方国家为了对付德意日法西斯主义的战争威胁和抑制共产主义的影响及发展，专业性政策研究机构成批诞生，加入到社会“脑库”的行列中。第二次世界大战之后，西方国家逐步进入高科技时代。自然科学技术的发展，知识的爆炸和交叉，专业性的加强，以及国际、国内公共问题的进一步复杂化，都使得公共事务中不确定的随机因素增多且瞬息万变，科学有效的公共政策决策对于政府来说越来越显示出重要性。一旦出现政策失误，不仅会给国家造成巨大的损失，甚至会导致政治危机。在这种情况下，政府决策者必须依靠大批专业人员的智慧帮助决策。1972年，美国国会通过议案，成立了“联邦顾问委员会”，以此确定了政策研究咨询机构作为脑库的法律地位，明确了脑库的性质和职责。法律地位的确定，使脑库更加蓬勃发展。官办与民办的政策研究咨询机构越来越多地涌现出来。美国企业公共研究所、兰德研究发展公司、斯坦福国际咨询研究、巴特尔研究所、乔治大学战略与国际问题研究中心、对外关系委员会、外交政策学会、全美公共行政学会等，都是二战后产生和发展起来的著名的政策研究咨询机构。

在美国的影响下，西欧和日本的脑库也纷纷建立起来。1965年，日本野村证券公司建立了野村综合研究所，针对日本的政治运行过程问题提供研究咨询，成为日本二战后最著名的脑库之一。1974年，日本国会通过了“综合研究开发机构法”，政府设置了“综合研究开发署”，使之成为日本脑库的管理中心。1975年，日本脑库界联合起来，成立了

“脑库协会”，从而使日本的脑库在20世纪70年代得到规模空前的发展。

(2) 脑库对政策科学的意义

西方脑库研究的中心问题之一就是政府的各项公共政策，包括政策经验的总结、现实问题的对策以及未来问题的预测和设想。脑库的实践活动为公共政策的研究分析提供了现实条件，为政策科学的发展提供了现实基础。脑库对于政策科学的意义可以体现在以下几个方面。

①脑库的发展使专业性的政策分析研究有了高层次的现实人事基础。所有的脑库都是由知识层次较高的专业人员所组成。这些人员在为自己的机构服务的同时，也充实了社会政策分析领域的人员构成。正是因为有大量的专业性政策分析机构的存在和发展，才使得政策分析领域人才济济。西方发达国家的政策分析人才大都聚集在各种政策研究分析的机构内，在此领域不断地推出研究成果。

②在脑库的政策分析实践中，不断地探索并完善了各种政策的分析方法。专业分析人员在研究现实政策的同时，也对政策分析的方法进行系统的研究。例如，著名的“德尔菲预测法”就是兰德公司的研究成果。对政策分析方法的系统研究和完善，无疑将充实政策科学的理论与研究方法，从而成为政策科学体系的重要组成部分。

③脑库研究的各种具体问题，也成为政策科学研究内容的重要部分之一。政策科学是具有自己的基础理论、基本方法、现实研究对象的实践性应用学科。脑库对于现实问题的研究则正是政策科学在实践领域的现实对象研究。美国脑库的研究对象涉及了经济、政治、外交、军事、公共事务等多种领域，既涉及现在也涉及未来，既涉及国内也涉及国际，对这些领域问题的研究构成了政策科学实践研究的内容。

④脑库的发展和社会现实问题的研究分析强化了政治研究与实践领域中的政策分析，使人们认识到政治研究的一个中心问题就是政策分析研究，而政策分析又需要自己的基础理论与方法。这样，从基础理论、研究方法到实践对象，建立系统的政策科学也就成为一种必然的发展趋势。

§4.4 中国决策体制

人民代表大会制度是我国法律上的根本政治制度，是我国的政权组织形式。同时，我国是中国共产党领导下的多党合作制，中国共产党是我国的执政党。因此，要了解我国的决策体制，必须要了解党在决策过程中的作用，以及中国政府的行政体制。本节主要对人民代表大会制度、中国行政领导体制、民主集中制及它们存在的问题和发展前景加以阐述。

4.4.1 人民代表大会制度

1.人民代表大会制度的性质

人民代表大会制度作为我国的根本政治制度，主要特征表现在以下几个方面：

(1) 人民代表大会制度是一种代议民主共和政体

《中华人民共和国宪法》第二条规定：“中华人民共和国的一切权力属于人民。人民行使国家权力的机关是全国人民代表大会和地方各级人民代表大会。”具体来说，包括3个方面：第一，人民是权力的终极来源。人民代表大会是经由广泛的、平等的定期选举产生的人民代表所组成的，人民有权监督、罢免其代表。第二，人民代表大会作为国家权力机关，统一行使国家权力。第三，由作为国家权力机关的人民代表大会定期选举或任命产生其他国家机关，并依法对其进行监督。所以说，我国的人民代表大会制度是一种代议共和制政体。

（2）人民代表大会制度是我国政权的组织形式

人民代表大会制度体现了人民主权原则，是人民当家做主的政权组织形式。众所周知，政治统治是经过政治斗争以后建立起来的有利于保护胜利者利益的一种政治格局。从政治的本质上说，人民代表大会制度就是实现作为革命领导集团的共产党及其代表的阶级、阶层利益的政治机制。在这种政治机制中，在共产党的领导下，包容了各团体的代表。各团体的意志和利益可以通过人民代表大会制度得以表达和实现。根据宪法，我国是工人阶级领导的、以工农联盟为基础的人民民主专政的社会主义国家。人民代表大会制度是保障这种国家性质和实现我国人民根本利益的一种政权组织形式。

（3）人民代表大会制度是我国的基本制度，在法理上具有全权性

在我国，有很多方面的制度，如行政管理制度、文化教育制度、司法制度和军事制度等，这些制度只能反映国家生活的某一个方面。只有人民代表大会制度才能从政治、经济、法律、文化、外交、军事等各个方面反映和代表国家生活的所有方面，因而具有全权性，是我国基本的政治制度。

（4）作为我国基本的政治制度，人民代表大会制度在法理上具有至上性

作为我国基本的政治制度，人民代表大会制度在法理上具有至上性，高于行政权、审判权和检察权。根据宪法的规定和现行实践，中华人民共和国国家主席、中华人民共和国中央军事委员会主席、最高人民法院院长和最高人民检察院检察长由全国人民代表大会选举产生；根据国家主席的提名，由全国人民代表大会决定国务院总理的人选；根据国务院总理的提名，由全国人民代表大会决定国务院副总理及其他人员的人选。可见，我国所有其他的权力都来自人民代表大会制度，因而它具有至上性。

2.人民代表大会制度的基本原则

人民代表大会制度事实上的基本原则是“议行合一”原则和民主集中制原则，宪法明确规定的原则是民主集中制原则。“议行合一”原则其实也是社会主义国家政府构成的基本原则，因而在此先介绍“议行合一”原则，后面再对民主集中制原则专门加以论述。

“议行合一”是马克思在批判资产阶级议会民主制和总结工人运动经验的基础上提出来的，并在苏联加以实施。对于我国的人民代表大会制度的活动原则是不是“议行合一”，学术界是有争论的，有肯定说和否定说。我们认为，无论是肯定性的解释还是否定性的议论，都没有把握中国政治制度的核心和实质。

否定者认为，“议行合一”是典型的巴黎公社制度，即议事机构和行政机构的结构合一、职能合一。而我国现行的人民代表大会和国务院的关系，无论从体制上还是从职能上说，都不是合一的。例如，我国宪法规定，人大常委会组成人员不得担任国家行政机关、审判机关和检察机关的职务。由此，一些人认定中国已经不是按“议行合一”原则来组织政府。这种界定表面上看并不错。

肯定者认为，我国人民代表大会制度的“议行合一”，并不意味着人民代表大会既制

定法律又包办国务院的行政管理，而是指它既制定法律又组织行政机关，并监督行政机关的工作，把“议行合一”理解为政府由议会机构产生并对议会负责。如果说这就是“议行合一”的话，议会制的资本主义国家岂不都是“议行合一”？我们知道，在议会制体制下，内阁由议会产生并对议会负责。

问题的关键是如何理解“行政”。如果仅仅把中国的行政理解为国务院系统的政府，就难以理解中国的政治过程。谈中国的行政体制，不能无视政党体制，否则就不能认识中国政治。西方学者对此也有较清楚的认识。美国著名政治学家阿尔蒙德和鲍威尔在《比较政治学：体制、过程和政策》中，在论及社会主义国家的“政府行政领导部门”时，谈论的是党的领导人和政治局，而不是国务院。

因此，无论是人民代表大会还是狭义上的政府，都是在执行党的意志和政策。二者虽是不同的机制，发挥不同的作用，但最终归各级的委员会领导，因此在根本体制上是无可争议的“议行合一”，是对马克思列宁主义的“议行合一”理论的发展。不仅我国的核心的政治机制体现了“议行合一”，一年一度的人民代表大会的会议过程也体现了这一原则。大会主席团在人民代表大会的会议过程中起决定作用，比如会议的日程、方案表决办法都由主席团决定。主席团的主要成员不仅来自人大系统，还有政治局和国务院，当然，来自不同系统的成员首先是人大代表。人大代表既可以是议事代表，又可以是党政机关工作人员，这本身就是“议行合一”的表现。决定人民代表大会的会议过程的主席团制度更生动表明，“议”和“行”既是联署办公的机构统一，又是利益一致基础上的职能合一。

4.4.2　行政领导体制

中国行政领导体制包括首长负责制、国务院总理负责制和地方人民政府首长负责制。按照《宪法》的规定，各级国家行政机关实行首长负责制，国务院由总理负责，各部由部长负责，委员会由主任负责，地方各级政府分别由省长、市长、区长、县长、乡长、镇长负责。中国行政领导体制组织原则是民主集中制。

1.首长负责制

在新中国成立之初，中国并不是实行首长负责制，而是合议制。在1982年，随着中国经济与政治体制改革的进一步推进，为了更好地推动经济社会良性发展，中国行政领导体制进行了改革，实行首长负责制。国务院实行总理负责制，各部委实行部长、主任负责制；地方各级政府实行省长、市长、县长、乡长、镇长负责制。所谓首长负责制，就是指政府各部门在制定政策时，经过部门全体成员的民主讨论之后，首长具有最后决策权，并对其负全部责任。首长负责制是集体领导和个人分工负责制的具体形式，它有利于明确首长权责，提高政府办事效率。

中国的首长负责制是民主集中制基础上的首长负责制，与《宪法》第三条所规定的“中华人民共和国的国家机构实行民主集中制的原则”是一致的。

首先，首长负责制是民主集中制原则在国家行政制度上的体现形式。民主集中制原则所否定的是排斥民主的官僚集中制与不要集中的无政府主义，它并不一概排斥适度加强个人的权力与责任。国家行政机关主要是执行国家权力机关的既定决议，其核心是效率问题。适度加强行政首长的权力与责任，正符合国家行政活动的特点。

其次，首长负责制是以民主制为前提的个人负责制。它在本质上不同于否定民主的个人独裁制。这主要表现在：第一，国家行政机关的首长都是由法定的民主程序选举或决定任职的，对国家权力机关以及上级国家行政机关负责，并受其监督；第二，行政首长只能在宪法和法律规定的范围内依法行使权力，行政首长履行行政职能的权限仅在于对宪法和法律规定的内容的执行。

最后，首长负责制在制度上结合了全议制的特点。在决定本级政府行政事务中的重大问题时，行政首长必须先提交有关会议进行民主讨论，然后集中正确意见，作出最后决策。不同的是，这一决策不受少数服从多数原则的限制。这样既保证了在重大决策上充分地发挥民主讨论和意见表达，又能使行政首长的权力得到实现。

2.国务院总理负责制

与首长负责制一样，在新中国成立之初，国务院的前身政务院的领导体制也是合议制。尽管总理负责召开政务院会议，但是会议上的决策必须通过投票方式进行表决，过半数才能通过，因此总理并不具有最后的决定权，决定权掌握于政务院的全部成员。1982年之后，国务院开始实行总理负责制。总理负责制是指在处理国务院工作中的重大问题时，首先要经过国务院会议成员全体民主讨论，在讨论之后，总理具有最后决定权，并为之负全部责任，而且与合议制不同的是，国务院发布的命令、决定和法规都由总理单独签署。总理全面负责国务院事务，各副总理和国务委员辅助总理的工作，各部部长、委员会主任、审计长要对总理及其常委会负责。尽管国务院的工作也是体现了民主集中制的原则，需要进行全体讨论，但是总理在做决定时依然不需要实行少数服从多数的原则。总理全面负责意味着他能够拥有人事提名权，总理可以向全国人大及其常委会提出副总理、各部部长、委员会主任、审计长等人选。国务院总理通过召集和主持国务院全体会议和常务会议来讨论国务院工作问题，依法行使宪法赋予他的权力。行政首长制在各部、各委员会也同样适用。在各部中，各委员会的事务中，部长、主任行使最后决定权以保证各部门正常运转以及政策的顺利实施。

3.地方人民政府首长负责制

中国行政领导体制的改革从上至下进行，同样，地方各级人民政府实行首长负责制也是在1982年政府领导体制改革之后实行的：地方行政首长对于地方事务具有全面领导权，对于地方事物的决策具有最后决定权，对于地方各单位部门领导具有人事提名权，并对作出的决定负全部责任。在处理影响地方全局的事务上，地方行政首长通过召开政府常务会议和全体会议首先进行民主讨论，最后地方首长作出决策并单独签署。

4.4.3 民主集中制

1.民主集中制的含义

民主集中制是马克思、恩格斯党建理论的重要组成部分。民主集中制是无产阶级政党和社会主义国家机构的根本组织原则和领导制度，是民主制和集中制有机结合的一种制度。

民主集中制包含了民主和集中两个概念，民主是集中的前提，集中是民主的指导。社会主义国家的本质就是让广大人民当家做主，让他们享有充分的权利来行使对国家颁布的重大政策、制定的各项法律以及国家各项政治、经济和文化事物的讨论和参与权，充分体现人民的主人翁角色和精神；一切国家机关及其工作人员都是由人民选举产生的，他们的权力是人民赋予的，因此他们要对人民负责，他们在履行相应的权利和义务时，要受到人民群众的监督。但是，为了保证党和国家的政策能够迅速、有效、统一的实施，必须在民主的基础上实现集中，个人要服从组织，下级要服从上级，地方要服从中央，全党要服从中央，从而做到政令畅通和上下行动统一。因此，我们说民主和集中是不能分割的两个部分，是相辅相成、相互制约的辩证统一关系。

2.民主集中制的内容

（1）党的领导原则

民主集中制首先是共产党的组织原则，即少数服从多数、下级服从上级、全党服从中央。在共产党领导的革命胜利以后，这一原则也就自然而然地成为国家生活的组织原则。我国《宪法》也规定，所有的政治组织必须坚持共产党的领导。因此，无论是“议行合一”原则还是民主集中制原则，首要方面应该是党的领导原则。大体说来，中国共产党领导的途径主要有如下几种：

①政治领导。所谓“政治领导”，主要是政治原则、政治方向、重大决策的领导和向国家行政机关推荐重要干部。第一，政治原则的领导，系指党为了实现一定历史时期的任务而制定的一些根本原则。如在邓小平理论的指导下，党形成了社会主义初级阶段的基本路线，即“一个中心，两个基本点”，这是需要国家机关长期坚持的重要政治原则。第二，政治方向的领导，系指党根据一定的政治原则，指明一定历史阶段中的奋斗目标。第三，重大决策的领导，系指党为了实现一定的目标，而在政治、经济、法律、社会思想、文化、教育等各个领域提出重大决策。第四，向国家机关推荐重要干部，是党的政治领导在组织人事方面的体现。党为了确保自己的路线、方针、政策得到贯彻，必须培养、教育和考察干部，并向中央人民政府等国家机关推荐。

②思想领导。所谓“思想领导”，就是坚持用马克思主义、毛泽东思想、邓小平理论来教育和武装在国家机关工作的广大党员，使之自觉地为党领导的社会主义事业作出贡献；坚持党的一切从实际出发、实事求是的思想路线，用以正确地认识和解决行政活动中出现的各种复杂问题；向人民群众宣传党的路线、方针和政策，把党的主张变成人民群众的自觉行动。有了正确的思想领导，才能制定和执行正确的政治路线和组织路线。

③组织领导。所谓“组织领导”，就是通过党的干部、党的各级组织和广大共产党员，组织和带领人民群众为实现党的任务和主张而奋斗。党的组织领导主要体现在两个方面：第一，充分发挥党的干部在国家行政机关的骨干作用，由他们组成坚强的领导班子，成为党在政府系统中的指挥部。第二，充分发挥共产党员的模范带头作用。党的模范带头作用发挥得越好，党的战斗力就越强，党的威信就越高，就越能得到群众的信任和拥护，党也就越能发挥自己的领导作用。如果没有强有力的组织领导，党的政治领导和思想领导就会落空。从这个意义上说，组织领导是政治领导、思想领导的组织保证。

（2）选举与监督原则

全国人民代表大会和地方各级人民代表大会都由选举产生，对人民负责，受人民监督。其他各级权力机关也是由国家最高权力机关产生，例如，国家行政机关、司法机关、检察机关、军事机关都从属于国家最高权力机关，它们和国家权力机关并不是平等关系，必须对其负责，受其监督。这也是为了保证人民管理国家事务的权力，但是这是通过间接管理的方式。

（3）法律制定原则

国家权力机关制定法律、国家行政机关制定政策都必须在经过充分讨论的基础上以投票表决的方式通过，这也是体现了民主的精神。

（4）中央与地方关系

在处理中央和地方的关系上，中央统一领导地方开展管理，在涉及全局的事务上，地方要无条件服从中央，但是在关系地方的事务上中央同时又给予地方一定的权力自主处理。这样有利于同时调动中央和地方的两个积极性，妥善、灵活处理事关全局和地方的事务。

当然，由于各国国情不同，民主集中制在各社会主义国家曾经采用的形式也有所不同，但基本精神是相同的，即由人民通过自己选出的代表组成的代议机关行使一切国家权力，在国家机构的体制和结构上，它首先强调的是全体人民对公共权力的监督，同时在不同的国家机关之间实行必要的分工和制约。

4.4.4 中国决策体制存在的问题与发展前景

1.存在的问题

我国现有的公共决策体制基本上是在计划经济体制的基础上形成和发展起来的，迄今为止仍有诸多缺陷或不足，不能适应社会主义市场经济和现代化建设发展的需要。从总体上看，我国目前正处于由传统决策体制向现代决策体制转变的时期，传统的决策体制及决策模式并未彻底消除，现代化的决策体制并未最终确立起来。陈振明将目前我国公共决策中存在的主要问题归纳为下列几个方面：

（1）公共决策系统及机构方面存在缺陷

按照现代决策理论及政策科学的观点，现代化的公共决策系统是信息、参谋（咨询）、决断和监督等子系统分工合作、密切配合的有机系统。尽管我国现代化的公共决策系统已开始发育，但还很不成熟。这主要表现在：①决策系统未能很好地协调统一，决策、信息、咨询和监督等子系统职责不明、界限不清、互相牵制，影响了决策的效率和科学性。②决策主体权力、职责及范围划分不甚明确，缺乏规范化的制度设计。③由于没有成文规定的权威地位，政治体制内的政策研究机构在组织、人事、经费、行政关系上受制于各级党政机关，失去独立性，难以例行辅助决策的应有之职，几乎成为起草稿子与文件的秘书处。④体制外或民间的政策研究组织发育缓慢，不仅数量少，而且功能不全，它们与决策子系统及官方政策研究组织往往缺乏制度化的联系，其研究力量未能充分参与到公共决策事务之中。

（2）公共决策还未实现从经验决策到科学决策的根本性转变

尽管我国目前的公共决策采用了大量的新兴科学理论和科学技术手段，但从根本上而言，实现科学决策还任重道远。决策观念滞后，决策程序尚不规范，现代化的决策方法、手段应用不充分。

（3）政策科学理论研究滞后于决策实践

我国政策科学界虽然取得了有目共睹的成就，但滞后于现代化建设实践。一是在消化吸收国外先进的政策研究理论、方法和技术方面，目前还停留在介绍西方一些经典著作的层面，不但没有归纳总结出一套能植根于中国、适合中国国情的政策理论、方法、技术，而且对西方最前沿的研究动态关注不够，落后于世界潮流。二是我国的基础理论研究薄弱。加强基础理论研究是促进政策科学发展，实现决策科学化、法制化、民主化的力量源泉，由于对这个问题重视不够，对人才吸引力不大，目前真正有价值的研究成果寥寥无几。西方著名思想库的政策研究和咨询的一个成功经验就是重视基础理论和方法论研究，鼓励出高层次的学术成果，非常有利于政策研究水平的提高。

（4）政策研究人员整体素质不高

由于我国的一些政策研究组织的参谋咨询功能弱化，并不是真正意义上的智囊团，而且其法律地位模糊，缺乏权威性，这些组织往往成为决策论证的工具和撰稿的秘书班子，其对人员素质要求不高，常成为安置人员就业的场所，甚至被当作“养老基地”。而且由于工作环境不佳，待遇不高，缺乏独立自主性，研究成员不受重视等，党政部门的政策研究机构难以引进并留住人才，造成我国的政策研究队伍存在着年龄老化、观念滞后、知识结构不合理、缺乏自主创造性等积弊，政策人员的整体素质亟待提高。

2.推进我国公共决策的科学化、民主化和法制化

按照社会主义市场经济发展的内在要求以及为解决目前我国公共决策存在的问题，必须下大力气，加快我国公共决策的科学化、民主化和法制化的步伐，改善公共决策系统及其运行状况，提高公共政策制定及执行的质量，形成与社会主义市场经济体制相适应的宏观调控体系，促进社会主义市场经济体制的完善和现代化建设的顺利发展。当前，我们可以从下列几个方面入手，来改进公共决策系统，提高公共决策的科学化、民主化和法制化的水平。

（1）公共决策优化的前提是更新思想观念

观念是行动的先导，当前我们必须大力提倡科学、民主、法制精神，摒弃一切不适应时代要求和市场经济发展的旧观念，树立现代化的决策观念。就科学化而言，要树立专家咨询观念，采用科学的决策程序、方法、技术，建立合理的决策体制等；就民主化而言，要树立民主集中制观念、集体决策观念、决策监督观念等；就法制化而言，要树立有法可依、有法必依、执法必严、违法必究的法制理念。

（2）公共决策优化的根本是完善公共决策机制

现代科学决策与传统决策的一个重要区别就在于决策单元是由信息系统、咨询系统、决策系统、执行系统和监控系统构成的有机系统，各子系统各司其职、相互独立又密切配合、相互协调，共同实现决策功能。对于公共决策体制的完善和发展，须从下面几个维度努力：

①针对当前我国决策中枢系统中存在的主要问题：一是要将决策主体的职责分开，明确政党系统和人大各自的决策权限、职责、范围，使各决策主体的决策权界限明晰；二是要健全各级政府决策会议制度，并使其与行政首长负责制有机地结合起来，兼顾公平和效率；三是要建立行政决策责任制，健全相应的奖惩制度。

②针对当前我国决策信息系统中存在的主要问题（如网络系统尚不健全，覆盖面狭窄，一般信息过多过滥，信息偏少，时效性差等）：一是要大力扶持信息产业，兴建一批全国性和地区性的信息库、信息研究中心，规范操作规程，健全工作制度，形成一个快捷、高效、灵敏的信息运作机制和一个多层次的、全方位的信息网络系统。二是要提高信息管理员的素质，提高对信息价值辨识的能力和整合能力。三是要加大对信息设施的投资

力度，搞好“硬件”建设，大力推广应用技术，应用现代化的方法和手段，对各类信息进行搜集、加工、存储和传输，为决策中枢系统和咨询系统提供充足、准确、适用的信息。

③针对当前我国决策咨询系统中存在的主要问题：一是要完善体制内政策研究组织，从法律上保障其应有的地位，在法律和制度上明确赋予其独立地位，从经费、人事、行政隶属关系等方面，使其能按决策科学的内在规律，客观公正地研究政策问题，提供咨询、建议；二是要促进体制外的政策研究组织发展，使其作为一种民主参与力量，在决策中发挥积极作用，与体制内的政策研究组织相辅相成，产生正向合力，形成强大的决策参谋后盾；三是政府应借鉴国外建立脑库、思想库的做法，成立顾问机构，聘请社会各界具有真才实学的专家、学者担任政府顾问，帮助解决行政管理中的重大问题；四是谋与断相对分离，决策者要正确处理与智囊人员的关系，既要发挥民主、尊重知识、尊重人才，让其畅所欲言，营造一种民主、平等、协商的气氛，又要博采众长，善于决断拍板。

（3）公共决策优化的基础是扩大民主参与

要推进决策的民主化，可以采取如下几个措施：

①决策者必须从人民的根本利益出发，决策要如邓小平同志所说的“都要以是否有助于人民的富裕幸福……作为衡量做得对或不对的标准”。

②决策中枢要实行民主。行政首长在决策中不能搞“一言堂”和“家长制”等，而应坚持民主集中制，实行“集体领导，民主集中，个别酝酿，会议决定”，在领导班子内充分发扬民主。

③决策者要有民主的品质。

④决策过程要充分实行民主。

（4）公共决策优化的关键是提高决策者的素质

提高决策者的素质包括以下几方面的内容：

①决策者要有坚定的政治立场。决策者要加强政治修养，坚定政治立场，要讲政治，包括政治方向、政治立场、政治观点、政治纪律、政治鉴别力、政治敏锐性，只有讲政治，才能高屋建瓴地统揽全局，在决策中坚持正确的政治方向，贯彻执行党的基本路线。

②养成求实的工作态度。决策者要从实际出发，把实事求是作为决策工作的出发点和立足点，正确处理局部和全局利益、眼前利益和长远利益、个人利益和整体利益之间的关系，不热衷于上项目、搞政绩工程、做表面文章，而要尊重科学、尊重真理、尊重群众的首创精神，从实际出发，踏实工作。

③培育科学的创新精神。决策作为一种面向未来的活动，作为一种兼具创造性、探索性和开拓性的实践活动，其活动过程就是不断打破旧框框的束缚，不断研究新情况、解决新问题的过程，因而决策者要解放思想，实事求是，勇于探索，开拓进取，有破旧立新的胆识，有勇于改革的大气魄，这样才能取得更大成绩。

④丰富自己的知识储备。公共决策以社会公共事务为对象，涉及多学科、多行业、多领域，是一个极为复杂的系统工程，要求决策者必须有较宽的知识面和较高的知识素养，因此，决策者只有不断学习，丰富自己的知识储备，才能正确认识事物发展的客观规律，提高科学决策能力。

（5）公共决策优化的保证是健全法制规范

要保证决策科学化、民主化的实现，使公共决策更加合理或至少避免重大失误，必须有一套较为完善的规则。在这方面我们可以借鉴作为当代西方经济学的最新分支之一的公共选择理论的宪政改革观点。该理论的奠基人布坎南认为，要改进政府-政治过程（公共决策或公共选择过程），就必须改革相关的规则，改革政治游戏的框架，因为一切游戏都由它的规则所限定，一场较佳的游戏只产生于改变了的规则。他着重从立宪的角度分析政府公共决策的规则和约束经济和政治的行动者的规则与限制条件，这有一定的合理性。在我国目前市场经济建设时期，必须加强法制建设，特别注意公共决策的法制化建设，完善决策体制及各项决策规则，使公共决策纳入法制化的轨道。可以采取的措施有：

首先，依法确立决策权力的合理结构和科学合理的决策程序。其次，强化决策的法律监督机制，建立健全决策者的责任制。要保证依法决策，做到违法必究，明确规定决策者的法律义务和责任，使之对其决策行为负责。再次，健全民主机制，规定政策参与者的资格、权利和义务。要保障广大人民群众参与公共决策的民主权益，并使决策咨询特别是专家咨询制度化，这方面可以借鉴中国香港的强制咨询的做法。最后，增强全民法制意识。

总之，为了适应社会主义市场经济和现代化建设发展的迫切需要，必须深入进行行政体制改革和政治体制改革，优化或改善公共决策系统，提高公共政策制定与执行质量，尽快实现公共决策的科学化、民主化与法制化，形成与市场机制相配套的宏观调控机制。

本章小结

公共决策体制是承担公共决策的政府机构和人员所形成的组织体系及其制定的基本程序和制度。公共决策体制是决策权力分配的制度和决策程序、规则、方式等的总称。公共政策体制不是固定不变的，而是随着社会经济条件的发展变化而发展变化的。具体说来，公共政策具有如下特点：决策制定与决策执行相对分工显著；决策行动与决策研究分工日益明显；决策系统与信息系统紧密地结合；“人”与“机”紧密地结合；高度分工和高度综合的有机整体逐渐形成。公共决策体制的结构包括智囊系统、决策系统、执行系统、信息系统和监督系统。

在公共决策的过程中，不同的体制将体现不同的特点。公共决策体制具体可分为宏观决策体制与微观组织决策体制。从宏观上看，公共决策主要的政治体制可以概括为3种，即人民代表大会制度、议会制度、独裁制度。从微观上讲，它主要指行政决策的组织机构。它主要由三部分构成，即行政决策中心、咨询机构和信息系统。本章详细阐述了公共决策的4种规则：投票规则、听证制度、专家咨询制度与脑库。

中国决策体制主要有3种，即人民代表大会制度、行政领导体制和民主集中制，其中行政领导体制包括首长负责制、国务院总理负责制和地方人民政府首长负责制。本章最后对中国决策体制存在的问题与发展前景进行了探讨。

关键概念

公共决策体制　议会制　人民代表大会制度　全体一致规则　过半数规则　听证制度　脑库　民主集中制

综合训练

4.1 单项选择题

1．我国的根本政治制度是（ ）。

A．民主集中制 B．人民代表大会制 C．首长负责制 D．国务院总理负责制

2．不属于公共决策规则的是（ ）。

A．投票规则 B．听证制度 C．民主集中制 D．专家咨询制度和脑库

3．（ ）是公共决策体制的核心部分。

A．执行系统 B．智囊系统 C．信息系统 D．决策系统

4．下列投票规则中会产生“多数剥削少数”效应的是（ ）。

A．过半数规则 B．全体一致规则 C．淘汰投票制 D．赞成投票制

5．我国行政领导体制不包括（ ）。

A．首长负责制 B．地方人民政府首长负责制

C．人民群众自主制 D．国务院总理负责制

4.2 多项选择题

1．公共决策组织一般具有（ ）特征。

A．目的性 B．系统性 C．约束性 D．强制性

2．公共决策体制的类型有（ ）。

A．议会制度 B．人民代表大会制度

C．首长制 D．集权制

3．下列选项中，（ ）不属于中国决策体制。

A．人民代表大会制度 B．议会制度

C．民主集中制 D．专家咨询制度

4．当今世界，主要的宏观政治决策体制有（ ）。

A．议会制度 B．集权制 C．独裁制 D．人民代表大会制

5．我国民主集中制的内容包括（ ）。

A．党的领导原则 B．选举与监督原则 C．法律制定原则 D．中央与地方关系

4.3 思考题

1．什么是公共决策体制？什么是公共决策机制？两者有何异同？

2．公共决策体制有哪些基本类型？

3．试比较中外公共决策体制的异同。

4．公共决策体制的决策规则主要有哪几种？

5．我国现行公共决策体制存在哪些弊端？应该如何改进？

第 5 章

公共政策制定

学习目标

通过本章的学习，你应该能够：

1.掌握公共问题、政策议程的含义，认识公共问题产生的原因，了解公共问题的类型。

2.熟悉政策议程建立的过程，掌握公共政策建立的途径。

3.掌握政策制定的9种模式。

4.分析中国公共政策制定的特征及其存在的问题。

5.理解政策合法化的意义，熟悉政策合法化的途径。

引导案例

在争议中前行的“延迟退休”政策

近年来，养老保险基金收支不平衡加剧，迫使政府加快了养老保险制度改革的步伐。从基金运行的情况来看，收支不平衡的一个重要原因是制度的抚养比上升：退休人员迅速增加，承担缴费的在职人员所占比重相对减小。统计数据显示，截至2013年，60岁以上的老年人口占总人口比例已经达到14.9%，总数超过2亿人，65岁以上占总人口的比例已达到10%，我国早已迈入人口老龄化社会，养老金收支平衡压力非常大。面对我国巨大的养老金缺口，延迟退休成为现阶段决策层属意的填补养老金缺口的首选方案之一。

早在2008年11月，人力资源和社会保障部社会保障研究所负责人就称，有关部门正在酝酿等待条件成熟时延长退休年龄，有可能在2030年前，职工退休年龄将延迟到65岁。2010年9月，关于“是否应该推迟退休年龄”的话题再度引发热议。起因是在《中国的人力资源状况》白皮书的发布会上，人社部副部长王晓初表示，有专家指出，到2035年中国将面临两名纳税人供养一名养老金领取者的情况。

在对待“延迟退休”政策的态度上，拥护者有之，反对者亦有之。拥护者认为，与国外相比，我国法定退休年龄偏低。目前我国法定退休年龄是在新中国成立初期确定的，当时的人均预期寿命只有40岁左右。60多年来，我国经济社会发展，人口数量、结构和预期寿命都发生了巨大变化，有必要对退休年龄作出调整。尤其是养老并轨后，我国更面临万亿成本的缺口，延迟退休尤显得必要和紧迫，有利于缓解养老保险金的缺口和压力。同时，延迟退休年龄政策不仅关系着养老保险制度的可持续发展，也有利于更充分地开发人力资源、发挥人力资源优势。然而，中国青年报最近一份调查显示，94.5%的受访者明确表示反对延迟退休，仅3.2%的受访者表示支持。受访者中，60后占19.1%，70后占39.4%，80后占32.9%。在反对者看来，延迟退休政策首先会导致就业压力，其次会带来不公平，中低收入者生存压力非常大，政策的调整会给他们带来巨大打击，如果退休年龄到65岁的话，那么平均下来就只能拿8年（平均寿命73岁）的养老金，用交了几十年的养老金换8年的退休养老金显然不公平。

喧嚣过后，延迟退休政策尘埃落定于十八届三中全会。党的十八届三中全会提出，要研究制定渐进式延迟退休年龄政策。2013年11月20日下午，中央财经领导小组办公室副主任杨伟民在国新办回答记者提问时表示，延长退休年龄是大势所趋但将采用“渐进式”。2014年3月9日上午，列席全国人大会议的人力资源和社会保障部部长尹蔚民，在回答记者提问时表示，人社部会在2020年前，将延长退休年龄的方案推出来，此方案是渐进式的退休年龄办法。2015年3月，人力资源和社会保障部部长尹蔚民在十二届全国人大三次会议记者会上说，争取今年完成“延迟退休”方案制订，明年报经中央同意后征求社会意见，后年正式推出。方案推出至少5年后，再渐进式实施。2015年11月3日公布的《中共中央关于制定国民经济和社会发展第十三个五年规划的建议》明确表示，延迟退休政策将在“十三五”期间出台。

【案例思考】

1.请结合案例分析，比较社会问题、公共问题、公共政策问题的区别。

2.“延迟退休”政策是如何进入公共政策议程的？

3.请结合案例谈谈如何促进公共政策的合法化。

公共政策制定是政策过程的首要环节，是政策科学的核心主题。面对现实中需要解决的一系列公共问题，任何国家的政府都要面临着政策制定的任务。政策制定的科学性、有效性是政府在其公共行政管理过程中尽量减少工作失误的重要保障。政策制定本身又是一个复杂的活动过程，一般而言，制定一项政策必经由公共问题转化为政策问题、再提升到政府议程，通过政府议程制定出合法化的公共政策这样一个过程。本章围绕这个过程，主要讨论公共问题概念及类型；政策议程建立的途径、过程；政策合法化及其意义；政策制定的模式及中国政策制定的特征及存在的问题。

§5.1 公共问题概述

5.1.1 公共问题的概念

在任何社会中，都会存在社会实际状态与理想目标状态之间的差距，这种差距就是各种各样需要解决的社会问题。在理解公共问题之前，我们首先要理解什么是社会问题及公共问题与社会问题的概念区别在哪里。

值得注意的是，社会问题不一定都具有公共的性质，公共问题与社会问题并非两个对等的概念，这是由两者的基本特性所决定的。

公共问题是当人们的价值、观念、利益或生存条件受到了威胁而出现的问题，因此，是大众的问题。它一般超越了个人特定的环境和范畴，它与人类整个的社会生活、制度或全部历史有关，公共问题有时也泛指那些人类社会存在的某种危机的困境。比如一个农户偶然的歉收不是公共问题，但某个地区大面积的饥荒无疑就是公共问题。

一般来说，公共问题具有两个基本特征：

第一，公共问题具有广泛的影响力。公共问题的广泛的影响力集中地表现在：它超越了“私域”的范畴，并不仅仅影响单个的个人或团体，而将对多数或绝大多数人或团体产生普遍的影响。

第二，公共问题具有影响的非排他性和不可分性。影响的社会共享性可以理解为：公共问题超越了人为的地理界限，它对所有个体或团体产生的影响都是相同的，没有一个个体或团体可以置身于这些问题之外。

基于以上特征，我们可以认为：公共问题是指社会成员在公共生活中共同受其广泛影响，具有影响的非排他性与不可分性、与公共利益密切相关的那些公共性社会问题。公共性则是公共问题与社会问题相区别的最本质、最为内在的特性。

5.1.2 公共问题的类型

划分公共问题类型的方法有多种多样。最常见的一种划分方法是根据其所属的不同领域进行划分。

1.根据公共问题所属的不同领域进行划分

根据公共问题所属的不同领域进行划分，可将公共问题分为经济问题、政治问题、人口问题、教育问题等。不同领域的公共问题往往以不同的形式表现出来，涉及不同方面。

经济问题往往涉及经济体制、经济发展、资源配置、利益分配、财政等方面的问题；政治问题往往涉及经济权力分配、政治制度等相关问题；人口问题包括人口增长速度、数量、构成比例、人口素质对社会经济发展产生不良影响等问题；教育问题是指教育发展过程中教育资源的配置、教育质量等问题。当然，在一定的情况下，这些公共问题并不是明显分开，而是相互关联的，有些公共问题既是经济问题，又是社会问题，比如社会收入分配不公平问题；有些既是人口问题又是教育问题，如全民素质急需提高的问题。

2.根据公共问题的意义进行划分

根据公共问题的意义进行划分，可将公共问题分为过失性公共问题和结构性公共问题。

过失性公共问题产生于偏离社会正常生活和规范的一些过失行为，如青少年失足和社会犯罪等。结构性公共问题是指由社会自身结构不合理所导致的一些社会现象，比如人口爆炸属于结构性公共问题。结构性公共问题涉及社会生活的许多方面，其中最为突出的就是各种各样的不平等现象，如由经济不平等所带来的贫富两极分化。另外，种族歧视、民族矛盾、由政治不平等所产生的政府权力滥用等都属于结构性公共问题。

3.根据公共问题的性质不同进行划分

根据公共问题的性质不同进行划分，可将公共问题分为管制性公共问题、基础性公共问题、服务性公共问题和保障性公共问题。

一般来说，从公共问题的性质上对多样化公共问题所作的划分有助于说明不同性质社会主体的责任和作用，即：管制性公共问题只能由有权实施强制的管理主体加以解决；基础性公共问题的解决更多的是凭借权威性；服务性公共问题的解决则可以通过包括政府、私营部门在内的多种途径来实现；而保障性公共问题的解决则是各种社会行为主体的公共责任之所在。

5.1.3 公共问题对政策的压力

1.公共问题的发展，使其向政策问题转化成为必然

人类社会面临的问题成千上万、无边无际。旧的问题刚刚解决或尚未解决，新的问题又产生了。人类就是在不断解决问题的过程中进步和发展的。政府的功能和公共政策的社会意义就在于及时和有效地解决人类面临的诸多问题。所以“问题”是任何公共政策的起点。问题的不断发展，使其最终发展成为政策问题。一般来说，在政策问题进入议定程序之前，会经由一个问题——社会问题——公共问题——公共政策问题的发展过程。

2.公共问题的控制与解决，为政策制定带来压力

在当今世界上，人类开发自然和改造社会的能力得到了空前提高，但随之又面临着各种各样的公共问题。在中国，经过20多年改革开放，市场经济的宏观建制已经有了相当规模的发展，人民生活也得到了持续快速的改善。但是，在此过程中也出现了许多公共问题，比如环境污染日益严重、治安形势不容乐观、基础设施缺乏长期的保养机制等。这些

公共问题威胁到地区甚至国家的稳定和发展、严重影响了人民的生活，极大地阻碍了社会的稳定发展。如果这些问题不能得到及时的解决，就可能导致社会的混乱局面，甚至会出现后果严重的社会危机。

然而，面对这些公共问题，我们如何去控制和解决呢?

公共问题的频繁出现及其影响如此之大，给政策制定带来了很大压力，迫使政府不得不高度重视公共问题。公共问题的解决，不应由个人负主要责任，而要依靠社会力量和众多人的行动。政府作为公共部门和社会权威机构的代表，应该在公共问题解决方面负主要责任。政府作为公共问题解决的主要责任承担人，其控制和解决公共问题，首当其冲的方法是将公共问题转化为政策问题，这就要将这些公共问题提上政策议程，通过政策形式来解决这些问题。

政府对公共问题的解决，首先要把问题纳入政府工作程序，或是宣布经社会广泛讨论和反映的问题将要纳入政府的工作程序进行解决。政府的这些举动预示着解决问题的公共政策要出台。政府解决公共问题的过程是查清发生的问题，分析认定问题的原因、性质、发展后果，然后制定和执行相应的公共政策。

当然，并非所有的公共问题都必须通过公共政策来解决。有些问题通过社会的联合行动就能处理，比如小区的物业管理问题；有些问题的性质不宜由公共政策来加以解决，比如针对离婚率居高不下的问题，利用政策以寻求解决的空间就很有限。只有那些涉及相当多社会成员利益，必须被社会大多数人所察觉，而且在政府的职能范围之内的公共问题，才能列上政府的政策日程，才能通过公共政策解决。

可见，由于公共问题的责任主要承担者不是个人，而是政府，因此，公共问题的有效控制与解决的主要途径是将公共问题上升到政府的政策议程之中。

§5.2 政策议程

5.2.1 政策议程的概述

政策制定是一个复杂的活动过程，它由一系列功能活动或环节所构成。政策制定过程包含了议程设立、方案规划和方案的合法化等环节和阶段，而设立议程是政策制定过程中起始阶段的功能活动。

关于什么是公共政策议程，国内外不同学者有不同的看法。其中代表性观点如下：

美国学者詹姆斯·E.安德森认为：“在人们向政府提出的成千上万个要求中，只有其中的一小部分得到了公共决策者的密切关注。那些被决策者选中或决策者感到必须对之采取行动的要求构成了政策议程。”

科布和爱尔德将政策议程认为：“那些被决策者选中或决策者感到必须对之采取行动的要求构成了政策议程。”

国内学者张金马将政策议程定义为：“政策议程就是将政策问题纳入政治或政策机构的行动计划的过程，它提供了一条政策问题进入政策过程的渠道和一些需要给予考虑的事项。”

国内学者张国庆对政策议程的理解为：“政策议程是指将政策问题提上公共部门的议

事日程，公共部门正式决定进行讨论和研究，并准备如何制定有效政策加以解决的过程。广义的公共部门包括立法、行政、司法和其他有关的政策部门。将一个政策问题提上政府部门的议事日程，是解决该问题的关键一步，也只有把政策问题纳入政策议程，才能研究、分析并为之制定公共政策加以理解。”

还有的观点认为政策议程就是“一系列问题的集合，是对那些引起公众和政府官员注意的公共问题的原因、标志、解决方法和其他方面的因素的理解”。

本书认为，政策议程通常指那些已引起深切关注并确认必须解决的公共问题被正式列入商讨、规划、研究的议事程序，以决定政府是否需要对其采取行动、何时采取行动、采取什么行动的政策过程。在这一过程中，价值判断标准、政策目标、政策方式、政策界限等是讨论的重点问题，其本质是政策问题提上政策议事日程，纳入决策领域的过程。

5.2.2 政策议程建立的过程

在19世纪70年代，有学者对议程建立过程作了大量研究，这些研究试图解释问题从系统议程向政府议程的转变。实际上，这个过程是基于这样一个基本假设：如果问题有几方面的特征，比如专业性、社会重要性、复杂性等，那么它将更容易引起人们的注意，它就更有机会列入政府议程。

在问题成为政府议程之前，它必须成为系统议程。Cobb和Elder认为，一个问题要想成为或达到系统议程的程度，必须具备以下3个条件：第一，该问题必须在社会上广泛流传并受到广泛注意，或者至少必须为公众所感觉。第二，大多数人都认为有采取行动的必要。第三，公众普遍认为，这个问题是某个政府机关权限范围内的事务，而且应当给予适当的关注。

Charles O.Jones认为，政府议程的建立，包括4个阶段：

（1）界定问题议程。其功能在于积极而慎重地研究认定政策问题。

（2）规划议程。从总体上设计被认定为优先解决的政策项目。

（3）议价议程。根据政策规划的构想和规定性，政策关系人进行价值标准和利益的讨价还价。

（4）循环议程。正式进入政府议程的政策，不断接受科学评估和利益修正。

综上所述，我们认为，一项政策议程的建立，一般要经过以下几个环节：

（1）社会问题或公共问题产生。

（2）公众议程。公众议程是提出问题的阶段。公共问题通过新闻媒介分析、社会个人议论、社会团体议论、国际议论，形成公众议程。公众议程是政策议程建立的重要环节。公众议程一般由一些较抽象的项目所组成，只是发现问题，提出问题，它可以不提出政策方案或解决办法。

（3）政府议程形成。政府议程是对政策问题进行界定或陈述的阶段。由于公共问题引起新闻媒体和大众注意，他们的议论必然会引起政府的高度关注。这时，政府则会采取一定的措施，比如政府机构议事、专业人员分析、政府官员表态等行为，形成政府议程。问题经过一定的描述，为决策系统正式接受，并采取具体方案试图解决的时候，系统议程就转入政府议程。

（4）政策认定议程。对政策问题的认定，认定之后，由专家和有关立法机构，通过立法的形式将政策以法律的形式固定下来，以解决公共问题。

我们借助交通问题对上述过程进一步描述。例如，交通堵塞严重影响了人们的生活，显然这时产生了公共问题，而由于这个公共问题持续性存在，使之成为群众议论和关注的话题，从而产生了系统议程或公众议程，等到政府觉察到这一问题的严重性，针对这一问题采取一些具体措施，如控制私人轿车拥有量，减少车流量；加强道路基础设施建设，拓宽路面等等，这时系统议程就成为了政府议程。

当然，上述只是政策议程在一般情况下的建立过程。但也会存在这样的可能，问题不经过公众议程而直接进入政府议事日程。因为政策决策者可能根据自己对社会发展变化的研究分析，主动寻找问题，把它列入自己的议事日程。同样，已成为公众议程的问题并不一定能成为政府议程的问题。提上政府议程的问题，也并不一定是系统议程的问题。有时，一个政策问题在群众中已引起普遍关注和讨论，甚至专家学者和研究机构已对它加以探讨，但执政党和政府并没有把它列入政府议程，有时甚至会采取措施阻止其进入政府议程。在现实生活中，也可以看到，在全国和地方的人民代表大会和政治协商会议上，各级人大代表或政协委员就人民群众普遍关心的问题提出的许多议案、意见和建议，并非都能列入政府议程。出现这种情况有多种原因：或是问题本身的性质、规模和影响尚未达到应该或能够解决的程度，或是问题的表达方式和途径不符合既定的组织体制和工作程序，或是政府决策者判断失误，或是问题涉及决策者本身的利益等等。有时也会出现一个政策问题已经列入政府议程，但群众还没有注意到的情况。例如，党和国家领导人以及专家学者预见到某些政策问题、某种危机或突发事件的影响等。

§5.3 政策制定的模式

公共政策制定的模式是政治学家和政策科学工作者在对公共政策的研究中为了帮助人们理解和解释政治生活、思考公共政策的背景原因和社会效果，预测未来的发展，不断总结出来的各种模式。它们并不专门用来进行政策制定分析，但也体现了对公共政策思考的不同角度，为广义政策制定分析提供了各种途径。了解政策制定的模式有助于我们认识公共政策问题的主要特性和本质，也有助于我们认识基于特定的政策问题所产生的社会后果。

对政策制定模式的阐述有各种分类方法，但大抵相似。例如，托马斯·戴伊提出了体制模型、过程模型、集团模型、精英模型、理性模型、渐进模型、对策模型、系统模型等。又如，伍启元先生给出了理性最佳决策模型、非理性主义的决策模型、有限理性决策模型和综合决策模型、政治协调的决策模型、渐进决策模型、个人判断与集体决策模型以及其他决策模型。

5.3.1　理性决策

决策者依据完整而综合的信息做出理性的决策，即遵循以最小的投入获得最大的产出的原则，选择最优方案，使用最佳、最适当的手段，达到最好的政策结果。由这样一组假设构成的一个分析途径，就被叫做理性模式。

这个模式假定决策者是“理性人”，而理性人则被赋予以下特征：

（1）当面对多种选择时，他会做出一个决定。

（2）他会依据其价值偏好，在各种可能的选择中排列出优先次序。

（3）他的价值偏好会随着时空变化而转移。

（4）他通常从所有的方案中，择定偏好等级最高者。

（5）面对同样的选择他会做出同样的决定。

理性主义分析方法应用在公共政策学领域中，就形成了理性决策模式，它认为，任何决策都是目标性行为，达到目标当然会有很多种途径和手段。所谓理性的选择就是要做出最大价值的选择，即选择达到目标的最优方案。理性模式所要求的最优选择应具备如下条件：

（1）把决策行为视为整体行为而非群体行为。因为是整体，才会有一致性的价值判断，如果是群体就必然会出现价值观方面的差异，因而在目标选择和最优认定方面产生分歧。

（2）决策者具有绝对理性。这表现为在他们具有完备的知识和信息，能穷尽备选方案并预测所有结果。

（3）决策目标单一、明确和绝对。

（4）决策者在决策过程中具备一以贯之的价值偏好。

（5）决策过程中不考虑时间和其他政策资源的消耗。

理性决策的具体步骤是：

（1）确定决策目标。

（2）提出备选方案。

（3）对这些方案及其结果进行比较分析。

（4）通过排序选择出最优方案。

从理论角度而言，最优选择并不是不可行的。然而，社会现实不等同于理论假设，理性模式的限制条件使其遭遇到更多的障碍，人们逐渐发现政策实践中的许多现象都难以用它来解释。其原因不在于它的逻辑体系有缺陷，而在于其前提假设有问题。

第一，这个模式设定决策者为理性人，这个设定是缺乏经验支持的。

第二，这个模式假定决策者是公正的、客观的、理智的，而在实践中决策者的公正、客观和理智却常常是极为有限的。

第三，这个模式过高地估计了逻辑推理和数学模型作为政策分析工具所起的作用，因为在实践中，这两种分析工具面对社会性、政治性、文化性公共政策问题时却往往束手无策。

第四，这个模式假定决策者全智全能，但是在实践中决策者拥有的知识、获得的信息都是有限的，不可能预先对投入-产出、成本-收益的比例做出精确的计算。

因此，理性模式受到了激烈的批评。在所有的批评者中，经济学家和管理学家H. A.西蒙和政治学家C. E. 林德布洛姆是最具权威性和代表性的。他们认为，理性主义从“理性人”假设出发以逻辑推理方式所确立的规范性政策理论无法解释现实生活中政策制定过程的实际行动。现实生活中不存在纯粹的理性，理性模式只能被认为是一种理想的追求，而缺少实践的基础。

尽管理性主义在一定程度上带有“乌托邦”的色彩，我们也欢迎对它的批判，但是，过于简单和绝对的否定态度也是不可取的。其实，所谓“乌托邦”无非是指不能实现之事，而不能实现不等于没有意义，理想主义虽然没有实践基础，但也绝非是无稽之谈。“取法乎上，仅得乎中；取法乎中，风斯下矣。”人们总是在追求尽善尽美中得到较善较美的。从这个意义上讲，理想主义并无过分的问题，正因为如此，理性模式的思想价值一直受到理论界的肯定。

5.3.2 有限理性决策

西蒙在对传统理性主义总结和批评的基础上，提出了有限理性（bounded rationality）模式，该模式又称满意模式、次优决策模式。他认为：“理性指的是一种行为方式，是指在给定条件和约束的程度内适于达到给定目标的行为方式。”由于这些条件和约束而使得：第一，按照理性主义的要求，行为主体应具备关于每种抉择的后果的完备知识和预见。而事实上，对后果的了解总是零碎的。第二，由于后果产生于未来，在给它们赋以价值时，就必须凭想像来弥补其所缺少的体验。然而，对价值的预见不可能是完整的。第三，按照理性的要求，行为主体要在全部备选行为中进行选择。但对真实行为而言，人们只能想到全部可能行为方案中很少的几个。因此，西蒙认为决策者在管理决策过程中不可能达到最佳程度，而只能是追求一种近似的优化途径，即“寻求满意”的管理决策和结果。最佳决策的前提是决策者的行为完全理性化，而满意决策的前提是决策者的行为有限理性化，后者才是现实的。因此，西蒙认为，“理性就是要用评价行为后果的某个价值体系，去选择令人满意的备选行为方案”，而不是去追求最优、最大值的所谓客观理性(object rationality)。进一步说，客观理性是存在的，但是对它的追求不是一次完成的，而是一步步地向它逼近，永远不能使这个过程完成。

1.有限理性的行为表现

人的理性实际上是介于完全理性和非理性之间的一种有限理性，这种有限理性在决策过程中的表现是：

（1）在情报活动阶段，人的决策行为往往受到知觉选择性的支配，不同经验和背景的决策者，对决策环境会有不同的解释。

（2）在设计活动阶段，人们并不试图找出所有可行性方案，而是通过力所能及的问题求解活动，寻找尽可能多的决策方案。

（3）在选择活动阶段，决策者的选择往往与备选方案的提出顺序有关，如果A是先于B提出来的，A又是满意方案，那么就不会再花时间去考虑B，哪怕B比A更好。

2.次优决策涉及的基本问题

（1）有限目标

决策并不能保证一开始就有十分明确的目标，而环境（自然环境和社会环境）又经常不容许我们等到目标完全明确之后再作选择。

（2）期望水平

什么样的决策才能被视为满意或足够好呢？这往往取决于决策者的期望水平。这个期望水平并不是固定不变的，而是随环境条件和个人体验的变化而变化。在存在许多好的备选方案的良性环境中，期望水平会提高；在比较恶劣的环境条件下，期望水平会降低。

为决策目标确定一个恰如其分的期望水平，是决策成败的一个关键环节，在可能的条件下，应尽量采用量化方法将期望水平明确表达出来。然而，在多数情况下，我们不得不求助于经验来为自己确定目标期望水平。

（3）搜索方法

搜索方法基于满意原则，它是西蒙有限理性学说的核心内容。

①试探方法。在没有现成满意方案的情况下，一种可行的方法就是提出探索性方案，选择若干试点进行实验，看看是否能够满足期望水平，由此总结经验和教训，再设计下一步的备选方案。

②随机方法。比如，军队被包围，而敌情又不明，这时最大的期望就是能够突围，一个可行的方法就是随机选择突围的方向；再比如，一个农民初次进城，他最大的期望就是找到一份工作安身，这时恰好一位招工的人走过来，他很可能就跟着那个人走了。

③折中方法。当决策面临一定风险、实际情况难以搞清而又必须提出决策方案时，对尖锐对立的意见进行折中，对相互冲突的方案进行折中，不失为一种可取的方法。

④效益方法。决策不能不考虑效益，方案的搜索需要一定的成本投入，我们不可能为找到一束漂亮的花而跑遍全世界，这样做实在不值得。决策资源的“稀缺性”决定了决策价值分析的重要性。尽管决策多涉及一些非金钱因素，做价值分析并非易事，但是，一些学者对此进行了有益的探索。他们认为，信息的价值不仅与决策的重要性有关，而且与决策结果的可控程度有关。时间成本的计算一要看机会成本，二要看决策过程花费的工时。总之，所谓决策效益指的是，在资源有限的条件下，选择能产生最大效益的备选方案。

无论采取何种搜索方法，一旦遇到满意方案便会终止搜索行为。

以上分析说明，有限理性模式对人们的实际决策行为作了比较真实的解释，为决策理论及实践的发展开辟了一个新的方向。

5.3.3 渐进决策

渐进模式是由美国学者林德布洛姆（C. E. Lindblom）构建的。他的渐进主义（Incrementalism）思想始于1953年，而于1959年发表于《公共行政评论》春季号上的一篇论文中提到了“渐进调适的科学”（science of muddling through）这一概念。林德布洛姆是在批评理性主义模式的过程中建构新模式的。他的渐进理论最初称为渐进主义，后来演变为渐进调适科学，后成为渐进主义。渐进决策是针对理性优化决策的质疑提出的。渐进主义认为，政策制定的实际过程并不完全是理性过程，决策者也并不是每年都对现行政策进行全面审查。理性优化决策所要求的各种必需条件，如完备的知识与资料、公平的竞争环境、理性的组织与决策制度以及单一的决策者，都是难以具备的。这里有时间、资金、人力的限制，也有政治、社会、文化的影响，这些因素都会制约建立一个明确的社会目标和检测系统。于是，**在渐进主义看来，政策制定只能根据以往的经验，在现有的政策基础上实现渐进变迁；只要依据现有的方案，并对它进行局部的小范围的调适，并与以往政策再进行比较，不断适合环境变化的需要，就可作为新的政策而被采纳。**

渐进模式可以用图5-1给予粗线条的说明。它表现了政策渐进与变化的动态过程。

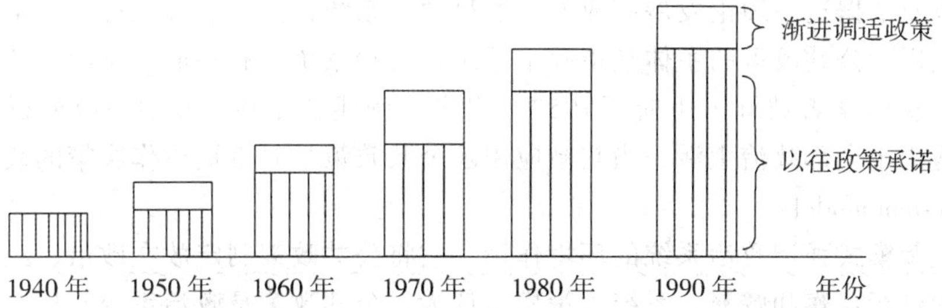

图5-1　渐进模式

渐进模式有以下一些特征：

(1) 渐进模式实际要求决策者必须保留对以往政策的承诺。政策制定要以现行政策为基础，不能另起炉灶，政策要有继承性。

(2) 渐进主义注重研究现行政策的缺陷。决策者不必过多地分析与评估新的备选方案，只着意于现存政策的修改和补充。图5-1中柱状图上部的空白表示了政策的边际效应。

(3) 渐进主义着意于目标与备选方案之间的相互调适，使问题较易处理，而并不关心基础的变革。

(4) 渐进主义在面对同一社会问题的不同解决方案时，只着重减少现行政策的缺陷，不注重目标的重新改进，也不注重手段和方案的重新选择。

因此，渐进决策只是种保守的补救措施。

简单地讲，这个模式把直接决策者设定为"按部就班、修修补补的渐进主义者或安于现状者"，同时他又是一个头脑清醒、与决策中庞大无比的各种社会政治力量"进行勇敢的角逐的足智多谋的问题解决者"；把政治体制设定为实行多元民主体制、各种社会政治权力主体交互影响和制衡的美国式的政治体系；把政治目标设定为只是进行局部的、有限的，属于既有政策的持续和边际性变革这样的改进；把决策过程设定为公共权力运行过程中公民、政党、利益集团领袖和直接决策者各自行使权力，互相影响和互相作用的动态均衡过程；将直接决策者的决策战略设定为"只专注于政策的逐步或微小改变"，其政策分析"集中于熟悉的、较为人知的经验上"，"大大减少所探索的不同政策的数目"，"大大减少必须分析的因素及复杂性"；把政策结果设定为看上去似乎行动缓慢，但积小变为大变，其实际速度较快的变革。

然而，渐进模式多适用于稳定发展的社会形势，有着很大的局限性，带有明显的保守主义偏见，不符合社会变革的需要。特别是在人口膨胀、资源匮乏、环境污染、社会动乱、战争爆发等政策领域内，渐进模式更显得无能为力。渐进决策的这种墨守成规、维持现状、不求改革与创新的倾向，对不少发展中国家尤其是在需要进行改革规划的许多领域内都是不适用的。当然，模型的使用要注重它的适用范围，例如，在国家预算与规划方面，渐进决策模式就获得了巨大的成功。在不少西方国家，渐进理论被广泛应用于缓和党派权力角逐和利益重新分配的矛盾等方面。

5.3.4　系统决策

系统决策模式借助了20世纪70年代发展起来的一般系统论思想。贝塔朗菲的一般系统理论，以及依据这一理论发展而成的系统科学、系统方法、系统工程在决策科学中得到了广泛的应用。公共政策的主体是指政治系统，政治系统具有一般系统的特征，同时又具有特殊性。美国学者戴维·伊斯顿1957年提出、阐述和完善了政治系统分析理论。这一分析理论适用于全部政治生活，当它被应用于公共政策学时就被称作决策的政治系统模式（political system model）。

系统决策模式强调政治系统的环境作用。它将公共政策制定放在政治、经济、社会与文化环境中进行考察和解释。系统决策模型认为，公共政策是政治系统与环境的诸多因素相互作用的一种反应。在系统模式下政策是系统的产出。所谓环境，是指政治系统的外部条件与状况；所谓压力，是指环境作用于政治系统的要求与支持；所谓政治系统，是指对社会价值分配具有权威作用的相关结构和运行过程。政治学家戴维·伊斯顿对外部环境、政治系统和公共政策三者之间的关系作了较为详尽的描述。他认为，公共政策的输出是政治系统与其外部环境互动的结果。要求与支持的输入是社会团体与个人试图影响公共政策的表现。当公众发现社会环境中存在的问题并感到需要对此做点什么的时候，需求就会出现。当公众接受选举结果、遵守国家法律、依法缴纳税赋、服从政府决定时，支持就会形成。政治系统为了自身的生存与发展必然会对环境的压力做出反应，而源于公众的要求常常是复杂多变和相互冲突的，为了把这些要求转变为公共政策，政治系统就需要做出制度上的安排并通过有关机构和活动强化这种安排。政策输出可能会起到缓解环境影响、弱化公众要求和影响政治系统内在特征的作用。政治系统与其外部环境之间的互动是一个反复循环的过程，政策输出会引起公众要求的变化，并再反映到政治系统中去，形成新的政策，这就是反馈。反馈这一概念意味着政策输出可能改变环境，改变由环境提出的要求，以及改变政治系统自身的特点。反馈是现政策过程的终点，又是新政策过程的起点。输入-决策-输出-反馈是政治系统运行的周期过程。政治系统可以通过下列途径保护自身利益、维持系统生存：

（1）政策输出满足环境需求、符合公众利益；

（2）加强系统自身建设，完善内部机制；

（3）以武力为威慑或直接使用武力。

系统理论对政策分析的启发性作用表现在下列问题的提出上：

（1）什么样的环境条件促成其对政治系统的压力？

（2）什么样的系统特性能将投入转化为产出并使得产出的公共政策具有持久性的效用？

（3）环境的压力如何影响政策系统的特征？

（4）政治系统的特性如何影响公共政策的实质内容？

（5）环境的压力如何影响政治系统的实质内容？

（6）公共政策怎样通过反馈作用于环境并影响政治系统的特征？

政治系统模式是公共政策制定和分析中最具有解释力，并且最具有普适性的一个模式。但是，政治系统模式对政治系统这一“黑箱”缺少针对性的分析，只能给人们提供一个轮廓，不能够指明所分析的政策的具体特征。

5.3.5　精英决策

现代精英政治理论起始于意大利学者莫斯卡（Gaetano Mosca）和帕累托（Vifredo Pareto），以及德国学者米歇尔斯（Robert Michels），经由美籍奥地利人、著名经济学家熊彼特（Joseph Alois Schumpeter）和美国政治学家拉斯维尔进行民主的改造，到第二次世界大战后逐步成为西方国家特别是美国政治学研究中的一个重要的分析途径。1970年，美国政治学家托马斯·戴伊（T.R.Dye）与哈蒙·齐格勒（L.H.Zeigler）合著出版的《民主的嘲讽》，2001年独著出版的《自上而下的政策制定》，都从这一视角对美国政治和政策过程进行了考察。托马斯·戴伊通过对前辈学者的精英理论的梳理，在《理解公共政策》一书概括、总结出如下一组命题：

（1）社会分化成掌权的少数人和无权的多数人，少数人掌握社会价值的分配权，多数人参与不了公共政策的决定。

（2）作为统治者的少数人并非是作为被统治者的多数人的代表。精英人物主要来自经济地位较高的社会阶层。

（3）从被统治的非精英阶层进入统治人的精英阶层，这个变化过程一定是缓慢且持续的，从而才能保持社会的稳定并避免革命的发生。在非精英阶层中，只有那些能够接受精英阶层共同观念的人才可能被允许进入统治精英的行列。

（4）在社会制度的基本价值观和维护这一社会制度的发展方面，精英阶层表现出看法的一致性。比如在美国，精英集团在私有财产、有限政府、个人自由等大是大非问题上观点完全一致。

（5）公共政策所反映的不是大众的要求，而是政治精英的主要价值观，公共政策的变化一定是渐进性的，而非革命性的。

（6）精英是活跃的，公众是麻木的，前者对后者的影响远远大于后者对前者的影响。

精英模式揭示了现代民主国家的根本理念“主权属于人民”与实际的政治过程和政策过程中总是由直接掌管政权的少数人来主导这一难以克服的悖论。从这一视角所做的政策分析可以使人们清醒地认识到公共政策在本质上总是统治阶级的政策。这个模式受到的批评，归结为一点，就是认为它忽视了现代民主国家里公民参与政治的要求和能力，以及这种参与对政策所形成的影响。

5.3.6　博弈决策

博弈理论研究的是在特定情况下如何进行理性决策的问题。这种特定情况是指两个或两个以上的参与者，他们彼此存在相反的利害关系，其中每个人的选择都会对他人的决定产生影响，最终的结果依赖于所有参与者的选择。在政策制定过程中也会出现类似的情况，当孤立的最优选择不存在，只能根据他人的选择做出自己最佳的决定时，博弈论就可以派上用场了。

博弈的理念源于互为因果、相互关联的选择。它的每个参与者不仅要考虑自己的需要和能力，而且还要对他人的预期行为做出判断，然后调整自己的决定。博弈的技巧可以用来处理重大的政策问题。博弈的参与者可以是个人，也可以是一个组织或政府，只要他们能够以明确的目标为导向实施理性的行动。

博弈模式是一个抽象的、演绎的政策制定模式，它并不描述人们实际上如何进行决策，而是解释理性的人在竞争状态下会怎样去考虑决策。一般而言，在竞争的环境中，自己的选择往往要依赖于对手的选择。博弈规则描述了适用于所有参与者的多种选择，这些选择通常用数字上的矩阵来表述。最简单的形式被称为二阶矩阵，即只有两个参与者，而且每人仅有两种选择（图5-2）。

		参与者甲	
		方案A	方案B
参与者乙	方案A	甲：结果 乙：结果	甲：结果 乙：结果
	方案B	甲：结果 乙：结果	甲：结果 乙：结果

图5-2　博弈的二阶矩阵

二阶矩阵会有4种可能的结果，通常矩阵的一个小方框用来表示一种结果。当然，每种结果都依赖于双方的选择。在博弈论中，这些结果代表着不同的价值回报，往往通过赋值来加以表现。因为两个参与者对结果会有不同的评价，所以在矩阵的每个方框内都有两个值。让我们用年轻人进行公路挑战的游戏来形象地解释博弈论中的二人博弈（图5-3）。

		参与者甲	
		直行	转向
参与者乙	直行	甲：-10 乙：-10	甲：-5 乙：+5
	转向	甲：+5 乙：-5	甲：-1 乙：-1

图5-3　“公路挑战”的博弈矩阵

有两个正值青春期的毛头小伙在公路上高速驾车且相向而行，每辆车都有一侧的车轮压在高速公路中央的分道线上，如果两个人都照直开，他们肯定要撞到一起，可谁要是转向谁就会被视为懦夫。尽管两个人都不想被撞死，但谁也不愿低头被视为懦夫。最终结果依赖于双方选择，每个人都必须试着预测对方将要做什么。这种边缘性对策的情况在国际关系问题上也经常会发生。

对结果进行量化在博弈分析中是非常必要的，而数值的提供往往是分析人员的工作。如果车手甲和乙都选择直行的话，双方都会有惨重的结局，所以分值都是-10分；如果车手甲选择直行而车手乙选择转向的话，那么车手甲就会因其勇气获得+5分，而车手乙也会由于懦弱获得-5分；如果车手甲选择转向而车手乙选择直行的话，结果正好相反；如果两个人都选择转向的话，那么就都同样表现出了一定的胆怯，尽管如此，但这种选择总要比自己转向而别人直行要强得多，所以分值都是-1。

通过分析上列矩阵我们可以得出这样的结论：对两位车手来说，为了能够使造成个人最大损失（-10分）的可能性最小化，转向是他们的理性选择。当然，上列矩阵还过于简单，现实生活可能并非如此，假设参与者对结果的赋值与上列数值有着较大差异，那么分析的结论就难以立足。比如，在“公路挑战”的博弈中，车手甲宁可以生命的代价也不愿首先转向而表现出自己的怯懦，因为他更看重每个人的尊严和无所畏惧的勇气。尽管竞争双方都没有自己对手价值观的完整信息，但他们都会试图对自己对手的价值观作出一些预测。而出于吓唬一下对手使其误解自己立场的目的，故意制造一些假象的情况也是经常出现的。比如，在“公路挑战”的博弈中，一个可供选择的策略就是在竞赛开始之前让对手见到你“喝得醉醺醺”的样子，踉踉跄跄地走进车里，嘴里嘟嘟囔囔地说着“这个腐朽的世界已经让人活够了”之类的话。这种信息的传递可能会极大地影响你的对手的判断及其抉择。他可能会更高地估计你一直保持直行的可能性，并对他作出转向的选择提供了某种程度的激励，从而使你有更大的可能成为这次竞争的赢家。

在博弈论中还有一个非常关键的概念——“策略”。它所对应的是这样一种理性决策的情境，即在考虑了对手所有的可能性选择之后，设计一组行动并使之达到最优的结果。博弈论者借用了这样一个词“最小最大化”来阐述理性策略的实质性内涵，对博弈的参与者而言，无论对手怎样去做，自己的选择都将使自己最大的损失最小化或最小的收益最大化。“最小最大化”的理性策略能够有效地抑制对手的最佳选择给自己造成的伤害。它也许会被认为是种非常保守的策略，因为它所设计的行为只是为了减少损失或确保最低限度的收益而不是为获取最大利益而去冒很大的风险。但是，绝大多数的博弈论者都把“最小最大化”视为最佳的理性策略（在公路挑战的博弈中，理性的人一定会选择转向，因为这种选择将会把最大损失降至最小。当然，在这里我们为了分析的方便，简化和省略了其他一些环境因素）。

通过以上的讨论我们可以清楚地看到，博弈论的思想既简单又复杂，既生动又抽象。现在最关键的问题是怎样才能够使这些闪光的思想在公共政策的研究中得到实际的应用。博弈论通常只被社会科学家视为一种分析思路或研究工具，而非政府高官进行决策的行动指南。博弈论所强调的条件与现实生活还有很大的差距，政策方案的选择很少像矩阵里所表现的那样简单。更重要的是，决策者很难清楚地知道或真正地了解他们从可选方案中所能得到的确切收益以及他们的对手可能作出的政策选择。最后，还需要强调的一点是，正像我们在前面的分析中所提到的那样，政府的理性决策面临着诸多的障碍。

尽管如此，博弈论确实为政策制定和分析提供了一个有趣的思路，特别是在冲突情境下进行政策选择时，它所发挥的作用更为明显。就目前情况而言，博弈论在政策制定和分析领域的影响在逐渐地加大。

§5.4 政策合法化

一项政策方案被确定为最终采纳的方案之后，为了使其能在现实中具有权威性与合法性，还要经过行政程序或法律程序使之合法化。我们知道，经过评估论证最后抉择出的公共政策方案，并不能立即付诸实施，它一般需要经过一定的途径变成正式生效的政策才能实施。这一过程就是公共政策的合法化过程。只有经过合法化过程，公共政策被赋予合法性，才能在实施过程中以国家强制力做后盾。

5.4.1 政策合法化的概念

合法化又称合法性、正当性、正统性、合理性，是对英文“legitimacy”一词的意译。合法化概念在社会科学中具有广义与狭义之分。广义的合法化概念涉及比政治、法律更为广泛的社会领域，适用于整体社会秩序、社会规范系统；狭义的合法化适用于国家的政治制度，如德国哈贝马斯所说，合法化意味着要有经过政治秩序而被认可的价值……统治秩序的稳定性也依赖于自身在事实上的被承认。合法化的一般性理解可以总结为：使政策具有合法性，给予其法律力量，从而使其得到批准，具有权威性。

政策合法化的观点虽然很多，但是有一点是一致的，即从公共政策的动态运行过程来看，政策方案规划任务完成之后，必须通过合法化的环节才能进入实际执行阶段。因此，合法化与政策问题认定、政策规范一样，也是政策动态运行的必要环节。

本书认为，政策合法化包括行政程序的合法化和法律程序的合法化，是指行政首长或相应的立法机构根据自己的职责、权限，按照特定程序使各种提议中的政策方案上升到法律或获得合法地位的过程。通过这一过程，使政策方案获得一定的社会权威性和约束性，以赢得多数人对该政策方案的支持和拥护。

从以上定义，我们知道，政策合法化过程可以包括两个途径：第一，由行政首长根据自己的职责、权限审批签发政策方案为行政程序的政策合法化。第二，由相应的立法机构通过特定程序审批通过政策方案为法律程序的政策合法化。

所有的政策，包括中央制定的政策和地方、基层制定的政策，都必须经过合法化过程。政策的合法化是有目的的能动活动，它使政策方案的可选择性转化为合法性、权威性。政策合法化是政策制定过程的重要阶段，又是政策执行的前提。它是决策民主化、科学化和法制化的具体体现，是依法治国的需要。

5.4.2 政策合法化途径与类型

1.政策合法化的途径

政策合法化是政策制定与执行符合民意，并能顺利执行的保障。但政策通过什么样的途径才能符合民意，才能使之合法化呢？这是一个值得探讨的问题。

一般来说，一项政策可以通过以下途径获得合法化地位。

（1）公众参与

在公共政策的形成过程中，公众参与是确保政策符合民意及政策合法化的根本途径。古人云："政之所行，在顺民心；政之所废，在逆民心。"这显然体现了政府的政策必须符合民心、符合民意，如果政策与民心、民意逆道而行，无疑会导致民众不服，最终使社会混乱，民心不安。只有公共政策在制定过程中，扩大公众参与，倾听公众的意见，了解民心所向，这样在政策执行过程中才能得到民众的拥护，促进政策顺利执行，保障政策的合法地位。

（2）建立听证制度

立法听证是发扬民主、确保政策立法符合民意的重要途径，是政策制定的民主化、科学化、合法化的要求。听证制度基本内涵是：除法律特别规定外，不经过听证，行政机关不得作出影响行政相对人权益的决定；在涉及当事人权利的行政决定作出之前，应当给予当事人就与决定有关的事项表示意见的机会；行政机关应就规范性文件的计划召开听证会，直接听取各方代表的意见；为使利害关系人的意见能在规范性文件或计划中得到应有的反映，行政机关应采取必要的措施，如为利害关系人提供机会，让其提供书面材料、书面意见，进行口头辩论等。听证使行政活动于公众监督之下，行政机关作出有关决定必须指明事实根据、法律根据、说明理由，这样可避免行政机关随意作出决定，保护当事人合法利益。

（3）建立行政程序制度

在现代国家，由于立法机关给予行政机关一定的委托授权，使得行政机关有权制定部分政策。为保证行政机关的政策制定和政策执行的合法化，有必要建立一系列行之有效的行政程序制度。行政程序制度应包括告知制度、听取陈述和申辩制度、职能分离制度、说明理由制度等。

（4）建立政务信息公开制度

信息公开制度是指凡涉及到相对人权利、义务的行政信息资料，除法律规定应予保密的以外，有关机构应依法向社会公开，任何行政决策，组织或公民均可依法查阅或复制。当然，行政信息资料主要包括行政法规、规章、行政政策、行政决定及行政机关据以作出相应决定的有关材料、行政统计资料、行政机关的有关工作制度、办事规则及手续等。

（5）建立协商谈判制度

在当代政策制定过程中形成了多种形式的协商谈判制度，其中党派协商制衡制度和谈判协商制度最为重要。在民主化、法制化程度高的国家，非执政党在政策制定方面的作用表现在对政府的政策始终保持尖锐批评并及时提出与政府政策相对立的政策上。在韩国、日本、印度、以色列等国家，反对党制度对政策合法化与合理化有着重要的保障作用，成为宪政制度的重要组成部分。

（6）建立民意调查制度

政府的重大政策出台前都应该进行民意调查，以保证政策符合民意。通过民意调查，还可以宣传政府的政策，获取国民的理解和支持，掌握民众对政府服务的满意程度。例如，加拿大政府1999年聘请民间的民意调查企业开展了600多次民意调查。民意调查为政府的政策制定奠定了良好的民意基础。

2.政策合法化的类型

（1）政策合法化类型的通常划分方法。政策合法化通常可分为政策内容的合法化和政策程序的合法化。

政策内容的合法化问题在政策制定阶段是与政策制定程序的合法化紧密联系在一起的。政策内容的合法化主要指政策所涵盖的每一项内容都必须符合大多数人的利益。政策程序的合法化主要指为保证行政机关的政策制定和政策执行的合理性、公平性而建立一系列行之有效的行政程序制度，比如听取陈述和申辩制度、说明理由制度等，并以法律的形式将其固定下来。比如行政程序法则是将政策程序法定化的一部法律。

（2）政策合法化按其主体划分，可分为立法机关的政策合法化、行政机关的政策合法化、半官方的政策合法化。

①立法机关的政策合法化。这主要指立法机关通过一定的程序使公共政策合法化。大多数国家的立法机关既行使立法职能，又行使其他职能，如批准或通过政府提出的计划、预算、决算等公共政策，并赋予它们合法性以准予实施。

②行政机关的政策合法化。政府行政机关通过特定的程序使属于其职能领域内、权力范围内的政策合法化，这样的政策的效力比起那些通过立法机关获得合法化的政策的效力

要低，它属于较低层次的政策合法化。

③半官方机构的政策合法化。半官方机构在特定条件下，通过授权或委托也可获得使某些公共政策合法化的权力，这样合法化后的政策较之前两者的效力层次更低一些。

§5.5 中国公共政策的制定

5.5.1 中国公共政策制定模式

从20世纪70年代开始，在美国政策科学界形成了两种政策制定模式：理性模式和渐进模式。理性模式又分为理性分析和有限理性分析，后者修正了前者的不足，代表人物是美国行政学家赫伯特·西蒙。渐进模式代表人物有美国政治学家林德布洛姆。同时，渐进模式又可分为多元决策模式和精英决策模式。更具体地讲，在理性模式下，政治决策应该建立在充分理性的基础上，其必要性是由政治决定的复杂性与关系重大性决定的。有限理性模式则认为决策者在决策过程中受到各种条件的限制，其理性有限，决策目标及实现目标的手段也不可能完全基于充分理性之上，决策实现是在各种方案中选择比较满意的，而不是最优的。渐进模式则是以“政治互动”的动态途径来分析和解释政策制定过程。渐进模式中的多元主义认为，决策不是分析的结果而是互动的结果，政治决策过程是各党派、利益集团等相互斗争、相互妥协的结果，政策分析受到权力的制约，因而在决策过程中，科学分析只起微弱的作用。精英模式则认为政治决策实际上是权力精英出于自己和小集团的利益以及统治集团的利益考虑而做出的决定。

以上决策模式为我们理解分析中国公共政策的制定模式提供了帮助，但这仍是不够的。就理性模式而言，它的前提是决策者是理性的，对决策信息有充分的把握，而且对决策所带来的后果及影响有充分的认识，对收益与代价有科学的评估。新中国成立后到改革开放时期的政策制定很难说是理性的，相反，更多情形是一种“有组织的无政府”状态。这一状态在张小劲关于中国国家治理制度方式变迁的考察中得到证实。就渐进模式而言，多数决策和精英决策都是由外部力量对政府施加压力和要求的结果，其前提是一个利益高度分化的社会，而在当今中国，社会结构分化程度较低，社会利益的表达与综合并非由各种社会结构来承担，而是由政治系统内部权力精英通过分析、研究和调查而将他们所认定的社会利益输入到公共政策中去的。因此，中国公共政策制定模式如下：

1.新中国成立后到改革开放前，尤其是“文化大革命”时期，中国公共政策的制定模式为“有组织无政府”的理性模式

（1）政策制定以政治理想主义为价值取向。在此价值取向指导下制定的政策，虽然对树立社会主义的道德观念和新风尚以及调动人们短期内的建设热情等起到了重要的积极作用，但与此同时也带来一些相当严重的问题。比如：忽视了广大人民群众的现实需要，造成人们生活状况长期停滞不前；以“动机论”选择政策方案，导致决策者在制定政策时不进行科学分析和论证，出现决策失误也无须承担任何责任；决策时不计政策成本，以所谓的“政治效益”和“社会效益”去掩盖决策的重大失误，从而导致资源的巨大浪费等等。

（2）政策制定的主体不只是官方的政策制定主体。政策制定主体主要是执政的中国共产党，并且集中体现于各级党组织中的领导者，即政治领袖和少数政治精英。

（3）决策权力的结构除了集权制的基本特征外，还具有自身的独特之处。此即中央高度集权。权力是决策的基础，决策是权力的表现。从总体而言，中国决策权力的结构是集权制，但在不同时期又有所不同。

（4）改革开放前，公共政策制定的动力主要来自于政治领袖的言论。也就是说，政策的出台主要是根据领袖的指令，而非社会公众的政策诉求。

2.改革开放时期，中国公共政策的制定模式为“摸着石头过河”的政策制定模式

党的十一届三中全会以后，中国共产党摒弃了“以阶级斗争为纲”的错误路线，把党的工作重心转移到经济建设上来，并在确定工作重点转移的同时，做出了改革开放的伟大决策，从而使我国的社会主义现代化建设进入了一个崭新的历史时期。后来又提出建立社会主义市场经济体制，开始了经济体制的转轨历程。在新的历史发展时期，我国的政策制定坚持了实事求是，从实际出发，循序渐进，逐步形成了“摸着石头过河”的政策制定模式。

“摸着石头过河”的政策制定模式，是以邓小平同志为代表的中国共产党人的一个创造。对于改革开放，邓小平同志曾经指出，胆子要大，但步子要稳，走一步看一步，看到不当的地方就赶快改。后来人们把邓小平同志的这一思想形象地概括为“摸着石头过河”。这是改革开放初期，我国政策制定中的一种重要模式。具体表现在以下三点：

（1）注意摸索，大胆创新

“摸着石头过河”首先就是摸索的意思。改革开放是前所未有的伟大事业，它没有现成的模式可循，没有现成的经验可搬，只能把马克思主义的基本原理与中国社会主义建设的实际相结合，在摸索中前进。在改革开放的新的历史时期，我们面临着许多新情况、新问题，需要及时加以解决，这就需要有与改革开放相配套的新政策。以往经济体制下的老政策已经过时了，这就要求在摸索中大胆创新，制定出与新情况相适应的新政策。

（2）由浅入深，循序渐进

改革开放面临的问题纷繁复杂，需要解决的问题千头万绪，存在着许多困难的因素，具有一定的风险，不能企求一步登天，在短时间内就建立起一种新的经济体制和运行机制。“摸着石头过河”模式最突出的特点就是强调循序渐进。改革开放中的政策制定，一般是从情况比较清楚、条件比较好、阻力及风险比较小的事情做起，让那些现实可行的改革方案优先出台，然后循序渐进，逐步解决更为复杂和困难的问题。看准一步，前进一步，一步一个脚印，实实在在地前进，不断地实践，又不断地总结经验，修正错误，稳步前进，避免改革出现大的曲折和反复，从而有效地处理好了改革、发展和稳定的关系，保证了改革开放伟大事业的顺利推进。

（3）从点到面，协调发展

“摸着石头过河”的模式，从纵向的角度看，强调由浅入深，从横向的角度看，则是强调从点到面协调发展。改革开放中的政策制定模式充分运用了抓典型搞试点这一我党政策制定的重要经验。一项重要的改革政策的出台，往往先进行试点，先从点上取得经验，再由点推到面，从而比较稳定地协调发展。

3.全面改革开放后，中国公共政策的制定模式为“从群众中来，到群众中去”的模式

“从群众中来”，就是在工作中深入群众，集中群众的智慧和要求，反映群众的愿望和要求，形成正确的决定；“到群众中去”，就是将集中起来的正确决定变为群众自觉的实际

行动。"从群众中来，到群众中去"就是我国政策制定过程是从群众到领导、从民主到集中、从个别到一般的过程，是我党的优良传统，也是具有中国特色的政策制定的模式之一。

"从群众中来，到群众中去"的模式表现为以下几点：

（1）政策制定过程呈现"内输入"的特点

"内输入"概念最初来自于伊斯顿的《政治生活的系统分析》一书。伊斯顿用"内输入"这样一个不成熟的术语来描述严格意义上的由政治角色的经验和活动而不是由社会非政治领域中人们的经验所形成的要求。我国学者胡伟在《政府过程》一书中采用伊斯顿的政治系统方法，研究中国政治过程的制度结构与非制度性结构，突出了权力精英在中国政治决策中的作用，经而借用"内输入"的概念，认为"内输入"是指在社会没有利益多元化的条件下，由政府精英代替人们进行利益的综合与表达，其特征表现为权力精英之间的政治折中，而不是多元决策下的社会互动。[①]

（2）政策制定主体从官方的政策制定主体向非官方的政策制定主体拓展

非官方主体不仅有参与公共政策制定的愿望和要求，而且逐步具备了参与政策制定的素质和能力。他们既代表一部分群众向中国共产党和各级政府表达意见，又常常反过来协助党和政府做自己所代表的那部分群众的工作，而不是简简单单地施加"压力"，从而使当代中国的政策输入过程表现出高度的政府整合性和组织化一体性。正是基于这一点，我们认为当代中国的政策输入过程呈现出明显的"内部输入"特征。同时，政治体系也为其参与政策制定提供了一定的条件。事实上，一些公民和社会团体已经亲自参与了某些政策的制定，如有关的价格政策。

（3）集权与适度分权相结合的政策制定权

改革开放后，围绕解决权力过分集中的问题，我国展开了以分权为导向之一的政治体制改革，构建了集权与适度分权相结合的政策制定体系。我国中央高度集权的决策权力结构模式发生了较大改变，并逐步向集权与适度分权相结合的方向运行。这种变化体现在以下3个方面：

①党政关系集中体现于党政分开。具体表现在：重视人民代表大会制度的建设，中国共产党与人民代表大会的权力关系在宪法与法律上得到区分和保障；党政领导实行分任制，中央政治局和书记处的一部分成员不再兼任国务院领导工作，地方各级党委的书记一般不再兼任同级政府的行政首长；建立了行政首长负责制的政府工作系统，政府不再是被动地执行党的路线和方针的"工具"，获得了应有的自主权和自主地位等等。

②中央逐步向地方放权。中央通过下放人、财、物权，尤其是事权和财权，扩大了地方政府的权力。实际上经过20多年的改革，地方在投资、流通、价格、外贸、外汇、劳动工资、科技、社会发展等方面均获得了广泛的决策权。

③公民及社会的力量成为一股具有相对独立地位的力量，制约着国家和政府的行为，并在参与和监督政府决策等方面发挥着应有的作用。王邦佐在其《中国政治体制改革的成就和发展路径》中论述道："在经济领域，个人产权得到宪法和法律的承认和保护，个人

---

① 这种由国家聚合社会利益、倾向和意愿的方式与社会学家费孝通所说的"单轨政治"，有异曲同工之处。所谓"单轨政治"，是指国家与社会关系中，只有自上而下的行政要求而没有自下而上的政治吸纳的一种形式。（陈振明，2003）

经济行为获得合法的地位，个人经济利益与国家经济利益的界限日益明确；在政治领域，法律保护个人的社会交往权利有了长足进步，一些社会团体和中介组织纷纷出现，个人与团体进行的利益表达和政治参与的渠道更加通畅，政治沟通的机制逐渐制度化。”

5.5.2　中国公共政策制定特征与存在的问题

1.中国公共政策制定特征

我国在长期的革命和建设实践过程中，逐步形成了一套有别于其他国家的有特色的政策制定特征，现总结为以下几点：

（1）坚持实事求是的思想路线。在政策制定过程中，坚持马列主义辩证唯物论的观点，一切从客观实际出发，把客观存在的实际情况作为政策制定的理论依据，坚持理论与实践相结合，将马列主义的普遍真理和中国革命与建设的具体实践相结合，形成一套独具特色的元政策制定模式。

（2）坚持人民利益至上。一切从人民利益出发，把是否符合广大人民群众的根本利益作为我们判断政策优劣的一个根本标准。

（3）坚持民主集中制的组织原则。该原则能有效地防止在政策制定过程中的个人独断专行和极端民主化，有利于制定正确有效的政策。

（4）调查研究是政策制定过程中不可缺少的一项工作。坚持调查研究的工作作风，在制定出符合国情的政策上发挥了积极作用。

（5）坚持群众路线。在制定公共政策的过程中，坚持从群众中来到群众中去的基本方针，真正体现了政策制定过程“实践、认识、再实践、再认识”的循环往复的辩证过程。

（6）坚持循序渐进的政策制定模式。这是一种由浅入深、循序渐进、从点到面、协调发展的政策制定模式，也是在中国革命和建设的长期实践过程中形成和发展起来的，符合我国的基本国情。

2.中国公共政策制定存在的问题

改革开放以来，我国实现了现代化进程的启动和顺利发展。党和政府靠着“摸着石头过河”和“从群众中来，到群众中去”等基本经验制定和实施了一系列正确的重大决策，正确的政策产生了优良的效果，使中国发生了惊人的变化。但是，不可否认，我国的政策制定在不同领域、不同地区或多或少地存在一些问题。概括起来有：

（1）决策系统有待进一步改进

由于我国行政体制在纵向结构上实行地区管理和部门管理相结合的“条块并行”体制，中央政府和地方政府的决策权除了具有宏观与微观、全局与局部的总体性差异外，在决策的目标结构序列上也有所不同，在长期的行政实践中，存在着权力过分集中于中央政府的现象。这种过分集权的决策体制不可避免地存在一些问题。

首先，中央政府的政策制定需要多层次的转换才能到达实施者那里，这种转换往往会由于各种原因致使政策信息扭曲和政策变形。“上有政策，下有对策”便是常见现象。

其次，集权造成行政程序复杂化，常常是一个简单的政策问题，下级需要请示上级，上级需要请示中央，行政效率在“公文旅行”式的政策制定过程中大大降低，导致有些政策制定出来后就过时。

最后，权力过分集中，地方政府没有足够的自主权，在权责不清的情况下，一些行政主体对于有利可图、易出政绩的政策问题争相办理，而对于棘手的问题则相互推诿。重复建设、盲目跟风、一哄而上等现象就不可避免，政府官员的短期行为也就比比皆是。如我国重复建设经历的三阶段：第一阶段始于20世纪80年代，各地竞相上马以彩电、冰箱为代表的家电制造业；第二阶段贯穿于20世纪90年代，汽车、钢铁成为投资热点；第三阶段从2000年开始到现在，以电子信息、新材料、生物医药工程为代表的高科技领域成为热点。其危害主要是占用大量的土地、资金等资源，造成巨大浪费；造成企业和项目小型化、分散化，降低产业竞争力；一些地方滥用优惠政策，造成国家财政收入流失；增加金融风险，加大经济动荡的可能性。

（2）智囊系统的作用有待进一步发挥

实践证明，成功的政策制定离不开智囊机构的支持与辅助。我国的政策制定中虽有这方面的经验，但更多的是反面的教训。一些重大的决策并没有经过科学的论证和规划，已有的智囊机构在政策咨询中的独立性较弱，往往是顺从领导个人的智慧和经验，有部分政策研究机构，实际上主要为领导起草文稿，有的研究室为领导人已经拍板的政策提供注释和寻找论据。例如，某些大型工程由于方案规划的不合理和个别领导的“拍脑袋”给国家造成了巨大损失。

（3）政策制定的合法化过程有待进一步完善

此方面的问题突出表现在：一是政策制定过程中公众参与不够，群众路线流于形式。例如，《人民网》报道，江西将建220座日式、欧式等50年不落后的四星级公厕，文中抨击，按江西的经济水平，这一决策绝对是一个“形象工程”、一个“拍脑袋”工程，绝对没有征求市民的意见。二是公开听证会不同程度地存在走过场现象。例如，《新华日报》有一篇题为《听证会，听而不证!》的报道——一份民意报告显示，听证会的价值正在广州市民心目中滑落，有六成被访者认为听证会已流于形式或成为摆设。广州社情民意调查中心此前的调查表明，认为听证会对公民参与政府决策“没有作用”、“作用不大”和“是形式主义”的受访者3项合计竟有62.5%，其中15.5%的人认为“是形式主义”。听证会实际作用名不符实，必然招致市民的厌恶。长此以往，听证会这种好形式也就要寿终正寝了。

3.完善我国政策制定的几点建议

（1）关于科学的纵向政策制定权限的划分

这要求进一步明确各级行政机关政策制定权限并给以具体的法律保障，建立一个符合中国单一制结构形式的层级目标决策系统，加快“缩省-撤市-强县”改革步伐，减少行政体制的层级，适当减少“条条”数量，缩小“条条”权限，提高政策制定的效率和可操作性，尽量避免信息过滤、信息失真导致政策失误。

（2）进一步完善政策制定的咨询系统和信息系统

针对我国咨询系统和信息系统的现状，可采取以下措施：继续发展咨询机构，可以考虑形成一些综合多学科专家、多种优秀人才的大型智囊机构；建立咨询工作的程序制度、预算制度，增强其独立性；政府要真正重视咨询机构的作用，为专家学者创造良好的研究环境，充分发挥他们的聪明才智，采纳他们的意见和建议；鼓励建立民间的咨询机构；健全行政信息的网络体系、提高信息人员的素质，运用现代化的手段对信息进行搜集、加工、传输和整理。

（3）进一步改进政策规划和政策合法化的途径

加大政策制定中公众参与的力度，充分发挥群众路线这个我党优良传统的作用，真正做到政策制定“从群众中来，到群众中去”，形成一套制度化、法律化的规范；增强公开听证会的可信度；提高政策规划的公开化、公正化、公平化和合理性。

本章小结

公共问题是公共政策制定的起因，任何政策的制定都是由公共问题引起的。本章第一节从公共问题着手，依次介绍了公共问题的相关概念；公共问题产生的原因（主要包括科技发展、社会传统、自然条件、经济制度及经济发展等原因）；公共问题的类型（包括全球性公共问题、全国性公共问题、地区性公共问题、社区性公共问题、管理性公共问题、基础性公共问题等）；公共问题对政策产生的压力。

随着深化发展，公共问题进一步向政策问题演变，政策问题是政策议程的主要议题，而政策议程是政策制定的首要环节。在本章第二节，我们主要探讨了以下内容：政策议程的概念；政策议程建立的途径，其主要包括院外集团、政治游行、专家学者建议、媒介及社会舆论、公民请愿与公民投票、政治领导、危机事件、政治组织、行政人员等；政策议程建立的过程。

公共政策制定的模式是政治学家和政策科学工作者在对公共政策的研究中为了帮助人们理解和解释政治生活，思考公共政策的原因和社会效果，预测未来的发展，不断总结出来的各种模式。了解政策制定的模式有助于我们认识公共政策问题的主要特性和本质，也有助于我们认识基于特定的政策问题所产生的社会后果。本章第三节主要介绍了公共政策制定的9种主要模式，主要包括理性模式、有限理性模式、渐进模式、综合模式、系统决策模式、团体模式、精英模式、制度模式、博弈模式。

政策合法化是政策制定的一个必要环节，一项政策方案被确定为最终采纳方案之后，为了使其能在现实中具有权威性与合法性，还要经过行政程序或法律程序使之合法化。本章第四节主要介绍了政策合法化的概念，探讨了政策合法化的意义，分析了政策合法化的途径。

为了更进一步了解中国公共政策的制定，在本章第五节，我们介绍了中国公共政策制定的主要模式，中国公共政策制定的特征及存在的问题。

关键概念

公共问题　政策议程　有限理性模式　渐进模式　系统决策模式　精英模式　博弈模式　政策合法化

综合训练

5.1　单项选择题

1．社会或公共问题只有在被提上政策议程的情况下，才成为（　　）。

A.政府问题　　B.国家问题　　C.公共政策问题　　D.执政党问题

2.政策制定过程的起点是（　　）。

A.政策问题的认定　B.政策目标的认定　C.政策方案的认定　D.社会问题的认定

3.在公共政策制定过程中我们首先要考虑的是（　　）。

A.拟订政策方案　　B.评估政策方案　　C.选择政策方案　　D.确定政策目标

4.公共政策问题认定后，政策制定者首当其冲要考虑的是（　　）。

A.评估政策方案　　B.确定政策目标　　C.拟定政策方案　　D.择定政策方案

5.社会问题转化为政策问题的关键环节是（　　）。

A.政策方案的设计　B.政策方案的择定　C.政策议程的建立　D.政策方案的实施

5.2　多项选择题

1.从广义角度而言，公共政策的合法化过程包括（　　）。

A.政治系统的合法化　　B.公共政策的合法化

C.评估政策方案　　D.政策对象范围的扩大

2.公共政策的制定要经过（　　）等阶段。

A.政策问题的发现　B.政策议程的建构　C.政策目标的确立　D.政策方案的设计

3.公共政策的直接主体有（　　）。

A.立法机关　　B.行政机关　　C.利益集团　　D.领袖人物

4.一般说来，政策议程的主要阶段包括（　　）。

A.公众议程　　B.政党议程　　C.媒体议程　　D.政府议程

5.理性决策的过程中包括（　　）。

A.确定公共问题　　B.提出备选方案

C.对这些方案及其结果进行比较分析　　D.排序选出最佳方案

5.3　思考题

1.结合实际，比较公共问题与社会问题有何区别?简述公共问题的种类有哪些。

2.什么是政策议程?简述政策议程建立的途径有哪些。

3.什么是政策合法化?结合实际，谈谈当今政策如何才能合法化。

4.简述政策合法化的意义。

5.公共政策制定的模式有哪些?各模式具有什么特点?

6.简述中国公共政策制定的特征及存在的问题。

第 6 章

公共政策工具

学习目标

通过本章的学习，你应该能够：

1.理解公共政策工具的基本含义、特征和功能。

2.了解公共政策工具的不同种类，包括财政性工具、行政性工具、政治性工具等。

3.掌握政策工具运用的意义和具体实践及影响政策工具运用的因素。

4.了解中国政策工具的特点、缺陷和未来的发展趋势。

引导案例

青岛“天价虾”事件

据《中国青年报》报道：对发生在“十一”黄金周期间的天价大虾事件，国家旅游局局长李金早近日表示，一只38元的虾就抵消掉了山东旅游局几个亿的广告效果。

※事件源起

此事源于2015年10月4日，旅客肖先生到达青岛后，他们选择了“善德活海鲜烧烤家常菜”就餐，在吃饭前，曾详细询问过菜价，向老板确认过大虾38元究竟是一份还是一只，肖先生称当时老板说的是38元一份。但吃完饭后，老板却称大虾价格为38元一只。另一位有相同遭遇的朱先生向北青报记者提供的手写账单中可见，“蒜蓉大虾”的价格共计1 520元，加上其他菜的消费，共计2 175元。事情发生后，在纠纷的处理过程中，肖先生和朱先生表示，他们先报了警，但派出所民警说这属于价格纠纷，派出所没有执法权，应该找物价局。但物价局说已经下班了，让他们报警。折腾到夜里12点多也没有结果，后来民警就走了。之后第二次打110，双方到了派出所，在民警的协调下，凌晨两点左右，肖先生和朱先生分别给了店家800多元和2 000元。

※媒体报道

《京华时报》10月8日将天价虾事件报道后，引发网友关注。青岛市7日对“天价虾”事件相关部门人员作出处分决定，青岛市市北区市场监管局主要负责人停职检查，对该区物价、旅游等部门主要负责人进行诫勉谈话。青岛市物价局表示，节日期间物价部门已查处多起价格违法行为，并且对涉事大排档进行检查处理。

※处理结果：涉事烧烤店被吊销执照

青岛市物价局6日通报了这起涉嫌价格欺诈案进展。经现场检查，这家大排档名为“市北区善德成烧烤店”，其提供的菜品虽有明码标价但不规范，并涉嫌误导消费者消费。市物价局已责成市北区物价局根据价格法等有关法律法规予以立案处理。

青岛市市北区物价局表示，拟对该店作出9万元罚款行政处罚，并责令其立即改正价格违法行为，这一行政处罚事先告知书已于6日下午送达该店。据介绍，青岛市下达了对该店责令停业整顿并吊销营业执照的行政处罚告知，并对市北区市场监管局主要负责人停职检查，对该区物价、旅游等部门主要负责人进行诫勉谈话。

7日，青岛市旅游局、工商局、物价局、公安局还联合发布《关于进一步治理规范旅游市场秩序的通告》。

目前青岛物价部门已查处或配合工商等部门检查处理了市北区善德成烧烤店涉嫌价格欺诈案、青岛市动物园停车场未明码标价案和崂山区流清湾农家宴涉嫌违法经营案。

【案例思考】

1.结合上述案例内容，试分析“天价虾”事件处理过程中涉及哪些政策工具？

2.结合本案例，谈谈对公共政策工具基本概念、内容和功能的理解。

3.结合绿色生态旅游业，谈谈我国如何运用政策工具规范旅游市场。

政策工具（public policy instrument）也称为政府工具（governmental tool），政策工具研究既是当代公共管理学理论研究的新的学科分支，又是当代公共管理实践的新的重大课题。在政策执行时要选择政策工具，可以说，政策工具是政府治理的手段和途径，是政策目标与结果之间的桥梁，对政府能否达到既定的政策目标具有决定性影响。从这个意义上说，政策工具研究是十分必要的。

§6.1 政策工具概述

政策工具的研究越来越引起学术界的重视。目前，在政策科学及公共行政学领域已经出现了不少关于政策工具方面的论著。政策工具研究在公共管理学和政策科学中被重视的原因有：一是政府管理以及政策执行的复杂性导致人们对政策工具或手段进行反思，实际的行政管理以及政策执行对工具方面知识需求的增长要求对公共政策问题做更多的科学与实证分析和研究。二是福利国家的失败以及政府工作的低效率，导致人们对工具途径的政治及意识形态上的支持。20世纪80年代初，荷兰的吉尔霍德（Geelhoed）委员会得出结论：政策工具知识的缺乏和不足是导致政策失败的重要原因。因此，解决政策失败问题的关键在于建立和发展一门政策工具理论并将它付诸实践。三是当代社会科学实践性的增强，特别是应用性社会科学日益介入政府的政策和管理实践，导致这些学科的学者对包括工具性知识的更多的追求。这种学术与实践的密切结合引发了更多的学者投身于解决实际社会问题，推动了对政策工具的研究。四是公共管理学和政策科学研究领域自身的扩展导致了政策工具被纳入学科的视野之中。

目前，虽然政府工具的研究已起步，但远未成熟，政策工具领域仍有大量的问题需要进一步研究，许多问题至今仍然没有一致的看法。

6.1.1 政策工具概念

对政策工具的研究有很长的历史，可以说政策研究一开始就伴随着对政策工具的研究。政策工具研究最早起源于社会科学领域，当初的研究主要集中于一点，即个人或公共组织通过什么样的方式和途径来有目的地影响和作用于社会进步。在经济学领域，工具途径已经流行了相当长时间，为了达到既定的经济利益，工资、价格以及社会福利政策在传统上就一直被当成工具来使用。在政治学领域，达尔和林德布洛姆在《政治、经济和福利》（1953）中已论及政策工具的基本原理。在此之后，政治学中的政策工具研究沿着两个不同的方向发展：一是注重对工具的政治属性的研究，它以政治文化和意识形态的研究为基础；二是沿袭结构-功能传统，力求通过对工具的研究来确定公共政策功能。法学领域同样包含着工具研究途径，20世纪初，庞德（Pond）就提出过法律是一种社会控制工具的观点。

最近几年，在现实需要以及理论与实践紧密结合的刺激下，政策工具研究开始盛行，在公共管理领域出现了众多的政策工具研究。但是，对于什么是政策工具，由于研究者们的理解角度不同，所以给出的定义也就各不相同。如有学者把政策工具定义为“影响政策过程以达到既定目的的任何事物”，或“一个行动者能够使用或潜在地加以使用，以便达成一个或更多的目的的任何事物”；也有学者通过分类或列出几组具体工具来对政策工具进行描述。这些观点都把工具看成是拥有某些共同特征的活动，如计划、法令等。

另外，欧文·E.休斯在《公共管理导论》一书中将政策工具定义为：“政府的行为方式，以及通过某种途径用以调节政府行为的机制。”我国学者张成福的定义则是：“政府将其实质目标转化为具体行为的路径和机制。”但是，这两种对公共政策工具定义的范围过于狭窄，在现实生活中，政府有其政策工具，其他主体也可以有政策工具。

不同学者表述不尽相同，但精神实质是相同的。他们大多认为在给政策工具下定义时必须把握政策工具的如下特性：首先，每一种工具都应该具有一些共同属性，这些共同属性使得这些工具得以识别。其次，每一种工具规定行动的结构，它不是随意的或者临时的，而是一种制度化的行动模式。该工具规定谁有权操作公共项目，其角色是什么，与他人关系如何，也就是说，是一组公共行动的权利与义务。最后，这种结构化的行动是一种集体行动，它的目的是解决公共问题，这表明这种结构化行动不仅仅是政府行动。

目前，政策工具最常见的定义是：“一个行动者能够使用或潜在地加以使用，以便达成一个或更多目的的任何事物。”（A. Hoogerwerf）简单地说，政策工具就是达成政策目标的手段。我们比较赞同这个观点。首先，政策工具存在的理由是为了实现政策目标，它是作为目标与结果之间的桥梁而存在的；其次，政策工具只是手段，而不是目的，政策工具的范围极其广泛，对其选择也有相当大的灵活性；最后，政策工具的主体不仅仅是政府，其他主体也可以有自己的政策工具。

综上所述，我们将政策工具定义为：**公共部门或社会组织为解决某一社会问题或达成一定的政策目标而采用的具体手段和方式的总称。**

6.1.2 政策工具的特征

每种工具都有其自身固有的特征、适用范围及优劣程度。作为政府治理，实现政府职能，解决公共问题的政策工具，有哪些基本特征呢？不同的学者对它有不同的解释，而且随着时代的发展，可能出现一些新的特性。

首先，政策工具既然被界定为一种“客体”，它最基本的特性就是客观实在性。政策工具限定在实现政策目标或结果的手段上，它作为手段，无论是决策者、政策执行人还是政策对象，都可以对政策工具的存在有明确的感知。其次，政策工具具有多样性的特征。政策工具可以是一种类型的物品或服务，例如，为公众提供信息服务，为公众提供现金或贷款；也可以是提供物品或服务的工具，如税收系统、司法系统；或是一套规则，这些规则包括正式的或者非正式的，它主要是界定各提供者之间的关系。最后，政策工具还具有动态性的特征。政策工具并非一经选定就固定不变，它必须不断调整以满足社会经济发展的需要。在使用过程中，它会随着时间推移而发生改变，即使它们本身不变，主体运用它们的方式、策略以及目标团体为了逃避该工具的影响而采取的策略也都有可能发生巨大改变。此外，一种模式不能适应各种不同的情况，政策主体在不同的情况下要选用不同的政策工具。随着理论的逐步完善，理论界对政策工具提出了一些新的评价标准，政策工具也有了一些新的特征：

1.有效性

政策工具是能够解决公共问题的工具，有效性是判断政府公共行动是否成功最为重要的标准，也就是我们经常所说的社会效益。有效性表明一项公共行动达到了目的，虽然成本也将成为一个考虑的重要标准，但是有效性常常可以独立于成本，如果一项公共行动没有达到预定的目的，即使所付成本很少，这项公共行动也没有任何意义。因此，有效性就成为政策工具的一项基本特征。

2.公平性

最好的政策工具是那些能够满足社会公平要求的工具，所以，政策工具必须满足公开、公平、公正的特性。例如，社会保险可能会被认为是最好的政策工具，因为它的目的就是为了保障所有个体的基本权利，包括弱势群体的利益。

3.适应性

适应性在现代社会中具有越来越重要的地位，诺斯通过对适应性效率（adaptive efficiency）的研究指明了制度在经济生活中的重大意义，从而修正了古典经济学。奥斯特罗姆通过对基础设施的研究指出："如果制度安排不能对变化的环境作出反应，那么基础设施的可持续性很可能遭到破坏。"政策工具的适应性是指政策工具不仅能够适应当时的环境，而且能够随着环境的变化而变化。

4.可操作性

除了有效性、效率、公平和适应性之外，最近的研究表明，在项目执行过程中管理问题逐渐变得越来越重要。工具越是复杂，所涉及的参与者越多，管理的难度就越大。虽然有些工具在理论上向我们许诺会带来更大的利益，但是实践上却往往会因为管理方面的原因而使其失效。正是基于这个原因，有学者甚至把可执行性作为项目设计的第一标准。政策工具必须是最简单的和最直接的可操作的工具。

5.合法性和政治可行性

政策工具的选择还会受公共行动的合法性和政治可行性的影响。一项政策工具即使效率很高，效果也很好，但是如果没有政治的支持，那么这项工具也不可能被采用。这事实上又回到了公共行政之责任的问题。正如布鲁金斯研究所关于新公共管理的研究，新公共管理关注绩效、而不是财政和公平，关注结果、而不是过程。因此新公共管理与民主价值发生冲突，新公共管理如果要取得合法性必须重建其伦理和民主价值标准。因此，政策工具还具有合法性和政治可行性的特点。

6.1.3　政策工具的功能

政策工具作为公共行政决策的重要组成部分，在新公共管理中有着重要的作用。政策工具是用来达成政策目标的手段，政策目标主要是在政策制定阶段确立的，政策工具主要发生在政策执行阶段，其功能主要表现在以下几方面：

1.政策工具是把公共决策变成现实的桥梁

政府为了有效地管理国家和社会事务，必须根据社会政治、经济、文化发展的需要和态势，针对现实中的重大政策问题，确定正确的政策目标。政策目标要变成现实，必须以各种政策工具作为媒介，在政策执行中充分运用经济性的、行政性的以及政治性的工具手段，才能使政府决策真正变成现实。如果没有具体的政策工具予以贯彻，任何公共决策产生的思想、理念和原则都只能是"纸上谈兵"。

2.政策工具是实现公共管理职能的重要手段

随着政府职能的转变，政府的主要职能被定位为制定法律和规章制度，监督和执行法律法规，公共服务成为政府的基本职责。例如，政府的财政开支，相当大的部分应该用于教育和社会福利事业。同时，要建立比较完善的社会保障制度，使政府的公共服务得到较好的实施和加强。政府将从参与办经济实体和社会团体的大量社会事务中解脱出来，要掌好舵而不是划好桨，这就要借助政策工具实现公共管理的职能。

3.政策工具是实现政策目标的途径

政策目标与政策工具相辅相成、缺一不可。没有目标或目标不正确，即使有最先进的工具也毫无意义。但是，正确合理的目标如果没有实现手段和方法，目标也难于达成。

§6.2 政策工具的类型

由于分类所依据的标准不一，研究者们对政策工具的分类自然也就不同。他们从不同的角度出发把政策工具划分成不同的类型：

荷兰经济学家科臣（E.S.Kirschen）最早试图对政策工具加以分类，他着重研究这样的问题，即是否存在着一系列通过执行经济政策能获得最优化结果的工具。他整理出64种一般化的工具，但并未加以系统化的分类，也没有对这些工具的起源和影响加以理论化探讨。

著名政策分析家狄龙（Van der D.elen）将政策工具划分为法律工具、经济工具和交流工具三类，每组工具都有其变种，可以限制和扩展政策对象的行为。另一种更新的三分法是将政策工具分为管制性工具、财政激励工具和信息转移工具。

麦克唐纳尔和艾莫尔（L.M.McDonell and R.F.Elmore）根据工具所要获得的目标将政策工具分为四类，即命令性工具、激励性工具、能力建设工具和系统变化工具。

加拿大学者霍莱特和拉梅什（M.Howlett and M.Ramesh）在《公共政策研究》（1995）一书中根据政策工具的强制性程度来分类，将政策工具分为自愿性工具（非强制性工具）、强制性工具和混合性工具三类。与其他分类方法相比，他们的分类框架更具解释力、更合理。

欧文·E.休斯认为，绝大多数的政府干预往往可以通过4个方面的经济手段得以实现：（1）供应；（2）补贴；（3）生产；（4）管制。

E.S.萨瓦斯在《民营化与公私部门的伙伴关系》一书中将公共服务的提供制度分为政府服务、政府间协议、契约、特许经营、补助、市场、用户付费、志愿服务等。

萨拉蒙等人在《政府工具》一书中对政府常用的治理工具（公共行动的工具）进行了分类并介绍了这些工具各自的特征。

借鉴公共管理学者的现有研究成果并充分考虑公共政策工具运用实践，依据政府的特性即政府是社会体系中唯一能够合法地使用暴力的组织；政府存在的重要的理由在于矫正和弥补市场的失灵，提供、安排和生产公共的产品和公共的服务；在当代社会，政府、市场组织和公民社会又是社会事务管理网络的主要行动者，从政府使用权威的程度、政府介入提供公共产品和公共服务的程度，政府介入社会事务管理的程度，本书把政府政策工具划分为以下主要的类型：经济性工具、行政性工具、管理性工具、政治性工具和社会性工具五类。

6.2.1 经济性工具

经济性工具指的是政府为了实现自己意图、达成政策目标而运用的给予或夺取物质利益的方法。经济性工具运用价格、工资、利润、利息、税收、资金、罚款以及经济责任、经济合同等来组织、调节和影响政策执行者和政策对象的活动。经济性工具具有3个特征：第一，间接性。它一般不对政策对象进行直接干预，而是利用经济杠杆对各个方面的经济利益进行调节来实行间接控制的。第二，有偿性。经济性工具的核心在于贯彻物质利益原则，注重等价交换原则，“有偿交换、互相计价”是其主要原则。有关各方在获取自己经济利益的权益上是平等的。第三，关联性。一种经济性工具的变化不仅会引起社会多方面经济关系的连锁反应，而且会导致其他各种政策工具的相应调整，它不仅影响当前，而且会波及今后。

实践证明，在运用经济性工具的过程中，只有正确贯彻物质利益原则，按客观经济规律办事，运用经济性工具来调整各方面的经济利益，将实施政策的任务与物质利益挂钩，并以责、权、利相统一的形式固定下来，间接规范人们的行为，给人以内在的推动力，才能充分调动人们执行政策的积极性和主动性，增强政策的效力，使政策目标得以实现。经济性工具包括财政性工具、以市场为核心的工具和政府直接生产或者提供公共产品与非市场机制工具。

1.财政性工具

财政性工具是政府通过改变产品和服务相对价格的补贴以及课税，提供诱因，促使政策的目标群体能够改变其行为，以符合政府治理的目标和要求。具体而言，政府通过课税来提高那些从社会的观点来看属于太过丰盛的产品和服务的价格；通过补贴来降低产品的价格，使社会的净收益达到较高的程度。从课税的方面来看，政府可以直接对企业的外部成本行为（如污染行为）予以征税，如污染物排放费，促使企业限制其行为；政府可以通过关税，保护本国发展中的幼稚产业；政府可以对特定物品（如烟、酒）课以重税，限制消费，改变消费者的不良行为；政府可以通过使用者付费，来减少公共物品使用的拥挤。对于那些优价财，即那些能够产生外部正效益，其社会价值超过私人价值的产品，政府可以通过补助、税收优惠或者减免的方式，诱导社会提供更多的优价财。总之，财政性工具的核心是利用企业趋利的本性来达到政府治理的目的，从而实现政策目标。

2.以市场为核心的工具

以市场为核心的政策工具，就是政府利用市场机制的运作来解决公共问题，实现政策的目标。凡公共事务能够以公开、公平、自由竞争的方式达成较大效益者，便适合市场的机制。为促使市场机制的发挥，以市场为核心的工具，包括竞争选择、公私合伙、重新私有化、分权化、服务顾客、使用者付费、自由化等。

（1）竞争选择

奥斯本和盖布勒将竞争分为三类：一是公对私的竞争，即让公共组织和私人组织都来提供公共服务，从而促使其竞争；二是私对私的竞争，即政府要求私人企业彼此竞争，以提供一些公共服务；三是公对公的竞争，即政府促使自己内部组织之间进行竞争，以达到良好的服务效果。从公共服务市场化的角度而言，最主要的是公公竞争和公私竞争。

公公竞争，主要包括客户竞争和内部市场。客户竞争旨在打破垄断性的集中配置、划片服务及客户分割，实行公共服务的分散化，给客户以自由选择的现实权利，迫使公共部门为赢得客户而不得不展开竞争。内部市场的实现需要具备3个要素：第一，要明确划分生产者和消费者。第二，内部市场的主体在内部签订准合同和商业契约，并在此基础上运作。第三，要求有一定的付费制和会计制度做保障。内部市场的核心措施在于引入新的内部核算机制和价格机制，推动公共服务部门之间的竞争。

公私竞争，主要指市场测试，即通过对政府内部和外部的各类服务承担者进行平等的成本效益比较以检验资金的价值高低，并以此决定最佳服务承担者的过程。在市场测试中，原先由政府内部承担的活动向竞争者开放，形成公私之间的平等竞争。不论最后的结果是外包还是继续由政府内部承担，市场测试都能保证公共服务以最佳的方式提供，从而实现公共资金的最大价值。

（2）公私合伙

公私合伙主要包括合同外包、特许经营和共同生产3个方面。合同外包，亦称合同承包，主导思想是公共服务的非垄断化，即政府将原先垄断的公共服务的生产权和提供权向私人部门、非营利性部门转让。由政府作为顾客与委托人，确定某种公共服务项目的数量和质量标准，对外承包给私人企业或非营利机构，中标的承包商按照与政府签订的合同向相关民众提供公共服务，政府用财政拨款购买承包商的公共产品和劳务。合同外包对政府起到了“卸载”（uninstall）的作用，政府成为真正的管理者，而不再是提供者。特许经营也需要建立合同关系，但与合同外包有所不同，政府不需要以纳税人的税收去购买私人部门提供的公共服务，而是以政府特许一定期限的经营权的形式吸引中标的私人部门参与基础设施建设或提供某种特定的服务项目。私人部门通过向使用者收费来收回企业成本，追求投资回报，政府则保留价格核准权。共同生产（包括了一定比例的志愿行为）是指由民众或团体与政府合作，共同推进公共事务，如民众配合政府清理城市垃圾、构建基层社会治安的防御体系等。

（3）重新私有化

重新私有化也即私有化或民营化，有多重含义。有狭义的私有化和广义的私有化，这里指狭义的私有化。私有化一般包括两个阶段，即公司化和私有化。对于公司化，在公共服务方面“政府失败”的原因在于公共服务的部门运转的呆滞性和政府服务的不可标价性，政府包揽了服务项目却往往置市场信号和公务员个人的能动性于不顾，既疏离了对顾客导向和需要的回应，又加重了政府的财政负担。因此，可以对某些提供公共服务的部门进行公司化改造，按照私人部门的方式进行运营。对于私有化，以法国为例主要有以下4种：转让股份，即通过上市公开定价出售股份；招标，即在股市外通过招标进行；向一些稳定的股东出让部分资产；向雇员出让股份。

（4）分权化

当代西方行政改革的一个基本动机就是解决政府财政和管理危机，所以必然要对政府权力结构和重心进行调解。分权化主要有两种基本形式：一是执行机构化；二是财政分权。分权化的主要形式是通过公共组织决策和执行的分离来赋予执行者更大的自主权，使被授权的下级组织成为独立的行动单位，能够自己控制自己的预算，能够自主地与其他组织进行竞争，而政治家只负责确立目标并对绩效进行有效控制。这一改革实现了上下级关系由直接隶属到契约关系的转变和上级对下级的控制由着眼于工作流程到着眼于工作效果的转变，体现了分权制度化的趋势。分权化的另一种方式是财政分权，这种方式在英国得到广泛应用。英国财政部于1982年推行的财务管理创新方案，主要特征就是采用了财政分权的形式。由于以效率为价值准则，下级组织以完成项目、提供标准服务为工作指向，减弱了上下级组织间以强制为特征的官僚式控制，有利于调动各方面的积极性和创造性；具有相对独立性质的执行单元，以高效完成合同标的为组织目标，削平了组织的中间管理层次，实现了政府组织结构的扁平化。

（5）服务顾客

服务顾客的途径主要有3个方面：顾客选择、竞争选择和顾客质量保证。顾客选择是促使政府部门产生压力感的最有效的方式。其主要做法是：第一，建立公共选择系统，即允许顾客从不同的公共部门或者私人部门间选择服务供应者；第二，建立顾客信息系统，即以公有资源、私有资源或混合方式向顾客提供各个供应者的服务成本、质量等基本信息，使顾客在信息比较透明和充分的情况下进行选择。竞争选择的目的在于引导政府部门和民间机构提供充足的公共服务，并以此激发顾客充分的服务需求。其主要做法有：第一，建立竞争性的公共选择系统，即向顾客提供跨地区的选择系统，鼓励顾客多做比较；第二，增加或创造需求，通过诸如发行抵用券等方式鼓励民众购买或使用特定的服务项目，刺激顾客需求，并以此改变市场状况；第三，改变政府的投资策略，根据服务市场的供需状况，选择某些相对稀缺的服务领域或相对滞后的服务项目进行投资，扩大顾客的选择面。顾客质量保证，即制定服务顾客的标准以及相应的奖惩标准，促使有关服务供应部门提高服务质量，以更好地回应顾客的需求。其主要做法有：制定具体详尽的服务标准；采取保证和赔偿措施以确保服务质量；强化服务技能训练；建立顾客申诉系统；设立顾客委员会监督服务质量等。

（6）使用者付费

这既可以指政府或私人部门向获取公共服务的民众收费的行为，也可以指政府内部市场中的模拟付费，还可以指政府向提供公共服务的非政府部门付费的行为，其主要目的是把价格机制引入公共服务领域。从理论上讲，付费制具有以下优点：第一，它能够克服免费提供公共服务所导致的对资源的不合理配置和浪费；第二，无偿提供公共服务将导致无目的的补贴和资助，对社会公平造成损害；第三，通过付费制，价格可以真正起到信号作用，从而使市场机制在公共服务领域得以良好运用；第四，通过付费制也可以增加政府的财政收入，缓和政府的财政危机。但付费制本身也存在一些缺陷，对于一些特定的公共服务，付费制并不合适。一般认为，对于使用者和公众可以自由选择服务项目的服务领域，采用付费制比较合适。现在西方许多国家开始采用付费制，但其目的大多是为了缓和政府财政危机，实际上并没有使价格机制真正发挥作用，所以付费制离理论所设想的理想状态还差得很远。

（7）自由化

这主要体现为放松规制。这在北美的行政改革中比较盛行，其基本的观念是，“政府无效率的主要原因是对管理层进行预前控制的内部规制和规则的数量太多，它们包括人事规则、僵化的付酬制度、预算规则、具有约束性的采购法则以及许多别的规制”。基本的假设是，“如果公共组织能够清除这些清规戒律，它就能更加具有灵活性和效率”。（彼德斯，1998）放松规制包括放松市场规制、社会规制和行业规制等，其重点是放松市场规制。市场规制放松后，政府对市场的约束减少，市场行为的自主空间大大扩展。

当然，各国应用的市场化工具远不限于这几种，凡是在某一方面具有明显市场特征的方式、方法和手段，都是市场机制的反映，都可以视为市场化工具。

3.政府直接生产或者提供公共产品与非市场机制工具

所谓非市场机制，是指政府为解决公共问题，满足社会公众的需要，直接运用政府的公共权力，为社会提供公共产品和公共服务。政府直接提供公共产品和公共服务的范围是十分广泛的，如国防、警察、基础设施等。由非市场机制提供公共产品和服务，从各国的情况来看，主要有两种方式：一是政府直接供给；二是政府间接供给。政府直接供给系由政府部门直接生产和分配公共产品。政府的间接供给系指政府部门不直接提供公共的产品和服务，而是由政府设立专门的组织或者机构提供公共的产品和服务，或者政府通过契约外包的方式由市场组织或者非营利组织提供公共的产品和服务。政府建立专门的组织或者机构提供公共产品，从各国的情况来看，主要是准政府组织、政府公司和国有企业。契约外包是政府把原来要提供的公共产品和服务委托民间机构进行生产或者提供，政府以签约的方式，通过民间组织或者公司执行政府的工作。

6.2.2 行政性工具

行政性工具就是政府利用公权力和权威，采用行政命令、指示、规定及规章制度等行政方式，按照行政系统、行政层次和行政区划来实施政策的方法。行政性工具有着显著的特点：第一，权威性。采用行政性工具的行为主体是上级政府机关或上级领导，作用对象是下级政府机关或工作人员。他们之间强调的是垂直领导关系，下级服从上级的关系。行政性工具依靠强制性的权威将国家的各项方针、政策准确无误、坚决有力地推行和落实。第二，强制性。强制性体现于行政组织体系在思想上、纪律上要服从集中统一的意志，这就是说，行政主体所发出的命令、规定、条例等都必须执行，有时属于根本不考虑价值补偿问题的无偿性服从，更有甚者是要求无条件地绝对服从。当然，这同法律所具有的普遍约束力那种强制不尽相同，它允许特别情况下的灵活机动。第三，对象的有限性和时效性。在实际工作中，行政指示、命令等往往是就解决某一具体问题、完成某一项具体任务而做出的，因此，它的内容和发布的对象是具体有限的。不仅如此，行政指令还有时效性，即它只对特定时间和特定对象有限。

行政性工具包括行政干预、行政法律、行政奖惩、行政诱导等。

1.行政干预

所谓行政干预，就是政府凭借政权力量，依靠从上到下的行政组织制定、颁布、运用政策、指令、计划的方法，来实现公共政策的目标。行政干预一般分事前即预防性干预、事中即工作进行中的干预和事后干预3种。通常以后两种干预较为普遍。其特点是：以国家权力为基础，强调垂直领导关系，下级服从上级的权威性。以中央政府为行政系统中心，保证全国政令统一；性质是指令性的，令行禁止，须无条件落实执行，具有强制效力。行政干预的方式是多种多样的。根据社会状况的发展对公共利益、国家利益和国家生存可能造成损害及威胁的程度的不同，而分别选择使用不同的行政干预方式，其严厉程度和强制程度也有所区别。

2. 行政法律

行政法律是指国家行政机关在行政管理领域内，依照法定职权和程序，把国家法律、法规实施到具体的行政活动中，以达到有效而合理的管理目的。

3. 行政奖惩

作为实现公共政策的一种行政性工具，行政奖惩的对象应当包括行政人员和管理相对人。公共政策的执行固然需要行政机关及其行政人员来负责，但也需要管理相对人的支持、协助和配合。通过奖励和惩罚，将两方面的积极性都调动起来，才能使政府决策落到实处，实现政策目标。

4. 行政诱导

行政诱导是指除经济诱导之外的诱导性手段。它用非强制性手段使行政人员和管理对象自觉自愿地去从事政府所鼓励的工作或活动，其方式有启发教育、说服劝告、建议协商、标榜典范乃至舆论抑扬等。

6.2.3　管理性工具

管理性工具是指将企业的管理理念和方式借鉴到公共部门中来，吸收有效经验达成政策目标的方法。（陈振明，2003）它包括系统管理、绩效管理、人本管理、权变管理、信息管理、目标管理等。

1.系统管理

近年来，系统管理作为一种有效的管理方法，在公共管理领域得到了越来越多的运用，这是因为行政系统不是孤立存在的，它是外界大系统中的子系统，同时又是整合内部各子系统的大系统。行政系统作为一个整合系统，内部又包含行政目标子系统、行政机构子系统、行政人员子系统、行政价值子系统。各子系统之间相互联系，相互作用，共同构成一个完整的有机体。掌握系统方法的整体性特征就是要求行政管理整体的最优化，在具体的行政管理活动中始终做到从整体出发。运用非线性思维考量系统整合，使行政系统的整体功能大于各子系统功能的总和，使行政系统在最优化的环境中运行，达到最优效果。在公共管理实践当中，系统管理作为一种科学的管理方法，可以促使公共管理者对行政环境进行全面的分析与调查，充分考虑各种相关因素，更合理地利用组织资源，实现管理目标。

2.绩效管理

随着社会的不断发展，政府功能不断扩张，行政成本日益提高，而社会公众期望政府以最经济的手段提供更优质的公共服务。为了解决财政压力和社会需求之间的矛盾。近年来，美国成立了“国家绩效评估组织”，澳大利亚财政部也增加了对项目进行结果管理的职能，英国开展了创造一个“评估性国家”的运动，许多西方国家都将绩效管理作为政府再造的重要策略。这种以绩效为目标的管理模式采取了经济学的成本-收益分析方式，有利于提升政府的行政效率和管理能力，使公共资源得到合理有效的利用，但是这并不意味着绩效管理单纯强调效率原则，它当中还包含了顾客至上和公共责任的服务理念，有利于改善政府和社会的关系，有利于提高社会公众的满意程度，这也正是绩效管理与单纯以行政效率为目标的传统管理模式的区别所在。绩效管理的提出则弥补了效率目标的局限，它将公共管理的高效化寓于社会的可持续发展当中，而人的全面发展则是可持续发展的本质要求。

3.人本管理

人本管理就是以人为本的管理，即把人的因素当作管理中的首要因素和本质因素。有效的人本管理要求组织内部必须建立一套完善的运行机制与之相适应，如更新机制、激励机制、约束机制、保障机制等。各种机制相互配合，相互协调，为组织实现人本管理提供制度化保障。人本管理不仅适用于私人部门，它的基本理念和方法同样适用于公共领域的人事管理，尤其是在知识经济时代的背景之下，有效的人本管理是提高政府绩效的重要途径。重视人力资本的开发和利用，倡导科学的人性化管理并在此基础上建立“学习型组织”和“学习型社会”，通过增强公共部门的竞争优势和人的全面发展来促进整个社会的全面、协调、可持续发展，这对于一个国家和社会的发展具有重要的战略意义。

4.权变管理

权变管理，其着眼点在于强调组织的多变量性，并力图了解行政组织在变化条件下和特殊环境中的运作状况。运用权变方法对组织进行管理时，我们要善于对行政组织及其环境的特点进行诊断，根据行政组织及环境的特点来确定行政组织的目标，并调整行政组织结构，协调行政组织活动，使行政组织能适应环境的变化而存在和发展。推行权变管理的积极意义就在于使公共管理者在管理实践当中不被僵化的规范所束缚，善于把握内外环境的变化趋势，积极培养创新精神，依靠创新管理来增强行政组织的弹性和活力，运用创新成果提高管理效能，使组织的目标和存在形态与不断发展的社会需求相吻合。公共管理创新是各国政府都面临的问题。近年来，英国、美国、新西兰等国在行政改革的过程中都进行了大规模的管理创新、放权分权、政府服务外包、政府组织内的企业化改革，很多公共管理的创新理论都在实践中得到验证。

5.信息管理

有效的信息管理对于公共部门来说是必不可少的，信息的真实性、及时性和科学性是公共管理者在复杂的决策环境下做出正确决策的必要前提。成功地构筑一个信息平台，有赖于行政系统内部完善的信息沟通机制和现代科学技术的有效应用，它是公共管理实现科学化的基础和媒介。特别是在当今社会，信息化浪潮席卷全球，网络已经延伸到社会生活的每一个角落，为了迎接网络时代对政府管理提出的新的挑战，提高国际竞争优势，推进政府办公自动化、网络化、电子化和全面信息共享，利用信息技术改革政府的组织和管理，构建“电子政府”，为社会公众提供更广泛、更便捷的信息服务，全面提高政府的行政效率和服务品质，以适应高速发展和快速变化的信息时代的要求。

6.目标管理

政府中的目标管理就是通过预先设计的政府工作目标，激励和引导政府部门和公务人员的管理行为，并对这种行为实施控制，最终实现政府工作目标的管理方式。通过目标管理，把发展和改革的总体目标转化为政府工作目标，协调发展，突出政府工作重点。作为一种政策工具，目标管理在公共部门中的应用要求按照统一、效能的原则，将竞争机制引入公共管理活动，落实公共管理系统工作责任制，促进公共部门转变作风，克服官僚主义，提高工作效率，按照职能和目标逐步理顺公共部门的权限和职责，把各部门、各单位的思想和行动统一到实现预定目标上来。通过目标管理的导向和协同作用，加强政府工作的横向联系，减少内耗，以获取更好的整体功能和管理绩效。

6.2.4　政治性工具

政治性工具指的是政府为了实现自己意图、达成政策目标而运用各种政治资源的手段和方法。所谓政治资源，就是政治主体可以用来影响他人行为的政治手段和政治财富。它可以分为硬性资源和软性资源，硬性资源主要有警察、武装、传播、政党、团体、民族等，软性资源主要有财富、威望、知识、信息等。政治资源是维持公共政策顺利推进的力量源泉，是实现公共政策目标的基本保证。

政府运用政治资源来达成政策目标的方式主要有政治管理和政治参与两种方式。因此，政治性工具也就包括政治管理和政治参与。

1.政治管理

所谓政治管理，就是公共权力机关和政府官员通过公共权力体系实现社会资源管理的全部活动。具体地说，政治管理的主体是由国家权力主体及其延伸而构成的政权体系，包括各类权力机关、组织和管理人员；政治管理的目的是保证社会政治生活的正常运行，实现社会公共资源的权威性分配，从而实现公共政策的目标。政治管理的方式是自上而下地、自觉地进行约束或协调；政治管理的客体是国家内部的全体社会成员。政治管理是管理者对政治生活进行调节和控制的活动。政府制定资源管理和分配的规则，并加以组织监督和实施。从这个意义上说，政府政治活动的全部内容就是围绕社会资源管理而展开的，就是为了制定并实现公共政策目标。

2.政治参与

政治参与就是个人或集体影响公益或公共资源分配的活动。政治参与的主体是普通公民以及由普通公民组成的各类政治组织和团体。政治参与的目的是力图影响社会资源分配，影响公共政策的实现。政治参与的途径和方式多种多样，目前，被公认的主要途径包括：①投票。投票是公民个人在竞争性的政策或候选人之间或在其他有争议的问题前表示其偏好或态度的一种政治行为。投票的方法很多，可以通过声音来表达，可以通过手势来表达，可以通过书面表达，还可以通过电子信号来表达。②集会。集会就是公民为了共同目的临时聚集举行会议，联合表明政治观点，向政府提出某种支持或者要求的活动。③请愿。请愿是公民向国家权力机关表达自己意愿的行为。游行示威是政治请愿的重要方式。④发表言论。发表言论是公民通过语言文字阐述自己政治主张和政治见解的行为。现代社会公民通过发表言论实现政治参与，主要是通过大众传播工具形成公共舆论去影响公共政策的制定和执行。⑤游说。游说是公民谋求个人或集团利益而接触并说服政府官员的行为。游说被认为是利益集团政治参与的主要方式和途径，是利益集团影响公共政策的主要手段。⑥政治冷漠。政治冷漠表示公民的不参与行为，它是公民对来自政府部门或其他组织机构的政治决策、政治动员不予理睬的行为。政治冷漠属于公民的消极参与类型。政治冷漠是公民消极地影响政策的方式。

6.2.5　社会性工具

社会性工具是指政府利用社会资源，在一种互动的基础上来实现政策目标的方法，如社区治理、个人与家庭、志愿者组织、公私伙伴关系等。

1.社区治理

在我国大力发展社区建设和社区服务的实践过程中，社区治理是一种重要的政策工具，具体包括：开发和利用社区文化资源、人力资源等，在社区通过建立各种敬老院、福利院、康复中心、医疗站、托儿所、幼儿园等设施，对老年人、儿童和残疾人等实行社区照顾；组织社区居民不定期地参加保护社区环境的清洁卫生工作，美化居住环境；加强社区治安管理等。社区治理的优点在于：不花或者少花政府的钱；调动公民积极参与；容易得到广泛的支持和欢迎。但是，社区治理只能作为一种辅助工具来使用。

2.个人与家庭

在任何社会中，家庭和个人都提供了无数的物品与服务，政府也往往有意识地扩展它们在达成政策目标上的作用，尤其是在提倡“小政府，大社会”的当今现实状况中。安装警报器预防火灾、锁上房门防止偷盗等是最早的也是最基本的个人服务方式。作为一个服务单位，家庭是人们在住房、健康、教育、福利和养老等方面最古老也最有效的服务部门，它为其成员提供了广泛而又重要的服务。作为一种政策工具，个人与家庭可以做好政府无法做或做不好的许多事情，从而减轻政府的负担。但是，它也同样只能作为一种辅助工具来使用。

3.志愿者服务

作为一种政策工具，志愿者组织的活动不受国家强制力和经济利益分配的约束。志愿者组织提供某些社会服务，例如，慈善机构为穷人提供医疗保健、教育和食品；志愿者团体提供诸如海滩和公园的公益服务等。

在传统社会里，志愿者或非营利组织提供了大量的社会服务，尤其是公益事业方面。现代福利国家的出现曾一度降低了它们的重要性。但是，在当代社会中，它们仍然被广泛地当作一种处理社会问题的重要手段。在我国，随着政府职能的转变，志愿者或非营利组织作为一种政策工具的地位和作用也将日益重要。

志愿服务的最大优点是创新，即能创造性地迅速确认并满足需求。由志愿者提供社会服务还可以减少对政府行动的需要或减轻政府的负担。但是，其应用范围有限，大量的经济与社会问题不能通过这种工具来处理；志愿者组织容易蜕化成准官僚机构，从而降低它的效能。

4.公众参与及听证会

政府决策民主化要求增强政府决策的透明度，建立公众参与的制度，赋予公众在国家决策上的发言权，公众依照法律赋予的民主权利，通过各种形式反映社会生活中的各种问题，提出各方面的建议。公众参与是衡量现代社会民主化程度和水平的一项重要指标，它的具体形式很多，包括直接选举、全民公决、公共决策听证等。其中，公共决策中的听证制度是现代民主社会普遍推行的用于保证各方利益主体平等参与公共决策过程，最终实现决策民主化、公开化、科学化和公正的一种重要制度安排。

作为一种政策工具，听证会提高了决策的民主化和科学化，扩大了决策参与，增加了决策的透明度和公开性。但是，作为一项全新的工具和制度，它在我国应该有一个逐步推广的过程。

§6.3 政策工具的运用

政策工具是政府及其他公共部门实施政治、经济和行政决策的手段，是政府有效管理社会公共事务的桥梁，目的在于有效地解决公共问题，履行政府职能，实现公共政策目标。从本质上讲，政策工具就是政府进行有效治理的工具。政府治理始终面临两个基本问题：一是政府作用的范围和政府在促进社会、经济发展过程中的正当角色；二是政府采取什么样的治理工具或政策工具来实现目标。

长期以来，关于政府的作用和角色问题一直都是国内外公共管理学术界和公共部门管理者研究的热门话题，同时也取得了大量的理论成果和实践经验。但是，对于政府在进行有效治理的过程中采取什么样的工具来实现目标的问题却鲜有涉猎，仍处于起步阶段，研究领域也比较窄，研究的覆盖面和深入性都有待提高。事实上，政府什么该管、什么不该管的问题固然重要，但是，对于政府治理而言，如何管、如何有效地管的问题更为重要。对于正在进行的中国政府改革，我们不仅仅要转变政府的职能，更重要的是要转变政府作用的方式，采取更为有效的治理工具来实现政府目标。

在这一节中，我们主要讨论运用政策工具的意义、影响政策工具运用的因素，同时结合实践论述政府在进行有效治理的过程中如何运用政策工具等问题。

6.3.1 政策工具运用的意义

政策工具是用来达成政策目标的手段。政策目标主要是在政策制定阶段确立的，政策工具运用主要发生在政策执行阶段。政策工具运用在政策执行中占据着重要的地位，这主要表现在以下3个方面：

1.政策工具的运用是政策过程中的重要一环，是有效实现政策目标的途径和保障

政府为了有效地管理国家和社会事务，就必须根据社会政治、经济、文化发展的需要和态势，针对现实中的重大政策问题，确定正确的政策目标，设计和选择达成政策目标的行动方案。要达到政策目标，使行动方案变成现实，就必须借助于有效的政策工具作媒介，对实现政策目标的各种资源进行有效配置，一方面使资源配置达到最优化，同时又以最快的速度和最优的质量达成政策目标。没有政策工具，就实现不了政策目标，没有有效的政策工具，就不可能最有效地实现政策目标。所以说，有效的政策工具是实现政策目标的途径和保障。

2.政策执行过程本身就是政策工具运用的过程

在前面章节我们已经谈到了政策执行是一个复杂的、系统的过程，它包含了一系列基本环节和功能活动，而这些活动的完成要依靠一些必要的执行手段（即政策工具）。政策目标的确立，实现政策目标方案的确定，并不意味着公共政策的完成。一方面，正确的政策方案要变成现实，有赖于有效的政策执行，如果没有政策执行，再好的政策方案也只能是一纸空文，政策目标也实现不了。要把有效的政策方案变成现实的政策目标就必须借助于一定的执行工具。另一方面，由于现代公共政策环境的复杂性和政策主体认识能力的局限性，已确定的政策方案不符合或不完全符合客观实际的情况时有发生，这要求在执行过程中运用有效的政策工具加以纠正。同时，在特定背景下，由于政策工具的差异性，一些

工具可能比另一些工具更有效，甚至一些政策工具出现失效，这就要求政策执行者依据实际情况选择工具。所以政策执行活动作为一个动态过程，就其本质而言就是一个针对具体情况对各种政策工具不断作出选择的过程。

3.政策工具的运用恰当与否，直接关系到政策成败

政策是主体服务于特定目标而采取的一系列活动，在一系列活动中，政策工具的选择是关键。工具为这些活动提供了路径，路径选择正确与否自然是政策成功与否的关键。政策能否成功，很重要的是看政策目标是否正确，达成政策目标的方案是否理想，目标实现后产生的社会效果是否良好。这些都是公共政策要解决的问题。然而，目标能否实现，目标实现后能否产生良好的社会效果，却与政策工具的运用密切相关。正确有效的政策工具，能引导政策目标的顺利实现，无效的政策工具将导致公共政策目标的失败。

20世纪70年代，西方国家面临的政府危机，主要就是在政策工具的层面上产生的，即传统的政策工具失灵，无法适应社会政治、经济和文化发展的需要。戴维·奥斯本、特德·盖布勒认为："今天我们政府失败的主要之处，不在目的而在手段。"当代西方政府改革运动正是根据各国社会现实和当今社会的发展趋势致力于政策工具的重新选择，对传统政策工具进行重新整合和扬弃，从而获得了成功。可见，能否选择恰当的工具是政策成功与否的关键。

6.3.2 影响政策工具运用的因素

对于政府如何有效地运用政策工具，及有哪些影响政策工具运用的因素，国内外学者们从不同的理论角度出发，提出了不同的看法，有的学者把影响政策工具运用的因素归为政治、经济、文化和环境因素；有的学者把影响政策工具运用的因素归为政策主体、客体和政策环境因素；有的学者甚至只强调影响政策工具运用的某一或某些方面的因素或者将某一影响因素推崇到极致而忽略其他因素。在这里，综合国内外学者们的分析，我们可以将影响政策工具运用的因素归纳为政策环境、政策目标、政策主体与客体、政策工具自身的特性以及政策工具运用的实践和经验总结。

1.政策环境

过程主义认为，各种政策工具之间有着重要的差别，没有哪一种或哪一类的工具具有普遍的适用性；恰当的工具并不是抽象计算的产物，而仅仅是一种在动态适应过程中的试探性解决办法；工具的恰当与否是因具体情况而定的。

政策环境影响到政策的目标制定、执行的整个过程，对一国的内外政策具有影响或制约作用。包括政治状况、经济状况、教育状况、法律状况、人口状况、科技状况在内的政策环境，对政策工具的运用有着直接而重要的影响。例如，市场机制工具的效果，取决于市场的完善程度、产品和服务的性质、有关财产权的法律和其他保障市场主体利益的法律、民间资本的发达程度、政府的态度和政策等；管制机制是否能够发挥作用取决于管制的法律、管制的机构、管制的机制、管制人员等。政府治理工具的效果也与公共问题的性质、政治的风险、利害关系人、政府的能力、政府所拥有的资源等各种因素有关。

公共问题的复杂性、政策环境的变幻莫测使得任何单一的政策工具都不足以完全解决某一公共问题；同时也使得政策工具的运用具有很大的随机性和不确定性，必须根据环境的需要来进行选择与运用。典型的事例就是，各国在运用政策工具时都不得不考虑该国的

意识形态和社会政治制度。意识形态是一个信仰的体系，它为既存或构想中的社会解释并辩护其政治秩序，并且为实现其秩序提供策略。不同的意识形态倾向于使用不同的政策工具。在西方国家中，政策工具的运用有着明显的意识形态特征。例如，在20世纪80年代以后，西方国家出现政策工具运用中政府企业化，公共服务市场化、民营化、放松规制等亲市场意识，明显地反映了资本主义社会的意识形态和价值追求。政策环境对政策工具运用的影响告诉我们：

首先，政策工具运用首要的和根本的一条就是要从本国和本地区的实际情况尤其是社会经济发展的现实出发，任何与社会经济发展水平不相适应的政策工具，都必将无法有效地实现既定的政策目标。具体到我国的实际情况，在政策的执行过程中，在政策工具的运用时，就必须考虑我国东、中、西部地区不同的经济发展水平，考虑城乡不同的经济发展程度，考虑不同行业的不同发展状况。

其次，政策工具的运用要充分考虑制度和体制条件。体制和制度条件影响着整个政策系统，当然也制约着政策工具的运用。例如，政党制度、国体、政体，都毫无疑问地会影响政策工具的选择。同样，体制因素也影响着政策工具的运用。如果政出多门，政策上出现不一致，政策工具的运用将非常困难，甚至政策执行者在面对不同的利益群体时，根本无法运用有效的政策工具。

最后，政策环境中的其他因素也同样影响政策工具的运用。教育状况、法律状况、人口状况、科技状况、自然环境、国际环境都从不同的角度影响政策工具的选择。政策工具的运用必须与一定的环境因素相协调，与一国或地区的教育发展水平、公民的教育文化素质相适应；与一国或地区科技发展水平同步。当我们在遭受频繁发生的重大自然灾害、日益污染的自然环境所带来的灾难时，当我们在同恐怖主义进行斗争时，就应该反思长期以来所运用的政策工具。

2.政策目标

政策目标是政策制定者希望通过政策实施所达到的效果。政策目标来自政策所要解决的问题，在对问题进行有效诊断之后确立的政策目标，是选择政策工具的灯塔和航标。政策目标规定政策工具的方向，为政策工具的有效性评判提供标准。在运用政策工具时，必须结合以下影响因素加以考虑：

首先，要明确政府的基本职能和政策的根本宗旨。执政为民，是政府的根本。政府的主要职责是为公众提供有效的公共服务和产品，实现社会经济全面协调发展。维护公共利益是政府存在和运作的基础，是政府的神圣职责，也是政府的义务。所以，公共利益是政策工具运用的基本出发点。我们在运用政策工具时必须思考这样的问题：政策工具的运用是否有助于保护和保障公民的基本权利？政策工具的运用是否充分考虑了民意？政策工具的运用是否有助于维护和提升社会大多数人的利益？政策工具的运用是否超越了特殊利益集团的利益？政策工具的运用是否有助于保护弱势群体的利益，维护社会的正义？政策工具的运用是否符合宪法和法律，经得起法律的考验？政策工具的运用是否符合社会的伦理和道德？政策工具的运用是否符合科学知识的考验？政策工具的运用过程是否经过民主的正当程序？政策工具的运用是否有长期利益的考虑，避免短视？

由此可知，我们在运用政策工具时，必须坚持多元化的评判标准。这主要包括：①效果，即某一政策工具是否能够产生有价值的行动结果，如更好地解决问题，为社会公民提供更多更好的产品和服务。②效率，即产生某一效果所付出努力的程度，也就是该政策工具能否以最小的成本获取最大的效果。③充分，指某一效果能够满足问题的需要、价值或者机会的程度，它通常表示政策工具和价值后果之间的关系强度，如果关系强度愈密切，就表示充分性愈高。④公平，指政府资源和服务在社会不同阶层和群体之间的公正分配，即政策工具的运用是否意味着政府行为的公正对待。⑤回应，即政策工具能否满足某一特定群体的需求、偏好。

其次，要明确政策目标的数量。如果目标是单一的，就要明确这唯一的目标是什么。目标不明确所带来的工具运用失误是政策实践中经常出现的问题。过去我们在执行“林业禁伐政策”时，单纯强调禁伐而忽视“林业资源的保护”，没有注意纠正不正当使用和不可持续地利用天然林的错误做法。“林业禁伐”是一种管制工具，往往是为了集中解决由于管理不善所造成的一些后果，而这种工具并不能有效地达成“林业资源保护”的目标。如果目标是多重的，就要明确目标构成，因为构成多重政策目标的问题常常比较复杂。如果构成目标的多重问题相互协调，相互促进，则工具的运用相对容易。然而在更多情况下，他们是矛盾的甚至是相互冲突的，反映不同利益诉求的、复杂的目标体系为政策工具的运用提出了挑战。迫使我们在运用工具之前必须明确目标的构成，找到有效实现政策目标的最佳工具和路径。

最后，政策工具运用一段时间后，要考虑政策目标是否已经发生转变。没有万能的政策工具，也没有永远有效的政策工具，任何政策工具都有其一定的时空适应范围。我们必须用发展的观点来运用政策工具。政策目标是政策工具运用的归宿点和出发点，是政策工具运用的依据。所以，如果目标已经改变，就要考虑实现目标的工具是否还有存在的理由，是否需要选择新的工具。实践中经常出现的问题就是，目标已经改变，工具因其具有惯性而长期存在。人们批评工具主义忽视了目标和工具之间的动态联系、认为目标是一劳永逸的。但是如果目标已经过时，用它来评价工具的有效性就没有意义了。如果在政策变化前后使用同样的工具，那么政策的改变几乎没有什么意义。一方面，它会传达错误信息即政策是成功的；另一方面，它会掩盖政策失误这一事实。

工具主义的研究途径致力于目标理性，认为手段是依据目标作出选择的，并主张目标和手段关系的最优化。而事实上，目标只是影响工具运用的一个因素，此外还受其他因素的影响，所以在实践中往往很难实现最优化选择，只能作为一个努力的方向。

3.政策主体和客体

任何一个公共问题，都会涉及或多或少的利害关系，而每一种利害关系都会涉及某些人或者团体，涉及不同的利益群体。不同的利益群体受政策工具的影响，同时利益群体也影响政策工具的运用。政策工具的运用必须考虑到多元利益群体，进行多元利益群体分析。对于某些利益群体而言，他们可能是某种政策工具或者政策的受益者；而对于另一些利益群体而言，他们则可能是受害者。从政府的角度来看，政府在进行政策工具运用时必须公平公正地权衡不同利益群体的立场和态度，才能制定出公平的政策和运用恰当的政策工具。具体到公共政策工具的运用中，主要涉及公共政策主体和客体两大利益群体。

（1）政策主体

政策主体即直接或间接地参与政策制定、执行、评估和监控的个人、团体或组织。任何政策工具的运用所产生的效果都必将使一部分人受益而使另一部分人受害。政策工具的运用会对政策主体产生正面的或负面的影响，在运用政策工具时，政策主体也一定会考虑这些影响。在大多数情况下，如果某个政策工具能够使政策主体受益最大化，政策主体一般就会积极运用该政策工具；如果某项工具的运用会降低政策主体的地位或者使其受益最小化，这种工具受抵制的可能性就大。即使政策工具就实现目标而言是更有效的，政策主体也会抵制它。同时政策主体的范围相当广泛，不仅仅局限于政府，其他主体也可以拥有自己的政策工具。

（2）政策客体

政策客体即政策所发生作用的对象，包括政策所要处理的问题和所要发生作用的社会成员两个方面。政策所要处理的问题即政策目标，在前面我们已经谈到，这里不再赘述，这里主要探讨政策作用的对象（目标团体）对政策工具运用的影响。国家的总政策和基本政策所涉及的几乎是所有的社会成员；而特殊政府部门或地方政府的政策法规涉及部分成员、某一阶层、某一行业或某一部门的就业者或某个地区的居民。由此可知，目标团体是政策直接作用、影响的对象，政策工具的运用对目标团体有直接的影响；而不同的政策工具会对目标团体产生不同的影响。目标团体会抵制对自身不利的政策工具，使其无法开展；同时会通过各种手段使对自身有利的政策工具继续下去。政策主体在进行政策工具的运用时，迫于目标团体的压力，往往要考虑工具的可行性和可接受性，在二者产生矛盾的情况下，往往是运用具有较少可行性和较高可接受性的工具。

所以，政策工具的运用必须是理性的，而且必须以多元理性为基础。在政策工具运用的时候，我们不仅仅要考虑经济理性，即政策工具是否有助于解决问题，符合经济上的成本与效益，而且还必须考虑社会理性，是否代表先进文化的前进方向，是否体现先进生产力的发展要求，是否能满足最广大人民的根本利益。

4.政策工具自身的特性

每种政策工具都有其优点，也各有其缺点，都有自身的特征、适用范围及相对的优劣。每种工具的倡导者都想让人们相信他们偏爱的工具是管理者的灵丹妙药。事实上，每种工具都有其适用范围，不能包治百病。例如，市场机制对于解决政府生产和分配的无效率、促进竞争、防止政府的寻租、提高公共服务质量、解决公共产品和服务的资本投资不足、促使公共资产的充分利用、减少公共企业的亏损和债务、减少政府支出、促进市场的发展、促进经济的发展等均有积极的作用，但是市场机制也存在许多的缺陷，如传统上所谓的市场失灵；此外，在推动公共服务市场化的过程中，也会出现许多问题，如丧失公共责任、忽略社会正义、公共资产的流失、腐败等。政府管制性工具对于维护社会秩序、市场秩序，保障公民和消费者权益，保护公共利益等起到重要作用，但是也会产生许多的问题，如成本较大、抑制经济发展、寻租和腐败等。

每种工具有其自身优缺点。例如，作为常用的行政性工具，具有使纵向信息迅速传递，快速、灵活、有效地解决出现的各种问题，实现政策目标的优点，但也不可避免地显出一定的局限性。行政性工具具有权威性和强制性特点，以集权、服从为主，要求目标团体无条件执行政策主体的意志而不考虑目标团体的利益表达；行政性工具的过多使用容易产生与“人治”相联系的一些弊病；行政性工具的运用主要依靠政策主体的权力和威望，政策主体的权力和权威大，信息的传递速度就快，接受率就高；反之，则传递速度慢，接受率低。所以在运用政策工具时，必须首先明确各种政策工具的优缺点，扬长避短，根据所要解决的问题，充分利用该政策工具的长处，而避免其不足带来的负面效应。

同时，不同工具有不同的时空适用范围，被用于解决不同的问题，用于不同的组织环境。例如，战略规划适于处理外部问题；流程再造适合处理大规模的内部问题；全面质量管理适合处理小规模的内部问题。有时流程再造会成为一种灾难，破坏组织系统内的功能系统，将组织置换成一个不能运作的系统。有时政治状况不允许政府组织运用标杆管理。在一个没有实施战略规划的组织，全面质量管理会导致以更有效的方式做错误的事情。这些都是运用政策工具时应该考虑的因素。

5.政策工具运用的实践和经验总结

建构主义认为，政策工具运用的内涵表现在如下3个方面：第一，政策工具运用不是自由选择，也不是自我利益的较量过程；改变工具不仅要求扩充工具箱，而且需要改变组织的文化。第二，政策工具的运用代表一种递增的发展，涉入其中的个体行动者决定和控制它的能力很小。新工具的主要组成部分出现在旧的范式中，这意味着旧的范式依然有影响，旧的范式会破坏新工具的实际意义。第三，政策执行者在运用政策工具时受传统、路线和特定的思考和行动方式支配。尽管某种政策工具并不被认为是达成既定目标的最有效的工具，但是，这一工具却依然被频繁地使用，因为行动者能够达成一致，使冲突最小化。

总的来说，政策工具的运用会受到先前政策工具运用的限制，因此，政策工具的运用有一定的路径可以依赖。一方面，由于过去常常使用某一政策工具而形成了惯性，这种惯性会在将来的一定时期内影响以后的政策工具选择，尤其是在当该政策工具的运用带来了较好的政策效果的情况下。如果在影响政策工具运用的其他因素没有发生大的变化的情况下，这种状况将很难改变。由于这种工具是在过去选择的，要转换成其他工具就会很难(因为已经积累了相关经验，并且目标团体信任它)。这种工具在经过一段时间后已经成了一种路线，背离它会付出额外的努力和代价。从纵向看，这种工具已内化为组织和执行路线，可选择的其他政策工具根本不被考虑；从横向看，它和其他工具或执行活动交织在一起。另一方面，某一政策工具的运用效果，也为将来的工具运用提供了参考。不管是政策工具运用中失败的教训还是成功的经验积累都将成为下一次运用政策工具的重要参照物。

以上是影响政策工具运用的5种主要因素，当然也还有其他一些因素会影响到政策工具的运用。政策工具的运用必须在充分分析问题的基础上，适应内外环境的变化，根据工具的不同特点进行有效运用，实现政府治理目标，从而最大限度地满足人民的利益诉求。

§6.4 中国政策工具

伴随着中国社会的全面发展，中国政府经历了大量的治理实践，既有失败的深刻教训，也有成功的经验总结。同时，不断学习和借鉴国外政策工具运用中的先进理念和经验积累，中国政策工具的运用和创新在改革中也呈现出了一些新的特点和趋势，当然不可避免地存在一些缺陷。所有这些，为中国政策工具的理论和实践发展既提供了契机也发起了挑战。

6.4.1　中国政策工具的特点

20世纪80年代以来，面对信息社会、知识经济和全球化的挑战，面对日益复杂和变化的环境，为了解决政府自身存在的诸多问题，为了适应政治、经济形势的发展变化，提升国家竞争力，中国政府先后进行了一系列以政府职能转变为主要内容的行政改革。政府管理方式的创新成为政府机构的主题，而政府治理工具的创新也成为这次改革的核心。中国政策工具的运用和创新在改革中呈现出了一些新的特点和趋势。

1.由行政性工具为主转向多种政策工具并用的格局

市场化机制在中国开始受到重视和广泛运用。长期以来，由于受社会主义意识形态和计划经济体制的影响，中国政策工具的运用主要局限在一些传统的，以强制性、行政性等为特征的，满足当时政府管理需要的范围内。然而，经过几十年的实践，原来政策工具的弊端逐渐暴露出来，政策执行失效，政策目标无法实现，政府管理无法适应中国政治、经济、文化和社会全面发展的需要。伴随着中国政府的改革开放，政治、经济体制改革的大力推行，受新古典经济理论等的影响，为了解决财政赤字、效率赤字等政府问题，中国政府开始强调和重视市场机制在政府治理过程中的作用，主张把公共服务尽量交由市场机制来处理，由习惯于使用“一刀切”的行政手段，逐步向行政手段、法律手段、经济手段、信息手段综合运用过渡。因此，从最保守的建立内部市场，到最激进的公共服务的民营化，在中国都有不同程度的体现。越来越多的人意识到，对于许多的公共产品和公共服务，政府实际上越来越多地扮演的是产品和服务的安排者或者提供者的角色，而不是生产者的角色。

2.由强化管制性工具到放松管制性工具的改革

管制性工具就是政府利用公共权力和权威，利用法律和法规，来规范社会组织和公民的行为，以达到政府治理的目标。管制性工具的最大特点在于：它以公共权力为后盾；以法律和法规为依据；以限制或者剥夺政策对象的自由和权利来贯彻政策。管制性工具的主要目的在于：维护社会的秩序和公共的利益；防止生产过程产生外部成本；消除市场交换过程中出现的信息不对称；维护交易的公平，防止出现偏差行为。管制可以是经济性的管制，也可以是社会性的管制。经济性管制在于鼓励企业或者其他经济行为者采取某种行为或者避免某种行为；而社会性管制的主要目标在于保护公民和消费者的利益和公共的利益。

针对传统管制制度的一些缺陷，中国政府开始致力于管制制度改革。管制制度改革涉及多个层面，包括程序性改革、结构性改革和实质性改革。程序性改革着重于完善管制的程序，目的在于促使管制的过程更加透明、更加公平、更加具有效率；结构性改革主要着重于管制机构本身，包括重组管制机构，使政府管制更加一致，管制机构的工作更加有效率，同时加强对管制机构的监督，防止管制过程中出现腐败行为；实质性改革涉及重新审查政府的管制，进行政府管制的影响评估。

为了避免管制性工具的缺陷，中国政府进行了一场放松管制的运动。放松管制主要集中在证券、铁路、航空、通信能源、银行等领域。从效果来看，放松管制在一定程度上起到了改善企业效率、扩大经济需求、降低收费水平、促进服务多元化等作用。但是，在放松管制的同时，为了加强企业的社会责任，国家建立了企业对其产品和服务的自我约束和责任制度，政府也通过建立相应的制度，如产品责任制度、消费者保护制度、损害赔偿制度等，保护社会和公民等权益。需要说明的是，国家在放松经济性管制的同时，加强了社会性管制，社会性管制是以确保人民生命安全、防止灾害、防止公害和保护环境为目的的管制。更重要的是，近几年在中国开展的行政审批制度改革正在逐步破除以管制性工具为主要内容的旧的行政管理方式，为新的政策工具的引入以及改进政府管理方式创造了条件。

3.政策工具的选择由“官本位”向“民本位”的转变

“民惟邦本”，只有民众才是国家的根本。人民当家做主是社会主义民主政治的本质要求。政府治理的根本目的就是最广泛地动员和组织人民群众依法管理国家和社会事务，管理经济和文化事业，维护和实现人民群众的根本利益。在中国，一切公共权力来自人民，政府由人民产生，对人民负责，受人民监督。威尔逊说：“严格来说统治者只不过是被统治者的仆人而已。”关心人、理解人、尊重人、全心全意为人民服务，构成了中国现代政府文化的主旋律。公共政策作为政府治理的重要组成部分，必须要以人为本，公民本位。

公共政策的对象是社会的全体公众，只有让公众参与，才谈得上“以人为本”。公共政策要实现“以人为本”，一方面，在政策的制定过程中要积极开发多渠道的参与途径，扩大政策参与主体，鼓励公众和社会组织通过不同的方式参与到政策制定过程中来；另一方面，政策的执行，政策工具的运用同样也必须听取公众的意见，体现公众的意志，并不完全由政策主体说了算，必须结合公民的需要，根据政策客体的具体需求进行选择，加以运用，打破传统的官本位。

为了实现政策工具的民本位，中国政策部门开始实施公开化和民主化原则。公开原则是政策工具运用的行为方式。公开，是现代公共部门的要求，也是政策工具运用必须选择的行为方式。公共政策的根本目的是服务公众，政策的作用效果是否公平、公正，必须让公众参与和检验。建立政策咨询机构，做到政策的民主化；加强官民一体，实现上情下达，下情上达，只要不是国家机密，都应公开向社会征求政策方案；要加强公共部门与公众的交流、沟通与协作；运用现代政策工具，大力推行电子政务，提高公共政策的信息化、网络化和资讯化水平；根据公众的需要，落实公民的政治参与权和知情权；建立和完善社会公示和社会听证制度等。

6.4.2 中国政策工具的缺陷

1.政策工具的选择缺乏科学化的依据

由于中国政策工具研究起步晚，又由于长期受计划经济体制的影响，政策主体和客体缺乏对政策工具的正确认识和理解，缺乏成本效益分析，政策工具的运用往往缺乏科学的和理性的依据。

政策工具缺乏理性主要表现在某些政策工具的选择没有反映客观存在的现实情况，没能结合中国的具体国情，政策工具的使用不符合、不适应客观事物的发展规律等方面。政策工具缺乏理性，不可避免地导致其在执行过程中与客观实际需要的强烈冲突，使政策执行和政策工具的运用失去了实践基础。在这种情况下，政策工具的运用非但达不到政策目标，有时甚至是政策执行得越到位，实际造成的损失越大，导致政策执行效果与政策目标背道而驰。

政策工具的运用缺乏理性还表现为缺乏成本效益分析，这主要是指在进行政策工具的选择时，不是根据效益的最大化和最优化原则，不是依据客观标准，而是凭政策主体和执行者的主观意识，凭以往经验，以自身利益的最大化为选择标准。长期以来，中国的粗放型经济的增长方式不同程度地影响到了政府治理领域，中国的政策执行者缺乏市场经济意识，缺乏成本意识，只讲投入，不求回报。

2.政策工具的运用缺乏法制化规范

政策工具的运用缺乏法制化主要指政策工具的运用不能依法进行，政策工具的运用缺乏制度和法律法规的限制。由于中国法制化进程的缓慢，法制建设的不健全、不完善，导致政策的制定和执行、政策工具的运用缺乏法律规范和依据。政策工具的运用必须在法律和公众的有效监督之下，才能避免政策工具运用的盲目性和不规范性，从而保证政策工具运用的合法性。

在当前社会主义市场经济条件下的公共政策执行应更加注重法律手段、经济手段和思想教育手段的运用。然而，目前我国在公共政策执行过程中普遍存在着滥用行政手段的现象，有的公共政策执行人员对执行对象动辄命令、强制，使执行对象从心理上和行为上难以接受。行政手段在执行中扭曲变形，演变成野蛮执行，导致干群关系紧张，极大地影响了执行效果。还有一些政策执行人员向执行对象解释政策不够，宣传不到位，忽视了思想教育手段的运用，一旦执行对象对政策不理解，出现为难和抵触情绪，执行人员就采取制裁、经济处罚等方式，野蛮执行公共政策。更有一些政策执行人员采取极端手段，背离工作程序，甚至采用违法违纪的方法执行公共政策。

3.政策工具的运用缺乏程序化指导

政策的科学化和民主化，不仅要求政策制定的公开民主，还要求政策方案的执行和政策工具的运用要有严格的执行界限、科学的操作程序、准确的评估标准等。缺乏明晰性的政策将使政策的可操作性减弱，使政策执行者与政策目标群体无所适从；同时缺乏明晰性的政策工具执行和运用程序，将会引起政策工具运用的界限不清，运用范围的任意扩大或缩小，运用效能缺乏有效评估，导致政策工具滥用，无法实现政策目标。

4.政策工具的运用受功利意识驱使

政策主体和政策执行者的自身利益、需求和行为影响着其对公共政策的有效执行。各项公共政策的最终执行者都是人，政策工具的执行者也是人，而人不可避免地有着自身利益追求和行为倾向。要使政策执行者在执行政策和运用政策工具的过程中始终保持绝对的“价值中立”实际上是难以做到的。如果一项公共政策或者某项政策工具的使用威胁到自身利益，那么公共政策执行者无论出于公心或者私心，都有可能抵制这一政策工具，因而就使得该项政策很难顺利有效地得到执行，就难以实现既定的政策目标。美国公共政策学者尤金·巴达克以博弈理论来分析公共政策执行过程，他把政策执行过程视为一种赛局，在冲突和竞争的情况下，每一参加者都寻求得到最大的收获，并且将损失减少到最低限度。而每一项政策的成功与失败，往往取决于各方参加者的“战略选择”和“利益选择”。

5.政策工具的运用缺乏稳定性和灵活性

缺乏稳定性表现为政策工具的运用在一定时间内或者在解决某一公共问题中不能保持

其连续性，无视客观需要，根据政策执行者的主观意志和利益需求朝用夕改。缺乏灵活性表现为政策工具的运用无视公共政策的精神实质，不考虑客观环境条件，对相关问题不能因时、因事、因地做出具体分析，机械地照搬其他地区、部门或行业的政策工具；或者表现为无视公共管理中各种新情况、新问题、新特点，机械照搬陈旧的、过时的公共政策工具；或者无视公共事务的时效性，面对亟须解决的公共事务问题无所作为，因坐等上级政策部门的意见而丧失解决问题的最佳时机。例如，在进入到结构性需求不足经济的条件下，经济发展中的需求约束更为明显，因此，政策的重点应当是刺激需求，包括增加投资和消费需求。但在经济周期性变化的不同阶段，供求矛盾的表现会有所不同，与此相适应的政策工具的选择就应当有某些区别。

6.政策工具的运用效果缺乏有效评估

评价政策工具的好坏，并不是政策主体和政策执行者的主观臆断，也不是政府的自我评价、自拉自唱，它应该以社会评价来作为好坏的标准。政策工具的运用效果应从效率、效益、公共责任和社会公众满意程度等方面来判断，对政策工具运用的投入、产出、中期成果和最终成果进行评定。在评估绩效时，不仅要看直接效益，还要看其带来的长期的间接的效益，还要看其运用的过程。要把增进全社会和每个人的利益总量作为评价和衡量政策工具绩效评价的终极标准，做到效率与效益的双重考核。中国政策工具的运用一方面缺乏有效的评价，即使有，更多地也只考核其带来的单纯的经济增长，而忽视了很多指标，如社会、人文、基础教育、公共设施、能源消耗、环境生态等。

6.4.3 中国政策工具的发展

在中国，随着市场经济体制的不断完善和成熟，行政体制改革的深化以及政府职能的转变，政府的治理模式与方式、方法和手段亟待创新。20世纪90年代以来，随着市场化进程的加速，中国政府管理的某些部门、某些领域已尝试引入市场竞争机制，如政府采购制度，公共工程的招标投标，土地的有偿使用，营业执照的拍卖，公共服务（如环保、治安、公交的委托承包）以及自然垄断行业的开放竞争等都是将市场机制引入公共部门的具体体现；同时，目标管理、绩效评价、全面质量管理、合同聘任制等一类的工商管理工具以及社区治理、个人与家庭、志愿者服务、公私伙伴关系、公众参与以及听证会一类的社会化手段也逐步在公共部门推行。更重要的是，近几年在中国开展的行政审批制度改革正在逐步破除以行政干预为主要内容的旧的行政管理方式，为新的政策工具的引入以及改进政府管理方式创造了条件。然而，目前国内学界对政策工具尤其是市场化工具、工商管理技术和社会化手段缺乏深入的理论研究和实证分析，不能为公共管理方式的创新提供理论基础以及行之有效的工具。因此，必须高度重视政策工具的研究。

政策工具的研究在中国仍然处于起步阶段。伴随着我国社会和经济的快速发展，公民政治民主意识的增强，加强对政策工具的研究具有重要的理论与实践意义。从理论上说，其可以全面了解政策工具的内涵、性质、类型和作用以及每种工具的潜力、优劣和应用范围等问题，形成关于政策工具的系统化知识，有利于拓展政策科学的视野，使政策科学与政治学、经济学、管理学的理论、方法相互渗透、融合和相互借鉴，完善其学科体系；从实践上说，有利于推动我国政府治理工具的发展，从而更有效地选择和运用政策工具，让公众了解和拥护政策工具执行。

加强中国政策工具研究，建立中国特色的政策工具学，概括、总结和提炼一系列在国内外公共管理中被证明是行之有效的政策工具尤其是市场化工具、工商管理技术和社会化手段，促进我国政府治理方式以及管理方法、技术与手段的创新，有利于推动我国行政体制改革和政府职能转变，提高政府管理的绩效及效率。

那么，应该如何进行政策工具的研究呢？在我国，政策工具的研究应采取理论研究与实证分析相结合、定性分析与定量分析相结合、案例分析和比较分析并重的方法来加以研究。既从理论上探讨政策工具的内涵、种类及功能，论证在公共管理中采用各类工具的必要性和理由，说明在现实的政策执行以及公共管理过程中如何进行工具选择；又从经验上研究经济数据说明这些工具及技术的潜在价值和实际效果，特别是说明它们是如何引起公共管理方式创新，如何改善政府功能和提高行政效率的；并通过对各种不同类型工具的分析研究，提供一个适应我国公共管理实践的政策工具体系。

西方社会在政府改革运动中运用的政策工具，为中国在新形势下治理工具的选择和创新提供了有益的借鉴。但作为一种带有很强的地域特征和浓厚意识形态色彩的政策工具，必须与中国的具体实践相结合来加以运用。在借鉴时，要注意吸收其中的合理性成分，尤其是技术层面的东西。但是，工具、技术层面的东西也受到意识形态“刚性”的限制。政策工具的选择在很大程度上会受到意识形态影响。市场化工具、工商管理工具和社会化工具这三类工具在中国的运用就必然会受到中国现有意识形态的影响。中国政府为了更有效地管理公共事务，也在逐步尝试选择多种工具，但是由于意识形态的影响，这些工具在实践运作过程中总是显得很谨慎。所以，我们需要进行适当的意识形态创新，倡导一种直接面向民众的更切实际的价值观念。

本章小结

公共政策工具研究既是当代公共管理学理论研究的新的学科分支，又是当代公共管理实践的新的重大课题。而管理方式的改进必须靠引入新的政策工具或现代化公共管理技术来实现。本章主要介绍了作为公共管理学新分支的公共政策工具的含义、意义及其他相关问题。

政策工具成为当代西方公共管理学和政策科学研究的一个焦点，并正在成长为一个新的学科分支或主题领域。20世纪80年代以后，在公共管理学及政策科学领域，出现了不少关于政策工具方面的论著。同时，在关于当代西方政府改革的文献中，也有大量论及政府改革工具的内容甚至专著。与公共管理学和政策科学的其他主题领域的研究一样，政策工具研究在我国正日益发展，势头将更加强劲。

在当前我国，加强对政策工具的研究，具有重要的理论与实践意义。从理论上说，其可以全面了解政策工具的内涵、性质、类型和作用以及每种工具的潜力、优劣和应用范围等问题，形成关于政策工具的系统化知识，建立起作为公共管理学的一个分支学科的政策工具学，拓展公共管理学以及政策科学的视野，促进公共管理学与经济学、管理学的理论、方法相互渗透、融合和相互借鉴，丰富公共管理学的理论内容，完善其学科体系；可以更好地把握21世纪国内外公共部门管理研究领域的发展前沿，推动我国公共管理的理论在新世纪的全面发展。

那么，应该如何进行政策工具的研究呢？在我国，政策工具的研究应采取理论研究与实证分析相结合的方法，结合我国正在进行的政府机构改革，落实到如何改善政府功能和提高行政效率问题上来；并通过对各种不同类型工具的分析研究，提供一个适应我国公共管理实践的政策工具体系。

关键概念

政策工具　经济性工具　行政性工具　管理性工具　政治性工具　社会性工具

综合训练

6.1　单项选择题

1.政策工具最基本的特性是（　　）。

A.客观实在性　　B.有效性　　C.公平性　　D.可操作性

2.政策工具运用首要的和根本的一条是（　　）。

A.充分考虑制度条件　　B.从本国和本地区的实际情况出发

C.充分考虑体制条件　　D.充分考虑科技状况与自然环境

3.下列促使政府部门产生压力感最有效的方式是（　　）。

A.自由化　　B.分权化　　C.顾客选择　　D.公私合伙

4.志愿者服务的最大优点是（　　）。

A.减轻政府负担　　B.调动公民的积极参与

C.做政府做不好或无法做的事　　D.创新

5.公众参与的具体形式不包括（　　）。

A.直接选举　　B.全民公决　　C.集会　　D.听证会

6.2　多项选择题

1.行政性工具包括（　　）。

A.行政干预　　B.行政法律　　C.行政奖惩　　D.行政诱导

2.政治性工具包括（　　）。

A.政治管理　　B.政治参与　　C.目标管理　　D.信息管理

3.社会性工具包括（　　）。

A.社区治理　　B.个人与家庭　　C.志愿者服务　　D.公众参与及听证会

4.在运用政策工具时，要考虑的影响因素有（　　）。

A.要明确政府的基本职能　　B.要明确政策的根本宗旨

C.要明确政策目标的数量　　D.要考虑政策目标是否已经发生转变

5.影响政策工具运用的因素有（　　）。

A.政策环境和政策目标　　B.政策主体和客体

C.政策工具自身的特性　　D.政策工具运用的实践和经验总结

6.3　思考题

1. 简述政策工具的基本含义。
2. 政策工具的类型有哪些？内容、特性是怎样的？
3. 结合实践论述影响政策工具运用的因素。
4. 根据我国的实际情况，论述中国政策工具的主要缺陷。
5. 结合实际案例，请说明政策工具具有什么功能。

第 7 章

公共政策执行

学习目标

通过本章的学习，你应该能够：

1. 理解公共政策执行的含义。
2. 理解公共政策执行的模型。
3. 理解公共政策执行的障碍因素。
4. 理解公共政策的自由裁量权问题。
5. 理解我国公共政策执行的现状。
6. 理解加强我国公共政策执行效能的措施。

引导案例

让互联网成为“中国创造”的新名片

材料一：互联网大会在浙江乌镇举行

国务院新闻办公室12月9日上午10时举行新闻发布会，介绍第二届世界互联网大会有关情况及筹备工作进展，并答记者问。国家互联网信息办公室主任鲁炜宣布，本届世界互联网大会将于2015年12月16日到18日在浙江乌镇举行，大会的主题是“互联互通·共享共治——共建网络空间命运共同体”。中国政府对此次大会高度重视，中共中央总书记、中国国家主席习近平将出席大会，并发表主旨演讲。

材料二：参会人员组成

12月18日，世界互联网大会在拥有“智慧小镇”之称的乌镇举办。大会云集了2 000多位海内外顶级精英，包括数十名各国政府领导人、众多权威国际组织、世界级企业领军人物。其中，“数字中国”分论坛更是群星璀璨。科技、通信、互联网领域的诸多巨头都有参与，包括凤凰卫视董事局主席刘长乐、富士康董事长郭台铭、中国移动副总裁李慧镝、华为消费者业务CEO余承东、腾讯董事局主席马化腾、联想集团总裁杨元庆、百度总裁张亚勤、京东董事局主席刘强东均出席。

第二届世界互联网大会有很多“一带一路”沿线国家参与，国家互联网信息办公室主任鲁炜9日表示，这是此次互联网大会的一大特点。中国提出共建“一带一路”的倡议，很快受到国际社会的关注和沿线国家的积极响应，中国举办世界互联网大会，就是本着深化合作来谋取共赢，让互联网更多地造福人民，欢迎更多的国家来加入中国的“朋友圈”。

材料三：“互联网+”行动计划实施

这次大会上发出的信息显示，中国正在“信息全球化”中起着表率作用。当下，中国正在实施“宽带中国”战略和“互联网+”行动计划，也正着手开发新一代5G移动互联网技术。预计到2020年，中国宽带网络将基本覆盖所有行政村，打通网络基础设施“最后一公里”，让更多人用上互联网。但中国也并不独享这一优势，今后可能会通过亚投行和“一带一路”战略的实施，加大资金和技术支持，和更多的国家共同推动全球网络基础设施建设，以让更多发展中国家和人民共享互联网带来的发展机遇。

材料四：结语

2015年，在全球互联网公司十强中，中国已毫无争议地占据了4席，这在很多国家看来简直就是巨大的奇迹。历史经验表明，一个国家在信息要素联通上越顺畅，其经济活力和综合实力才越可观。因此，希望中国的信息技术公司抓住“一带一路”战略发展的契机，抓住互联网的爆发性增长机遇，在发展中完善自我，在发展中从中国走向世界，从而占据世界信息革命的新的制高点，也把富有时代特色的“中国创造”打造成为国家崛起的一张崭新的名片。

资料来源　陈光文.让互联网成为“中国创造”的新名片[EB/OL]. [2015-12-18]. http://news.cntv.cn/2015/12/18/ARTI1450409726804567.shtml.

【案例思考】

1.结合上述案例内容，试分析中国企业在世界级舞台上如何实现追随者到领导者角色的转变，国际化的中国企业如何巩固发展优势等。

2.“大数据时代、互联网+、大众创业万众创新”成为当前的热门话题，结合本案例，试阐述如何理解公共政策执行。

3.结合案例实践，试分析影响我国公共政策执行的因素。

政策经合法化过程后，一经采纳即进入政策执行阶段，政策执行是政策生命过程中最重要的环节，它把观念形态的政策内容转化为现实效果，从而促成政策问题的解决。在现实中，一项新政策的出台，通过政策执行组织及其成员的努力，要实现政策目标，就要求公共政策分析者从政策执行的条件和影响政策执行的因素等方面去进行深入研究，从而为政策制定和政策执行提供很好的理论依据。本章主要介绍和探讨政策执行的具体含义和意义、政策执行的模型、政策执行的自由裁量权、政策执行的障碍等基本问题以及我国公共政策执行的现状和效能等问题。

§7.1 政策执行概述

公共政策过程包括分析、制定、执行、评估、终结5个阶段，其中公共政策的执行是5个阶段中最重要的环节。美国著名行政学者G.艾利森指出：“在实现政策目标的过程中，方案确定的功能只占10%，而其余的90%取决于有效的执行。”由此可以看出执行的重要性，它从根本上决定了政策问题能否解决、政策方案能否实现以及解决和实现的程度和范围。公共政策执行是指“国家行政机关及其组成人员通过运用各种手段，将公共政策的内容转为现实，从而实现公共政策决策目标的一种行为。政策执行也就是从政策生效起到实现决策目标的整个过程。这些行为包括两方面的内容：一是将决策转化为可以操控的过程；二是按照决策所确定的目标而进行的努力。”

7.1.1 西方政策执行理论概述

如同政策科学最早是产生于西方发达国家一样，作为政策科学的重要组成部分，对政策执行问题的科学研究最初也是始于西方国家。然而，在西方国家的政策科学研究领域，在相当长的一个时期内，人们主要关注的问题是政策的制定过程，而对于制定出来的政策怎样执行缺乏应有的重视。用美国学者冈恩（L.A .Gunn）的话来说就是，传统的政策分析关注政策的形成，而将政策的执行留给了行政人员。正是由于人们一度认为正确地制定政策乃是解决政策问题的关键，所以，描述、构建、修正政策制定过程并试图使之建立在理性等基础之上，在较长一段时期内一直是人们研究的重点。但是，当人们在付出了巨大的努力并建立了一整套有关政策制定过程的理论、模型、规范、方法之后发现：正确地制定政策本身已是一件极为复杂和困难的工作，但即使能够制定出正确的政策，也不一定能够执行。反过来说，不能得到执行的政策不是好的政策，最多只能算是一个好的政策构想。

长期以来，政策执行的研究被学者们忽视。按照学者Van Meter和Van Horn的看法，政策执行之所以受到冷落主要与下列因素有关：①人们天然地假设政策执行是简单的、命令式的，这一过程并不包含什么值得学者注意的问题；②人们十分关注规划-项目-预算，而规划-项目-预算非常强调行政决策者的权威，它排除了下层人员对执行问题的责任；③任务的艰巨性使很多学者望而却步，从方法论的角度思考，政策执行的研究涉及严重的限制问题，它经常很难界定相关群体；④需要花费很多时间和资源。

20世纪七八十年代，西方尤其是美国公共政策研究领域出现了一场研究政策执行的热潮，形成了声势颇大的"执行运动（implementation movement）"。执行研究的学者们写下了大量的论著，提出了各种关于执行研究的途径、理论及模式，拓展了政策科学的研究范围，丰富了政策科学的理论内容。

政策执行研究是一种相对新的现象，它的兴起以1973年普雷斯曼（T.L.Pressman）和韦达夫斯基（A.Wild Ufsky）对美国联邦政府的创造就业机会的政策项目——"奥克兰计划"执行的跟踪研究而写成的报告《执行》（Implementation）一书的出版作为标志。政策执行研究的兴起并不是偶然的，而是有其深刻的理论与实践上的原因。从理论上看，在美国，20世纪60年代末70年代初政策科学取得了突飞猛进的发展，政策科学研究视野的拓宽，要求对政策系统和政策过程的各种因素和环节作全面深入的研究。过去人们偏重于政策制定或规划的研究，而忽视了对政策执行、评估和终结的研究，这制约了政策科学的发展，必须加以纠正。从政策实践上看，60年代由约翰逊政府发起的"伟大社会"改革的许多政策项目并没有取得预期的结果，这在客观上向人们提出这样一个问题，即为什么好的或比较理想的政策方案及项目不能取得预期的结果?这促使人们去评估政策，并寻找政策执行方面的原因。正是在理论与实践的双重作用下，政策执行在70年代初以后成为美国及西方政策科学研究的一个焦点和热门话题。这一时期的政策科学家写下了大量的论著，作了大量的实证案例分析，提出了种种关于政策执行研究的途径、模式或理论。纵观这一时期的执行研究文献，西方学者们所提出的政策执行研究的途径主要有如下几种：

一是"自上而下"（top-bottom或top-down）途径，或称为"以政策为中心的途径"或"政策制定者透视"途径。这种途径假定，政策是由上层规划或制定的，然后，它们被翻译或具体化为各种指示，以便由下层的行政官员或职员执行。

二是"自下而上"（bottom-top或bottom-up）途径。与"自上而下"途径相反，"自下而上"途径以组织中的个人（即参与政策过程的所有行动者）作为出发点，政策链条中的较低及最低层次被当作政策执行的基础；它强调政策或项目的成功与否依赖于参与执行项目的行动者的承诺与技巧。

三是"政策/行动连续统"（policy/action continuum）途径，该途径或多或少有作为"自上而下"和"自下而上"两种途径综合的意味。按巴雷特和富奇（S.Barrett and C. Fudge）的说法，应该将执行"当作一种政策/行动连续统"，其中，在寻求将政策执行付之于实践者与采取行动者之间随时发生相互作用和谈判。在这个意义上，这一过程既可以看作"自上而下"，也可以看作"自下而上"，政策制定者将做出限制其他行动者权力的决策，而行动者将做出规避决策者权力的决策。因而这一途径也可以说是以权力作为焦点的。

四是工具选择途径（instrument-choice）。这种途径从这样一个观察开始，政策执行在很大程度上是将一个或更多的政府的基本工具应用到政策问题上，这些基本工具被称为政策工具（policy instruments或policy tools）。不管我们是以“自上而下”设计的方式，还是以“自下而上”的更传统的行政管理方式来研究政策过程，政策决策的实质或形式的过程总是包含在可利用的政府工具箱中选择一种或几种工具以及是否可以在政策执行过程中探明工具选择的模式或风格等问题。

“执行运动”的倡导者和追随者们提出了各种执行理论，较有影响的有如下7种：

（1）行动理论——政策执行被视为对某项公共政策所要采取的广泛行动；在诸多活动中，以解释、组织和实施三者最为重要。解释活动是把政策内容转化为民众能理解且接受的东西；组织活动是要建立执行政策的组织机构；实施活动是由执行机构提供一定资源和服务。

（2）组织理论——强调组织在政策执行中的地位，认为政策执行都需要组织，没有组织就没有执行。没有一定的组织化努力，任何政策目标都只能停留在政策构想阶段，因此，尽管造成政策执行的因素可能是多方面的，但政策组织问题恒定是其中关键性的因素之一。只有了解组织是怎样工作的，才能理解所要执行的政策以及它在执行中是如何被调整和塑造的。

（3）因果理论——大致包括三类内容：①把政策决定看作是一种假设，将政策执行看作是引导人们到达目的地的地图，政策执行是按地图所指引的方向到达目的地。②把政策中的潜在因果假设分为两个因素：贯彻影响力，主要涉及政策过程中按既定目标实现政策输出的能力；技术能力，是政策输出导致所希望的结果产生的能力。③重点关心两类因果问题：政策制定者在多大程度上理解了影响目标实现的主要因素和因果关系（认识要素）；决策者在多大程度上授予执行机构控制这些关系的权力，使执行机构至少有潜力实现目标（权力要素）。

（4）管理理论——强调政策执行是一个管理过程，认为主要负责政策执行的行政机构不仅受其合法委任权的影响，而且还要受到与之相关的利益集团的影响、政治系统中立法机关干预的影响，以及特定的政治环境中其他各种因素的影响。该理论对稳定环境中的私人官僚政治的等级控制提出了质疑，提出了“控制服从行为是困难的”等观点。管理与执行在很大程度上成为了同义语。

（5）交易理论——认为政策执行是一个政治上讨价还价的过程，这中间，政策执行者与政策对象之间通过不同方式的交易，在各种力量的互动过程中，达成某种妥协或默契。依据某种价值标准制定的政策目标与方案是较为理想的结果，但在实践中是行不通的。

（6）系统理论——将政策执行理解为政策行动者与环境的相互作用，认为政策执行过程可以理解为外界环境对政策系统进行物质、能量、信息的输入，系统产生了政策输出，由政策结果和反馈提供了政策的评价与再输入过程。

（7）演化理论——认为在提出政策问题、制定政策目标、拟订政策方案中，都存在着许多不确定性和模糊性，多重目标实际上会产生矛盾与冲突。政策方案是粗线条的设计。内部因素、环境变量的不断变化会带来更大的不可知性。因而，在实际的执行中，会对原来的目标不断地重新设计。政策的制定是反复的形成、执行、再形成的演化过程。

西方的“执行运动”大大地拓展了早期政策科学的研究范围，将长期被人们所忽视的政策执行这一环节或阶段纳入政策科学的视野；研究政策执行的学者们从不同的途径、不同的方面来探讨政策执行过程，并提出了种种理论，这大大地丰富了政策科学的理论内容。执行研究在某种意义上可以看作是一种力求取代传统公共行政学的新行政管理研究途径，它从传统公共行政学的以机构（官僚体制）为焦点转向以项目及其结果为焦点，即把项目而不是机构作为基本分析单位。然而，由于作为研究对象的执行过程涉及的因素多而复杂，执行实践千差万别而使执行研究显得十分困难，执行运动并没有形成成熟的、得到公认的理论及范式；并且，执行研究的倡导者们往往得出消极、悲观的结论，给人们描绘出政策或项目很少能起作用或取得预期目标的令人失望的图景。

7.1.2　政策执行的概念

有关政策执行的理论界定，长期以来学术界形成了行动和组织理论两大流派，它们分别从不同角度对政策执行进行了描述。行动学派十分关注政策作为行动指南的指导作用。组织理论学派则强调执行组织机构的作用。

行动学派的代表人物美国政策科学家查尔斯·奥·琼斯（Charles Jones）明确指出："政策执行是将一种政策付诸实施的各项活动。在这些活动中，以解释、组织和应用这3种活动最为重要。所谓解释就是将政策的内容转化为一般人所能了解和接受的指令；组织是指设立执行机构、拟定执行方法以期实现政策目标；而应用则是指执行机构提供例行性服务和设备、支付各项经费开支进而实现既定的政策目标。" 另两位美国学者C.E.范霍恩（C.E.Van Horn）和D.S.范米特（D.S.Van Meter）也说："政策执行是指公共人员和私人或公共团体和私人团体为了致力于实现既定政策决策所设立的目标而采取的各项行动。这些行动主要可以分成两种类型：第一种行动是为了将政策转换为具有可操作性的实施措施而做的努力；第二种是为了实现政策所规定的变迁目的而做的持续努力。"

相比之下，G.C.爱德华兹三世（G.C.Edwards III）和I.沙坎斯基（I.Sharkansky）则更具体地将政策执行解释为执行某一项政策所采取的广泛行动，他们说，所谓政策执行就是："发布指令、执行指令、拨付款项、办理贷款、提供补助、签订合同、搜集资料、传递信息、安排人事、雇用人员以及建立组织机构等活动。"由此可见，行动学派关注政策作为行动指南的指导性作用，强调政策执行的关键问题在于政策执行机关如何采取政策行动。强调政策行动只要坚强有力，行动方法切实可行，就可以较为顺利地实现政策目标，合理的政策执行活动甚至在一定程度上可以弥补政策决定的局限和无能。

组织理论学派则强调政策执行组织机构的作用，认为任何政策都是通过一定的组织得以实现的，没有一定的组织原则作保证，任何政策目标都只能停留在纸上谈兵的构想阶段。因此，组织理论认为，尽管政策执行不力的原因是多方面的，但组织问题永远是关键原因之一。组织理论学派的代表人物J.佛瑞斯特提出："传统的政策执行规范理论强调政策执行机构及其人员对政策目标和政策规定的顺应行为，强调依法行政而基本上不考虑政策执行机关及其人员的审视鉴定、自省以及前瞻分析的能力和需求。但政策规划者、政策执行机构和人员的预期分析能力，即在危机时间或事态发生之前预感并相应采取适当步骤和程序加以有效对付的能力，实际上是对政策执行成功与否起关键作用的因素。"斯诺（C.P.Snow）和特里林 （L.Trilling）认为："任何一项化观念为行动的行为都涉及某种简化工作，而组织机构正是这种简化工作的主体；是它们把问题解剖成具体可以管理的工作项目，再将这些项目分配给专业化的机构去执行。"于是，只有了解组织是怎样工作的，才能理解所要执行的政策，也才能知道它在执行中是如何被调整和塑造的。组织理论学派认为，政策能否有效执行，关键在于执行机构的主客观条件。主观上要看能否理解和领会政策，是否具有执行的积极性；客观上要看是否拥有足够的资源，是否拥有足够的执行能力。

事实上，上述两种关于政策执行的理论观点都各有其独到之处，它们只不过是从不同角度、不同侧面阐述了政策执行的重要意义：不管是行动学派还是组织理论学派的观点，对我们把握政策执行的基本概念都具有启发作用。政策执行是遵循政策指令所进行的变革，是为了实现政策目标而重新调整行为模式的过程，是将一种政策付诸实施的各项活动。本书将“政策执行”这一概念具体界定如下：**所谓政策执行，就是政策方案被采纳后，政策执行者通过一定的组织形式，运用各种政策资源，以实施、服务和宣传等行动方式将政策观念形态的内容转化为现实效果，从而使既定的政策目标得以实现的过程。**

7.1.3 政策执行的意义

任何政策都是针对一定的社会问题而提出和制定的，而政策的制定并不等于问题的解决，从政策的规划和合法化到政策目标的实现之间还有一段相当长的距离，还存在着一个十分复杂的过程，只有通过有效的执行，才能保证政策目标的实现，否则，再好的政策也只是一纸空文。不少政策科学著名学者都发现：在达到政策目标的过程中，方案的功能只占10%，而其余90%取决于有效的执行。作为政策运行机制的关键性环节之一，政策执行的重要地位主要体现在以下几个方面：

（1）公共政策执行是制定政策的目的和归宿

公共政策执行是运用政策解决社会问题直接而关键的一环。政策制定是研究问题的过程，但公共政策的根本目的不在于研究问题而在于解决问题。政策执行是直接的、实际的、具体解决问题的过程。如果没有政策执行，政策目标就只能是纸上谈兵，得不到实现，政策问题也得不到解决。政策形成的目的就在于使政策得到有效的执行、贯彻和落实。

（2）公共政策执行决定着政策方案能否实现，以及实现的程度和范围

政策执行得好，就可以圆满地完成政策的目标，甚至还可以由执行人员的创造性活动弥补政策规划的不足，提高政策的效益。相反，如果没有良好的政策执行，则可能导致政策失误。在某些地方、某些领域，公共政策方面存在的失误和问题的主要原因往往就是政策执行上的不力和偏离。

（3）公共政策执行是检验政策正确与否的唯一标准

一项政策的正确与否最终必须由实践来检验，实践是检验真理的唯一标准。通过政策执行，不仅可以检验政策，还可以不断充实和完善政策，若在政策执行过程中发现问题和不足，则需要予以修正和弥补，从而促进政策质量的提高，以期政策问题的最终解决。只有通过政策执行，才能取得政策效果，才能对政策进行分析和评价，才可以根据实际的发展情况来修正和完善政策，以提高政策的可行性和有效性。

（4）公共政策执行是政策过程的中介环节

一方面，任何政策不可能一经制定就完美无缺，它需要在执行的过程中不断修正、充实和完善。政策决策者要根据政策执行过程中实际情况的变化来修正和完善政策，以提高政策的可行性和有效性。另一方面，任何政策都有时效性，它只能在一定的时空范围内起

作用，超过这一范围，政策就失去效用或完成了它的使命，就要被新的政策所代替。

§7.2 政策执行模型

模型是对原型的一种简洁反映，也是一种解决问题的方法，通过模型而达到的抽象是人类对客体认识的深化，是认识过程的一种飞跃。政策执行作为一种极为复杂的社会活动过程，人们同样也可以利用模型这种认识工具对其进行简洁的刻画，以达到对这一特定对象的本质认识。

早期的政策执行研究往往侧重于个案研究，对于从经验发现中概括出普遍性的命题是相当困难的，而且几乎不存在建构理论模型的努力。大约到了20世纪70年代末期，政策执行研究进入了一个新的阶段。人们开始对早期政策执行研究所接受的基本研究前提和假定提出了挑战，并批评它过分沉浸于个案研究的各种细节，而忽略了理论建设，并且开始在个案研究的基础上尝试建立用于政策执行分析的理论模型。在业已建立的政策执行模型中，比较有影响的具有一定代表意义的政策执行模型主要有以下几种：①史密斯的政策执行过程模型；②麦克拉夫林的互动模型；③巴达奇的博弈模型；④雷恩和拉比诺维茨的执行循环模型；⑤萨巴蒂尔和马兹曼尼安的执行综合模型；⑥米德和霍恩的系统模型。关于公共政策执行的模型，本书在总结前人研究的基础上概括出4种比较有代表性的模型，并结合实际来进行分析。

7.2.1　团体参与模型

团体理论是美国政治学的主导理论，这种理论将公共政策看作是利益集团之间相互作用、相互斗争以及彼此协商和妥协的产物。它认为，利益团体的相互作用和争斗是政治生活的主要行为。一个利益集团是由某些具有共同立场、观点、态度和利益的个人所构成的集合体或组织，它向其他社会团体表示自己的主张，并向政府反映它的利益和要求。这样，利益团体便成为一种政治组织，个人只有通过这种组织才能在政治生活中变得重要起来，它架起了个人与政府之间的联系桥梁。因此，公共政策的执行过程实际上就是各种利益集团之间为既定政治利益而斗争、协商、讨价还价和妥协的过程。

利益集团是现代社会生活中的重要政治现象，是人类社会结构的重要组成部分，是由社会生产力的水平所决定的，并与社会经济政治关系相联系的社会变迁的客观结果。当前，利益集团问题成为人们关注的焦点之一，利益集团曾受到官僚制组织的轻视，但是现在越来越被看作政策和管理过程中至关重要的环节。用普罗斯（Pross）的话来说，利益集团具有大量“系统化的功能”：它们促进了利益集团成员和国家之间的对话；使利益集团成员向国家提出的要求具有合法性；有利于管制集团成员；有时候对国家政策和措施的执行提供帮助。利益集团是影响现代政府决策的一支重要力量。通过利益集团组织化的方式来参与和影响政府决策以及政策的执行，是现代社会公共政策运行的一个基本特征。所谓利益集团，是指那些具有特定的共同的立场、观点和利益的人们的集合体。戴维·杜鲁门认为，利益集团是在其成员所持的共同态度的基础上，对社会上其他集团提出要求，进而谋求实现其要求的社会团体。罗伯特·达尔指出，从最广泛的含义上说，任何一群为了争取或维护某种共同的利益或目标而一起行动的人，就是一个利益集团。在格雷海姆·威尔逊看来，“一个利益集团是一种组织，它设法代表一些有着一种或几种共同利益或共同信念的个人或社团”。史蒂文森认为，一般意义上，利益集团是一个由拥有某些共同目标并试图影响公共政策的个体构成的组织实体。在政治学上，利益集团可以追溯到“多元”理论，实质上是要求社会各个利益阶级参加政府的政治行为。

团体参与模型将公共政策看成是集团斗争的产物，正如厄尔·莱瑟姆指出的那样：“所谓公共政策，是指某一特定时间里，团体间的争斗所达到的平衡，它体现了那些一直试图获取优势的并相互竞争着的党派或集团之间出现的均势。”从集团模型来看，集团是个人与政府间发生联系的纽带，集团间的互动是政治生活中的基本特征。作为一种政治行为，这种体现了个人的愿望和利益间的集团的互动性，将不断地影响着政府制定和执行公共政策的动机。

公共政策执行必然导致各种利益集团之间利益关系的变化，而社会中每一个利益集团与个体都希望在有限的社会资源中多获得一些利益，这必然会在分配各种具体利益时造成冲突，即一部分集团获得利益，而另一部分则利益受损，或者是一部分获得较多的利益，而另一部分获得相对较少的利益等。正是因为这种预期利益分配差距的存在，凡是与某项公共政策有关的利益集团都会直接或间接地对公共政策的制定及其执行施加影响，而公共政策执行又是公共政策制定后能否实现的关键性环节，也是政府部门公共行政的中心工作，必然会受到各种利益集团的影响。利益集团往往以特定的行业或职业的代表为特征，其核心目标并不在于上台执政，而在于千方百计地影响各机关制定和执行有利于自身的公共政策。欧文·休斯曾说过：“政策不是由政府官员制定的，也不是由政治官员在官僚制组织的帮助下制定的，而是政府尤其是官僚制组织与利益集团相互作用的结果。”公共政策执行也不是公共政策执行主体的单方行动，而是公共政策执行主体与各个利益集团相互作用的互动过程，政策结果产生于一系列政府内部行为者和外部行为者之间的政治竞争。因此利益集团在公共政策执行中也就处于一种不容忽视的重要地位，其影响的大小也就决定了公共政策目标的实现程度。

在公共政策执行的团体参与模型中，利益集团是公共政策执行中的目标群体为了共同的政策利益而结合在一起的社会组织。共同的政策利益就会促使具有共同态度的目标群体得以组织并统一行动，从而使利益集团能集中代表目标群体个人的利益愿望与要求，就能增加与公共政策执行主体讨价还价的声势和压力。利益集团通过一定方式与公共政策执行主体进行谈判与沟通，通过公共政策执行主体与各种利益集团之间的协调与合作，来实现公共政策执行中目标群体的利益维护和意志表达。

在团体参与模型中，利益集团在公共政策的执行过程中扮演着重要的角色：

第一，利益集团能给公共政策执行主体提供政策执行的实际情况，包括政策问题的数量、性质、特征和各种影响因素等；能提供目标群体的实际情况，包括传统习俗、价值观念、经济收入、生活水平等相关信息，这些信息的及时反馈有利于公共政策执行主体采取更有效的政策执行计划或措施，能有效地解决实际政策问题，从而提高政府绩效。

第二，利益集团能为公共政策执行主体提供有关公共政策执行的有效方案和技术性服务。利益集团来自于群众之中，代表部分群众的实际利益，也代表部分群众的知识、经验、技术等文化水平。因而利益集团在与公共政策执行主体的互动中可以提出自己的合理性建议和意见，群策群力，从而有效地为公共政策执行主体提供更为实际的方案或改变传统执行技术，起到“政府助手”的作用。

第三，利益集团拥有一定的财力、物力、人力和时间等政策资源，通过沟通与协调，公共政策执行主体可以利用利益集团的部分资源来推进公共政策的执行工作，甚至可以通过签订合同引入市场化竞争机制或“聘用”社会优秀人才等改进公共政策执行系统，从而提高政策绩效。

第四，利益集团在公共政策执行过程中起到政策监督的作用。传统的公共政策执行在某种程度上是政府部门的单独行动和进行“暗箱操作”的管制过程，目标群体只有服从、依附、忍受，而没有自由选择、监督、评价的实际权力和有效机会。随着利益多元化和民主社会的到来，利益主体意识的增强和利益集团的形成与发展，可以有效地提高或增强更多利益主体表达意志的渠道和实现愿望的机会。罗伯特·达尔认为独立的利益集团不仅是民族——国家统治过程民主化的一个直接结果，也是为民主过程本身运作所必需的，其功能在于使政府的强制最小化、保障政府自由，改善人民的生活。利益集团除了能集中政策对象的政策利益与要求之外，还能通过集体力量有效地影响公共政策执行过程，加强对公共政策执行主体行为的监督与制约。一方面，利益集团与公共政策执行主体内部存在着多多少少的联系，从而能获得关于公共政策执行主体内部行为的“灰色”信息；另一方面，利益集团在与公共政策执行主体的实际互动活动中能获得关于公共政策执行主体行为的各种信息，通过各种信息的搜集与统计分析，及时发现公共政策执行中的不良行为，因利益集团共同政策利益的存在，反对腐败的呼声和压力就会更加强烈和有效，更能有力地监督公共政策的执行，防止公共政策执行主体的权力异化和腐败的发生。

7.2.2　宣传动员模型

所谓宣传，顾名思义，就是指宣布和传播。政策执行离不开对政策信息的宣布和传播。因为政策的有效执行绝不是政策执行者一厢情愿的事情，从某种意义上说，它是以作为政策目标群体的广大民众对所推行政策的认同和接受为前提的，而这种认同和接受又是以其对政策的准确认知为基础的。通过各种形式的政策宣传可以在更大的范围使广大政策目标群体充分认识到所推行政策与他们切身利益之间的紧密关系，使他们认同并自觉自愿地积极地接受政策，从而为政策的有效执行奠定了坚实的基础，所以，政策执行者在政策执行过程中除了要通过组织学习和完善知识结构等途径来提高自己的政策认知水平之外，还要通过政策宣传来促进政策目标群体所推行政策的认知和认同，因为政府的政策所涉及的目标群体通常都是极其众多的民众。

如果在执行每一项政策时都将为数众多的民众组织起来通过集中学习的办法来实现他们对所执行政策的认知，显然是不大可能的。实际上，在现实的政策执行活动中，广大民众大多是通过各种形式的政策宣传来获得对所推行政策的认知的。有些政策之所以不能得到有效的贯彻落实往往正是因为政策宣传不力而致使政策目标群体难以准确地认知政策所导致的，这种情况在我国现阶段的政策执行过程中是很常见的。

政策方案并不能自发地被接受，更不能自动地被执行，公共政策执行是政策方案被付诸实施的一个实践过程。在这个过程中，政策要得到顺利的实施，首先就要让政策的目标群体对政策有所理解，政策对象只有理解了政策，才能自觉地接受和服从政策并协助政策执行，这就有必要作好政策宣传。

当政府宣布某项政策时，为了保证政策的顺利实施以达到预期的政策效果，一般通过政策宣传来寻求社会大众的理解和支持。

1.宣传动员的途径

（1）通过会议传达，用内部文件形式下达到有关机关。当政府决定实施某项政策时，一般通过召开宣传会议来传达文件。通常，政策只下发到下级机关、层层分解。党委文件直至总支、支部最基层单位；政府文件直至区、乡、镇基层政权组织。

（2）通过报纸、广播、电视等大众传播媒体或各级党委的机关刊物或国务院公报及地方政府的政报等形式公之于众，这种宣传动员的形式传播快、覆盖面广、影响大，有利于政策公开监督执行、有利于增加施政透明度，一般来说，采用这种形式的政策对象比较广，涉及全体公民或人民群众，涉及全体党员或国家公务员。同时，政府机关、学校、企事业单位和街道通过橱窗、黑板报、张贴标语、制作电视宣传教育片等方式来宣传党的各项路线、方针、政策，创造一个有利于政策执行的良好氛围和环境，以保证政策的顺利执行。

2.宣传动员必须遵循的原则

（1）说服原则

政策宣传的目的是使人们理解和认同政策，进而接受、支持和执行政策，因此，政策宣传必须令人心悦诚服。说服原则亦即正面教育原则，通过摆事实和讲道理，对政策对象进行正面引导，如果政策内容和政策对象的认识完全一致，政策宣传就简单化为一种告知政策内容的活动。但更多的情况是政策内容和政策对象的认识不一致，如当政策要对人们的眼前利益和固有观念进行较大调整和改变的时候，政策宣传就复杂化为一种说服人们正确对待长远利益与眼前利益的关系和转变观念的艰巨任务。说服有两种方法：一是理性方法，即通过讲道理，提高政策对象的认识水平，以理服人；二是暗示方法，即运用经过特别选择和组合的材料来对政策对象施加影响，以情感人，如通过艺术形式进行宣传，或者让典型人物演讲等。

（2）适时原则

政策宣传必须适时进行，才能收到好的效果。按照政策宣传的时间划分，可以把政策宣传区分为超前宣传、同步宣传和滞后宣传3种类型。超前宣传是在政策颁布之前对有关政策的意义进行说明、论证和鼓动、为政策执行鸣锣开道；同步宣传是政策宣传的基本类型，是针对政策执行过程中出现的情况和问题进行说服、教育和引导；滞后宣传是在政策执行一段时间以后，对政策效果以及相关问题进行解释和说明，为修正、完善和发展政策作舆论准备。

（3）个性化原则

政策宣传是面向广大政策对象的，但最终要受到某个群体或个人的个性特点的制约。人们的社会地位、生活经历、受教育程度等方面的差异，导致了人们价值取向上的差异性。个性化原则即要求政策宣传必须针对不同群体和个人的特点进行，如对待工人、农民、知识分子、干部、青年学生、个体户等不同群体的政策宣传，就必须区别对待，各有侧重，做到“一把钥匙开一把锁”。只有这样，才能收到好的效果。

3.宣传动员的准备

在宣传动员模型中，为保证公共政策的顺利执行，一般要做好组织准备、思想准备、物质准备等。

（1）组织准备

这主要是指机构的设置和人员的配备。我们知道，政策终归是要由一定的人员和机构来执行的，政策颁布之后首先要做的事情就是配备必要的政策执行人员，组建相关的政策执行机构：一般来说，政策的执行，如属原有政策执行机构的任务，则应由原有政策执行机构及其工作人员去完成；如果所要执行的是涉及多个部门的重要政策，非原有执行机构所能承担，则可抽调有关人员组建新的执行机构，以确保政策的有效执行。同时，职能机构设置要完整配套，功能齐全；执行机构内要权责明确。此外，政策执行机构和政策执行人员之间，还要建立必要的组织、协调、沟通及控制机制，以使政策执行机构在组织结构上最终达到科学合理、功能齐全、运转灵活、协调统一、精简高效的要求。

（2）思想准备

此即政策执行者对拟实施的政策要有充分的思想认识。众所周知，人的行为是受其思想观念支配的，政策执行者只有在对政策的意图和政策实施的具体措施有明确的认识、充分的了解和统一的思想的情况下，才有可能积极主动地执行政策，为实现共同的政策目标而努力工作。这里应当指出的是，作为执行机构领导者的执行者了解政策并不意味着作为一般工作人员的执行者都能了解政策，因此，政策执行机构的领导者应该组织参与政策执行机构的全体人员将所要执行的政策了解清楚，统一思想，为实现共同的政策目标而努力工作。而所有这些思想准备工作只有通过深入、系统地学习政策方可实现。

（3）物质准备

任何一项政策的实施总是需要一定的物力和财力作为基本保障的，因此，充分做好政策实施的物质准备，也是政策实施准备工作必不可少的一项内容。这里所说的物质准备主要是指政策执行所必需的经费和必要的设备两个方面的准备：首先，执行者应根据政策执行活动中的各项开支项目与数量，本着既能保证执行活动正常开展，又坚持勤俭节约的原则编制预算。其次，必要的设备准备，如交通工具、通信联络、技术机械设备、办公用品等都要做好准备。俗话说：“工欲善其事，必先利其器。”政策执行活动也是如此，只有做好充分的物质准备，才能为执行工作的顺利开展创造有利的条件。

7.2.3　权威强制模型

一定的权威是公共政策执行中不可或缺的政策资源。失去应有的政府权威就难以保证公共政策在目标群体中顺利实施。权威强制模型通常表现为拥有绝对权力与权威的领导者以强制力推行公共政策。权威强制的最大特征是“强制”，即领导者或公共政策的制定者与执行者以强制的手段进行政策制定与政策执行，通过强制性权力改变人们的行为模式，以达到实现公共政策预期效果的目标。

在权威强制模型中，公共政策的执行完全依靠自上而下的强制性权力制定与执行公共政策，凭借强大的权力与权威打破政策实施的抵制力量。政策执行者依赖的是权力与权威。

根据马克斯·韦伯的经典定义：**权力，就是一个或若干个人在社会生活中即使遇到参与活动的其他人的抵制，仍能有机会实现他们自己的意愿的能力。**简言之，就是一种A迫使B实施B不受强迫就不会去实施行动的能力。韦伯的定义强调了权力关系中的压迫性和反抗性，强调个人意愿对他人行为的影响是权力的核心。罗伯特·舒茨也同意韦伯所下的定义："权力将表明有一定社会地位的人的能力或潜力，即在某种社会制度内对于其他人存亡所系的问题规定条件、作出决定，即采取行动的能力或潜力。"也有学者持相近的观点，认为权力就是个体促使他人执行其个人指示和命令的能力。

什么是权威？L.斯坦（L.Stein）说，权威是"对他人判断未经检验的接受"。伊斯顿坚持认为"经常被人服从的是权威"。大多数译者如Hannah Arndt将权威一词译成"统治"，定义为任何命令和服从关系，他也把它称为"权力的特例"。他认为："统治可以指这样一种情况，其中统治者或统治者们显示的意志（命令）是打算影响一个人或更多人（被统治者）的行为，而且实际上果然以这种方式影响了他们，即他们产生的行为在社会意义上好像是被统治者为了自己的缘故把命令内容作为他们的行为准则。从另一方面看，这种情况可以称为服从。"汉娜·阿伦特把权力等同于合法权威。她认为："权力相当于人的能力，不仅是行动的能力，而且是协调一致地行动的能力。权力绝不是个人财产，它属于集体，只要集体保持一致，权力就继续存在。"在阿伦特的早期研究中，曾将权威界定为基于相互认同的命令和服从关系。她提到："在发布命令者和服从命令者之间的权威关系既不应依赖于普遍理智，也不应依赖于发布命令者的权力：他们的共同之处在于等级本身，等级的正确性和合法性是双方承认的，而且双方在其中都有预定的稳定位置。"恩格斯在《论权威》一文中写道："权威，是指把别人的意志强加于我们；另一方面，权威又是以服从为前提的。"

"权威"的产生与合法性有关，或者说合法的权力就是权威。韦伯把权威定义为"来自某个确定源泉的某些命令（或所在命令）被某个确定群体的人们服从的概率"。韦伯认为，合法性有3个来源：一是理性，它基于一种正规规则形式的"法律性"，以及对那些升上掌权地位者根据这些条例发布命令的权力的信任（法理型权威）；二是传统，它是一种对古老传统的神圣不可侵犯性及对根据这些传统行使权力者的地位合法性的既定信念为基础的（传统权威）；三是神授基础，它是以对某个人超凡的神圣性、英雄行为或模范品格的信仰以及对这个人所展示或发布的规范行为模式的忠诚为基础的（个人魅力权威）。

可见，**权力有强制力，而权威没有强制力，是在一定领域内人们自发性的服从，并且有其正当性。**公共政策的权威强制模型中，政策方案一经制定，政策执行者或者领导者通过强制性的权力和权威来推进政策执行，将政策付诸实施，以达到预期的政策效果。这些手段包括，强制性的行政手段、法律政策，以及政策执行者的个人自主性手段和官员的魅力权威等。

权威强制模型在我国的典型是江苏省宿迁市前市委书记仇和，在其8年的为官生涯中，仇和以非常手段，雷厉风行地推进了一场又一场"激进"的改革，他的改革成效卓著，而他本人也成了一个"最富有争议的市委书记"。

7.2.4 市场激励模型

市场激励理论是随着新公共管理理论的发展而兴起的。新公共管理（New Public Management，NPM）理论、"以市场为基础的公共行政"、"后官僚制度典范"和"企业型政府"等都是对管理主义或新公共管理的称呼。它是一种国际性思潮，起源于英国、美国、新西兰和澳大利亚，并迅速扩展到其他西方国家。管理主义运动的兴起意味着公共部门管理尤其是政府管理研究领域范式的转变。

管理主义的兴起，是由于政府规模的扩大与政府角色的膨胀以及社会对政府的不满、经济与财政压力、社会问题与政府不可治理性增加等因素导致的。它所要解决的问题是使政府走出财政危机、管理危机和信任危机的困境。英国学者胡德（C.C.Hood）在其担任伦敦经济学院院长的就职演说中将“管理主义”的过程，也就是他所说的“新公共管理”概括为7个要点：①公共政策领域中的专业化管理；②绩效的明确标准和测量；③格外重视产出控制；④公共部门内由聚合趋向分化；⑤公共部门向更具竞争性的方向发展；⑥对私营部门管理方式的重视；⑦强调资源利用要具有更大的强制性和节约性。胡德认为，这些要点是政府走出危机的对策性措施。这些措施在实践的运用中包含着政府公共政策化和公共管理社会化的趋势。

政府既可以用行政命令也可以用市场激励的办法来推行某项政策的实施。例如，中华人民共和国建设部于2002年12月27日印发《关于加快市政公用行业市场化进程的意见》的通知中指出：鼓励社会资金、外国资本采取独资、合资、合作等多种形式，参与市政公用设施的建设，形成多元化的投资结构。对供水、供气、供热、污水处理、垃圾处理等经营性市政公用设施的建设，应公开向社会招标选择投资主体。允许跨地区、跨行业参与市政公用企业经营。采取公开向社会招标的形式选择供水、供气、供热、公共交通、污水处理、垃圾处理等市政公用企业的经营单位，由政府授权特许经营。

为推行这一政策的实施，政府采取多种方式来推行市政公用行业的市场化：

（1）服务的外包模式。市政公用行业可以以合同的形式承包给民营企业去完成，如铁路部门的售票、清洁和饮食服务，公共部门的道路和积雪清除服务等。

（2）经营和维护的外包或租赁模式。政府部门可以通过与民营部门签订合同的方式，将基础设施的经营和维护工作交由民营部门去完成。经营和维护实行承包的目的在于提升基础设施服务的效率和效果。

（3）LBO（租赁-建设-经营）模式。民营企业被提供一个长期的合同，利用自己的资金扩展并经营现有的基础设施。它往往根据合同条款收回投资并取得合理回报，同时必须向政府部门缴纳租金。

（4）BTO（建设-转让-经营）模式。民营部门的发展商为城市基础设施融资并负责其建设。一旦建设完毕，该民营部门就将基础设施的所有权转移给有关政府主管部门。然后，该政府部门再以长期合约的形式将其外包给发展商。

（5）BOT（建设-经营-转让）模式。在政府授权下，民营部门可以为城市基础设施建设融资并建设、拥有和经营这些基础设施。在特定的经营期限内，它有权向用户收取费用。等期限结束，基础设施的所有权就要转让给有关政府部门。

（6）外围建设模式。民营部门可以投资建设公共基础设施的一些附属设施，然后在一定的期限内经营整个基础设施。这种制度安排的目的在于，在资金不足的情况下仍能扩展基础设施服务。

（7）BBO（购买-建设-经营）模式。在这种模式下，现有的基础设施被出售给那些有能力改造和扩建这些基础设施的民营部门。民营部门在特许权下，永久性地经营这些城市基础设施。在出售前的谈判中，公共部门可以通过特许协议对基础设施服务的价格、进入、安全、质量和将来的发展作出规定，实施政治控制。

(8) BOO（建设-拥有-经营）模式。在这种模式下，民营部门的开发商依据特许权投资兴建基础设施，他们拥有这些基础设施的所有权并负责经营。当然，特许权的获得也不是无条件的，它必须接受政府在定价和运营方面的种种管制。长期所有权为民间资本注入基础设施建设提供了重要的激励。

从国内来看，广东、上海、杭州等地的公用事业领域开始向民间资本和外资敞开大门。广东鼓励和引导民间投资参与能源、交通、供水、污水处理等基础设施及公共事业建设。深圳市政府已开始就能源、水务、燃气、公共交通等公用事业类企业向国际招标。2002年8月，深圳五大国企以国际招标方式转让部分股权，五大国企分别是能源集团、水务集团、燃气集团、公共交通集团以及食品总公司，转让比例在25%~70%之间。据悉，深圳市市政公用行业建设将打破政府大包大揽的传统做法，实行特许经营，并拟在水务、环卫、公交、燃气、环保等8个行业实行特许经营，以期推进市场化进程，解决发展中遇到的资金“瓶颈”，并使百姓得到实惠。

§7.3 公共政策的自由裁量权

公共政策的执行是通过政府切实有效的公共管理工作把观念形态的政策变为现实形态的效果，它是政策执行者按照政策程序和规划采取的实际行动。公共政策的实施告诉我们，并非制定了科学合理的公共政策，执行机关就能按部就班地遵照政策规定的程序执行并最终实现政策的目标。在诸多公共政策案例中，我们可以看到一些很好的政策由于执行中的失误而导致政策目标无法实现。良好政策效益的实现不仅依赖于公共政策本身制定得科学合理，而且更与政策执行者是否有效地执行政策有着密切的关系。尽管其中影响政策执行的因素是多种多样的，但政策执行者的自由裁量权的不当使用是导致政策扭曲失效的重要原因之一。

7.3.1 自由裁量权的概念

何为自由裁量权？16世纪英国的一位大法官就曾指出：“自由裁量权意味着，根据合理和公正的原则做某事，而不是根据个人的意见做某事，自由裁量权不应是专横的、含糊不清的、捉摸不定的权力，而应是法定的、遵循一定规范的权力。”在我国，各个学者的解释也不尽一致。王岷灿先生的解释是我国最早对此概念的表述：“凡是法律没有详细规定，行政机关在处理具体事件时，可以依照自己的判断采取适当的方法，就是自由裁量的行政措施。”王名扬先生在《美国行政法》一书中的定义是“自由裁量权是指行政机关对于作出何种决定有很大的自由，可以在各种可能采取的行动方针中进行选择，根据行政机关的判断采取某种行动，或不采取某种行动。行政机关自由选择的范围不限于决定的内容，也可能是执行任务的方法、时间、地点或侧重面，包括不采取行动的决定在内。”中国台湾学者翁岳生则认为：“行政机关在法律规定的构成要件实现时，得选择不同的行为方式，亦即发生了规定和构成要件相连接的不是单纯一个法律效果；其中该规定至少有两种或者多种可能性会被赋予某种程度的行为自由，此即为所谓的行政裁量。”司久贵则认为：“自由裁量权是行政主体在法律规定的范围内自行判断、自行选择和自由决定以做出公正而适当的具体行政行为的权力。”从学者的表述中不难看出，他们对自由裁量权的实质理解是一致的，即法律赋予行政主体管理某种事项，做出某种行为的权力，但对于相应管理行为的具体内容、范围、形式、实施方法都未予明确规定。行政法学家们普遍认为："法律只规定原则，留出适当的余地以便执法者自由裁量是现代行政的一个特色。"行政主体根据具体情况享有自行判断、自行选择、自行决定是否做出某种行为，在何时何地行为，怎样行为的灵活选择的余地。正如张明杰所指出："灵活性是自由裁量权最为显著的特征。"

基于对自由裁量权的分析，我们可以这样界定：**自由裁量权是行政主体在行政管理活动中所拥有的，可以根据具体情况和自己的意志，自行判断、自行选择采取最为合适的行为方式及其内容的一种行政权力。**

自由裁量权的存在是提高行政效率之必需。针对纷繁复杂、发展变化的各种社会现象，为了使行政主体能够审时度势、权衡轻重，对各种特殊、具体的社会关系产生的问题能够果断地处理和解决，在使用的方式、方法等方面应有一定的自由选择的余地。法律法规赋予行政主体在法定范围内行使自由裁量权，可以增加行政的能动性，提高行政效率。

7.3.2　自由裁量权的运用

自由裁量权是行政权力的一项重要内容，也是行政机关在行政执法中最广泛、最经常运用的一种权力。为了更有效地实行行政管理，行政自由裁量权必须存在。政策的执行主要依靠行政机构运行，是行政主体利用行政权力通过实施管理行为实现政策目标的过程。所以在政策执行中也存在着自由裁量权，而且如上文所说的政策的普遍性与执行环境的特殊性之间的矛盾也必然要求执行中存在着自由裁量权。

公共政策执行中自由裁量权的存在是必然的，首先一项公共政策是对一定范围内公共问题的一种未来的抽象把握，并根据公共问题的实际情况而制定出具有区域普适性的公共政策，然而在政策的执行中，由于次区域具体情况的差异使得次区域的执行者必须根据本区域的实际情况以及政策的精神内涵，对政策进行解释和细化，使之符合本区域的实际。这就要求此区域的政策执行者具有一定的自由裁量权。政策执行者在其执行过程中，一般具有对政策的初始解释权。这种初始解释权本身就是自由裁量权的一种表现，它是不可或缺的。执行中的自由裁量权并不是一种绝对的权力，它是有外部限制和内部制约的，就外部来说，它必然受到原有的政策目标的限制，不能跨越原有的政策边界，一旦执行者跨越了原有的边界，那么这种执行就是一种违法行为。所以它不是完全没有范围，没有边界的裁量。就内部来说，它又受合理性的限制。自由裁量权是国家法律法规赋予政策执行者为执行政策实现公共利益而进行的合理的判断，是斟酌选择行为方式的自由，而不是任意行为，更不是根据利益选择行为方式的自由，自由裁量权是有一定的范围和限度的，不应该是专断的含糊不清的权力。

7.3.3　自由裁量权的悖论

自由裁量权的存在赋予了政策执行者在执行政策的过程中有一定的选择权，这种"选择权"有利于调动政策执行主体的主观能动性。但自由裁量权有着范围和程度的限制，裁量权超过限制等于越权，破坏政策的合法性，裁量权运用不够，则会导致政策功能的萎缩，使政策不能充分发挥作用。可见，自由裁量权是一把双刃剑，一方面，行政自由裁量权是行政主体提高行政效率的必需，它能使行政执法者审时度势，灵活机动地处理问题，可以说离开了自由裁量权，高效行政就无从谈起；另一方面，行政裁量权的广泛存在有可能会对行政相对人的权益造成侵害，从而对行政法治构成威胁。可见它的存在既有积极的作用，又有消极的影响。关键问题是如何趋利避害，如何发挥它的积极作用，同时抑制它的消极影响。要解决这个问题，必须加强对行政自由裁量权的控制，通过合理地控制行政自由裁量权，使它在合理的范围内，在符合法律精神的前提下发挥积极的作用，同时避免它的消极影响。这就要求政策执行者能够在原则性的要求下，严格遵循政策的精神实质，在保证政策统一性、严格性的前提下，坚持从实际出发，通过合理有效地运用行政自由裁量权，采取灵活多样的方式方法，使政策目标得到有效的实现。

§7.4 政策执行的障碍

公共政策执行是在复杂社会系统中进行的复杂活动，其有效性经常会受到某些因素的影响，使得公共政策付诸实施后，并不一定会取得预期的政策效果，反而造成政策执行走样，甚至导致政策执行失败。因而，只有找出并分析影响公共政策有效执行的障碍因素，才能克服其不利影响，促进政策有效执行。

7.4.1 政策规划障碍

公共政策执行本身是一个极为复杂的过程，公共政策执行的效果往往要受到诸多因素的影响和制约，其中公共政策制定得科学与否直接影响到政策的执行效果，公共政策本身的优劣是政策目标实现程度大小的先决条件。

（1）政策方案不合理

在现实的政治生活中，之所以有些政策得不到切实的执行，一个很常见的原因就是这些政策本身缺乏合理性。政策方案不合理主要表现为政策针对性不强，没有针对客观的社会问题，政策各项内容没有反映客观存在的现实情况，政策所规定的各项行为不符合社会发展的客观规律。政策方案不合理，导致政策执行过程中政策与客观实际的强烈冲突，不能被政策执行者所认同，被政策目标群体所抵制，政策执行必然会在政策执行者、政策目标群体的消极应付和抵制中被搁置，使政策得不到有效的执行。

（2）政策方案含糊不清，模棱两可

政策方案具体明确是政策执行有效的关键所在，也是对政策执行进行评估和控制的基础。含糊不清、模棱两可的政策会给政策执行主体带来方向上的不准确，不仅在实际中无法执行，而且会导致政策界限不清以及对政策的随意改变。政策含糊不清、模棱两可，可能导致政策执行过程中出现一些不必要的漏洞，影响政策的顺利执行，如有人利用政策投机取巧，投机者则会成为暴发户，造成社会上收入分配不公，引发社会矛盾。政策方案含糊不清，模棱两可还会给接受政策的目标群体带来认识上的偏差与分歧，以至造成社会的不稳定与混乱，间接地给政策执行造成极为不利的环境和影响，阻碍政策执行的顺利进行，而且还会因政策执行者对政策目标和内容的误解或曲解而造成政策执行的阻滞。因此，政策含糊不清、模棱两可是政策有效执行的一个不容忽视的障碍。

(3) 公共政策缺乏稳定性

作为对社会资源和利益进行权威性分配的方案，政策如果朝令夕改，随意变动，就会导致先参加分配的政策目标群体和后参加分配的政策目标群体处于不同的规则和标准之下，形成同一条件、不同规则、不同结果的不合理状况，进而造成普遍的结构性短期行为，在此基础上演化出致使政策变形走样的投机执行的可能。"一锤子买卖"和"捞足了就走"的短期行为就会取代对未来的周全考虑，在他们看来，未来是什么样子，根本不知道。于是，政策执行过程中各种各样因投机钻营而导致政策目标不能圆满实现的行为便在所难免。政策缺乏稳定性会导致政策体系的结构性紊乱，从而造成政策间的摩擦和冲突以及政策间的不衔接和空白。如果政策变动频繁，势必造成政策之间的脱节，导致政策调节的"盲区"以及政策界限模糊的灰色区域，为政策执行过程中的投机行为提供便利条件。政策缺乏稳定性还会导致信赖关系的破裂。政策频繁变动、朝令夕改，往往使政策执行主体感到无所适从，长此下去，他们便会逐渐失去对政府及其政策的信赖，从而漠视政策，导致令不行、禁不止，政策的权威严重流失。

(4) 公共政策缺乏公平性

公平常常是就分配而言的，政策目标群体对于政策这种权威性社会价值分配方案的接受与否在很大程度上取决于政策本身是否具有公平性。一般来说，一项政策如果能使目标群体感到公平合理，它就容易被接受；反之，如果一项政策被目标群体认为是不公平的，或者被视为是对自己利益的剥夺，接受这项政策自然就比较困难，尽管不公平的政策有时可以借助于某种公共权力来予以强制执行，但是人们常常也会采取各种各样的方式对其予以拒绝，使其发生变形、走样，我们通常所说的"上有政策，下有对策"的做法在某种程度上便是这种情形的典型表现形式。

7.4.2　政策认知障碍

政策执行主体的态度和能力影响公共政策的有效执行。公共政策的执行是一个由抽象到具体的过程，它把政策制定阶段形成的各种公共政策方案变成具体的政策活动。任何一项公共政策在制定出来以后，最终要靠政策执行主体去执行和实施，所以政策执行主体的态度和能力影响公共政策的有效执行。中国台湾学者朱志宏认为，公共政策能否正确执行，取决于若干先决条件：一是沟通，二是资源，三是政策执行者的态度，四是官僚机构。但是一些政策执行者不勤于学习领会上级决策精神，对政策抱着一种模棱两可甚至事不关己、高高挂起的态度；有的政策执行者害怕受到批评，害怕民众反对，因而畏首畏尾，在这种情况下公共政策就不可能取得好的效果，必然会导致政策规避问题。

同时，政策执行主体自身的利益需求和行为倾向影响着公共政策的有效执行。各项公共政策的最终执行者都是人，而人不可避免地有着自身利益追求和行为价值倾向。公共政策的实质就是对利益和资源的划分，因而公共政策执行主体在执行政策时，必然进行成本-收益预期，要使政策执行者在执行政策过程中始终保持绝对的"价值中立"实际上是难以做到的。法国行政学家夏尔·德巴什认为，对于行政机构来说，"如果决策与它们期望的东西不相符或在它看来无法实施时，它将反对这种毫无活力的东西或者试图改变既定措施的内容"。因此，如果一项公共政策威胁到自身利益，那么执行者无论出于公心还是私心，都有可能抵制这一政策，使得该项政策很难得到顺利有效的执行，从而导致政策规避现象。同时，行政机构常常是在宽泛的和模棱两可的法令下运行的，这就给他们留下了较多的空间去决定做什么或者不做什么。公共政策执行的这一弹性为一些执行主体谋取自身利益提供了空间。因而，政策执行主体的成本-收益预期也就必然在政策执行过程中发生重要作用，即尽量降低政策执行的风险，争取自身利益的最大化。

政策执行者在执行政策过程中常常具有决策权和一定的自由裁量权，他们对每一个执行事项，往往根据不同的时间、地点和缘由，考虑个别需要，权衡其轻重，斟酌其缓急，而后才作出各种不同的调适；另一方面，政策执行者对政策的反应多不相同，例如，他们对政策标准的认知和了解，他们对政策的反应方向以及反应程度，这都会影响到其执行政策的能力和效果。正因为如此，美国著名政治学家阿尔蒙德和小鲍威尔认为："一项普通政策得以贯彻到什么程度，通常取决于官僚对它的解释以及取决于他们实施该政策的兴致和效率。"

通常，政策执行者在应用其决策权和自由裁量权时都有赖于他们对政策的看法以及他们对政策可能会带来的利益所作的推测。他们的判断往往通过3种方式来影响政策制定者的意图：①政策执行者常常对政策目标具有选择性认知，从而忽视他所接受的政策指令的某些方面，这种现象在上级的政策指令与其个人的政策偏好倾向不一致时表现得极为突出。②人们总不太愿意执行自己所不同意的指令，于是政策与执行之间难免会有不衔接的现象。③政策执行者很可能只熟悉某些政策领域，而对别的政策领域则知之甚少，于是他们很可能会产生反对的意向。

7.4.3 政策体制障碍

公共政策执行效果受政策体制的制约，这一政策体制障碍主要表现在以下方面：

（1）政策决策体系和执行中的非科学化、非民主化及非程序化

政策在决策中流于个别领导的经验决策、随意决策、感性决策，常常是领导先定方案，然后才由相关专家、学者进行论证。但是，由于参加论证的人本身没有提前介入，对详细情况缺乏深入了解，只能充当既定方案的"传声筒"或者"吹鼓手"。这种缺乏科学民主决策程序的体制，既可能造成政策本身的无效，也可能导致执行中的阶段决策失误而使政策结果与目标南辕北辙。科学民主的决策主体应该是由领导层、执行层与接受层组成的知识结构和年龄层次都搭配合理的一支队伍。

（2）公共政策执行的权力配置机制不合理

它在纵向上，表现为执行权在不同层级之间的配置不合理，即在中央和地方政府之间，地方各级政府之间，以及同一组织内部各个层次之间存在执行权的分配问题。有的政策执行权过于集中，不利于调动下级组织的积极性，不利于因地制宜按具体情况办事，容易产生一刀切，从而导致政策敷衍和政策照搬；有的政策执行权又过于分散，执行主体往往各自为政、自行其是，从而导致政策替代和政策附加。它在横向上，表现为执行权在不同地区和不同职能部门之间的配置不协调、不明确。政策执行权力的横向合理配置，一直是科层制中难以解决的课题。有的人把配置理解为分割，各机构独立行使其所享有的政策执行权，彼此间缺乏协调配合，从而导致政策封锁和政策垄断；当执行某一政策的综合协调机构挂靠到具体职能部门时，其他相关职能部门又倾向于少参与，使社会综合政策演变成为单一部门的专项政策，从而导致政策变形和失真；当执行权力配置不明确时，如果政

策执行有利可图，各机构就会相互争夺执行权，导致政出多门和政策寻租；如果无利可图，则又会出现执行敷衍或执行中断。

同时，我国公共政策执行体制在协调方面也存在着问题，主要表现为：中央政府与地方政府缺乏协调；一些政府内部各职能部门为谋求部门利益而缺乏协调，甚至在执行过程中互设障碍，如普遍存在的“拆台现象”；地方政府之间为谋求自身利益而缺乏协调，由此导致了地区保护、地区封锁；政府与非政府公共组织之间缺乏协调，各类社会公共组织与社会成员之间缺乏协调。在执行活动中，某一政策执行主体的执行活动往往得不到其他组织的有效支持与配合，甚至还出现损害其他执行主体利益的现象。

（3）政策执行的信息沟通机制不健全

从信息论的角度来看，公共政策执行是一个信息的发散和汇集过程：政策执行主体一方面向社会释放、传递有效信息，另一方面要不断从社会获取有关政策执行的大量信息。信息沟通机制的不健全会使政策执行过程中的信息交流严重阻塞。一方面，政策制定与执行缺乏公众参与机制，政策透明度低，政策接受者在政策实施时往往对政策内容和目标一无所知，或道听途说、一知半解，因而难以在短期内认同这一政策，政策执行难度和风险必然加大。另一方面，政策执行缺乏信息反馈机制，政策执行盲目性大，政策评估缺少依据，政策效果难以认定。从控制论的角度来看，政策执行其实是一个信息的控制过程。然而，没有良好的信息沟通，这一过程是无法有效控制的，因此，由于信息不完备、信息失真、信息不对称等原因制约了公共政策的顺利执行。

（4）政策执行的监控机制欠缺

这是指政策评估机制不科学，缺少正确的评价标准和评价方法。政策评估倾向于用价值判断代替事实分析，用定性结论取代定量结论，评估结果难以作为政策执行的考核依据，政策规避难以及时认定，责任追究制度缺失。这表现为：政策执行过程缺乏有力的监督，执行者的政策规避难以及时发现和纠正；政策执行效果缺乏明确的考核，难以认定和划分执行者的执行责任；政策执行考核后缺乏必要的赏罚措施，政策规避不能查处，政策创新没有动力。有效的监督制度是纠正政策执行过程中的偏差，保证政策达到预期目标的重要保障。现阶段监督机制的不完善主要表现为各级监督主体意识不强、监督不力，监督缺乏具体的法律保障以及社会监督不畅等问题。这种监督制度的不完善导致执行不执行一个样，即使有组织检查、监督，也大都流于听听看看、吃吃喝喝、游游玩玩，而很难深入实际纠偏矫枉。此外，现有的压力型干部管理体制、不科学的考核考绩制度以及对领导干部渎职责任追究机制的缺乏，也是导致执行中欺上瞒下、弄虚作假等政策变异的主要影响因素。

根据法律的有关规定，公共政策执行体制中既有上对下的监督、下对上的监督、平级之间的监督，也有委托与受托双方、合同双方之间的监督；既有专业机构的专门监督，也有非专业机构的一般监督；既有政府的监督，也有一般的社会监督。然而在实际管理活动中，权力滥用的现象仍然是屡见不鲜，其主要原因是：在多元监督体制下，缺乏科学合理的分工，监督范围与监督责任不明确，各种监督机构的作用受到了限制；专业监督机构与专业监督人员数量有限，且没有相对独立性，不能充分发挥其作用；有关部门对专业监督机构的管理力度不够，某些专业监督人员的政治与业务素质不能胜任监督工作的要求。由于多种因素的综合作用，公共政策执行体制中的各种监督得不到落实，没有起到应有的作用。

7.4.4 政策资源障碍

无论政策本身制定得多么理想，如果缺乏必要的用以执行的资源，政策执行的结果也不能达到政策规定的要求。“资源”这个词最初是作为一个经济学概念被提出和运用的。在经济学家眼中，“资源”主要指的是“投入生产活动的‘生产要素’的总和，如资本、劳动力、技术、自然资源等”。美国社会学家埃默森（R.W.Emerson）将资源定义为“一名持有者拥有的使其能奖赏（或惩罚）另一名行为者的能力、财物或其他属性”。后来，“资源”一词泛指存在于一定社会环境中能够满足主体需要的物质财富和非物质财富。就政策的有效执行来说，它所需要的资源主要包括物力资源与财力资源、人力资源、信息资源和权威资源等4种。

（1）物力资源与财力资源

物力和财力是两种最基本的政策资源。必要的财力和物力是政策执行的物质基础。公共政策执行需要有必要的财物资源的投入，充足的经费和物资设备供给是公共政策执行的重要保证。我国许多政策执行起来比较困难就在于经费的缺乏。但在公共政策的执行过程中，并非物力和财力方面的投入越多越好，过多的财政经费开支不仅会导致过剩的、闲置的设备，还会导致过多人员投入及执行机构的臃肿和因人浮于事而产生的内耗，从而增加公共政策执行的难度。

（2）人力资源

公共政策执行主体的政策水平、知识结构、组织能力以及目标群体的受教育程度、政治参与水平和社会能力等素质条件是公共政策执行的重要政治资源。公共政策执行主体的素质不高可能造成政策认知的不当，由于政策水平或知识水平有限，不能正确地理解具有战略性和抽象性的宏观政策；不能认清公共政策的精神实质，即最高目标和最低目标、长远目标和近期目标的区别与联系；不能认清公共政策的内在机理，即公共政策的目标、原则、计划、程序、手段的内在统一性；不能认清公共政策的相互关系，即元政策与基本政策、旧政策与新政策、中央政策与地方政策的关系。由于不能正确理解政策，又可能造成政策宣传不当和执行不力。那种虚张声势夸大政策实际功能或隐瞒政策的负面影响，最终会造成政策对象的不信任，进而影响公共政策执行的效率，造成公共政策执行中政治资源的流失。

（3）信息资源

公共政策执行是公共政策信息的流转过程，既包括公共政策执行内部的信息传播与供给，也包括公共政策系统与环境的信息输入与输出。政策信息的宣传不当、不力、过度和信息传播渠道的单一、阻塞、变异都将导致政策信息的非对称性，导致信息资源的流失。政策信息作为公共政策执行的最为重要的政治资源，是公共政策有效执行的首要条件，畅通的信息渠道和充足的信息来源是政策方案得以顺利实施的重要保证。信息不对称是政治资源大量流失的重要原因。信息不对称造成了公共政策执行中的政策宣传不当、政策理解失误、政策沟通堵塞，尤其可能产生“暗箱操作”和以权谋私，难以对公共政策执行的全过程进行有效监督与控制。信息不对称及其传播渠道受阻又使公共政策执行产生“伴生噪音”，即小道消息的蔓延。“小道消息”以其传播的效率高、间隔短、迎合受众的心理需求而迅速占据“传播市场”，误导信息的接受者，致使受众对正确的政策信息内容产生质疑、排斥、抗拒，给政策的有效执行带来很大的阻力。

（4）权威资源

“权威”是指一种使人信从的力量与威望。恩格斯在《论权威》中从两个方面对权威的本质特征作了深刻的阐释：“一方面，权威是指把别人的意志强加于我们；另一方面，权威又是以服从为前提的。”社会学家认为权威是一个人在相信他施加影响的权力的合法性基础上要求别人服从的可能性。在政策执行活动中，权威是一种特殊的资源。负责执行政策的人员要使其执行活动得以顺利地进行，则必须被赋予相对的权威，用以执行其工作上的任务。权威是采取行动、进行指挥、获取资源而执行其工作任务的权力来源。权威之所以能够成为一种重要的政策资源，其原因在于权威本身具有下述功能：①权威加强了执行人员的责任心，可以提高执行人员的工作情绪；②权威是取得协调的基础，是谋求行动上协同一致的良方；③权威是下属表示顺服、诚意接受某项建议而予以执行的动力；④权威的享有者一般都具有某方面的专长，在决定政策应当如何执行的步骤上可以提供丰富的经验和专业知识；⑤权威是工作委派、工作指导以及工作控制的依据，而这三者正是有效执行的前提；⑥权威是奖赏或惩罚执行者的行为、提高工作效率的根据，执行机构的领导者可以根据执行人员的工作情况进行奖赏或惩罚。总之，权威所具有的上述功能决定了它是一种有助于政策有效执行的重要资源。

随着我国改革开放战略的实施，社会主义市场经济体制建立与逐步完善，特别是加入了世贸组织以后，国家的政治、经济、社会生活等方面发生了重大变化，尤其在经济方面要求遵循世贸组织的各项规定，市场的运行规则要与国际惯例接轨，客观上要求政府有选择性地放松制度准入条件，加快制度变迁的步伐。但国家现行的法制与政策还不够完善，在有些方面还比较短缺，因而造成我国公共政策执行中的政府权威在一定程度上被削弱。部分公共政策执行主体凭借手中的权力参与市场竞争，对市场稀有资源进行权威性垄断，追求自我利益的最大化，对公共政策执行重视不够，力度不大，甚至“有利就执行，无利就变形”，执法不严，难以维护公共政策执行的权威性；公共政策执行过程中的以权谋私、违法乱纪现象严重，职务犯罪花样更新，对这些违法乱纪的惩罚追究难以真正到位，使公共政策执行的权威遭到严重削弱。

7.4.5 外部环境障碍

根据系统论的观点，公共政策执行本身是一个系统，而这个系统又处在一个更大的系统中，这个更大的系统包括的更多内容就是公共政策执行的外部环境因素。公共政策执行的环境构成了公共政策执行的基础，时刻影响着执行的整个过程；而外部环境是公共政策执行的客体之一，公共政策执行会对外部环境造成反作用。两个系统处于不断的能量交换过程中。

政策环境是影响政策产生、存在和发展的一切因素的综合。良好的政策环境是政策实现最终目标、取得最大绩效的大前提。政策环境可分为宏观环境和微观环境。就宏观环境而言，主要是政治、经济、文化等环境。当前，我国正处于从农业社会向工业社会转型的现代化进程之中，经济发展相对比较落后，腐败现象还没有彻底根除，人民的政治思想意识受传统的封建残余影响也还较深，长期的“人治”传统和“臣民”意识的政治文化使人们缺乏遵守规则和依政策办事的习惯，这些大环境因素使得政策执行发生了变异。本来正常的政策执行到了某些部门或者执行者手中就变成了“敲诈勒索”的政治资源和筹码，经济落后、观念陈旧和政策资源的有限也使许多地区和部门不愿脚踏实地、开拓创新，却热衷于寻求规则之外的力量的帮助。

从微观环境说，政策执行中人力、物力和财力的投入情况以及信息渠道的畅通与否也直接影响政策的落实。俗话说：“巧妇难为无米之炊。”任何政策的执行都需要投入一定的人、财、物，政策的执行追求的是以最小的投入获取最大的收益，但必须保证政策执行活动的正常开展。比如我国的义务教育政策，之所以很难实行就与我国的财力不足有关。现代社会是个信息社会，由于信息不通畅，各项政策不能直接传达给接受者，而经过层层转达、传递，就不可避免地会带有传递者个人主观色彩，造成政策失真和效应流失。执行主客体之间信息不对称、不“对流”，也易导致彼此产生误会、隔阂，甚至矛盾冲突，使政策出现变异。

§7.5 中国公共政策执行

7.5.1 中国公共政策执行的特征

在我国，公共政策的执行主要是自上而下的强制执行模式，在这种主导模式下，政府的行政主导性以及行政手段得到了很好的运用，确保了国家的重大政策得以顺利执行。但我国公共政策执行在部分地方存在执行手段单一，手段简单等特征，严重损害了政府及各类公共管理组织的形象，破坏了执行者与执行对象的关系，加剧了双方的矛盾与冲突，造成了公共管理资源以及社会资源的浪费和损失。

（1）执行手段方式单一，手段粗暴

执行主体不考虑被执行对象的认识水平、心理承受力等实际情况，不是以理服人，一味采用行政方式和经济方式，以势压人，直接导致了目标团体的逆反心理，不利于完成政策执行任务。目前我国在公共政策执行过程中普遍存在着滥用行政手段的现象，对执行对象动辄命令、强制，使执行对象从心理上和行为上都难以接受，行政手段在执行中扭曲变形，演变成野蛮执行，导致干群关系紧张，影响了执行效果。某些地方的城管执法、计划生育执法等工作中这类问题较为突出。

（2）法律手段使用得不够

依法行政是公共政策执行者的基本要求。但在许多时候政策执行者还是习惯使用传统的行政手段，法制观念还有待加强。即使是在某些地方使用了法律手段，由于一定程度上存在“有法不依，执法不严”等现象，法律手段发挥不了应有的作用。

（3）忽视思想教育手段的运用

公共政策执行是群体活动，其效率取决于群体行为的协调，而协调以群体成员思想认识的统一为前提。思想教育工作的内容包括：运用思想教育手段向执行对象宣传解释公共政策，获得他们的理解、接受和配合，减少政策执行的阻力；重视思想教育手段的运用和完善，提高执行人员的自觉性，加强其效率观念和意识。然而在公共政策执行过程中，许多政策执行人员向执行对象解释政策不够，宣传不到位，忽视思想教育手段的运用，一旦执行对象对政策不理解，出现为难和抵触情绪，执行人员就采取制裁、经济处罚等方式，野蛮执行公共政策。

（4）在政策手段的选择、使用方面缺少成本效益意识

政策手段具有操作成本，但政策执行者较少注意到这点，许多时候选择的政策手段也能实现政策目标，但其成本很大，管理效率不高，不能称之为有效的执行手段。

7.5.2　中国公共政策执行中存在的问题

公共政策的执行过程实际上就是公共政策的实施过程，这一过程在公共管理中占有重要的地位。转型期的中国在公共政策执行过程中存在着诸多问题，有些问题还相当普遍。这些问题的存在有着深厚的经济与社会原因，严重制约了公共政策的执行效力和效率。

1.替代执行

替代执行是指执行人员在执行政策时采取偷梁换柱的做法，执行与上级政府的政策不相一致的政策方案，使原有的政策方案难以得到贯彻实施。替代执行根据替代的程度不同又可分为完全替代和部分替代。完全替代只保留了原政策的一些表面现象，使政策方案全部发生了变化；部分替代则保留了原政策的一些内容。替代执行的最大特点是政策的变异性。从表面上看，替代执行政策的时间、空间都没有发生变化，但政策的实质内容却发生了改变。替代执行的突出表现是“上有政策，下有对策”。政策在执行中之所以会出现被替代的现象，除了政策执行主体为了自身利益曲解政策以外，更多的是各执行主体的价值观不同、对政策问题的认识不同导致了政策执行行为的差异。近几年来，替代执行已成为我国政策执行中的一大痼疾。替代执行不仅影响了政策目标的实现，而且恶化了政策执行环境，增加了解决政策问题的难度。因为政策在执行中出现的变异和扭曲会使原有政策问题得不到解决，又引发新的政策问题。同时替代执行也损害了中央政府的形象，降低了中央政府的威信和政策的整合力。

2.象征执行

象征执行是指执行人员在执行政策时敷衍塞责，做表面文章，实际上拒不执行上级政府政策。象征执行的主要特征是欺骗性。从表面上看，政策宣传热热闹闹，政策执行轰轰烈烈，而实际上政策并没有转化为可操作的具体措施，没有真正落到实处，政策成了空架子。例如，最近几年，中央政府三令五申要求地方政府整顿非法小煤窑，保证煤矿生产安全，减少环境污染。有的地方政府在执行政策时，对小煤窑非法生产往往睁一只眼闭一只眼，上级政府检查严，风声紧了，就关闭一批；风声不紧照样开足马力生产。以至于在我国某些地方小煤窑非法生产屡禁不止，煤矿瓦斯爆炸、透水事故屡见报端。象征执行不仅欺骗了上级政府，损害了公众利益，消耗了政策资源，而且助长了地方保护主义。

3.选择执行

选择执行是指政策执行人员在执行政策时采取“为我所用”的做法，有意曲解政策的精神实质或部分内容，导致政策无法真正得到贯彻落实，甚至遭遇到与初衷相悖的结果。选择执行的突出表现是“政策贪污”。政策在执行时被中途截留，政策的精神和内容不能传达到目标群体和利益相关人员。选择执行的最大特征是自利性。执行人员选择政策的标准是“趋利避害”，对己有利的政策就执行，对己无利的政策就不执行或少执行。公共政策具有整体性的特征，针对某一政策问题提出的公共政策方案，其内部的各项规定相互支

持，相互配合，共同实现政策功能，达成政策目标。如果一个完整的政策在执行时只有部分被贯彻落实，其余部分则被割裂遗弃，必然导致政策内容残缺不全，政策变形失真，带来政策功能的紊乱，影响政策目标实现。

4.附加执行

附加执行是指政策在执行过程中由执行人员附加了一些不恰当的内容，盲目扩大政策外延，使政策的调整对象、范围、力度、目标超越政策原定要求。附加执行的突出表现是搭便车。政策执行人员往往打着贯彻上级政府政策的旗号，自立一套，自行其是，推行反映自身利益的“土政策”和“土规定”。这些“土政策”和“土规定”与原政策存在着相关性或相似性。它们或者被宣传为执行原政策的工具，或者被宣传为原政策的细化。“土政策”与原政策捆绑在一起执行后，分别从质和量两个方面造成原政策的畸变。在质的方面，“土政策”扩大了原政策的内容，引发了新的政策行为，影响了原政策目标的实现。在量的方面，“土政策”扩大了原政策的调控力度与范围，改变了政策功能，超越了政策目标，出现了政策浮夸。

5.机械执行

任何公共政策都是公共管理主体基于特定的条件为处理相应的公共问题而制定的。它不仅具有时效性、部门行业性、区域性，而且还应该具有程度不同的灵活性。政策的有效执行依赖于各种因素或条件，政府部门最主要的职责和职能是执行，在某种程度上，执行总会或多或少地影响政策。只有客观、全面、准确地把握各项公共政策的内涵与实质，把政策执行的原则性与灵活性有效地结合起来，科学合理地选择公共政策的执行方式，才能使政策的执行取得理想的效果。然而，我国在公共政策执行过程中却普遍存在机械执行的现象：一是无视公共政策的精神实质，不考虑客观环境条件，对相关问题不能因时、因事、因地作出具体分析，机械地照搬其他地区、部门或行业的公共政策；二是无视公共管理中各种新情况、新问题、新特点，机械照搬陈旧的、过时的公共政策；三是无视公共事务的时效性，在公共政策不到位的情况下，面对急需解决的公共事务问题无所作为，因坐等上级政策而丧失解决问题的最佳时机。机械执行使公共政策失去了针对性，不仅阻碍了政策执行功能的正常发挥，而且浪费了公共资源，降低了执行效力，给公共管理造成一定程度的损失。

7.5.3 增强中国公共政策执行效能的思考

为了保证公共政策的有效执行，最终促进政策目标的实现与政策问题的解决，就必须采取对策消除执行障碍，也就是要提高政策执行者的素质和能力，实现政策执行主体多元化，同时充实政策资源，优化政策环境，建立健全政策执行的监督机制，并与政策执行责任追究制度有机结合起来。在实践中，逐步完善政策执行体制，以提高政策执行能力与水平。

1.提高公共政策主体的政策执行水平和执行能力

提高公共政策执行主体的政策知识水平和政策执行能力是确保政策顺利执行的首要因素。这些基本技能决定了政策执行主体在政策执行过程中对业务工作的熟练程度、责任心和工作效率，也决定了他们在实际工作中对政策信息的搜集和传递能力，以及对政策信息的敏感程度。因此，政策执行主体应该通过学习，熟悉政策执行的活动规则，提高准确理解和把握政策规定的能力，从而为有效的政策执行奠定基础。另外，现阶段我国的公共政策应逐步实行政策执行的同体化和异体化的协调发展，也就是说，政府制定的政策一部分可以由政府执行机构和工作人员来承担，一部分可以面向社会，引入市场竞争机制。可以采用签订承包或委托合同等方式由非政府部门的公共组织或其他社会组织来承担，该做法不仅可以激发各种执行人员的责任心，同时还可以降低行政成本、提高行政效率、减小公共政策执行的阻力。

2.提高公共政策执行对象的政策认同感

目标群体是由人构成的，是可以根据自己的价值观和不同的利益取向对公共政策或配合、或敷衍、或抵制。由于人们在社会生活中已经养成一套行为模式。常习惯于保持持续的某种状态，因此，为了公共政策目标的实现，政策执行主体应将政策对象群体行为所需要的调适量降到最小，以减少人为造成的抵制，从而有利于政策的有效执行。另外，政策宣传是政策执行活动的重要组成部分，加强政策宣传，提高政策对象群体的政策认同感可以使政策执行者和对象群体认真领会和理解政策目标的具体内容，为有效地执行政策奠定坚实的思想基础。同时也为政策的有效执行创造良好的政策环境。同时我们应注意，在制定公共政策时应符合社会发展的客观规律，以利于政策执行对象对政策的顺从、认可和接受。同时要深入目标对象进行研究，结合其具体情况设计政策和政策执行策略，避免由于政策本身的缺陷导致目标对象的不顺从或不配合。

3.有效利用公共政策执行的宝贵资源

政策资源是指政策运行过程中能够获得并可以用来促进运行过程的各种支持和条件，即政策运行所要花费的代价和必需的各种条件，它包括人力、物力、财力和信息等。这些资源对于政策执行来说是必不可少的。我们对公共政策执行中的沟通协调应尤为重视，很多公共政策失败就是因为信息不畅，沟通不够。因此，公共政策制定部门要设立一定的程序、制度，甚至专门的机构来进行信息沟通和协调，不仅执行者、执行机构之间需要沟通协调，执行者、执行机构与目标群体之间也需要不断地沟通和协调。在政策执行过程中，为了确保政策资源的获得，应该注意在对政策执行资源的投入过程中坚持成本-效益原则，追求以最小的投入获得最大的产出，否则也会因为资源不足导致目标执行没有结果或者是效果较差。

4.创建良好的公共政策执行环境

公共政策执行环境分为政治环境、经济环境、文化环境和生态环境。因此，在公共政策的实际执行中，我们应该因地制宜，深入各种环境进行可行性分析，并根据执行反馈和实际情况不断追踪决策。同时对执行决策不断调整，最终取得一个满意的结果。根据系统论的观点，公共政策执行本身是一个系统，而这个系统又处在一个更大的系统中，这个更大的系统就是公共政策执行的外部环境因素。公共政策执行的环境构成了公共政策执行的基础，也时刻影响着执行的整个过程。公共政策执行也要遵守可持续发展原则，要重视对自然资源的节约。同时，一定时期占社会主导地位的价值观会对公共政策的执行起到推动或阻碍作用，与此价值观相符的公共政策执行起来会非常顺利；反之，则会受到抵制。

5.规范公共政策执行的监督体系

公共政策执行过程中也是需要监督机制的，同时还要为政策执行者构建广泛的社会监督系统，该监督应该包括上对下的监督、下对上的监督；有专业机构的专门监督，也有非专业机构的一般监督；有平行机构之间的监督，也有委托与受托之间或合同双方之间的监督；有政府的监督，也有社会公众的监督。强化政策执行监督，监督机构首先必须强化政策执行的监督意识，必须充分地认识到政策执行监督的必要性和重要性。其次还要强化人民群众参与政策执行监督的意识，让广大人民群众充分认识到，加强对政策执行的监督也是对自己合法权益的维护，从而积极投入到监督活动，以提高政策执行监督的有效性。最后是要有防患于未然的意识，加强政策执行的事前监督和事中监督的意识，不能局限于事后监督。把各种政策执行活动置于公众的关注与监督之下，使“暗箱操作”没有生存的空间。另外，还应建立政策执行者的责任追究制度，为了制约政策执行者，把政策执行控制在法律秩序的范围内，使违背政策的责任落实到具体人的身上，从而增强政策执行者的责任感、使命感和危机意识，使政策执行者权责一致，从而更便于对政策执行者实行有力的监督。并严格政策执行的考核制度，以提高政策执行者的责任意识，从而建立政策执行的风险监控机制。

6.完善公共政策执行体制

公共政策体制优化的最重要的一点是公共权力社会化，即政府服务意识的回归和公民主体地位的上升。非政府公共组织不仅可以参与政府公共政策的执行，而且对那些必须由政府执行的公共政策有重要的监督职能。公众的满意度是评估公共政策执行效果的重要衡量标准。非政府公共组织可以通过公众主权对公共政策的执行施加压力，迫使政府的政策执行机构有更强的责任心，从而提高政策执行的质量。非政府公共组织还应该积极搜集公众的意见，根据反馈的信息及时调整，使公共政策更符合服务对象的要求。同时，要加强政策执行的制度创新，一是从实际出发，全面规划，因地制宜地废除不合理的旧制度；二是要不断修订、补充、完善政策制度，并对政策执行者和团体目标的权力和责任给予明确界定。另外，我们在公共政策的执行中要贯彻原则性与灵活性相统一的原则。所谓政策执行的原则性，就是指在执行政策时必须遵循政策的精神实质，始终保持政策的严肃性和权威性，严格地按照政策的相关规定，不折不扣地按照政策目标的方向去落实。而灵活性原则就是指在不违背政策方向的前提下，坚持从实际出发，同时因地制宜地去实现政策目标，坚持具体问题具体分析，并发挥政策执行主体在政策执行过程中的主观能动性和创造性，以应付各项政策在执行过程中出现的难以料到的复杂情况。这就要求政策执行者要根据不同的情况灵活地执行政策，既要保证政策的权威性，又要避免政策执行者在执行过程中的地方主义和利己主义，使政策的对象最大限度地适应政策环境，以减少政策执行的阻力。因此，只有客观、全面、准确地把握各项公共政策的内涵和实质，把政策的原则性和灵活性有机地结合起来，科学合理地选择公共政策的执行方式，才能使政策的执行取得满意的效果。

本章小结

本章主要介绍了政策执行的一般理论。阐释了政策执行的基本内容。政策执行是制定政策的目的和归宿，它决定着政策方案能否实现，以及实现的程度和范围。政策执行得好，就可以圆满地完成政策的目标，甚至还可以由执行人员的创造性活动弥补政策规划的不足，提高政策的效益。相反，如果没有良好的政策实施则可能导致政策失误。

在业已建立的政策执行模型中，本书介绍了4种主要的模型，即团体参与模型、宣传动员模型、权威强制模型以及市场激励模型，并结合实际进行了分析。

自由裁量权的存在赋予了政策执行者在执行政策的过程中一定的选择权，有利于调动政策执行主体的主观能动性。但自由裁量权是一把双刃剑，既有积极的作用，又有消极的影响。关键问题是如何趋利避害，如何发挥它的积极作用，同时抑制它的消极影响。

影响政策执行的障碍主要表现为政策规划障碍、政策认知障碍、政策体制障碍、政策资源障碍，这主要表现在物力资源与财力资源、信息资源、人力资源和权威资源等4种资源上。

我国公共政策执行具有执行手段单一、简单等特征，带来了一系列的负面影响，就必须采取对策消除执行障碍，也就是全面提高政策执行者的素质和能力，实现政策执行主体多元化，同时充实政策资源，优化政策环境，建立健全政策执行的监督机制，并与政策执行责任追究制度有机结合起来。在实践中，逐步完善政策执行体制，以提高政策执行能力与水平，提高公共政策执行对象的政策认同感，规范公共政策执行的监督体系，完善公共政策执行体制。

关键概念

政策执行　政策资源　权力　权威　自由裁量权

综合训练

7.1 单项选择题

1.我国政策执行的主要途径是（　　）。

A.自上而下　B.自下而上

C.政策/行动连续系统　D.工具选择

2.运用政策解决社会问题最直接最关键的一环是（　　）。

A.政策制定　B.政策执行　C.政策评估　D.政策终结

3.下列不属于政策执行模型的是（　　）。

A.团体参与模型　B.精英模型　C.宣传动员模型　D.权威强制模型

4.增强我国公共政策效能的首要因素是（　　）。

A.提高政策主体的执行能力和执行水平　B.提高公共政策执行对象的认同感

C.创建良好的公共政策执行环境　D.完善公共政策执行机制

5.下列不属于政策执行特征的是（　　）。

A.对象的适用性　B.执行的灵活性　C.执行的确序性　D.执行的无限性

7.2 多项选择题

1.政策执行资源包括（　　）。

A.经费资源　B.人力资源　C.教育资源　D.信息资源

2.正确的执行策略有（　　）。

A.原则性与灵活性相结合　B.建立有效制度安排

C．重视成本效益分析　　D．坚持执行程序的效率原则

3．政策执行的障碍有（　　）。

A．政策规划障碍　B．政策认知障碍　C．政策体制障碍　D．政策资源障碍

4．政策执行的意义是（　　）。

A．确保政策目标的实现　　B．检验政策成效

C．显示决策者的权威性　　D．为后继政策提供依据

5．政策执行的效率原则主要有（　　）。

A．时效原则　B．代理原则　C．不停止执行原则　D．紧急处置原则

7.3 思考题

1．什么是公共政策执行？它在公共政策过程中有哪些作用？

2．公共政策执行的障碍有哪些？

3．如何理解政策认知？

4．简述影响公共政策有效执行的基本因素。

第 8 章

公共政策评估

学习目标

通过本章的学习，你应该能够：

1.理解公共政策评估的含义，熟悉政策评估的一般标准，了解公共政策评估的功能和意义。

2.认识公共政策评估要经过的3个过程——准备阶段、实施阶段和结束阶段。

3.系统掌握西方公共政策评估的八种模式：目标达成模式、附带效果模式、无目标模式、综合模式、顾客导向模式、利益相关者模式、经济模式、职业化模式。

4.全面理解中国公共政策评估的现状、困难、发展。

引导案例

北京重污染红色预警解除，四天限行罚款超1 100万元

2015年11月份以来，受厄尔尼诺现象影响，北京及周边地区风速平均1.9米/秒，较常年周期偏低5%；空气相对湿度有较大增加，较常年同期高21%，混合层高度偏低，最低在200米左右，远远低于正常1 000～1 500米的高度，使得大气扩散条件变差。与此同时，进入采暖期后，华北地区燃煤排放量明显升高，城乡结合部与广大农村的原煤散热较为普遍，加上机动车与工业源污染物的大量排放，区域性污染负荷加大。12月22日，北京全市达到六级严重污染。于是，北京市空气污染应急指挥发布重污染红色预警，全市中小学、幼儿园停课3天，京津冀及周边共有44个城市实施了应急措施，北京市交管局发布机动车单、双号限行通告。从12月19日至12月22日，4天内全市共有11.28万余辆机动车违规，依据《北京市实施〈中华人民共和国道路交通安全法〉》规定，处100元罚款，红色预警期间，限行罚款达到1 128万元。北京市提前24小时发布红色预警，发布机动车单、双号限行，PM2.5下降14%，对延缓重污染的速度和强度都有明显的效果。此外，出动执法人员828人（次），检查污染源单位874家。区域的联防联控，有针对性地控制污染源。北京市从19日7时红色预警开始，到22日零时，PM2.5下降比例在20%至25%之间。红色预警持续89个小时后解除，全市于12月22日24时解除空气重污染红色预警。

【案例思考】

1.对北京市红色预警期间，违规11.28万车辆处予罚款达1 100万元，你认为应不应该？

2.结合本案例内容，运用公共政策评估的原理，分析参与公共政策评估的主体和参与者及评估标准。

3.试运用公共政策的一种评估模式，分析“机动车单、双号限行”政策实施的效果。

公共政策评估是公共政策制定过程中具有重要意义的一个环节，也是政策运行科学化的重要保障。一个完整的公共政策过程，不仅包括科学合理的政策制定和有效的政策执行，还需要对公共政策执行以后的效果进行评估。通过公共政策评估，人们能够对公共政策目标的实现程度、公共政策的执行效果做出全面评价，判断政策的基本走向，从而决定一项政策是应该继续还是调整、替代。除此之外，通过政策评估，人们还能吸取政策过程的经验教训，为以后的政策活动提供参考和借鉴。本章将对公共政策评估的内涵、标准、意义、过程、模式等问题进行阐述。

§8.1 政策评估概述

作为政策分析过程中的重要一环，政策评估是政策主体根据特定的标准和程序对政策运行的结果作出估价和判断。政策评估对政策过程的科学运行，乃至整个政策体系的完善都具有极为重要的意义。随着政策分析的兴起，政策评估已愈来愈引起人们的关注。

8.1.1　政策评估的概念

人们在制定、选择政策方案时，一般会估计各种政策方案执行后可能产生的结果，在政策执行后，也往往想知道政策效果是否实现了预期的目标，这些都是政策评估活动，因此可以说，自从有了政策和政策制定，就有了政策评估活动。可见，政策评估的历史与政策科学的历史同样久远。但是，现代意义上的政策评估，作为政策科学不可或缺的组成部分，是在20世纪随着政治学、社会学、心理学及现代科学方法的发展成熟及其在政策研究中的广泛运用而首先在以美国为代表的西方发达国家诞生和发展起来的。

近年来政策评估逐渐被人们重视起来。政策评估亦称政策评价，是个复杂的概念。对什么是政策评估，国内外学者众说纷纭、莫衷一是，并从各自的不同角度提出了不同看法，到目前，尚无一致公认的定义。从众多的政策评估定义来看，有以下几种不同的认识：

第1种观点认为政策评估主要是对政策方案的评估。持这种观点的学者将公共政策评估视为一种分析过程，其目的在于分析、比较各种不同的政策方案的可行性及优缺点。那格尔在《政策研究百科全书》中认为，政策评价“主要关心的是解析和预测，它依靠经验性证据和分析，强调建立和检验中期理论，关心是否对政策有用，而主要关心的是把评价看成一种科学研究活动”。很显然，这种评估强调的是运用定性与定量分析方法和技术，对各种公共政策方案进行评估，指出各政策方案的优劣。

第2种观点认为政策评估是对政策全过程的评估，既包括对政策方案的评估，也包括对政策执行、政策监控、政策终结以及政策结果的评估。持这种观点的学者认为，公共政策评估是一种广泛的活动。中国台湾学者林水波、张世贤认为，政策评估是“有系统地应用各种社会研究程序，搜集有关的资讯，用以论断政策概念与设计是否周全完整；知悉政策实际执行的情形，遭遇的困难，有无偏离既定的政策方向；指出社会干预政策的效用”。美国的公共政策学者弗兰克·费希尔在《公共政策评估》一书中将政策评估定义为“一种社会科学，主要是‘政策分析’或‘政策科学’的应用活动……因此，可以从决策过程的各个阶段对公共政策进行评估，例如，政策问题的提出和确定，政策抉择的备选方案，选定政策方案的实施和政策实施完成后的最终影响”。依据这种看法，公共政策评估是评估者要着眼于公共政策的全过程，运用各种不同的社会研究方法，以搜集有用的资料和信息，对公共政策活动进行分析。

第3种观点则认为公共政策评估就是发现和修正误差。持这种观点的学者认为公共政策是未来取向的，公共政策的制定依据的是经验和知识，评估者对公共政策过程进行严密监测，发现问题并采取相应的措施进行纠正。中国台湾的朱志宏在《公共政策》中指出：“就一项公共政策而言，发现误差、修正误差就是政策评估，换言之，政策评估的工作就是发现并修正政策的误差。”在这里，评估主题通过公共政策评估，在政策过程中发现问题、解决问题。

第4种观点认为政策评估的着眼点应是政策效果。此观点指出“政策评估就是对政策的效果进行的研究”，认为政策评估的主要目的在于鉴定人们所执行的政策在达成其目标上的效果，确认政策实施对于政策问题的解决程度和影响程度。安德森认为：“如果把政策过程看作某种有序的活动的话，那么，它的最后一个阶段便是政策评价。总的说来，政策评价与政策（包括它的内容、实施及后果）的估计、评价和鉴定相关。作为某种功能活动，政策评价能够而且确定发生在整个政策过程中，而不能简单地将其作为最后的阶段。”日本的药师寺泰藏也认为：“公共政策学中，对政策干预的效果进行分析是一项重要的工作。它通常被称为政策评价论或政策干预分析论。”在他们看来，政策评估主要关注的是执行的政策对所要解决问题的影响如何，在实现政策预定目标上的效果如何。

综上所述，国内外学者对政策评估没有一个普遍公认的定义。不管是对公共政策评估做狭义上的理解，把公共政策评估看作是对公共政策方案所做的评估，还是对公共政策评估作广义上的理解，把政策评估看作是对整个公共政策过程的各阶段以及政策效果进行的评估，都有其合理性的一面。随着政策科学的发展，一般认为公共政策评估是对整个公共政策过程所进行的评估，但其侧重点则在对公共政策的效果上。

本书认为，公共政策评估就是政策评估主体依照一定的标准，运用特定的方法，对政策的科学性、可行性及实施后的效果、效益与效率进行的分析、比较与综合后所做出的一种价值判断，以此作为决定政策继续、调整或终结的依据。

政策评估包括政策结果评估、政策效益评估及政策效力评估3个方面。政策结果评价是评价政策执行结果实现政策预期目标的程度。政策效益评价是对政策结果和政策投入之间关系所做的评价。政策效力评价是就政策对社会及政策对象所产生的综合影响力的评价。政策评估是对政策执行后的效果的系统分析。这种系统的评估性分析越来越专业化、职业化、规范化，具有以下几方面的特征：

（1）评估活动的综合性

在进行政策评估时，一方面要全面、系统地而不能孤立地单从某一个方面对政策执行结果进行评估，避免以偏概全；另一方面要尽量地多考虑与之相关联的一切因素，做到综合分析，统筹兼顾，避免挂一漏万。只有这样才能完整、准确地去评判一项政策的效果的优劣。这就是政策效果评估的综合性。

（2）评估方法的多样性

在整个政策系统中，政策并不都是一个模式、千篇一律的，可以说是各种各样、五花八门。这种多样性决定了政策的各类形态以及政策的制定执行等政策活动也是多种多样的。由此也使政策效果评估的方法不止一种，可能有很多种。这就是政策效果评估的多样性。

（3）评估内容的诊断性

一项政策的内容在执行过程中是否有所失误或有所偏差，这要根据执行后的结果来判明。事实上，任何一项政策在执行过程中，都可能出现失误或产生偏差，只是多少不一、程度不同而已。因此，要减少失误和纠正偏差，就需要运用评估手段对政策进行全方位的诊断：分析现状、查找原因，做到对症下药，从而实现矫正的目的。这就是政策效果评估的诊断性。

（4）评估信息的反馈性

政策运行的整个过程实际上就是一个信息系统的“信息”运行过程，而政策评估的一个重要作用就是提供既定政策的种种信息。在这个信息运行过程中，政策优劣成败的信息是通过政策评估这一手段发现的，也是通过这一手段反馈到政策决策那里去的，它是政策评估者经常采用的一种工作方法。这就是政策效果评估的反馈性。

8.1.2 政策评估的标准

政策评估作为一种依据特定的标准和程序的政策分析活动，实质上是一种价值判断。要进行价值判断，非有价值尺度不可，这个价值尺度就是评估标准。评估标准是指对公共政策进行分析评价时所遵循的客观尺度和准则。政策评估标准的设定是否科学，直接决定了政策评估的结果正确与否及功能作用的发挥。要进行政策评估，必须首先确立标准，评估标准直接决定评估的方向和结果是否正确、是否科学、是否符合实际。正如美国政策分析专家邓恩（W.Dunn）所指出的，如果评估者将自以为是的价值标准等同于社会公认的价值观并应用于政策评估，那么，即使评估广泛使用了诸如实验设计、数学统计、随机抽样、问卷调查、社会审计等计量化的评估方法，评估依然只是一种“假评估”，其引导政策实践的功用是十分有限的。因此，评估标准的选择与确立是政策评估的逻辑起点和前提基础。

然而，在政策实践过程中，由于政策涉及面广，参与人数众多，政策过程中的变量因素很多，因此国内外学者在政策评估到底应该遵循哪些标准这个问题上也是见仁见智，看法并不一致。

美国的卡尔·帕顿和大卫·沙维奇在他们合著的《政策分析和规划的初步方法》一书中认为，他们相信大部分主要的评估标准都可以归入技术可行性、经济和财政可能性、政治可行性以及行政可操作性这4种综合类型。技术可行性标准将衡量政策或规划的产出是否达到了他们的预期目的；经济和财政可能性标准首先衡量的是规划成本的大小，其次衡量的是规划产生的收益的多少；政治可行性标准根据政策或规划对诸如决策者、立法者、政府管理人员、公民联合体、地区集团、工会和其他政治联盟等权力集团的影响来衡量政策或规划的成效；行政可操作性标准衡量在特定政治、社会，尤其重要的是在特定的行政环境中实际实施既定的政策或规划到底有多大的可能性。

美国政治学家P.狄辛将人类社会所追求的5种理性作为政策评价的标准：（1）技术理性，即政策是否对社会产生效用而解决人类所面临的科学技术问题；（2）经济理性，即政策是否对社会有效率，以最低的成本提供最大的效益，或者提供固定的效益而消耗最低成本；（3）法律理性，即评定政策是否符合成文的法律规范和各项先例，以探讨政策在社会上的合法性问题；（4）社会理性，即断定政策的内容是否与社会上流行的规范与价值一致，分析政策在维持社会制度中所做出的贡献；（5）实质理性，即政策是否追求前述4种理性中的两种或两种以上内容，以及能否解决各项理性之间的冲突问题。

E.A.Suchman提出了5种标准，即工作量（effort）或投入的多寡、绩效（performance）、绩效的充分性（adequacy of performance）、效率和过程。

威廉·N.邓恩在其所著的《公共政策分析导论》一书中提出公共政策评估的标准为效果、效率、充足性、公平性、回应性、适宜性。

中国台湾学者林水波在综合了国外学者的观点后，提出了自己的见解，认为一般性政策评估标准应包括下列8种：（1）政策投入。在政策执行过程中所投入的各种资源的质与量以及分配状况。这里主要涉及政策资源的问题。（2）政策绩效。依据具体明确的目标，分析政策对客观事物与政策环境所造成的实际影响，绩效既包括政策推动的结果，又含有民众心目中认定的满意程度。（3）政策效率。投入工作量与绩效之间的比例关系。（4）充分性。满足人们需求、价值或机会的有效程度，反映了绩效的高低。(5) 公平性。政策所投入的工作量，以及产生的绩效在社会不同群体间公平分配的程度。政策当中的公平问题可以视为终极的价值追求，现实中只能实现相对的公平。但应该注意公共政策通过再分配过程在促进社会公平方面的作用。(6) 适当性。政策目标和所表现出的价值偏好，以及所依据的假设是否合适，即政策追求的目标是否是社会期望的，政策成本与利益分配是否公平、公正。这涉及政策的合法性和合理性问题。(7) 执行力。探求影响政策成败的原因，进而导致因果模型的构建。(8) 社会发展总指标。对社会状态与发展的数量描述与分析，既反映过去的动向，又可作为社会现状的说明，其特征是以描述性指标为主。

我国学者张国庆在《现代公共政策导论》一书中，提出了政策评估的首要标准和次要标准。他认为，对于一项政策的整体评估是建立在若干单元评估基础上的。因此，他把用于整体评估的标准称为首要标准，把用于单元评估的标准称为次要标准。从这个意义上说，总量评估和首要标准是自变量，而单元评估和次要标准就成了因变量。

另有学者认为政策评估标准可分为基本标准（政治标准）和具体标准（科学标准）两大类，其中基本标准包括利益标准和生产力标准，具体标准包括政策投入、政策效益、政策效率和政策回应程度。也有的学者提出：“政策评估既是一个事实判断的过程，也是一个价值判断的过程，因此政策评估既要建立事实标准，也要建立价值标准。事实标准的确立以特定事物和既定事实为依据，更多的是通过调查、统计等实证方法建立数字、比例等量化关系，旨在确定一项公共政策在事实上产生了哪些实际的效果和影响。而价值标准则是建立在道德、伦理、文化等社会和政治价值观基础上的，旨在确定一项公共政策的价值影响。”这种观点主张把事实标准和价值标准结合起来，这种标准“超越了爱科学和技术专家治国论的意识形态影响的狭隘的思想见解，目的在于将这些思想见解与我们生活的现实社会结合起来”。厦门大学的学者陈振明认为：“一般而言，政策评估有如下5个标准：生产力标准、效益标准、效率标准、公正标准和政策回应度。”

上述各种观点虽然各有千秋，但总体上是切实可行的。在确立公共政策的评估标准时，应该遵循以下原则：第一，明确公共政策评估的目标，这是我们确定评估标准的首要依据。第二，评估标准必须全面，而且具有不同的层次和结构。第三，标准必须客观，要尽量避免使评估、偏见介入评估过程。第四，评估标准应具有可操作性，即按照这一标准进行评估在技术上是可行的，并且，标准应尽量地量化。根据这些原则，我们认为公共政策评估应有以下标准：

(1) 生产力标准

生产力标准既是评价一个党、国家战略方针的根本标准，也是评估每一项政策的根本标准。一项政策的正确与错误、好与坏、进步与落后，归根结底取决于它有无或在多大程度上解放生产力、促进生产力的发展。中国特殊的国情和执政党的历史使命赋予了生产力标准在政策评估中的特殊地位。

(2) 投入产出标准

投入产出标准旨在了解政策过程中各类资源投入的数量和分配、使用状况；政策的实际产出是否达到了预期的结果；产出是否大于投入等。政策投入又叫政策成本，它包括：资金的来源与支出、物资和信息的调配与使用、决策者和执行者的数量与工作时间等。对于政策评估来说，政策投入有着双重的意义：其一，足够数量和质量的政策投入，是实现政策评估的前提；其二，政策评估的主要内容是政策产出，即政策效应和政策效益等等，而对政策产出的准确评估，则须考虑政策投入。可见，政策投入是政策评估的基础和起点。政策的实际产出是否达到了预期的结果，这实际上是政策效益问题。预期的结果，也就是政策目标。政策效益就是达到政策目标的程度，这实际上是政策的实际结果与理想结果之间的对比分析。

（3）系统功能标准

这是公共政策系统内部自治的标准。它充分考虑到公共政策的系统特性和系统要求，旨在评估单项政策与整个政策系统的关系和协调程度。一般来说，任何一项公共政策，都有其特定的性质和功能。从系统论的角度看，作为公共政策系统构成元素的单项政策，其特定的性质和功能，便是该项政策的功能质。而该项政策一旦投入实施，便立即加入了现行政策系统，并与其他现行政策相互联系和相互制约，从而具有了自身单独所不具备的新的性质和功能，这便是系统质。任何一项公共政策，只要它还在使用和运行，都同时兼有功能质和系统质。而功能质和系统质的大小、好坏，则取决于该项政策与其他政策的协调程度。政策评估的系统功能标准，着眼点正在于从公共政策系统内的角度，来评估特定政策功能质和系统质的大小、好坏，也就是评估特定政策在整个公共政策系统中的地位和作用，因为这种地位和作用，将以政策系统的整体效应的形式，对社会产生影响。

（4）社会公平标准

社会公平标准主要是衡量在政策实施过程中，政策的成本和效益在不同集团和阶层中分配的公平程度，并通过对政策实施前后社会发展总体状况之变动的描述和分析，衡量政策的实施给社会带来什么影响，造成什么后果，作用程度多深等等。政策的成本和效益在不同集团或阶层中分配的公平程度，实际上是指特定集团或阶层所承担的政策成本（或为政策实施所得到的补偿）之间的比例是否适当，与其他集团或阶层相比是否相当。公共政策应该在机会均等、合理竞争和按劳动成果与劳动贡献付酬等方面，为社会全体成员创造条件、提供支持与保护。只有兼顾了公平与效率的政策才是真正的好政策。

8.1.3　政策评估的功能和意义

公共政策评估指的是依据一定的标准和程序，对公共政策的效益、效果和价值进行判断的一种行为。它是政策分析的重要方面，是一种具有特定标准、方法和程序的专门研究活动。众所周知，公共政策是国家政策的重要组成部分，集中体现了国家关于发展公共事务的意志和行动。每一项公共政策的调整，都直接影响社会发展的方向、速度、规模和效益，关系到国家的全面发展和个人的切身利益。但长期以来，人们比较注重政策的制定和颁布，对政策的效果、效益缺乏足够的关心。因此，为了提高公共政策的科学性，确保政策效益，随着政策科学的不断发展，进一步加强公共政策评估，具有十分重要的意义。

总的来说，政策评估的重要意义主要体现在以下几个方面：

（1）政策评估可以科学地检验政策效果

一项政策正确与否，只能以实践作为唯一的检验标准。一项政策投入运行后究竟有何效果，往往不能一目了然，如果没有政策评估，就很难了解该政策有无效果，效果大小，就不免陷于盲目的境地。为了克服盲目状态，有必要利用一切可行的技术和手段收集政策效果信息，并在此基础上加以分析和科学的阐释，以确知一项政策的特点、优点、缺陷，使决策者心中有数，从而帮助进一步制定更富有效益的政策。而政策评估就是在大量收集政策实际执行效果和效益信息基础上，运用科学方法分析判断政策是否实现了预期目标，在多大程度上实现了预期目标，政策所产生的社会效益、经济效益、生态效益如何。我国作息制度改革在即，这将是43年来的第四次调整，《南方日报》2004年12月9日就此报道：重庆、杭州等城市正在推行错时上下班制度，深圳市已将政府机关的上下班时间改为上午9时至12时、下午2时至6时，与学校、企业错开，以减少车流量，缓解上下班高峰期的交通压力。浙江省温州市推行错时上下班制度后，基本缓解了该市上下班高峰堵车的矛盾，相当于少花20亿元，打通了老城区的主要道路。通过政策评估，我们能够对我国作息制度改革这项政策的效果了然于胸。

（2）公共政策评估可以作为决定政策继续、调整或重新制定的重要依据

政策的运行是一个多层次、多方面的连续的动态过程，任何政策在执行一段时间后，政策决策者必须根据实际情况，决定该项政策是否延续、革新或终止，而政策评估则为这种决定的做出提供了现实的依据，从而引导政策运行趋向于正确、科学的方向。公共政策在实际运作过程中，有些方面符合客观情况，运作顺利，效果显著，则可以继续执行，甚至于上升为法律；有些方面则与实际情况脱节，继续执行前必须先加以调整；而有些公共政策所针对解决的矛盾已经化解或者因环境变化已不适应，需要终止，在此基础上根据新情况、新问题重新确定政策目标和政策方案。究竟应怎么选择，不应凭主观臆断，而只能根据对政策效果的客观评估，加以裁定，使实行的政策始终与实际情况相吻合，切实解决公共发展中遇到的实际问题。也只有认真研究，客观评估公共政策的效果，才能大大消除朝令夕改或墨守成规的现象。

（3）公共政策评估能有效地检测政策效率和效益，为合理配置政策资源奠定基础

在实际工作中，政府部门往往同时执行着多项政策，由于政策资源的有限性，政策决策者和执行者都必须考虑如何以有限的资源投入获得最大的效益，这就要求政府主管部门在不同的政策投入中，必须合理配置政策资源。每一项政策的实施都必须有所投入和产出，但效率高低却各不相同。公共政策评估可以借助大量的投入产出信息，检测一项政策的实际效益和效率。同时，根据不同的政策效益和效率，合理配置政策资源，一方面可以使宏观决策者站在整体利益的高度，使有限的资源发挥出最大的效益；另一方面可以防止执行人员出于局部利益的考虑采取不适当的投入。合理配置政策资源的基础就是政策评估，只有通过政策评估，才能确认每项政策的价值，并决定投入各项政策的资源的优先顺序和比例，以寻求最佳的整体效果，有效地推动政府的各项工作。

（4）公共政策评估还是迈向政策科学化和民主化的必由之路

政策科学化和民主化是政治体制和行政体制现代化的必然要求。现代社会由于信息急剧膨胀，加上公共政策制定组织活动日益复杂化，迫切需要传统的经验型政策决策向科学化决策转变，以此实现对公共事务的有效管理。公共政策评估正是实现传统经验型决策向现代科学化决策转变的必由之路。通过公共政策评估，不仅可以有效地判明每项政策的价值、效益和效率，决定投入各项政策的资源的优先顺序和比例，了解政策存在的问题，改进政策，也可以大大提高政策的效益。此外，公共政策评估也有助于政策的民主化，因为公共政策评估可以超越少数政策制定者的有限见识，独立地、宏观地进行评价和鉴定；还可以集中和综合来自各个方面的基本态度、倾向和褒贬；而政策实施对象可以根据自己的

感受积极参与公共政策评估活动，从而使政策过程走上民主化轨道，而政策的民主化同时也有助于政策的科学化。因此，政策评估不仅有助于政策民主化，也有助于政策的科学化。政策评估能有机地实现决策科学化与民主化这一对矛盾的辩证统一。

（5）政策评估是提高政策水平的重要途径

随着人民整体素质的提高，其对政策的质量要求也日渐增长，这就促使政府管理人员必须提高自身的政策水平，政策评估正提供了这样一个机会。政策评估不仅由专业政策评估人员完成，而且要吸纳政策制定者、政策执行者等的参与。通过评估活动，政策的制定者、决策者能够对该政策对整个社会环境与政治系统的影响得到一个较为完整与理性的认识，在以后的政策制定中能更全面地进行通盘考虑，使政策制定的水平得以提高。对政策执行者而言，评估活动提供了一个检讨其执行活动是否是在对政策充分理解的情况下做出的，执行中有否出现偏离政策目标的情况，为何会出现这种情况等等。同时，政策评估使政策人员能够运用各种定性与定量评估方法，使其在今后的政策活动中提高灵活运用程度。更重要的是向政策人员灌输了一种理念，那就是政策人员要对政策后果负责，从而促使其加强平时的学习，提高自身的能力，这样就能使整体政策水平不断得到提高。

（6）政策评估是改善执行不力，提高行政效率的重要保障

政策执行不力与行政效率不高一直是困扰我国政府的两大难题。通过政策执行过程的评估，能够及时发现执行中存在的问题，迅速加以纠正，可以有效地监督、预防执行机关怠于执行、执行走样，保证政策被正确贯彻实施，促进行政效率的提高。

§8.2 政策评估过程

公共政策评估无论是作为一种学术研究活动，还是作为一项实际工作，都是一个由多个环节组成的连续过程。尽管由于政策评估的种类、模式不同，政策评估的过程不完全相同，但总的来说政策评估是一个有规律可循的系统过程。科学的公共政策评估过程一般分为3个基本阶段：准备阶段、实施阶段、总结阶段。

8.2.1 准备阶段

准备是政策评估工作的基础和起点，也是评估工作得以顺利进行的前提条件。政策评估是一项复杂的、系统的工作，因此，只有做好周密、充分的组织准备工作，才能抓住关键问题，明确评估的重点，确保评估工作有计划、按步骤地开展。在评估的准备阶段，我们必须做好以下几个方面的工作：

（1）了解政策的基本内容及相关背景

对一项政策进行评估，首先必须了解该政策的基本内容及相关背景，包括政策出台的时间、所针对的问题、政策的基本意图、政策的目标群体、政策出台前后的有关经济和社会状况、具体政策措施、政策的基本理论依据、政策执行的环境等。

（2）确定评估对象

确定评估对象就是要选择评估什么样的政策，实质上是要解决评估什么的问题。这是评估工作的第一步。只有解决好评估什么，才能把评估的目的、标准与方法等要素确定下来。公共政策的相关性和多样性，决定了在确定公共政策的评估对象时要有所选择，不能

随意或胡乱评估某一公共政策。这就要求做到：一方面选择的评估对象必须是确有价值又需要评估的，能够通过评估达到预定的或可能的目的；另一方面所选择的评估对象又必须是可以进行评估的，即从时机、人力、物力、财力上看均能满足评估所需要的基本条件。一般来说，有四类政策可以确定为评估的对象：正在执行的比较成熟的政策；实施效果与环境变化之间有明显因果联系的政策；评估的结论有代表性，有推广价值的政策；负面效应突出，普遍引起公众质疑的政策等。

（3）制订评估方案

这是整个评估准备工作中很重要的工作，其质量的高低决定着评估活动的成败。完整的评估方案一般包括5个因素，即评估主体、评估对象、评估目的、评估标准、评估方法，其中选择评估目的、评估标准和评估方法尤其重要。评估方案必须说明以下内容：

①阐述评估对象。明确指出评估什么。

②明确评估目的。所谓明确评估目的，就是确定为什么要进行评估的问题。评估目的可能不止一个，但往往要确定其主要的目的。评估目的决定了评估的宗旨、目标和方向，评估目的一旦确定，就能选择评估的种类、机构、人员、方法、支出规模等。只有解决了为什么要进行评估的问题，才能使各类参与评估者及直接评估者步调一致，朝着既定的方向迈进。

③确定评估标准。确定评估标准是保证评估具有合理性的客观的尺度，对于不同的评估目的，标准的选择也不一样。评估标准有一般标准，也有具体标准，这就要根据情况做出适当的选择。实践中，评估标准一般都要进一步地量化，即采用“指标体系及指标体系的集合”来实施评估活动。

④选择评估方法。选择评估方法也很重要，不同的类型、不同的时间要求、不同的经费条件的评估，所选择的评估方法是不同的。值得注意的是，由于各种评估方法都有一定的优缺点，适用场合各不相同，使用单一方法评估可能会产生非常严重的误导，因此要考虑各种不同评估方法的互补性。

（4）建立评估机构

选择或建立合适的评估机构是评估的保证，要根据评估的具体要求确定相应的组织规模和职位数量，挑选合格的评估人员。

（5）落实评估条件

落实政策评估条件应包括评估场所、评估时间的确定，工作进度安排，经费的筹措与使用，必要的设备准备等。

（6）挑选和培训人员

政策评估是一项严肃的研究工作，对评估人员有很高的要求。评估人员是公共政策评估系统构成要素中的最主要的要素。其素质的高低、专业化程度、评估态度、敬业精神、评估立场等都直接影响评估的质量。因此，精心挑选合适的评估人员并进行必要的培训，提高他们的业务水平及综合素质，建立一支高水平的评估队伍至关重要。

（7）撰写评估方案

以上4个方面是评估方案中最主要的内容，但不是全部。具体地讲，一个完整的评估方案应包括：第一，阐述评估对象；第二，针对所要评估的公共政策，明确评估的目的、意义与要求；第三，提出评估的基本设想，根据评估目标，确定评估的内容与范围；第四，确定评估标准，决定评估类型，并选择评估的具体方法；第五，写明评估的场所、时间，规定工作进度的有关计划；第六，写明评估经费的来源及筹措与使用等；第七，其他内容。

8.2.2　实施阶段

实施评估是整个评估过程中的关键环节，其主要任务是采集评估信息、统计分析评估信息。这一阶段工作的好坏，直接决定着公共政策评估的成功与否。实施评估大致包括以下几个方面的内容：

（1）采集评估信息

公共政策效果评估的过程，实际上是一个信息过程：收集-整理-反馈-再收集-再整理-再反馈的过程。因此，信息的采集评估十分重要，可以说是评估中的一项基础性工作。其主要任务是利用各种社会调查手段，全面收集有关公共政策制定、法律化、执行等的第一手资料。收集资料的技术与方法有很多种，常用的有：观察法；查阅资料法，如查阅政策运行记录等；调查法，如开会调查、个别访问、问卷调查等；个案法，如典型分析；实验法等。这些方法各有其特点和应用范围，最好是交叉使用、相互配合，务求所获信息具有广泛性、系统性和准确性。

（2）分析评估信息

这个阶段是对采集到的评估信息进行统计分析处理的阶段。因为采集所获得的信息都是原始数据，比较分散、杂乱，所以需要对其进行系统的整理、分类、统计、综合和分析。统计分析的方法很多，根据统计学原理，公共政策效果评估通常采用多变量统计分析等方法，对各类数据进行系统研究。单项指标评估是多变量统计分析方法在评估指标法中的具体化，它是查明各项评估指标实现程度的基础。如果问题复杂，还可分单项指标和单类指标，如经济类指标中包含成本、利润、税金等多个指标。单项指标都具有较强的业务性，需要较多的具体数据。每个单项指标，在整个评估系统中所处的位置与作用是不相同的，需要确定它们的权重。在各类与各个单项指标的基础上，还要进行整体综合评估。

（3）初步结论

在综合统计分析评估信息之后，紧接着就是要运用直接比较法、综合比较法、成本效益分析法、前后对比分析法或统计抽样分析法等具体的方法，给出一个初步的评估结论。在进行评估时，要坚持评估资料的真实性、全面性、多样性和具体分析的客观性、可比性、科学性等几个原则，客观、公正、真实、准确地反映出公共政策的实际效果，给出评估结论。

8.2.3　总结阶段

评估总结是整个评估过程的最后一个阶段。这一个阶段包括以下几个方面的内容：

（1）撰写评估报告

撰写评估报告是出成果的阶段，可以说特别地重要，为此要注意三点：一是对初步结论要再做一次简明扼要、提纲挈领的分析总结，然后，给出一个正式的评估结论；二是在评估报告中，除了要写好价值判断部分外，还必须写好政策建议部分及整个评估工作的说明。实践中，有不少的评估人员只重视价值判断部分，对后几部分则不以为然，这是不可取的。三是要正确看待决策者对评估报告的价值的不同观点。无论评估报告的价值高低还是好坏，决策者与评估者的认识常常存在着这样或那样的分歧。那些一开始就勉强同意或不赞成对某项公共政策进行评估的决策者，自然对评估报告毫无兴趣；而那些支持评估的决策者，对评估报告所提出的公共政策建议可能有3种态度：全部采纳、部分采纳和不采纳。盲目地全部采纳是不可取的，无需再讨论。问题在于部分采纳和不采纳上。对评估者来说，他们总希望自己提出的建议能被决策者所接受。因此，决策者和评估者之间的分歧必然存在，妥善地处理这些问题，对二者都很重要。

（2）总结评估工作

在撰写好评估报告之后，接下来就是对评估工作作以系统的总结。总结是对本次评估活动进行一番全面的回顾，评估工作中的优缺点，总结经验，吸取教训，为以后的公共政策评估活动打下基础。

§8.3 政策评估的模式

学者Evert Vedung曾对政策评估的模式论述道，政策评估是整个政策过程的重要一环。世界各国特别是发达国家，政策科学研究发展的新趋势是，政策绩效评估已成为研究热点，美国的“重塑政府运动”、日本的“新行动审议会”、英国的“新公共管理运动”无不反映了这一点。在理论上，政策评估正朝着独立学科的方向发展，逐步形成自己独特的模式和方法，强调进行跨学科研究，如充分借鉴了社会学中建立的社会指标体系方法和实验与准实验分析、经济学中的成本-收益分析、政治学中的政治与管理的理性原则等。

在西方政策科学范围中，政策评估有许多方法。用什么样的标准将这些众多的方法划分成几种基本类别呢？西方政策科学家一直在做此种尝试。古巴（Guba）和林肯（Lincoln）提出“组织者（organizer）”是评估中的基本问题。通常所选择的价值标准就是评估的“组织者”，这样根据“组织者”的不同就形成不同的评估模式（evaluation model）。以古巴和林肯的观点为基础，德国学者韦唐（Evert Vedung）博士在《公共政策和项目评估》一书中从政府干预的实质结果入手，按“组织者”的不同将评估模式分为三大类：效果模式（effectiveness models）、经济模式（economic models）和职业化模式（professional models）。“效果模式由一个相当大的、各不相同的团体组成。除了传统的目标达成评估（goal-attainment evaluation）外，效果模式还包括附带效果模式（side-effects evaluation）、无目标模式（goal-free evaluation）、综合评估（comprehensive evaluation）、顾客导向评估（client-oriented evaluation）和利益相关者模式（stakeholder model）。”经济模式与效果模式的不同在于前者关心成本问题，而后者是忽略成本的。经济模式的两个基本变种是生产率模式（productivity model）和效率模式（efficiency model）。职业化模式要求对于专业性非常强的某些具体政策，必须根据专家的意见制定特殊的评估标准，而不能简单地套用一般的评估准则。最著名的职业化模式是同行评议模式，这样的政策评估工作往往要由同行专家来进行，用这种方法，举个例子来说，就是医生评估医生、建筑设计师评估建筑设计师、教授评估教授。按照韦唐的概括，政策评估模式的分类如图8-1所示。下面，我们就这八种公共政策评估模式做以详细讨论。

- 评估模式
  - 效果模式
    - 目标
      - 目标达成模式
      - 附带效果模式
    - 结果——无目标评估模式
    - 系统单元——综合评估模式
    - 顾客的关心——顾客导向评估模式
    - 利益相关者的关心等
      - 利益相关者模式（北美）
      - 政策委员会（瑞典）
  - 经济模式
    - 生产模式——生产率模式
    - 效率模式
      - 成本—利益分析
      - 成本—效能分析
  - 职业化模式——同行评议

图8-1　政策评估模式的分类

8.3.1　目标达成模式

目标达成模式就是将预定的政策目标作为评估时所持的唯一标准。作为一种探讨评估问题的传统方法，根据韦唐的解释，这种评估方法需要作两个判断：(1）目标达成评价。关注的是政策是否在目标范围内取得了预期的结果。(2）影响评价。关注的是所观察到的结果是不是该政策作用的产物。目标达成模式包括3个步骤：第一，明确政策目标，领会其真正含义，并按重要程度对政策目标进行排序，再把它们转变成可以测量的客体；第二，测定这些预定目标实际上可在多大程度实现；第三，判断政策促使或阻碍预定的政策目标实现的程度。

同任何方法一样，目标达成模式有独特的优点。韦唐对此做了具体的阐述。韦唐认为主要有3个因素能够推动目标达成评估：一是体现了政策目标制定的民主性。目标达成模式是以政治官员在考虑了民众利益和可利用资源的基础上制定的预定政策目标作为评估的组织者，政府预定的政策目标又是在人民代表大会上依据法定程序通过的，因此体现了政治过程中的民主。二是体现了评估标准的客观性。目标达成模式以既定的政策作为组织者，以项目目标来判断项目结果，所以可以避免评估标准的主观性，保持评估标准的客观性。三是具有简单性。这个模式只包含结果是否与目标一致和结果是否由政策所引起两个主要的问题。

目标达成模式可以说是一种最简单、最直观的政策评估模式。但是，由于该模式将一个复杂的评估问题处理得过于简单，故而其缺点也是很明显的：其一，政策目标可能是模糊的，因而不易判断目标到底有没有实现，而且由于制定政策时的环境条件与进行评估时相差很大，原定目标可能早已不适合现在的情况，故而对它的评估也就失去了意义。其二，一项政策可以设立多个目标，而且不易从中遴选出一个主要目标；同时多个目标之间还可能有冲突，因而对目标实现情况的评估很难进行。其三，不考虑政策实施后出现的非预期结果。其四，决策者可能会为实现一个战略目的而制定某项政策，这时他宣称的政策目标其实已意义不大，如果只将原定目标作为评估标准，显然是不合适的。其五，不考虑政策的实施过程，将政策的落实看作是一只“黑箱”，而且不考虑政策的实施成本。其六，“目标达成模式”认为政策执行者是严格按照决策者的意旨行事的，但事实上并非如此，如“政策扭曲”和“上有政策，下有对策”。

8.3.2 附带效果模式

目标获取模式只将政策实施后在目标范围内取得的结果作为评估对象，不考虑它在整个社会范围内带来的其他影响。实际上，政府行为的外部效应是很强的。一项政策实施后将会在目标范围之内、目标范围之外出现许多预料不到的或不希望出现的结果。**附带效果模式正好弥补了目标达成模式的缺陷，即关注非预期的、预料之外的政策效果。**附带效果是指项目目标之外的影响，与主要效果、反常效果和零效果相区别。主要效果是指政策制定者有意识地想要得到的主要实质性影响；反常效果是指产生与预期目标完全相反的结果；零效果是指政策在目标范围内没有产生任何影响。主要效果、反常效果和零效果都是产生在目标范围之内的，而附带效果则是产生在目标范围之外的。附带效果模式的特征是预定目标仍然是基本的“组织者”，但是要充分考虑到附带效果的存在。

附带效果既可以是有害的，也可以是有利的；既可以是预期的，也可以是非预期的。政策评估者如果要客观、全面地评估一项政策，就必须将各种结果都纳入考察范围。其中，附带效果是综合评价政策活动的关键因素，是评估者最为关注的。政策可能产生副产品，副产品反过来组成或产生新问题，从而又产生新的政策。因此，评估者收集附带效果的信息对于决策者制定新的政策是非常重要的。

因为没有预先规定衡量标准，所以附带效果评估用什么样的标准来评价这些预料之外的结果确是一个难题。对此，韦唐虽然也没有明确的分析，但他的建议是，能够评价的就给予评价（如目标范围内取得的结果），把那些不能评价的附带效果列举出来，留给委员们和其他评估的使用者去明确它们的价值，计算全部价值的方法是将知道的每一个单独附带效果的价值与主要效果价值相加或者相减。

8.3.3 无目标模式

政策评估者的任务是评价一项政策的综合效应，这就要求他对各种现象的判断不能带有任何主观倾向性，而侧面影响模式将政策效应划分为若干层次，有意突出了目标范围内的政策效应，显然是有偏见的。同时，目标达成模式忽视附带效果，在目标模糊时束手无策。为了消除这些缺陷，米歇尔·斯克里提出了无目标模式。**无目标模式把计划内和计划外的结果作为“组织者”。无目标模式对政策效果持广阔的视角，要求评估者全面观察政策实施，全面关注结果，特别是一些可能被忽视的结果。**

要理解无目标模式，就应该把无目标模式与附带效果模式相区别。附带效果模式仍然是以预定目标为基础，同时又强调对各种附带效果的考察评估；而无目标模式则完全抛开政策的预定目标，只关注政策的结果，判断结果的价值。

无目标模式让评估者在没有任何目标约束的条件下开展评估，全面考察政策实施带来的方方面面的影响，不论它们是预期的，还是非预期的。因此，其应用领域也十分广泛。但是，它完全不顾评估标准和预定目标，只依赖于决策者和权力使用者的公正判断，这难免会掺入主观因素，影响评估的客观公正性。此外，这种模式在实践中还存在着操作上的困难。

8.3.4　综合模式

一项公共政策从计划、制定、实施到终结，通常要经历比较长的时间，可以分为“投入（input）”、“转换（conversion）”和“产出（output）”3个阶段。那么，评价一项政策的成败、优劣，仅仅看它取得的最终结果，有失偏颇。综合模式是将政策的前期准备（投入）、执行（转化）、取得的成果（产出）3个阶段都纳入评估范围的模式。因此，综合模式的评估范围比目标达成模式广泛得多。**综合模式与目标达成模式的主要区别在于目标达成模式关心的是预定的和实际的结果是否相符，而综合模式不仅关心结果，还要关心政策的计划和政策的执行。**

在评估过程中，对上述3个阶段都要进行“描述（description）”和“判断（judgments）”。需要“描述”的内容有两项：各阶段的目标和现实情况；而判断则首先要明确评估标准，然后把目标、现实情况与评估标准进行比较，进而得出评估结论。整个过程被分成了12个单元，如表8-1所示。

表8-1　综合评估模式框架

投入阶段	描述：（1）意图（目标是什么样的，希望得到什么样的效果） （2）观察（发生在这一阶段的活动的相关数据；对现状的描述）
	判断：（1）标准（作为比较基础而使用的价值准则） （2）判断（比较意图、观察和标准的过程）
转换阶段	描述：（1）意图（项目是否如计划的那样执行） （2）观察（实际的执行和项目交付）
	判断：（1）标准（作为比较基础而使用的价值准则） （2）判断（比较意图、观察和标准的过程）
产出阶段	描述：（1）意图（项目所预期的结果） （2）观察（项目结束后所收集的与实际结果相关的数据）
	判断：（1）标准（作为比较基础而使用的价值准则） （2）判断（比较意图、观察和标准的过程）

同其他模式相比，综合模式有两个突出的优点：一是政策的制定和落实过程都属于评估范畴，因此评估结论能够较好地反映决策民主化程度以及政策执行程序的公开、公平、公正性；二是对政策实施后出现或不出现某个结果的原因能够给予较好的解释。当然，综合模式也有弊端，如只关注官方的具体目标、不重视成本等。此外，综合模式在实际应用中存在困难，因为模式的12个单元的设计在实践中很难理解，也很难操作。

8.3.5　顾客导向模式

顾客导向模式将项目干预对象的目标、期望、关心甚至需要作为评估的组织原则和价值准则，其核心是项目是否使顾客的关心、需要和期望得到满足。顾客导向模式与上述几种模式的主要区别在于上述几种模式是从政策制定者的角度出发来考虑问题的，而顾客导向模式着眼于顾客——政策接受者（addressees）的目标、需求、关注点等。

奥斯本和盖布勒在《改革政府》一书中认为，顾客导向的政府向顾客提供选择，“把各种资源直接交到顾客手里，让他们选择服务提供者，从而开始让顾客坐到驾驶员的座位上”。顾客导向评估正是基于这样一种观点：公共行政在市场领域为顾客提供物品与服务，顾客表明对服务供应的态度会导致服务交付的改进和顾客满意度的提高。只有按照顾客的需求进行评估，才可能将公众意见反映到评估结论中，进而影响下一步决策。

顾客导向模式体现了民主和参与。由顾客评估公共服务，表明顾客处在主动的位置上，而不是被动地接受服务。参与的特征表明，顾客可以对服务供应者表达他们的不满和需求，从而在一定程度上影响服务供应者并使之为服务内容负责。这种模式也使得评估结论更易为政策制定者或服务供应者使用，使他们一目了然地知悉哪一方面是好的，顾客是满意的，哪一方面顾客的抱怨很少，哪一方面顾客有怎样的需求，从而为进一步改进工作指出方向。

开展导向的评估，首先要进行顾客的定位。其次要确定评估样本。一般情况下，顾客的数量都非常庞大，因此只能进行抽样调查。再次自然就是调查顾客意见了。那么，需要向顾客调查哪些内容呢?顾客导向模式并没有给出确定的答案。评估工作的最后一步是对调查结果进行统计分析，进而做出评估结论。

目前，在西方国家，顾客导向模式得到了广泛应用，尤其是涉及向公众提供公共物品与公共服务的政策范围，如公共交通、绿化、环保等。正如韦唐博士指出的：“顾客的价值标准在公共服务方面的评价，比在受规章限制的政府干预的评估中扮演更占统治地位的角色。”但是，如同其他评估模式一样，顾客导向模式也有其自身理论上的缺陷。这就是，要获取顾客的看法和需要，须花费太多的时间，而且“消费者永远不会错”不可能是所有评估的指导原则，因为顾客的价值标准是以个人利益倾向为准，结论并不十分可靠。也就是说，价值的多元化将导致难以形成对政策的总的看法。这一标准的使用也是有限的，必须与其他的标准均衡使用，只能起补充作用。

8.3.6 利益相关者模式

“利益相关者（stakeholder）”一词在工商业活动中是指拥有投资份额、股份或其他相关利益的个人或组织。而公共政策评估活动中的利益相关者是指所有对政策的目标和执行感兴趣并对其具有影响的团体和个人。**利益相关者模式是在顾客导向模式的基础上发展来的，因而其运作程序与顾客导向模式类似。它们的主要区别是顾客导向模式关心的对象是受影响的一组利益群体，而利益相关者模式关心的是所有对象。**应用利益相关者模式首先要找出卷入或对项目的出台、执行和结果感兴趣的主要团体和个人。

利益相关者这一概念所包含的范围非常广泛，该模式也没有明确界定其范围。联合国开发计划署（UNDP）在对其开发合作项目所做的评估中，认为重要的利益相关者包括：（1）目标群体：从计划（项目）的结果中最终受益的那部分目标人群；（2）直接受益者：一般是指在承担特定目标群体所指导的开发任务的同时，可加强其能力的、直接的受益人群；（3）直接管理者：指那些负责保证按计划产生结果的计划管理者及政府职员或联合国执行机构的雇员；（4）资源提供者：负责向计划（项目）提供资源的国家政策制定者及预算部门、UNDP、投资人以及其他开发合作伙伴；（5）外部咨询顾问、供应商以及其他为计划（项目）提供支持的人或机构；（6）在本计划（项目）环境中可能受到计划（项目）结果影响或对其感兴趣的其他机构（私人实体机构、社会组织）。在韦唐看来，利益相关者包括：（1）公民：在国家政治系统中有权选举各级决策者的公民；（2）决策者：负责决定各种政策是否要制定、继续实施、中止、暂缓执行或取消的政府官员；（3）不同政见者：对某项政策持不同意见的人；（4）主管官员：负责政策实施的国家各级官员；（5）独立中介机构：对于政策实施，在某方面负有责任的非政府组织；（6）顾客：政策调节的对象；（7）交叉部门：政策实施所牵涉到的其他政府机构；（8）竞争者：与政策执行部门竞争有限资源的机构或组织；（9）大环境中的利益相关者：实施一项政策的大环境所涉及的组织、团体、个人及其他单位；（10）学者：从事政策相关内容研究的人员。

利益相关者模式具有以下优点：（1）评估者对于一项政策所涉及的专业知识往往知之甚少，给评估工作带来了很大的困难，但通过与利益相关者的交流，通常可以解决这一难题。（2）该模式不局限于既定的政策目标，而是综合考察政策制定、实施过程中涉及的各种因素，因此最大化地反映了现实情况。（3）利益相关者评估方法将各方面的意见都反映到评估报告之中，其政策建议也最易于操作，因而应用价值是较高的。

但是，利益相关者评估方法也存在缺陷。首先，它要将方方面面的意见都收集起来，要耗费大量人力、物力、财力，因此，真正实施起来很不容易；其次，到底谁是利益相关者，往往没有明确的答案，这就不可避免地带来操作上的随意性，进而影响评估结论的权威性；再次，相关各方不可避免地存在一种倾向——过分强调自己的利益，忽视别人的利益，各自的说法往往过于片面，难以反映现实情况。根据这样的调查结果来做评估，显然是不理想的。

8.3.7 经济模式

经济模式是在公共政策评估中应用经济学方法，充分关注成本的一种政策评估模式。它与强调政策结果的效果评估模式正好相反。一般来说，经济模式可以分为生产率模式和效率模式。

（1）生产率模式

生产率一般被界定为产出与投入的比率。韦唐在以色列政治学家德洛尔提出的政策评估常用价值准则的基础上进行了深入的研究后，提出了判断生产率高低的10条准则。①过去——已经取得的生产率和过去的相比较；②国内比较——同一国家或行政区域相似组织间生产率的比较；③国际比较——不同国家相似组织已得到的生产率的比较；④水准基点——和过去最好的经验相比已取得的生产率如何；⑤目标——已取得的生产率是否符合政治主体的目标，这个结果与市政府的目标是否一致；⑥顾客期望——是否满足顾客的需要；⑦利益相关者期望——是否满足利益相关者的需要；⑧职业准则——生产率是否符合已被接受的职业准则；⑨最小化——生产率是否满足最小化的要求；⑩最优化——生产率是否与最优化模式一致。

（2）效率模式

效率通常被当作公共行政的目标及价值之一。行政学的创始人威尔逊明确提出：“行政学的目标在于……以尽可能高的效率和尽可能少的金钱或人力上的消耗来完成这些专门的任务。”西蒙在他的《行政行为》一书中说道，行政人员应用实际问题的标准之一是效率。资源、投入在行政人员的支配下受严格限制……他的功能是有效地应用提供给他的有限的资源，使政府项目的产出最大化。

效率表示在既定的投入水平下使产出水平最大化。效率可以从两个方面来测量：成本-利益分析和成本-效能分析。在成本-利益分析中，项目的投入与产出都用货币单位测量；而在成本-效能分析中，投入用货币单位，而产出则根据真实效果计算。

经济模式在政策评估中得到广泛的应用。经济模式存在的明显优点表现在：一是它把成本即政策投入作为一个重要指标纳入评估范畴，克服了所有效果模式忽视成本的共同缺陷；二是经济模式在现代政策评估中因为数字的精确性而广受推崇。但是，同其他政策评估模式一样，它也存在一些缺陷。它在对政策的社会影响、象征性的效果和软目标等项目的评估上就显得无能为力了，因为它们都无法用数字做精确的描述。此外，在现代民主社会中，它不能体现政府干预的其他价值取向，比如公平、公正、民主、稳定、自由等。

8.3.8 职业化模式

职业化模式指聘请在该领域或相近领域工作的专家，运用其专业修养，根据他自己的评价准则和执行的质量标准来评估其他人员的执行情况。职业化模式主要应用于公共活动中的一些目标较复杂、技术难度较大的领域，主要是同行评议，如医生评估医生、建筑设计师评估建筑设计师、教授评估教授等。同行评议突出对评估对象做一个全面的质量判断，因此政治官员们往往把专业性强的技术问题留给受过良好教育的专业人员去评价。实施同行评议，一要选择具有丰富专业知识的专家；二要评估者与被评估者应相互作用，评估者应认真考虑被评估者的观点。同行评议在政策评估中有许多独到之处：其一，同行评议由同行专家所组成，这些专家具有本行业的丰富知识、对本行业发展趋势的深刻认识和敏感直觉，因而同行评议对政策实施结果的评判更能体现政策的间接效益及政策效果长远性、潜在性。其二，同行评议方法具有程序简单、评估周期较短的特点。但同行评议也存在工作的公开性和接受监督不够等不足。

§8.4 中国公共政策评估

政策评估是政策运行过程中不可或缺的一环，但在我国，一直未受到足够重视，人们往往热衷于制定政策、宣传政策，却忽视政策效果，漠视政策评估，政策评估在我国政策运行过程中很是薄弱。因此，在全球化、信息化背景下研究我国公共政策评估的现状、认识我国政策评估的困难及推动我国政策评估的发展对推动经济转型和社会进步具有重要的意义。实践证明，政策评估符合我国决策模式的需要，有助于政策科学化、民主化的实现。

8.4.1 中国政策评估的现状

中国古代有丰富的公共政策评估思想，并进行过政策评估活动。但政策评估作为一门独立的学科在我国是20世纪80年代以后才开始出现的。1979年以后，随着改革开放的深化，社会主义市场经济体制的确立，人们逐渐认识到政策科学对经济发展、行政效能的重要性，政策评估也日益受到党和政府的重视和鼓励。我国一些重大政策、项目的最终出台都经过了专家的反复调研、评估论证，如三峡工程。同时，公共政策的政府评估组织和非政府评估组织也有很大的发展，民众参与政策评估的热情逐渐高涨。但令人遗憾的是，我国的政策评估还相当不规范、不完善，存在许多问题。这种现象尤其发生在经济落后、层级较低的政府部门中。具体而言，当前我国公共政策评估存在如下问题：

1.正式的公共政策评估组织不完善

当前中国政策运行过程的一个显著特点是“行政的双轨结构功能系统”，即从中央到地方的各级党委与各级人民政府。在最高层次设有中共中央政策研究室、国务院发展研究中心、国务院国际问题研究中心，在各级地方党委和政府设有政策研究室。中央一级政策运行过程比较规范，这些机构基本上能实现其职能。而地方上，公共政策的研究机构参差不齐，这些机构在政策运行过程中，能否发挥作用及其发挥作用的大小完全取决于领导者的个人素质。由于没有建立在科学基础上的专门组织进行政策评估，长期以来，我国地方上的公共政策中，有的是由领导者凭个人经验、凭想象，脑门一热、桌子一拍，一项新政策就此出台，缺乏深入调查、公开咨询；有的是由领导者凭个人价值偏好在一组待选择的方案中择一而从之，然后由咨询机构、专家学者从理论上进行可行性论证，而不管政策实际执行结果如何。没有事中和事后的评估工作，就无法鉴定领导者所选择的方案是否令人满意、执行部门的执行状况是否理想。

2.缺乏正确的政策评估机制

尽管我国各级决策系统不重视政策评估工作，我们还是能发现在现实生活中确实存在政策评估现象，看到或听到政策评估结论。这些评估工作有的是由有关领导亲自做出；有的是受领导指示，按领导意图由有关政策研究机构做出；还有的是委托各种社会中介组织或聘请有关专家学者做出。由于没有建立科学的公共政策评估机制，导致评估工作主观随意性很大，评价目的是消极的，评价动机也不甚妥当。其主要表现为：以评估作为炫耀工作绩效、沽名钓誉的手段和歌功颂德的途径，而背离了实事求是的原则；以形式取代实质，使评估工作徒有虚名，仅具有典型的形式主义含义；借评估使效果不佳、绩效不良的政策合理化，以掩盖自己政策举措失当甚至无能；借评估以推卸自己应负的责任或将责任推给他人等。由于上述不良动机的存在，也就不可能真正有效地发挥评估的效能。

3.评估标准以价值判断为主，评估方法以定性分析为主

作为一个评判活动家，政策评估不可避免地带有对政策进行价值判断的成分。然而在中国，无论是现实政治还是传统文化都十分重视意识形态和道德的纯洁性。公众舆论往往更重视政策的政治和道德是非。这种现象使政策决策者注意研究中国的国情，考虑任何政策都必须注意政治方向和人民的感情及心理状况。但这也使政策评估长期陷入姓资姓社的争论之中，助长了用原则判断生活的教条主义习气。

政策评估方法有定量分析法与定性分析法两种，在我国使用最多的还是定性分析法，定量分析法相对而言用得较少，这是有着其历史与现实原因的。从文艺复兴开始，我国的自然科学研究就与西方逐渐拉开了差距。尤其是近代以来，西方开始将自然科学研究中的方法用于社会科学研究之中，而我国传统上注重的是社会科学，对自然科学研究比较忽略，这也造成人们在思维上习惯于运用定性的分析方法。

4.忽视了公众对公共政策评估的重要作用

与党委和政府对政策评估持谨慎态度形成鲜明对比的是，人民群众对参与公共政策的

评估非常积极，我们随时随地都能听到群众对有关公共政策的评议。其内容上至党和国家的根本政策，下至某个城市、乡镇的环保、治安、交通、绿化、水电气等各层次各方面的具体政策。人民大众对公共政策的评估主要通过3种途径来进行：其一，通过诸如“领导接待日”、“市长电话”和“来信来访”等信访渠道来表达自己对有关公共政策的观点、见解；其二，通过报刊、广播、电视等舆论性民意表达机构实行政策评估；其三，通过街头巷尾的高谈阔论进行政策评估。公众对公共政策评估的空前活跃表明我国的政治体制改革确实调动了广大人民群众参政议政的热情，对于监督党和政府体察民情、了解民意、保证公共政策符合人民的根本利益起了积极作用。同时要明确，在我国政治生活中，人治现象还普遍存在，群众的评估能否发挥作用在很大程度上取决于决策者的个人素质。

5.评估对象上以政策产出为主，忽视对政策影响的评估

政策执行后，形成两种结果：政策产出与政策影响。政策产出泛指政策执行机关所做的事情、所采取的行动。政策影响是指政策产出对个人、团体、社会、自然环境、政治系统的组成结构与运用方式、系统的输入，以及随后政治系统的产出所造成的变迁。当前，我国的政策评估很大程度上停留在对政策产出的评估上，而对于更深层面的政策影响却很少涉及或根本不涉及。这致使我国的政策评估很不全面，其对政策方案制定的影响力因而也大大减小。

8.4.2 中国政策评估的困难

目前，我国的公共政策评估工作还处于初创阶段，存在种种困难，主要表现在以下几个方面：

1.政策目标的不确定性

政策评估的一项重要工作就是考察、检验政策执行是否达成了预定的目标或实现目标的程度。在我国现实生活中，由于政策问题的复杂性、变动性以及政策制定者的一些主观因素的影响，使得政策目标常常难以明确，表现在：（1）许多政策目标不可能量化；（2）大多数政策都具有多重目标，甚至有些目标之间还存在着矛盾；（3）在政策执行过程中，政策目标还可能因客观环境的变化而发生变更；（4）有时政策制定者和执行者还有意用含糊的不太确定的形式来表达和说明政策目标，以此增加某种应变的能力；（5）不少目标是在冲突与妥协中达成的，无法全面公开和客观公正；（6）政策制定者或执行者在特殊或紧急情况下，不得不做出决策和实施政策时，往往难以明确确定和说明政策目标。

2.政策影响的广泛性

在我国，一项政策实施后，其影响往往涉及社会生活的许多方面，其中既包括预期影响，也包括非预期影响；既包括短期影响，也包括长期影响；既有正面影响，又有负面影响。在所有的这些影响之中，一方面，有些因素难以测定，甚至根本无法测定；另一方面，各种影响因素也往往难以用一个计量标准来衡量，这样一来就给政策评估带来相当大的障碍。

一项政策的实施往往既有积极的影响，也有消极的影响。比如，我国国有企业分流下岗政策的实施既减轻了企业的负担，又提高了企业的效率，但却给社会带来了动荡、不稳定的因素。可见政策评估要对这些相互矛盾、错综复杂的因素进行客观公正的分析，进而得出科学的结论，其难度就可想而知了。除此之外，政策评估还应该考虑到政策环境对政

策结果产生的影响，比如，我国台海局势会影响我国的对外政策，入世更会影响到我国各个行业的政策，这一切都给政策评估增加了难度。

3.政策资源的混合和政策行为的重叠

任何一项政策都不是孤立、单独存在的。在我国社会主义现代化建设过程中，往往会有许多政策同时被执行，也同时发挥作用，这样一来，无疑就导致了政策资源的混合和政策行为的重叠。政策资源的混合会造成实际操作中难以辨别某笔经费是否属于某项政策的单独投入，而且使得政策成本不易确定，从而增加了政策评估的难度。政策行为的重叠则使不同政策的效果混合在一起，相互影响，甚至相互干扰，因此，实践中很难分清某项政策的实际效果和影响力，难以进行高效的政策评估。

4.有关人员的抵制

政策评估必然要涉及有关事实的描述，是非得失的评判，责任利益的分配，因此，政策运行的各有关人员会基于自身的利益而阻挠或反对政策评估的进行。而这种阻碍力量的大小往往是政策评估成败的关键所在。

在我国的政策评估过程中，政策评估者与决策者、执行者之间发生矛盾、冲突是常有的事。当因为决策者的主观失误导致错误而要承担责任时，他们会制造种种可能的理由来抵制或将评估引入歧途。而对于执行者而言，因为评估者强调客观性和公正性，所以执行者会感到受威胁和愤怒，而且评估者会打乱他们的行动计划和日常生活，妨碍预期目标的实现。如果政策的错误有执行者的原因和责任，他们也多同决策者一样，想方设法阻挠或反对政策评估。政策对象由于从错误的政策或异化的政策中获得既得利益或者为了保护其局部利益，也会通过相关的途径干扰或阻碍政策评估。

5.评估资料和经费的缺乏

资料和信息是进行政策评估的基础。如果没有足够、可用的与政策及其运行相关的资料和其他方面的政策信息，政策评估就很难进行，更谈不上客观公正。然而在我国，普遍的情形是由于有些政策机关不重视资讯管理，出现资料不完整、统计数据不准确等现象，使得政策评估难以获得精确的资料，用以分析政策的运行过程及结果。再加上那些抵制政策评估的人员会拒绝提供相关资料或者只提供那些对他们有利的资料，这样一来就更增加了评估的难度。

政策评估需要投入相当多的经费、设备、时间与人力，这些投入能否获得也是评估工作的关键。在我国，除非有专用的资金来源，否则要从决策机关或执行机关获得评估经费是相当困难的，因此没有必要的评估经费，政策评估活动也就难以开展了。

6.评估结论不被重视

在我国，政策评估的结论缺乏影响力、不被有关部门重视是一个不争的事实，这使得政策评估活动难以发挥其应有的作用，同时也是导致我国评估研究发展缓慢的一个重要原因。当政策评估的结论与政策支持者的期望不一致时，往往会受到他们的指责、批判，认为结论有片面性，不值得重视。即使政策评估的数据相当明显，足以证明政策相关人员的绩效不佳时，他们也还会提出种种理由加以反驳。当前这种现象在我国比较普遍，如不消除，政策评估就无法进行，政策评估也就失去了其本身的意义。

7.政策评估标准的多重性

评估标准是政策评估过程中进行比较所依据的指标和准则。整体上，政策评估的价值标准与事实标准泾渭分明，而且各自轮廓清晰，但任何政策都是原则性和灵活性的统一。在我国，由于政策分析视角不同等多方面的原因，这些纷繁复杂的评估标准并不始终相容，它们还有相互冲突的一面。

其具体表现在：（1）事实标准与价值标准之间的冲突。一般说来，符合社会公益标准的政策均应具有很好的执行基础。然而事实并不尽然，一些符合社会公益标准的政策往往也会因行政、技术、财力等客观条件的限制而遭到否决。（2）事实标准与事实标准之间的冲突。事实标准涉及政治、经济、技术等多方面的可行性问题，它们之间的冲突在政策过程中也时有发生，如经济上的成本最小与收益最大之间的矛盾。（3）价值标准与价值标准之间的冲突。社会公益是政策评估总的价值标准，但社会公益是一种无法统一的价值观。其反映在政策评估过程中，有些人认为是公平，有些人认为是效率，如此等等，莫衷一是。这种认识的混乱往往使得政策评估主体左右为难。政策评估标准的多重性妨碍了我国政策评估的进行。

8.4.3 中国政策评估的发展

在政策制定科学化程序体系中，评估环节前接政策执行环节，对政策执行进行全面评估，后续政策反馈与修正环节，为其提供科学依据，起到了承上启下的作用。但在现实中，长期以来，人们只顾制定政策，对政策的效果究竟如何，缺乏必要的科学分析，导致政策过程在实际运行中在本环节中断，影响到政策运行的实际效果。针对我国公共政策评估所存在的问题，为进一步改进我国公共政策评估工作，我们认为应从思想、组织、制度、手段等多方面推动我国的政策评估工作。

1.要从思想上提高对评估工作及其意义的认识

当今世界各国每年会斥巨资去制定并执行各项政策，追逐其认为有价值的目标，然而却很少有政府和组织以同样的热情和认真态度从事政策评估。这在我国表现得颇为突出，很多人把政策评估视为可有可无的事。即使进行了政策评估，也缺乏科学的态度和方法。究其原因，重要的一点在于人们对政策评估的认识存在障碍。

因此，要推进政策评估工作的开展，必须在思想上加深认识。首先，要使人们认识到政策评估对于政策过程而言是必不可少的一环。它不仅有助于政策部门诊断政策的特点和优劣，监督政策的执行过程，补充、修正和完善政策，还有助于开发政策资源，增强政策效益。其次，端正评估的指导思想。政策如同人类的认识一样，总是无法完美无缺的，它同样必须经过从简单到复杂，从不成熟到逐渐成熟的过程。政策评估正是加速这个进程、提高政策活动水平的必要环节。因此，除了要总结经验教训外，还要发现问题，探寻原因，提出建议，发挥其批判性和建设性的功能。这就要求评估人员正确对待政策评估工作，不把评估变成点缀，变成歌功颂德的工具，更不要因为它的批判性和建设性而加以排斥。要解决思想认识问题，使有关组织和人员重视评估工作，社会支持评估工作并予以配合，以推动评估工作的开展。

2.建立专职的公共政策评估组织

要实现政策评估功能就必须建立相应的政策评估组织。总的来说，公共政策评估组织可分为两大类：一类是官方的政策评估组织；另一类是非官方的，即政策评估的社会中介组织。与此相适应，专职政策评估组织建设应从两方面进行。

首先，要在党政系统内部建立专职的评估组织。结合我国目前地方各级党委和政府都设有政策咨询机构的现状，可在其原有基础上拓展政策评估功能。为防止政策的制定和评估被同一班人马所操纵，影响评估的客观性，应分设两套人马，各行其职，各负其责，既不互相干扰，又利于信息交流共享。由于政策制定大多由组织内的最高决策层在智囊团的参与下完成，为防止评估工作遭遇不必要的干扰和阻力，应建立以上级评估为主的多层次评估系统。

其次，建立政策评估的非官方组织，并且应成为政策评估的重点。与官方政策评估组织相比，社会中介组织具有专门知识和特殊社会关系两方面优势。非政府政策评估组织聚集了大批专门从事政策评估理论研究和实践活动的人士，有利于提高政策评估的科学性。更重要的是，在社会沟通方面，非政府组织具有巨大优势。非政府组织成员作为“非官方人士”，更能够接近社会基层中直接受政策影响的标的群，更容易听到群众的真实呼声，更能深刻体会到政策所产生的实际效果，从而保证政策评估的客观真实性。

3.实现公共政策评估的制度化

要想真正有效地进行政策评估，制度是保障。

首先，实现政策评估工作的程序化。通过制度规定除象征性或符号性的公共政策外，每项公共政策都要进行程度不同的评估。在评估方法上要坚持价值判断与事实分析、定性分析与定量结论相结合的原则。在评价标准上，时刻牢记“三个有利于”这一根本判断标准。在评估时间的选择上，对于见效快的政策应进行终结性评估，对于见效慢的政策则采用阶段性评估与终结性评估相结合的方式进行。

其次，要建立政策评估基金。政策评估是一项庞大而复杂的系统工程，需要动用大量的人力长期深入到实践中去收集浩繁的信息，需要耗费巨额资金。否则，巧妇也难为无米之炊。

最后，要重视评估结论，消化、吸收评估成果。任何一项公共政策必然涉及社会资源的分配，为防止决策者随意决策、执行者滥用职权，必须通过制度将评估结论与有关人员的奖惩直接联系起来，真正实现政策过程的权责利相统一。

4.要选择恰当的评估方法和技术，以提高评估结论的可信度

政策评估绝不是一项轻而易举的工作，要求评估者能熟练地掌握各种评估方法和技术。目前常见的评估方法有前后对比法、对象评定法、专家判断法、自我评定法等；政策评估的技术主要有计划评判技术、重要路径法、成本利益分析、成本效能分析等等。这些方法的内涵、使用的方法、演算的程式、成本利益折扣的原则均须精炼。应该说每种方法与技术都有其优缺点，都有其适用的范围。因此，评估者要能够根据我国具体的情况，灵活地加以选择和运用，必要时可以综合运用各种方法和技术，以提高评估结论的可信度。

5.加大对政策评估的投入

任何一项工作都离不开必要的人力、物力、财力的支持。我国各级政府对政策评估的投入都十分有限，因而可以说，投入不足是制约政策评估工作顺利进行的一大障碍。因此，各级政府除了从思想和观念上要重视政策评估之外，更应在现实中加大对政策评估的投入，以确保政策评估的顺利进行。具体说来，主要有3个方面：一是评估人才方面。各级政府要配备掌握评估方法与技术的评估人员，这是保证评估工作顺利进行，评估结论客观、公正的前提。二是要建立相应的评估组织。没有相应的评估组织的存在，政策评估工

作将难以开展。三是要投入必要的经费。经费的充足与否在一定程度上决定了评估工作能否顺利推行，可以说，没有相应的投入，政策评估将成为“水中月、镜中花”。

6.拓宽和健全政策评估的信息渠道及系统

所谓政策评估信息系统，就是收集、整理、加工和使用政策信息，为政策评估服务的系统。这是政策评估的基础性工作之一。由于政策资源的多元性，政策重叠现象的存在，政策影响的广泛性，要全面收集政策信息是一件复杂和困难的事。因此，要在政策过程的初始阶段就建立政策信息系统，对政策信息的收集、加工和使用进行理论研究和总体设计，以便于改进评估系统，使评估活动更科学有效。

政策信息系统的核心任务是系统地记录有关政策问题，政策投入、产出和外部环境变化等方面的信息资料，具体包括：①政策问题和目标；②投入某项政策的资源以及分配情况；③政策执行的情况；④政策实施对政策目标群体所产生的影响；⑤政策的实施所造成的社会与经济变化；⑥社会公众对政策的反应等。

政策评估信息不仅量大，而且复杂，这无疑给收集、处理和使用信息造成困难。因此，首先，要广辟渠道，广泛获取信息。可以通过与政策制定和执行机构的沟通、大众传播媒介等多种方式获取有关政策的信息。其次，要着力于实现信息系统的现代化，利用电子计算机和现代通信技术，建立信息收储系统，使信息工作网络化、现代化。

7.明确政策目标，精选评估对象

虽然政策目标不易确定，但是，要使政策评估富有成效，就必须努力明确政策目标。尽可能地明确政策目标，以便于评估过程中了解政策过程是否或在多大程度上达到预期目的，存在哪些事与愿违的地方及其原因所在。同时要精心选择评估对象。虽然说每项政策最好都必须评估，但是，如果从客观条件进行考察，并不是任何一项政策都可以随时进行评估的。如目标不明的政策，缺乏充足的评估资源的政策，十分简单的政策等，就不宜或无须进行评估。即使许多政策都可以进行评估，由于受人力、物力和财力的限制，评估者也无法一一应对。因此，在从事评估工作时，就必须慎选评估对象。选择评估对象一般要遵循两个原则：一是可行性。即选择那些条件比较成熟、比较容易进行的政策进行评估。二是有效性，即选择那些较具效益和价值的政策进行评估。

总之，政策评估在我国尚处于起步阶段，需要加以建设、规范、完善和发展的地方还很多。我们既要看到政策评估在整个政策过程中的重要意义，也要认清其所面临的困难和今后的发展方向，因此说，政策评估的发展任重而道远，需要各级党委、政府与社会各界的有志之士共同付出长期不懈的努力。

本章小结

国内外学者对政策评估没有一个普遍公认的定义。不管是对公共政策评估做狭义上的理解，还是对公共政策评估做广义上的理解，都既有其合理性的一面，也存在不足。随着政策科学的发展，一般认为公共政策评估是对整个公共政策过程所进行的评估，但其侧重点则在对公共政策的效果上。

根据公共政策评估应遵循目标的明确性，评估标准的全面性、评估标准的客观性、评估标准的可操作性原则，我们认为公共政策评估的标准主要是生产力标准、投入产出标准、系统功能标准和社会公平与发展标准。

作为一种对政策的效益、效率、效果及价值进行判断的一种政治行为，政策评估对于改进政策制定系统、克服政策运行中的弊端和障碍，增强政策的活力和效益，提高政策水平具有重要作用，意义深远。

政策评估是一个有规律可循的系统过程，科学的公共政策评估过程一般都要经过准备阶段、实施阶段和总结阶段。

韦唐从政府干预的实质结果入手，按“组织者”的不同将评估模式分为目标达成模式、附带效果模式、无目标模式、综合模式、顾客导向模式、利益相关者模式、经济模式和职业化模式。这八种模式既有其自身的优势，也存在某些方面的不足。政策评估者应根据具体情况选择不同的评估模式。

当前，我国的公共政策评估有很大的发展的同时，也存在政策评估组织不完善、缺乏正确的政策评估机制、评估方法以定性分析为主、评估标准上以价值判断为主、忽视公众对公共政策评估的重要作用等许多问题。

目前，我国的公共政策评估工作还处于初创阶段，存在种种困难，这突出地表现为政策目标的不确定性、政策行为的重叠、有关人员的抵制、评估资料和经费的缺乏、评估结论不被重视、政策评估标准的多重性等方面。

针对我国公共政策评估所存在的问题，我们应从思想、组织、制度、手段和投入等多方面推动我国的政策评估事业的发展，改进我国公共政策评估工作。

关键概念

公共政策评估　政策评估标准　政策评估过程　目标达成模式　附带效果模式　无目标模式　综合模式　顾客导向模式　利益相关者模式　经济模式　职业化模式

综合训练

8.1　单项选择题

1.政策评估的逻辑起点和前提基础是选择和确立（　　）。

A.政策评估对象　B.政策评估标准　C.政策评估意义　D.政策评估阶段

2.公共政策评估的标准为效果、效率、充足性、公平性、回应性、适宜性是在（　　）一书中述及的。

A.美国的卡尔·帕顿和大卫·沙维奇合著的《政策分析和规划的初步方法》

B.威廉·N.邓恩在其著作《公共政策分析导论》

C.我国台湾学者林水波的《弃保政治学》

D.我国学者张国庆的《现代公共政策导论》

3.特征为预定目标仍然是基本的“组织者”，但是要充分考虑项目目标之外的影响的政策评估模式是（　　）。

A.目标达成模式　B.附带效果模式　C.无目标模式　D.综合模式

4.下列政策评估模式中，（　　）将政策的前期准备、执行和取得效果3个阶段包括在内。

A.附带效果模式　B.相关利益人模式　C.经济模式　D.综合模式

5.下面与强调结果的效果评估模式相反的政策评估模式是（　）。

A.附带效果模式　B.职业模式　C.经济模式　D.无目标模式

8.2　多项选择题

1.政策评估包括（　）。

A.政策结果评估　B.政策效益评估　C.政策方案评估　D.政策效力评估

2.在确立公共政策的评估标准时，应当遵循的原则是（　）。

A.明确公共政策评估的目标　B.评估标准必须全面

C.标准必须客观　D.评估标准应当具有可操作性

3.政策评估的主要标准是（　）。

A.生产力标准　B.投入产出标准　C.系统功能标准　D.社会公平标准

4.政策评估的实施阶段包括（　）。

A.采集评估信息　B.撰写评估方案　C.分析评估信息　D.初步结论

5.德国学者韦唐在《公共政策和项目评估》一书中，从政府干预的实质结果入手，按照“组织者”的不同将评估模式分为（　）。

A.效果模式　B.文化模式　C.经济模式　D.职业化模式

8.3　思考题

1.什么是政策评估？政策评估的意义何在？

2.如何看待评估标准？

3.政策评估的过程包括哪些阶段？

4.政策评估有哪些基本模式？

5.简述中国公共政策评估的现状、困难及发展。

第 9 章

公共政策终结

学习目标

通过本章的学习，你应该能够：

1.理解政策终结的内涵。

2.了解政策终结的多种分类及终结的障碍。

3.理解政策终结的必要性和可行性。

4.懂得政策终结的各种策略。

5.了解中国公共政策终结的现状及未来发展对策。

引导案例

全面两孩2016年元旦施行，独生子女政策宣告终结

2015年10月29日，十八届五中全会闭幕，全会公报决议“允许全面放开二孩政策”——全面实施一对夫妇可生育两个孩子政策，积极开展应对人口老龄化行动。这是继2013年十八届三中全会决定启动实施“单独二孩”政策后的又一次人口政策调整。

【政策背景】“人口恐怖症”导致“一胎化”迅速出台

1980年，新华社公布了官方做出的对中国人口发展进程的百年预报：如果中国按当时的生育水平延续下去，那么2000年中国人口要过14亿，2050年中国人口将达到40亿。如果今后平均每位妇女生两个孩子，那么到2050年中国人口达到20亿后，才能停止增长。这一消息发布后，引起很大震动。“一胎化”的政策在缺乏专家严密论证的情况下，迅速出台。

独生子女政策规定，一对夫妻生育（包括依法收养）一个子女后不再生育，其子女在18周岁以内的，由夫妻双方申请，经所在单位核实，由女方户籍所在地乡镇人民政府或者街道办事处发给《独生子女父母光荣证》。每月发给独生子女父母10元奖励费，奖励费自领取《独生子女父母光荣证》之月起发至其独生子女满18周岁止。

【政策后果】中国人口老龄化提前到来

从实施效果来看，“一胎化”政策在实施以前，并没有经过严谨的论证，严重低估了迫使生育率快速下降的代价。例如，当时估计老龄化现象最快也得在40年以后才会出现，即2020年才会出现老龄化现象。事实则不然。国家统计局在1999年10月已经宣布中国进入了老龄化社会。

截至2014年年底，我国60岁以上老年人口已达2.12亿，占总人口的15.5%，其中65岁以上老年人口1.37亿，占总人口的10%。人口的加速老龄化给我国经济社会发展带来全面、深刻、持久的影响，已经成为影响国计民生、民族兴衰和国家长治久安的重大战略问题。

【政策调整】实施30多年后独生子女政策终结

在人口结构加速老龄化的压力下，“只生一个好”的生育政策，正被“单独二胎”新政替代。2013年中共十八届三中全会决定启动实施“单独二孩”政策。随后，关于调整完善生育政策的决议由十二届全国人大常委会第六次会议表决通过，“单独二孩”政策正式实施。

2013年实施“单独二孩”政策后，符合条件且愿意生育的人远没有想象的那么多，在中国城市及发达地区并未出现生育狂潮。单独二孩政策遇冷的原因主要有两点：一是由于经济因素（抚养成本），许多有条件生的单独家庭并不愿意多生；二是事实上，除城市公职人员及白领之外的中国人，有二胎生育意愿的都生了二胎。

综合现实各种因素考虑，2015年10月，十八届五中全会决定，全面放开二胎政策。2015年12月第十二届全国人民代表大会常务委员会第十八次会议审议《中华人民共和国人口与计划生育法修正案（草案）》，并提出国家提倡一对夫妻生育两个子女，该修正案自2016年1月1日起施行。至此，实施了36年的独生子女政策正式宣布终结。

资料来源　李华.全面两孩元旦施行，独生子女政策即将宣告终结[EB/OL].[2015-12-22].http：//cul.china.com.cn/cswh/2015-12/22/content_8468102.htm.

【案例思考】

1.独生子女政策面临的主要风险有哪些？

2.试用政策周期理论分析独生子女政策的演变历程。

3.论述独生子女政策终结的原因。

政策评估是政策终结的前提，政策终结是政策评估的结果。从政策过程周期来分析，政策终结发生在政策评估之后，是政策运行的最终阶段，它既是一个政策周期的终端，又是新的政策周期的起点。政策决策者在获得经政策评估而得来的相关信息后，面临着对政策的去向和抉择：是终止该政策，还是继续执行，或是加以调整和革新。从理论上讲，对一项过时的、无效的或多余的政策应当及时予以终止和废除。但在现实中，由于公共政策受到诸多因素影响而难以真正终结，这就导致了政策资源的浪费、政策低效和机构人员臃肿等。因此，如何克服政策终结的阻力，挖掘政策终结的可行性和动力，以使过时的、无效的或多余的政策及时终结，这是摆在公共管理者面前的一个亟待解决的难题。本章从政策终结的基本概述入手，分析了政策终结的必要性与可行性，概括了政策终结的5种策略，最后考察了我国公共政策终结的状况、困难及未来发展。

§9.1 政策终结概述

9.1.1　政策终结概念

终结，顾名思义，指终止、结束的意思。政策终结，简单地讲，就是指政策的终止或结束。正如万事万物都要经历一个发生、发展、衰老、最后死亡的过程一样，一项政策也有一个酝酿、制定、公布、执行、评价、最后终止的过程。政策终结是政策过程的最后一个环节，但也被认为是承上启下的一环。关于政策终结的概念，西方学者给出了不同的解说。最早把政策终结划分为政策过程主要阶段之一的美国学者H.拉斯维尔认为，政策终结是关于取消政策方案，以及研究有关相信某种政策必须继续而采取某种行动或因政策终结而丧失价值的人们之主张的活动。G.布鲁尔德则认为，政策终结是“政策与计划的调试，大凡政策与计划无法发挥功能或已成为多余或过时，甚至不必要时，则将政策与计划予以终止或结束”。对政策终结理论做出重大贡献的P.德利翁给出了一个较为广义的概念，认为政策终结是“政府当局对某一特殊功能、计划、政策或组织，经过深入评估而加以结束或终止的过程”。丹尼尔斯认为，P.德利翁的定义没有考虑组织自身终结不合适政策的主动性，也不能适用于政府精简、削减预算的终结行为上来。因此，丹尼尔斯给政策终结下了一个不同的定义：政策终结是对政府项目、政策、组织的终结，也是组织为削减预算对自身的调试和政府服务民营化而产生的削减。他进一步指出，政策终结位于政策过程的末端，对一项政策的终结意味着一项新的政策的开始，所以政策终结也是一个发展的概念。此外，还有一些西方学者将政策终结简要地界定为“对政府制定的职能、计划或组织的故意的结束或终止”。

综合西方学者的上述观点，可以将政策终结的概念界定为：**政策终结是指经过由政府组织或社会自发的政策评估之后，政策决策者或制定者采取一定措施，将过时的、无效的或多余的政策、计划、功能或组织予以终止或结束。**该定义包括以下几方面的内涵：

（1）政策终结的主体应是政府中政策的决策者或制定者，其他组织或个人无权终结公共政策；

（2）政策终结的客体（政策终结的对象）除过时的、无效的或多余的政策外，还包括了过时的、无效的或多余的计划、功能或组织；

（3）政策终结的依据是政策评估。因为判断政策是否有效、过时或多余的标准就是政策评估的结果。所以，从某种意义上来说，没有科学有效的政策评估，也就没有科学有效的政策终结。

政策研究者研究政策终结最晚。一直到20世纪90年代初，政策终结的研究在政策科学的发源地美国都是很少的。其原因有很多，其中最基本的原因是，政策终结同决策、政策分析、政策评价、政策执行等相比不是频繁发生的，是例外的和非正常的现象，由于其案例本身不是普遍发生的，所以在学术上难以一般化。

P.德利翁（1978）把政策终结研究比较晚的具体原因说明如下：第一，如果以人的生涯相比喻，政策终结同死亡、破产、离婚等具有相似的意义，所以对此具有很强的否定性认识。这就使人们回避了对政策终结的研究。第二，由于缺少关于政策终结的案例，因此根据不充分的案例很难制定出一般性理论。第三，在美国的学术界和政府部门，向来是渐进主义占统治地位。在这种坚持渐进政策调整或部门终结的学术风气下，难以研究政策终结。第四，由于对政策终结的案例研究缺少诱因或魅力，所以很少有政策终结研究。

但是，以前对死亡、破产、离婚、退休等的理解是人生的终结和失败，但近年来这些想法变了，即认为这些是重新开始人生的机会。以这种认识为基础，对政策终结也开始重新认识了。

随着这种社会上的变化，H.考夫曼于1976年第一次具体地提出了关于政策终结的一般化理论。此外，巴尔达茨作为《政策科学》的编辑而编辑出版了有关政策终结的特刊（1976），由此为政策终结研究的探索做出了重要贡献。伯恩（1978）揭示了一般化了的12条政策终结政治战略。进而，P.德利翁和布鲁尔（1983）继续把政策终结研究深入下去，并探索和补充了阻碍政策终结的因素和部分政策终结内容。以这些人的研究为基础，进行了不少案例研究，从而积累了有关政策研究的理论。

9.1.2 政策终结的类型

为进一步理解政策终结的概念，对政策终结的类型加以分析是必要的。关于政策终结的类型，西方学者已进行了大量的研究。其中两种分类方法具有代表性。

1.根据政策层次的分类

P.德利翁把政策终结分类为功能、组织、政策、项目等不同政策层次上的终结。

（1）政府功能的终结

政府功能的终结意味着终结政府对市民的服务。在政策终结的所有内容中，以功能的终结最难。因为一方面，功能的履行或承担是政府满足人民需要的结果，若予以取消，势必引起各方面的反对；另一方面，某项功能往往不是由某项政策单独承担的，而是由许多不同的政策和机构共同承担的，予以终止往往需要做大量的组织和协调工作。由于政府功能是通过组织和政策来实现的，因此政府终结时所遇到的最大抵制不是组织本身，而是由组织来发挥的政府功能。例如，关于1973年和1982年的尼克松和里根总统的新联邦主义研究、有关美国联邦主义的功能和机构改革的卡夫曼的研究等。

（2）政府组织的终结

政府组织是为了履行特殊的政府功能而慎重设计的，政府组织是根据政府组织法等法律而设立的，所以具有很强的生存倾向。况且组织有很多成员，所以对组织终结的抵制也很强。例如，关闭美国国立培训学校、关闭国防部和邮政当局的政府设施等。**伴随着政策终结进行的机构缩减或撤销就是组织的终结，也称为机构终结。**有些机构是专门为某项政策而设立的，随着政策的终止，机构也随之撤销；有些机构往往同时承担着多项政策功能，某项政策的终止不足以导致机构的撤销。因此，通常的做法就是通过缩小规模、减少经费等办法对机构进行缩减。机构终结的难度也比较大，因为它关系到有关人员的切身利益，在实施时难免遭到有关人员的强烈抵制，使得机构终结无法顺利进行。这就是为什么我们会在现实生活中，看到许多本该随着某项政策历史使命的结束而裁撤的机构仍然存在的原因。

（3）狭义上的政策终结

狭义上的政策是对全社会的权威性的价值分配，因而政策是项目的集合或其目标。由于政策是由组织制定并执行，因此，对政策终结的抵制比组织终结弱，而与项目终结相比则更强。例如，美国的B-1轰炸机、联邦政府对医科大学的补助政策、扫除贫困政策、A-plane政策等。与前两种终结相比，这种终结所遇到的阻力较小。这是因为就某项具体政策而言，其目标比较单纯，如某个教育政策、社会福利政策等，容易进行评估并决定取舍。另外，政策更改的成本远比功能转变、组织调整要少得多，因而容易得到实际部门的认可。再加上政策的可选择性较大，也使得政策本身的终结在操作上比较容易实现，不像机构终结那样受到多方面的牵制和约束，不容易操作，实行起来步履维艰。

（4）项目终结

项目终结即政策的具体项目以及执行措施的终结。在所有终结内容中，项目的终结是最容易达成的。项目是为达到目标的正式手段，规模和影响最小。由于项目是最具体的，因此自我防御的政治资源也最小，终结也最容易。例如，美国的联邦研究开发项目的终结。

政策终结包括对功能、组织、政策和项目的终结，终结的难度是递减的。功能是最难终结的，即使在组织被撤销以后，政策的功能也有可能由别的组织来执行。组织比政策更难以终结，这是因为组织会牺牲某一项政策寻求自保。相对来说，政策终结更容易实现一些，项目终结最容易实现。

2.根据政策终结所需时间而进行的分类

巴尔达茨根据政策终结所需要的时间而将其划分为爆发型、渐减型、混合型等3种类型。

（1）爆发型。这是指特定的政策在短时间内终结的类型。在项目终结的情况下，最常见的就是这种政策终结类型。

（2）渐减型。这是通过长时期的缩减政策所需预算等方法而逐渐终结的类型，是与P.德利翁等人所分类的渐减型相类似的终结类型。

（3）混合型。这是上述两种类型的混合形态，是在短期间内分阶段终结政策的类型。例如，美国航空宇宙关于大学研究支援项目的终结就属此类。

9.1.3 政策周期

政策终结是与政策周期紧密相关的。通常，人们都将政策终结置于政策周期这一背景之中进行考察。只有这样，才能更深入更完整地分析和理解政策终结。

政策周期是指政策经过制定-执行-评估-终结这几个阶段后形成的一个周期。同时它还表明，新的政策往往不是凭空产生的，常常是原有政策的延续，是为适应新情况而对原政策加以修改调整，从而形成政策的一个新周期，以实现新老政策的交替循环。政策制定是核心；政策执行是关键；政策评估是对政策方案合理性的最具权威的检验；政策终结则是一个旧周期的结束。

政策周期理论最早由美国政策学家C.O.琼斯提出，他在分析政策过程时，提出一种旨在合理、系统地考察公共政策制定与实施的分析框架，这个政策过程分析框架便构成了政策周期理论的雏形。琼斯认为，政策过程架构的基本要素有：感知/定义、界定、汇集或累加、组织、确定议程、方案形成、合法化、预算、执行、评估和终结。他根据系统分析的概念，将政策分析过程分成5个阶段：（1）问题认定，即从问题到政府的阶段；（2）政策发展，包括方案规划以及合法化等功能活动，即政府为解决公共问题而采取行动的方案；（3）政策执行，即政府解决问题的阶段；（4）政策评估，即由政府回到政府的阶段；（5）政策终结，即问题解决或变更阶段。

不同的政策周期的时间长度是不一样的。这种决定时间的长度的因素很复杂，但主要和政策目标的大小远近、环境变化以及实施的难易程度相关。一般说来，政策目标越大越长远，环境情况变化越复杂，实施难度越大，政策周期越长；反之，政策周期越短。此外，政策周期的长短还与具体政策相关。一项错误的政策，人们希望它的周期越短越好，尽早结束；一项经实践检验是正确的政策，人们希望它的周期长一些。但也可能希望尽快用法律的形式来代替它，以便具有较强的稳定性。

由于政策周期意味着新旧政策的循环，因此政策周期理论的研究还包括对新旧政策之间关系的研究。新的政策往往不是凭空产生的，它常常是原有政策的延续，是为了适应新情况对原政策加以修改或调整，使政策又上升到了一个更高的层次，从而形成政策的一个新周期，实现新老政策的交替循环。因此，从政策之间的相互关系角度看，政策周期是政策的辩证运动，其核心在于政策自身的扬弃，这种扬弃导致政策不断摄取养分，去其糟粕，从而获得发展的内在力量。

在我国，政策周期理论的研究还很少，但其实践意义却很大，具体表现在以下几个方面：

（1）巩固和发展现行政策，保持政策的连续性和稳定性

通过对政策周期的研究，政策制定者可以了解政策是否实现了预期的目标，政策执行是否出现了偏差，以及随着条件的变化，是否需要进行跟踪决策；政策制定者可以依据对

政策周期进行研究所得出的结论，做出是坚持原政策，修改原政策，还是终止原政策，制定新政策的决定；通过对政策周期的研究，政策制定者可以根据原政策成功或失败的经验教训，使建立在原政策基础上的新政策在新一轮的周期中扬长避短，提高政策的功效。因此，通过对我国政策领域中各项政策周期的研究和分析，就可以避免或解决诸如政策之间缺乏连贯和衔接、“撞车”现象时有发生、政策朝令夕改等问题，从而保证各项政策的连续性和稳定性。

（2）提高政策制定的科学性

通过对政策周期阶段化的研究，可以优化政策制定系统，促进政策决策的科学化，减少政策制定的失误，确保政策发挥应有的作用，通过对以往政策周期的研究，吸取经验教训，克服政策制定上的缺陷，确立政策制定的科学化和程序化，促进有中国特色的政策制定体系的建立。

（3）促使政策终结，提高政策绩效

现实中的政策因存在许多阻碍因素而难以终结，这就使大量过时的、无效的、不必要的政策充斥其中，导致了政策的低效和资源的巨大浪费。而通过对政策周期的研究，对现行的政策进行定期或不定期的梳理，分别对政策过程各阶段的考察和研究，特别是在对综合、客观的政策评估之后，就可促使那些过时的、无效的或不必要的政策得以终结，以提高政策的成效。

（4）推动政治、经济、社会、文化等领域的发展，促使改革开放不断深化

当前，我国的改革开放已取得了巨大成就，但同时也面临着许多新问题和新挑战，通过对各项政策周期及其互动关系的研究，制定出一整套相互配套的改革政策，以在新体制内部形成相互制衡的机制，可以推动改革开放事业向纵深发展，与此同时，市场的发育和完善，也离不开科学、合理的政策的推进。随着社会主义市场经济的逐步发展和改革的深入，哪些政策要淘汰，哪些政策要完善，哪些政策要制定，这些都离不开对政策周期的研究，如果理论研究跟不上，不能及时地回答政策领域中提出的新问题，经济发展就不能顺利进行。改革开放20多年来，我国对政策周期的研究明显不够，这就造成了相当严重的后果：没有从整体上思考问题，不能很好地按照各种体制之间、政策之间以及每一个政策过程的各个阶段之间的互动关系和逻辑顺序，协调配套地进行改革及制定政策，以至于往往单项推进，孤军混入，导致系统结构不合理，政策不配套，出现混乱。所以，加强对政策周期的研究，可以更好地处理这些关系，促进改革的协调配套。

9.1.4 政策终结的障碍

政策终结是一个人为的政治过程，而政治的核心问题是利益的分配问题，这就意味着政策终结并非一种自然的消亡过程，它必将涉及人员、机构、心理、利益等复杂因素，这些因素会给政策终结制造许多困难和障碍。研究政策终结的障碍和困难，有助于采取合适的方法和策略。

对于致使政策终结难以实现的因素，P.德利翁于1978年就做过系统的整理。他揭示了5个原因：心理上的和知识上的抵制；组织和政策本身的连续性；动态的保守主义；反终结联合体的形成和活动；法律上的障碍和高成本的执行。1983年，P.德利翁进一步完善了自己的上述观点，认为阻碍政策终结的因素有：①制度和结构性因素（组织、政

策的持续性等)。②政治性方面(反对联合等)。③经济上的考虑(沉没费用等)。④心理上的抵制(关于终结的否定心理或观点等)。⑤伦理道德上的问题(终结被认为是对现存制度和政策的攻击或不正常行为等)。⑥理念和信念上的问题(在社会上占统治地位的理念或组织内部的价值问题等)。⑦法律上的制约(要通过法律上的修改等)。P.德利翁对政策终结的阻碍因素的概括是经典的,他指出了政策终结的心理、道德、伦理等问题;认识到了政策终结受经济、法律、制度的制约以及理念和政治障碍。所有这些因素都汇集在一起,形成一股无形的阻力,阻止政策终结的完成,下面对这些障碍因素作详细考察。

(1)组织机构的惯性

组织机构的惯性之所以是一大障碍,是因为组织机构绝不会因遭受新问题或情境变迁的妥协而轻易崩溃。组织之所以有成长性、适应性和持久性,是政治机关组织生活的事实,而这些特征正是抵制政策终结或裁撤的利器。如果要修正某方面或让其停下来,必须借助外力的作用方可做到,这是因为组织机构所固有的惯性,使它本能地反对任何的变故。此外,组织机构如同人一样,具有很强的生命力,当政策的终结危及到组织的生存时,它会千方百计地减轻所面临的压力,或改变策略,或调整结构,想方设法地延缓政策终结的进程,给政策及时终结带来消极的影响。我国机构改革之所以一直未能走出"精简-膨胀-精简"的怪圈,就有这方面的原因。

(2)抵制终结的联合影响

当自身的利益因为即将到来的政策终结而受到威胁时,反对政策终结的力量往往会自觉或不自觉地联合起来,使得政策终结难以进行。那些反对政策终结的行政组织,一方面通常会要求它的内部成员齐心协力共同抵制,另一方面,则会想尽一切办法,通过拉拢、接近等各种办法,以影响政府外的重要人士和政策支持者,形成一股强大的反对势力,对政策的终结造成威胁。同样,在政策终结前获得利益的行政组织之外的团体和个人也一样,会自动结成联盟,形成利益团体,通过抗议、游说、游行示威等不断向政府机关施加压力,强烈要求阻止政策终结。

(3)法律上的障碍

我们知道任何政策的制定、实施以及组织机构的建立,都必须通过一定的法律程序进行,同样,政策的终止和组织机构的撤销,也必须按照法定的程序来办理,这一过程不仅耗时费力,而且操作起来十分复杂,甚至还会延误政策终结的时机。特别是一些上升为法律的政策,要使其终结往往要大费周折。由此可见,法律程序上的麻烦也是影响或制约终结的一个重要因素。同时,失效政策的终结对于立法机关来说,在某种程度上意味着它的立法活动本身缺乏相应的科学性和有效性。因此,基于自身利益的考虑,立法机关在考虑终止某项政策或法律时,往往是摇摆不定,顾虑重重,这无疑会增加政策终结的难度。

(4)政策终结的代价

政策的终结往往还会受制于代价。政策终结的代价包括两个方面:一是现有政策的沉没成本,二是终结行为本身所要付出的代价。现行的政策或组织机构由于已投入了巨额成本,但没有得到预期的回报,政策决策者面对投入的沉没成本,往往会陷入一种进退两难的境地:一方面,现行政策已经被证明是无效或是失败的,如果继续追加投入,肯定会造成更大的损失;另一方面,如果不继续投入,则会使已投入的资金由于政策终结而彻底落空。通常而言，在现行政策已投入高昂成本的情况下是很难下定决心终止政策的。此外，政策终结本身也需要付出高昂的代价，不仅需要相应的费用以制定和执行新的政策，组建新的机构，而且，为了照顾各方的利益和关系，有时还要对有关单位和个人进行补偿。政策终结者在这些高昂代价的压力下，放弃政策终结在现实中也是屡见不鲜的事。

（5）社会公共舆论的压力

社会公共舆论的压力也是影响和阻碍政策终结的一个因素。无论是在资本主义社会还是在社会主义社会，公共舆论在政治生活中都有着极其重要的影响作用。国内外许多政策实践都表明，当公共舆论对政策终结持积极态度时，政策终结就显得比较容易；相反，当公共舆论对政策终结持消极态度时，就会阻碍政策终结的进程。在西方，公共舆论因为它在政治生活中的特殊作用而被誉为“第四种权利”。因此，为促进政策的顺利终结，做好社会公众的舆论导向工作，营造良好的舆论环境是至关重要的。

（6）理念和信念上的问题

政策终结的另一大困难表现在社会上占统治地位的理念或组织内部的价值观问题上。对旧政策的依赖心理以及固有的习以为常的理念和价值观使过时的、失效的政策难以终结。

§9.2　政策终结的必要性与可行性

9.2.1　政策终结的必要性

任何政策都有时效性，即政策周期。政策终结是政策过程中一个重要环节，是政策决策者通过对政策进行慎重的评估后，采取必要的措施以终止那些过时的、多余的、不必要的或无效的政策的一种行为。由于种种原因，这一环节往往为人们所忽视。根据政策效力递减规律，一项决策的周期规律是先后经过低效期、增效期、效力递减期。当它的正效力周期结束时，就会朝负效力方向转化，从而阻碍社会生产力发展。然而政策的存在是由人决定的，它不会自行终结。当政策的正效力周期结束时，就急需政府对政策进行主动的终结。如果一项政策的目标已经得到实现，政策问题已经得到解决，那么这项政策就应该及时地予以终止；如果一项政策由于失败而无法解决其所面临的政策问题时，这项政策也要被停止执行，以减少政策产生不良的后果，并为新的政策出台创造条件。因此，从这种意义上来说，政策终结不但代表着旧政策的结束，而且象征着新政策的开始；政策终结不仅有利于政策资源的节省，而且有利于政策绩效的提高。具体而言，政策终结的必要性表现在以下3个方面：

（1）政策终结有利于节约政策资源

政策需要终结无非是由于政策本身已经失效或者不再适应新的环境，这种失效的政策在没有终结之前仍然会被执行，而一项本不应该执行下去的政策要执行下去不仅要付出实际成本，还必须付出机会成本。对任何政府而言，政策资源都是十分有限的，资源只有用在恰当的地方，政策才能产生好的社会效益，如果政府浪费政策资源，明知不可为而为之，那么，对于政府而言，这本身就是一种不负责任甚至违法的行为，以人为本原则的抛弃必将导致政府威信的丧失。

（2）政策终结有利于提高政策效率

客观而言，我们的政策从某种程度来讲，不是少了，而是太多了。规制冲突，政策打架的现象随处可见，有利益的事争着伸手，都要去管，没有利益的事躲得远远的，谁也不愿管，直接导致政策效率的低下甚至失效。如果不终结那些失败或失效的政策，就会给其他政策的执行带来负面的影响，破坏政策执行的整个大环境。

（3）政策终结有利于政策过程的优化和政策质量的提高

政策制定是面向未来的活动，而未来会出现许多意想不到的因素，没有一劳永逸的政策，所以，建立有效的政策评估和终结机制，有利于及时发现问题、纠正错误并吸取教训，这对政策过程各个环节的工作改善和公共政策内容质量的提高都是非常有益的。

作为政策过程的一个环节或一项功能活动，政策终结是必要的，否则，将会使政策失去严肃性。同时，由于政策的终结往往意味着由于政策执行所带来的某种或某些服务的终止，为某项政策而设立的机构组织的撤并，那些与政策有关的组织和个人的利益将会因此而受到影响，特别是对那些政策受益者、政策决策者和原政策执行机构的人员更是有着切身的利害关系。所以，如何处理好组织中各方利益成了政策终结的决定因素。

9.2.2 政策终结的可行性

从政策均衡论的角度看，政策终结意味着政策均衡格局的打破，亦即当主张终结现行政策的力量相对于维持现行政策安排的力量占优势时，产生终结政策的强烈需求，并在一定的条件下导致政策终结的发生。政策主体欲使政策得以终结，首先必须分析现行政策安排下的力量对比情况，这就是所谓的力场分析。在任何政策终结过程中，其实都存在两种力量，即推动政策终结的推力和阻止政策终结的阻力。力场分析就是要通过对这两种力量对比的分析，来寻求顺利实现政策终结的途径。在通常情况下，当推力大于阻力时，政策终结发生并持续下去，反之政策终结则不能发生，当两种力量相等、相互抵消时，政策和组织则维持现状。

因此，政策终结的可行性从力场分析角度看，就在于使政策终结的推力大于政策终结的阻力。要做到这一点，有3种可供选择的方法：一是不断增加推力；二是抑制和消减阻力；三是增加推力和消减阻力并举。一般认为，第3种方法通常最为有效，第2种方法次之，第1种方法效果最差。为此，政策终结主体的任务就是要努力挖掘和充分利用有利于政策终结的要素和条件，以同时增加推力和消减阻力。有利于政策终结的要素和条件有很多，这里主要介绍5个要素：

1.触发机制

按照拉雷·N.格斯顿的理解，触发机制是指一个重要的事件（或整个事件），该事件把例行的日常问题转化为一种普遍共有的、消极的公众反应。公众反应反过来成为政策问题的基础，而政策问题随之引起触发事件。他还指出，除了像经济萧条、军事侵略和自然灾害这类明显的破坏之外，大多数触发机制对公众政策过程的影响都是通过对事件本身的反应过程的事后观察而得到确定。如果一种进步或一种行动引起公众的明显关注和公众对变革的普遍要求，那么它就被认为是一种触发机制。而如果一种过程未引起显著反应，则不是触发机制。拉雷·N.格斯顿在此阐述的触发机制是引致政策得以制定的触发机制，它发生在公共政策的制定阶段。其实，在政策的终结阶段也同样存在着引致政策终结的触发机制。过时的、无效的政策长期充斥于社会，必然引发大量的社会问题、社会矛盾和社会冲突，这些问题、矛盾和冲突又会以一个个事件的形式表现出来。而当这事件中的某个事件引起了公众的广泛关注和强烈的变革要求时，这个事件就成了政策终结的触发机制。例如，我国2003年发生的轰动全国的“孙志刚事件”就是一个典型的政策终结的触发机制。

政策终结的触发机制是政策终结的导火线，它是政策问题的感知和政策终结行动要求之间的联结点。罗伯特·林伯雷把这种联结点称为这样的“时刻”，“这时足够多的人认识到政策实施的空白，并意识到当前政策有些地方不对……随后的制度不能解决问题，或不能像应该的那样去改善问题”。由此可见，当一个触发事件影响的人数足够多，且此事件引起了公众的担心或以愤怒的形式关注，那么公共政策的制定者们很可能会对此事件予以足够的重视。他们就会考虑是废除过时的、无效的政策，还是部分修改，或制定一个全新的政策来取代旧的政策。因此，政策终结的可行性之一就在于当出现了如上所说的触发事件时，政府的决策者或政策的制定者能敏锐地觉察其重要性并牢牢地抓住这一契机，将已经引起公愤的过时的、无效的政策予以废止。反之，若触发事件虽已出现并引起众怒，但政策决策者或制定者却无动于衷，不作任何反应，那么，旧政策将会继续实施下去，但政府的合法性则将出现动摇。

2.政策评估

关于政策评估的内涵，专家学者们的看法不一。威廉·邓恩认为，政策评估是指用来提供关于过去或将来行动方法的价值方面的信息的政策分析程序。弗兰克·费希尔界定的政策评估内涵更广：“它是一种社会科学，主要是‘政策分析’或‘政策科学’的应用活动。”而拉雷·N.格斯顿的观点则更为普遍：“就是根据一项公共政策的意图及其结果，来评估它的效果。”从上述定义中可以知道，政策评估既可以侧重于对政策预期效果的评估（即事前评估），也可侧重于对政策运用之后的实际结果的评估（即事后评估）。“可以从决策过程的各个阶段对公共政策进行评估，例如，政策问题的提出和确定、政策抉择的备选方案、选定政策方案的实施和政策实施完成后的最终影响。”我们这里所讲的作为政策终结可行性要素之一的政策评估专指事后评估，即是对政策实施后的影响的评估，而不是对决策可行性、科学性的评估。因此，其评估的重点是：政策实施的实际情况到底是好还是差，是正确还是错误，是否值得投资等。

政策评估可由政府自身进行评估，亦可雇用社会组织进行评估，或由第三部门自发无偿地进行评估。经过这些多元评估主体的评估，政府政策的制定者们就可综合他们的评估结果，从而得出比较公正、客观的结论，并以此来决定是否应该终止原来的政策、计划和组织。政策终结只有建立在这样的综合评估结果之上才是真正可行的、科学的，也才是最有说服力的。当然，在政策终结前，还应向广大公众公布该项公共政策评估的结果，以赢得他们对公共政策终结的支持和消解政策终结的阻碍力量。这样，政策制定者或政府政策的决策者将自觉地依评估结果终结过时的、无效的政策，或在民意的巨大压力下不得不终结那些旧政策。

3.利益的分化与聚合

利益的分化与聚合要素是引发政策终结的根源和驱动力。利益要素既是政策终结的阻碍要素，同时也是政策终结的可行性要素。

一个社会处于常态运行的情况下，既定的政策已经对社会各个领域和各个层面上成员的利益结构作了安排，体制和相应的规则的政策和组织结构都发挥着维护这种既定的利益结构不断地复制出来。但到了社会过渡时期，就出现了在原有体制和政策框架内的利益分化现象，导致原有的利益结构出现松动。其首先表现为某些个体可以为谋求自己更多的独享的预期利益进行盘算，并将这种预期化成利益表达，随之产生政策松动和政策创新活动。利益的聚合是与利益分化同时进行、方向相反，又相互促进的过程，一旦个体通过突破旧的行为规则获得了比原先规则下更多的个人独享的实享利益，具有这种相同行为的个体就会联合起来，以增强抗拒旧的规则和政策、维护新的规则和政策以及保护新的利益的能力。从行为相近的个体的聚合中，人们可以从形成的群体中获取更多的在群体或集团内分享的利益。当某种利益分化和聚合进行到一定程度时，就会形成较为稳固的利益集团或群体，就会出现社会的阶层分化。而当新的利益集团或新阶层出现时，他们就会向政府政策制定者施压，要求改变或废止不利于其利益的旧政策，从而促成了某些旧政策的终结。

4.政治领导者的领导力

政治领导者的领导力是领导者知识、智慧、意志和决断力等内在素质的外在综合表现。政治领导者的人数虽少，但他们能量巨大，往往对于全社会甚至对于一个时代的世界格局产生重大影响。在公共政策方面，他们的影响也是举足轻重的，可以说直接影响，有时甚至决定政策的制定、执行、评估和终结全过程。政治领导者的领导力越强，意味着其对形势的判断能力、对新事物新情况的分析能力以及创新能力越强，因而也就越有可能促成过时、无效的政策的终结。英明的政治领导者会倾听来自专家学者、普通民众等各方面的呼声，且能敏锐地觉察到过时的、无效的政策所带来的弊端和危害。据此，他们会向政策制定者施加强大压力，从而促使政策制定者不得不去真正评估那些有问题的政策，把那些过时的、无效的政策及时地予以废止，同时，也将那些过时无效的、不必要的组织机构予以撤销。

纵观世界范围内国家和社会的改革运动，无一不是由政治领导者（政治领袖）发起和促成的。这种国家和社会层面的变革所带来的不是一两项政策的小终结，而是通常涉及国家和社会中各个领域、各个层次上的无数具体政策的大终结。在这种变革的时代背景下，各国公共政策得以终结的可能性及可行性大大增加，这不得不归功于政治领导者的领导作用。20世纪70年代以来，为迎接国际化、信息化和市场化的挑战，解决越来越复杂的国内社会问题，减轻日益沉重的财政压力和债务负担，西方各国纷纷开展了大规模的政府再造运动。这场运动因受新公共管理理论的指导和影响，故又称新公共管理运动。这场席卷全球的运动正是在各国政府首脑（政治领袖）的倡导下而得以迅猛地展开。在美国，前总统克林顿于1993年签署了一系列改革政府的法令法规。同样地，在英国，由撒切尔首相领导的英国政府也于20世纪80年代末90年代初开展了政府的重塑运动——“公民宪章”运动和“竞争求质量”运动，力图通过服务承诺方式和市场竞争机制提高公共部门服务质量，也取得了显著成果。

政治领导者是国家政治、社会变革的积极倡导者和推动者，也是过时无效政策得以终结和新政策得以推行的促成者。其在政策终结上的作用是无人可替代的，而政治领导者的这种作用归功于其自身的领导力，因此，政治领导者的领导力是政策终结的一个重要的可行性要素，也是政策得以终结的保障。

5.公共舆论的推力

公共舆论因素是与公共政策过程紧密相连的，它既是影响和阻碍政策终结的要素，也是促使政策得以终结的要素。当反对政策终结的人借助媒体制造公共舆论就是阻碍政策终结的要素，反之，当赞同政策终结的人借助媒体制造公共舆论就是推动政策终结的要素。因此，公共舆论的推力因素是政策终结的可行性要素之一。它是公共政策得以终结的催化剂，其作用不可轻视。詹姆斯·E.安德森说过："公共舆论确定了公共政策的基本范围和方向。"国内外的许多政策实践也都表明，当公共舆论对政策终结持积极态度时，政策终结就显得比较容易；相反，当公共舆论对政策的终结持消极态度时，就会阻碍政策终结的进行。

公共舆论是由媒体制造出来的，所以媒体就被赋予了重要作用，它一方面直接影响着政府官员，另一方面又影响着民众的观念。托马斯·R.戴伊在其名著《自上而下的政策制定》一书中肯定了媒体在美国自上而下的政策制定模式中发挥的重大作用。他说："当华盛顿的政治家们必须回答记者的问题，必须对新闻报道做出反应，必须对编辑意见做出回应时，媒体就在直接施加影响于政府的决策。通过呼唤民众关注各种各样的社会'问题'和'危机'，媒体就在间接地影响着政策制定者。"在戴伊看来，精英们依靠媒体来界定"社会问题"，进而制造"问题"，使政府和民众做好准备，"迎接"解决问题答案的出台，即"或者是新制定的公共政策，或者是重新修订的公共政策的颁布"。在此，戴伊将媒体制造出的公共舆论作为新政策制定和旧政策终结的必要条件。公共舆论因人们对由媒体"制造"出的问题的广泛关注和议论，从而对政府官员施加巨大的要求解决问题的压力，这就最终迫使政府决策者不得不面对这些问题并采取措施来解决它们。因此，可以说公共舆论直接引导着政府决策者，指示他们必须关注哪些问题，并进而解决哪些问题。所以要促使那些过时无效的政策能得以终结，就必须发动或借助媒体，使媒体首先关注那些过时无效的政策。关注对这些政策的评估结果，关注这些政策的弊端和危害，并进而引起公众的广泛关注，形成强大的公共舆论。再进而促使政策制定者关注并终结那些过时无效的政策，如图9-1所示。

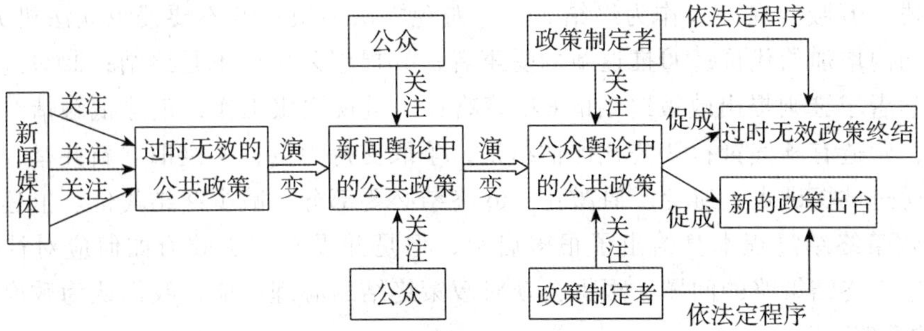

图9-1　媒体、舆论在政策终结中的作用示意图

以上5个要素中，利益要素是政策终结的内因，是核心要素，其他要素都是外因。利益的分化和聚合从根本上要求过时无效的政策不断地被终结和淘汰；科学客观的政策评估结果是政策终结的前提和依据；公共舆论作为催化剂则大大加快了政策终结的速度；政治领导者的领导力是政策终结的助推力和坚实的保障，触发机制则是政策终结的导火线。以上5个可行性要素在政策终结中的作用各不相同，但它们之间也不是完全孤立，而是相互联系、相互作用、相互渗透的。如触发机制的作用离不开公共舆论的造势，政治领导者的领导力的发挥离不开科学的政策评估结果和公共舆论等。若这5个可行性要素同时发挥作用，则必将加速公共政策的终结。

公共政策具有明显的周期性，它是一个由政策制定、政策执行、政策评估和政策终结等环节组成的完整过程。因此，不管是在理论上，还是在实践上，一项公共政策最终必将被终结。但过时的、无效的政策不会自然地消亡，而需要政策制定者人为地废止。虽然存在着诸多终结政策的有利因素，但若不去关注并加以利用的话，政策依然难以终结。政策终结的可行性要素的存在大大增加了政策终结的可能性，但不能看作必然性。针对上述5个要素，为使过时无效的政策得以终结，还应具备5个可行性条件，即政策终结的主体应该积极行动起来，做到以下5个方面：

（1）善于把握并利用好政策终结的触发机制，以引发政策终结；

（2）健全和完善政策评估机制，适时公开政策评估结果；

（3）关注并利用利益的分化和聚合，以促使政策终结；

（4）充分发挥政治领导者的领导力，审时度势地引领政策走向终结；

（5）营造良好的、有利于政策终结的舆论环境，做好社会公众的舆论导向工作。

§9.3 政策终结的策略

过时的、无效的或不必要的政策最终走向终结的方式有很多，各种终结策略有不同的特点。政策制定者或决策者应根据不同的情境来选择相应的终结策略。

丹尼尔斯在《公共项目的终结》一书中认为，政策终结的方式有两种：一是政策效力减弱的自然老化；二是与强烈抵制政策终结的力量博弈，使其终结，这一过程需要运用终结的策略，也需要强有力的终结执行者，总之，这一过程困难重重。

美国学者罗伯特·贝恩提出了政策终结的12项忠告：①不要放试探性气球；②扩大政策支持者的范围；③把焦点放在政策的危害性上；④利用意识形态的转变来证明危害；⑤不要妥协；⑥吸收局外人作为终结者；⑦避免立法表决；⑧不要侵犯立法机关的特权；⑨接受短期内增加的代价；⑩推迟新的受惠者；⑪提倡采用而不是终结；⑫只终结必要部分。我国学者宁骚则提出政策终结的6项策略：①重视说服工作，消除抵触情绪；②注意因势利导，营造有利气氛；③公开评估结果，争取支持力量；④废旧立新并举，缓和终结压力；⑤通过试探试点，避免矛盾激化；⑥终结必要部分，减少终结代价。上述终结策略基于公共政策终结过程本身给出了很多启示，但是并没有解决政府如何应对社会公众心理，采取适当终结策略的问题。根据公众对政策终结的心理反应，我们认为政府可以采取5个层级的策略。

9.3.1 休克策略

休克策略是指在一个很短的时间内，明确、彻底地终结一个公共政策，以及由此政策衍生的所有内涵和外延的策略选择。休克策略类似于美国学者莱斯特和斯图尔特提出的“BIG B.NG”策略。所谓“BIG B.NG”策略，就是指在一个指定的时间宣布官方决定，完全终结一个公共政策的策略。这是一个“粉碎性”的力量，使反对者没有时间组织反抗。

这种终结策略的推出通常要经过各方势力长时间的斗争和酝酿。

1.终结条件

休克策略是一种强力的终结策略，这种策略的使用要求社会公众有强烈的终结某项公共政策的愿望，政策终结的动力极大，阻力极小。另外，对于那些对社会发展构成严重阻碍或者是时效性比较强的公共政策，采用休克策略也是比较恰当的。

2.终结方式

休克策略通常需要经历一个很长的酝酿过程，在充分评估终结的必要性、风险以及代价之后，平衡各方利益，完成终结的一切准备工作。在做好各项准备工作之后，立即宣布终结时间，完整、彻底终结与政策有关的组织、人员、预算等等。如果有新的政策取代旧的公共政策，则终结旧的公共政策后立即启动新政策。休克策略各项终结过程均是明确、清晰的，过渡时期非常短，一般会指定一个明确时刻作为终结标志。

3.策略利弊

休克策略的优势在于终结过程快，终结程度彻底，终结的后遗症很小，同时，休克策略为新的政策的出台奠定了一个良好的政策基础，使新政策容易推行。另外，休克策略的终结过程漏洞很小，因此，终结过程的成本低，新政策见效也比较快。但是，休克策略的缺点也是显而易见的。休克策略没有缓冲时间，没有过渡措施，强制终结的后果是在一个很短的时间内对社会生活产生比较强烈的冲击，特别是对公众心理的冲击尤其剧烈，所以，休克策略特别适用于终结那些公众反映强烈、具有强大的终结动力的公共政策。政府使用休克策略时必须注意，在休克策略当中政府的作用是极其有限的，如果缺乏公众基础，强行使用休克策略会使政府与公众处于对立状态，终结过程将招到来自公众的强大阻力而搁浅，因此，休克策略的风险是所有策略中最大的。

4.策略实例

休克策略在很多有关公共管理的法律法规的推行过程当中应用十分广泛，例如，在交通方面，终结旧的《交通安全管理条例》，启动新的《道路交通安全法》的过程就是典型的休克策略，新旧政策的交替是以规定时刻的方式进行的。另外，20世纪80年代早期，美国里根政府终结能源部的过程也是典型的休克策略。还有中国在“入世”前，国务院和各部门共清理出需要制定、修订或者废止的法律、行政法规、规章和其他政策措施共1 150多件，也属此类。

9.3.2　缓冲策略

缓冲策略是指在公众终结政策的意愿比较强烈的情况下，采用明确的时间表，分阶段、有步骤地终结公共政策的策略选择。缓冲策略终结政策的目的和过程与休克策略同样清晰明确，但是，缓冲策略并不追求一次性终结政策，而是用明确的步骤来分阶段终结政策，各个阶段之间分界明显，有时各个阶段之间有明确的时间划分。

1.终结条件

缓冲策略与休克策略相似，也是一种比较强力的终结策略，但是，政策终结的压力、时效性和紧迫性都不如休克策略面临的情况。在某些情况下，虽然有强烈的政策终结意愿，但是政策牵涉面比较广，需要一定的过渡时间的政策终结过程也会采用缓冲策略。

2.终结方式

缓冲策略当中，政策不是一次性终结，而是分步骤终结，各个步骤之间关系明确，目标清晰。缓冲策略主要有两种终结方式。一种是从组织、人员、预算等方面逐步终结政策。这种终结方式的主要意图是延迟政策受害群体的出现和延迟政策受惠群体的出现，避免受害群体与受惠群体发生矛盾和分化，保持政策终结的公众基础。另外，这种终结方式也给执行政策的政府组织以一定的缓冲时间，避免由于对政策执行机构冲击过大而引起反弹，进而危及政策终结过程本身的顺利进行。第二种缓冲策略是从政策的变更、过渡、终结等方面逐步终结政策。这种终结方式主要适用于终结一个比较庞大的旧政策的同时推出替代政策的情况，采用分步过渡的终结策略可以有效保护公众利益，避免公众在政策终结过程中的不必要损失，同时为新政策的出台奠定基础，预留一个比较充分的缓冲时间。

3.策略利弊

缓冲策略具有一定的灵活性，政策终结过程也比较短，同时，由于其终结步骤是事先明确拟定的，所以缓冲策略的漏洞也比较小。以政府信用为担保的时间表使缓冲策略面临的反抗压力也比较小，不大可能在短时间内形成足以威胁政策终结的反抗力量，因此，其政策终结成本也比较低。缓冲策略的主要弊端在于其终结计划的制订上。如果时间表或终结步骤之间时间过长，则计划难以适应环境的变化，同时给过渡时期钻政策“空子”的行为提供了平台。另外，缓冲策略虽然具有一定的缓和“阵痛”的功能，但是，它毕竟也是一种步步紧逼的策略，因此，对于社会公众的压力和冲击也是比较大的。需要注意的是，在缓冲策略当中，政府的职责是给定一个清晰明确的时间表，并且切实保证这个时间表的执行，在与公众的沟通方面同样是消极、被动的。

4.策略实例

缓冲策略在政策终结过程中的应用十分广泛。我国在废止一些重大的政策的过程当中，经常使用缓冲策略。例如，我国终结旧的身份认证政策，启用新的IC卡身份证的过程当中，采用的就是缓冲策略，在一个时期内两种身份证可以并存，逐步终结旧政策。此外，我国终结旧的环境政策，启用更加严格的新环境政策时使用的也是缓冲策略，采用百分比达标、限期整改、关停并转等一系列步骤，逐步终结旧政策并解决遗留问题。

9.3.3 桥梁策略

桥梁策略是指在政策终结过程中不制定明确的时间表，但是缓慢而不间断地推进政策终结过程，同时重视与公众的沟通和联系，争取公众支持的政策终结策略。在桥梁策略中，公共政策面临的来自公众的压力并不是非常大，但是政策本身对于社会发展的阻碍比较明显。与缓冲策略相比，桥梁策略最大的特点是政府开始发挥主动的引导作用，与公众进行沟通，同时桥梁策略的终结过程没有明确清晰的界限，其渐进式终结的过程更加隐蔽。桥梁策略类似于“LONG WHIMPER”策略，这是一种温和的终结进程，逐步减少政策赖以生存的资源，直至将政策完全终结。

1.终结条件

采用桥梁策略的政策终结过程通常发生在那些终结意愿不强烈，但是危害性比较大的公共政策上。这些公共政策的危害性需要比较全面的信息和专业的知识才能够分析和判断。因此，在桥梁策略中政府的终结意愿表现明显。

2.终结方式

桥梁策略的终结方式是渐进式终结。一方面，桥梁策略没有固定的时间表，而是制订一系列指标，只有当上一个指标体系达成之后，才会推动下一步终结过程，各个终结过程之间没有明显的界限和标志，终结过程缓慢而有力；另一方面，桥梁策略由于来自公众的终结意愿不强烈，终结动力不足，为了防止终结过程的中途搁浅，政府通常会主动出击，与公众沟通，争取公众对政策终结的支持和理解，并借此降低政策终结过程的冲击，减少政策终结过程的阻力。

3.策略利弊

桥梁策略的优势在于其终结过程的灵活机动，以及对公众的沟通，这使得桥梁策略对社会和公众心理的冲击都比较小。但是，桥梁策略的缺陷也是比较明显的，由于桥梁策略没有制订明确的时间表，所以采用桥梁策略终结政策的时间有可能很长，造成政策终结过程久拖不决，效率低下，终结成本也随之上升。同时，过长的终结过程使得反对终结的力量有足够的时间组织反抗，有可能使终结过程被迫停止。另外，渐进式的终结过程虽然具有隐蔽性，同时也给政策终结漏洞预留空间。最后，桥梁策略对政府的要求很高，假如政府不能采用有效手段说服公众，将有可能招致公众的阻力而使政策终结过程流产。

4.策略实例

政策终结过程中的公众听证制度就是典型的桥梁策略。通过对公众的沟通和解释，为政策终结提供了足够的民意基础。我国在很多公共政策终结方面逐步引入了听证制度，提高了政策终结的针对性和可行性，减少了政策终结的冲击和破坏，例如北京市在终结一些公共交通政策时的听证制度。但是，也有一些政策在听证过程中流产，如有的涨价政策等在听证过程中就遭遇公众阻力而无法实施。

9.3.4 非正式终结策略

非正式终结策略是指当政策终结过程遭遇来自公众的阻力，但是政策本身确实有终结的必要时，保留政策的名称而终结其内涵与外延的一种政策终结策略。政策终结的必要性与公众终结政策的意愿并不是完全一致的，尤其是当政策本身发生变异，具有衍生利益的时候更是如此。非正式终结策略的目的就是尽可能减少政策终结的破坏性，并且尽可能保留和兼顾政策的衍生利益，以推动政策终结过程。

1.终结条件

非正式终结策略使用时，就意味着政策终结遭遇比较大的阻力。这种阻力主要来源于以下方面：①政策并非完全失效，尚有其存在价值，但是阻碍效应远大于存在价值。这时的政策受益群体还有一定的规模，因此推动终结的力量和阻碍终结的力量并存，造成政策终结动力不足；②政策在长期的执行过程当中产生的附加效益使政策受益群体规模扩大；③政策在推出时考虑不周，但是朝令夕改将损害政府的威信。上述阻力存在的条件下，采用非正式终结的策略是理想的选择。

2.终结方式

非正式终结一般有两种方式，一种是保留政策的名称而终结一切该政策的外延和内涵，直至政策自然消亡；另一种是采用“无限期暂停”的方式终结政策，直至政策影响完全消失。

3.策略利弊

非正式终结策略能够在政策终结过程遭遇强大的阻力的情况下化解危机，缓和矛盾，使政策终结能够继续推进。由于终结过程是隐蔽的、非正式的，因此对社会和公众的冲击很小，不会引起反弹，在大量终结政策的转型时期，非正式终结策略的优势尤其明显。但是，非正式终结策略的弊端也很明显。首先，非正式终结过程实际上是一种妥协策略，不可避免地留下许多后遗症，甚至不能防止旧政策的死灰复燃；其次，非正式终结策略终结过程很长，成本很高；最后，非正式终结策略使公众产生“暗箱操作”的感觉，可能损害政府公信力。

4.政策实例

非正式终结的政策实例很多，典型的有两例。一例是我国户籍制度的终结，户籍制度是计划经济的产物，在当前形势下严重阻碍了社会发展，但是长期以来，户籍制度的运行衍生出了许多附加效应，比如城市居民对农村居民的心理优越感，以及一些大城市户籍导致的房价高涨等等，都对户籍制度终结产生了影响。因此，反对户籍制度终结的群体还有一定的规模，因此，现阶段采用的是将户籍制度无力化的做法，即逐步消解户籍制度本身的实际效用，而保留户籍制度的附加效应，在时机成熟时，再正式终结该政策。另一例是我国的个性化车牌政策的终结，个性化车牌的政策本身是有缺陷的，实施该政策不久就发现了一系列问题，因此终结该政策势在必行，但是该政策推出时间很短，正式终结会损害政府形象，因此，政府采用的就是非正式终结策略，即宣布该政策暂时冻结，但是不宣布其解冻时间，实际上等于无限期冻结该政策。

9.3.5 逆动策略

逆动策略可以说是政策终结过程中的危机策略，即政策威胁到社会和公众的根本利益，且这种威胁迫在眉睫，但是同时，反对终结的力量又十分强大，在这种危机环境下，一切常规的终结策略都难以奏效，政府可采用逆动策略，即推动旧政策运行，使其危害在短时间内进一步显现，从而积聚起足以终结该政策的推动力量。

1.终结条件

逆动策略的终结条件有两个，一是政策终结要求必须十分迫切，且其威胁性极大；二是阻碍终结的力量极大，使正常的终结过程几乎无法进行。

2.终结方式

逆动策略的终结方式是欲擒故纵，运用一系列策略使政策的危害更快显现，以推动终结。一般来讲有以下方法：①保留政策，使其继续运行一段时间，拒绝改良；②放任政策的危害性结果蔓延到一定程度，有意削弱对该政策的压制力度。

3.政策利弊

逆动策略是一种险中求生的危机策略，其最大的优势就在于推动几乎不可能终结的政策走向终结，特别是一些关乎全局的重大政策走向终结，从而为社会和公众赢得极大的利益。但是逆动策略风险性极高，因为采用逆动策略时，政策终结处于停滞状态，反对终结的力量已经集结完毕，政策终结面临强大阻力，如果逆动策略奏效，将可以挽回颓势，但是，一旦失败，将对政策本身以至政府造成重大伤害，从这个角度讲，逆动策略的成本也是最高的。同时，由于逆动策略追求的是“破而后立”的效果，因此一切斗争都是显性的，对社会公众心理和社会生活本身的冲击也是所有策略里面最大的。

4.策略实例

我国从计划经济向市场经济转型时期曾经部分使用过逆动策略。在是否终结计划经济政策的问题上，各方意见分歧严重，顾虑重重，于是，中央采取部分的逆动策略，让那些计划经济的政策继续推行一段时间，使公众真正感受到计划经济政策的巨大弊端。结果，经过一段时间，计划经济的弊端进一步显现出来，支持改革的力量进一步壮大，终于推动了这一具有历史意义的政策终结。美国政府在克林顿执政时期的预算政策争夺中采用的也是逆动策略，只不过这次是争取政府预算案获得通过。按照当时两党在国会当中的力量对比，可以肯定的是困难重重，在这种情况下，克林顿政府出人意料的在最后关头放弃了努力，使美国政府暂时停止了运转，结果造成公众对国会的巨大不满，迫使国会做出让步，顺利解决了危机。

§9.4 中国公共政策终结

9.4.1 中国公共政策终结状况

改革开放初期，由于种种原因，各地在政策终结过程中不同程度地存在一些问题。在计划经济体制向市场经济体制转型时期，许多不适应新体制建立的旧政策没有及时地终结，这严重影响了社会主义市场经济体制的建立，制约了我国经济发展。因而促使政府部门重新认识政策终结的重要性，并清理了大量旧政策，如1992年底国家物价局废除治理整顿期间的文件23份，废除行政法规13份。1993年外经贸部连续发了3个公告，宣布废除几百项具体政策规定。尽管如此，我国在公共政策终结上仍然存在较大的问题。

中国公共政策终结状况主要表现为：第一，对政策终结的认识不够。政策终结是政策过程的一个中间环节。政策是有生命周期的。有产生，自然就有终结。但终结往往被忽视。忽视的原因主要是由于对政策终结作用认识上存在模糊。政策终结的作用可以归纳为两条：一是能节省政策资源。政策的运行是必须付出成本的，即要耗费政策资源。任何一个国家的财政负担和资源配置都是有限的。只有终结过时或失效的政策，才能减少人力、物力、财力的无效消耗，从而节省有限的政策资源。二是可以提高政策绩效。由于政策运行的周期性特点，只有不断地终结过时、失效而导致绩效低下的旧政策，出台适应新形势的新政策，从而保持政策的周期性循环，政策绩效才能大大地提高。第二，政策终结的力度不够。在我国，虽然政策部门采取了有力措施，终结了很多失效或与法律相违背的政策。但由于种种障碍因素的影响，政策终结的力度仍然不够，甚至一些计划经济体制下制定的并与之相适应的过时政策仍没有终结，如粮油关系政策。粮票早已停止流通，粮食供应制度早已消亡，粮油关系存在的土壤已不复存在，而这一政策却没有及时地终结，上大学的孩子，还要按规定办理粮食迁移手续。这给人们的生活带来了极大的不便，同时也影响了政府形象。第三，政策终结的程序不合法现象时有发生。政策出台是要符合法定程序的，其终结也是如此。“程序之所以重要，是因为程序是规范政府行为的经常性的、经过实践验证的现实有效的主要途径。” 然而在政策实践中，不按照法定程序进行终结的现象时有发生，特别是地方政府，一份“红头文件”就可以终结一项政策。这违背了政策公示的程序，即政策最后要以公报、决定、决议等形式向全社会公布（国家机密除外）。

9.4.2 中国公共政策终结的困难

公共政策终结的困难主要表现在政策终结受到一些因素的阻碍。公共政策终结是政策过程的一个重要环节，不论是政策功能的完成，还是组织机构的结束，抑或是政策的法律化，都会导致政策的终结。但在实际的操作中，尤其是在中国当前各种组织机构庞杂紊乱的状况下，一项政策的终结却存在诸多阻滞因素。其中有主观的因素也有客观的因素，但深层次的阻滞因素是组织的利益。

在我国，利益分化的过程是伴随着改革的进程而发展的。我们改革的一个基本出发点，就是把个人利益与他对社会所作的贡献结合起来。改革的基本思路是：通过利益的差异激发人们追求利益的积极性，并以此来促进社会生产力的发展。这种进程打破了原来的利益一致的神话，使得每个个体都可以理直气壮地去追求利益。正是出于这样的考虑，邓小平同志一再强调，要让一部分人先富起来，让一部分地区先富起来。然而，随着改革的深入，“在市场条件下的利益分化及其利益聚合正改变着社会的既定程序，冲击着我们的价值观念，并直接或间接地影响到社会的正常秩序和社会稳定。可以认为，现在许许多多的社会问题，如企业破产、职工下岗、秩序紊乱、治安恶化等等，都是与这种利益分化有着一定关系的。”由此可见，尽管人们的利益追求是其社会行为的基本出发点，适度的利益分化是社会发展的根本动力，但是，一个社会的利益差别和利益分化出现过度时，必会影响社会稳定，从而影响社会可持续发展。这样，要使社会得以稳定持续发展，有效地避免利益高度分化和聚合，实现利益的协调发展就显得十分重要。而利益的协调和利益的保护职责则主要依靠政府通过政策和法律来履行。在一定意义上说，政府政策的基本性质，在于对社会资源或社会利益进行权威性分配，而在资源的分配过程中，必然发生有些人受益而有些人受损的情况。从这一点切入，我们便容易分析得出，在我国，政策终结困难的根本原因主要来源于以下两个方面。

1.组织自身障碍

无论是政策的制定还是政策的执行，都是由组织机构来承担的，没有组织机构就不存在政策执行的载体。一项新政策的执行可以指派给现存的机构，也可以通过建立新机构来执行。政策执行机构如同权力一样，具有为寻求自身生存空间而无限扩张的本性，直到遇到障碍为止。即使某机构没有生存的必要，也不会自行停止自身的运行。这是因为每个组织要生存，都要寻求一定的资源并掌握一定的资源。而这种资源在组织中就物化为组织的利益。组织机构具有以下3个特性，这3个特性在某种程度上都成为政策终结的障碍。首先是组织机构的持久性。一个机构如没有强外力阻止是能持续很长时间的。通常它持续的时间越长，就越难以终结。这正如安德森所说，“某一机构持续的时间越长，它被终结的可能性就越小，经过一段时间，会形成对它继续存在的条件和支持”。持久性造成组织利益的固化，而组织利益的固化又反过来增强组织的持久性。其次是组织机构的适应性。机构一般具有动态适应性的特点，它可以随着客观环境的变化和现实的需要而产生变动，甚至能根据政策终结的各种措施来调整其方向，以破坏政策终结。查尔斯·琼斯曾说：“组织机构是动态的而不是静态的，它能调整自己的方向以适应变化了的要求。”动态的调整是利益所诱致，客观环境的变化导致组织利益的不平衡，从而需要调整以平衡各方利益。

再次是机构的惯性。当机构开始运行起来执行政策时，它就自然产生了惯性。其惯性作用增加了政策终结的难度。因为惯性作用使组织机构向前运动，反对任何变化性的要求。而组织既得利益者的活动又可以极大地增加组织向前运行的惯性。政策终结是一种行政过程，要涉及到一系列的人员、机构、活动和制度等复杂因素。因此，政策终结具有相当大的难度。政策终结无论是由反对者、终结者、改革者还是由评估者所倡导，均可形成一股强大的抵制力量，阻碍终结的完成。

2.利益障碍

组织利益上的障碍，主要是现有政策受益者的阻碍，而哪些人才能称得上政策受益者呢？我们可以从以下3个方面加以理解。一是政策制定者。他们为原有的政策制定花费了心血，感情上不容易接受它的失败。而且承认政策的失败就等于承认自己工作的失误，这可能对自身权力地位构成负面影响，因而对政策终结产生本能的恐惧和抵触。二是政策执行者。他们在政策执行中倾注了智慧和精力，对工作成果会感到珍惜，成果能给他们带来权利、尊严和利益。对政策的否定就是剥夺他们的既得利益，抵触就成了自然的现象。三是社会中的政策受益者。他们囿于既得利益，自然会站在政策终结的对立面。

各项公共政策的最终执行者都是人，而人都有着自身利益追求和行为倾向，因此难以做到政策执行中的绝对的"价值中立"。如果一项公共政策威胁到自身利益，执行者就有可能抵制这一政策，因而就使得该项政策很难顺利有效地得到执行。法国行政学家夏尔·德巴什认为，对于行政机构来说，"如果决策与它所期望的东西不相符合或在它看来无法实施时，它将反对这种毫无活力的东西或者试图改变既定措施的内容"。

公共政策本身的弹性空间则成了一些政策执行主体谋取自身利益的广阔天地。恰如詹姆斯·安德森所说："行政机构常常是在宽泛的和模棱两可的法令下运行的，这就给他们留下了较多的空间去决定做什么或者不做什么。"这样，政策执行主体的成本收益预期也就必然在政策执行过程中发挥着重要的作用，即尽力降低政策执行的风险，争取自身利益的最大化。萨巴特和马兹曼尼安认为，任何政策的执行都可以从3个完全不同的角度来看：①初始政策制定者（中心）；②执行层官员（外围）；③计划指向的私人行动者（目标团体）。"尽管外围的官员很少明目张胆地违反（中心）法律，但是很多研究已表明，他们还是要大胆地行使权力实现自己的目标，以满足自己组织的需要，并对付自己环境中的紧迫问题。"几年前，我国在公务用车的使用问题上，中央准备进行大的改革，终结一些相关的政策，实施新的管理办法，但虎头蛇尾，最后不了了之，究其原因，就是因为公共政策执行主体有自身的利益，而抵制政策的终结。

公共政策的实质就是对于利益和资源的划分，因而，公共政策执行主体在执行政策时，必然进行成本收益预期。如果其实际收益与预期收益之间，或者其本人的收益与他人的收益之间存在差距，就会产生相对被剥夺感。这种利益受损的心理感受将直接影响到公共政策执行主体的有效政策执行。政策终结的高昂成本是影响政策终结的重要因素。政策终结的成本包括两方面：一是现有政策的沉淀成本；二是终结行为本身要付出的代价。

9.4.3　公共政策终结的未来发展对策

作为一项困难重重、十分复杂的政策行为，政策终结要求决策者运用聪明的智慧和高超的技巧，采取灵活的策略，加以妥善处理，否则，将带来不良的后果。政策终结是行动的过程，在政策终结的过程中，会存在推动政策终结的驱动力和阻止政策终结的抑制力。根据力场原理，要顺利实现政策终结，必须使驱动力大于抑制力。要使驱动力大于抑制力，“政府有3种可供选择的方法：一是增加推动力；二是削弱抑制力；三是增加驱动力和减少抑制力并存。一般认为，第3种办法最为有效，第2种办法次之，第1种办法效果最差”。政策终结的对策选择就应尽力遵循第3种方法，但这也不是绝对的，有时强制力推行也不失为一种有效办法。

1.适当利益补偿

政策终结的抑制力过于强大的一个原因可能是缺乏利益补偿机制。政策终结会打破原有的利益分配格局，然而新的利益分配格局尚未建立。因政策终结而利益可能受损的个人或团体会意识到威胁而空前团结起来阻止政策终结，而政策终结的受益者可能由于认识上的原因还未清楚地看到这一点，或利益还未得到手而往往采取观望的态度。所以政策终结的受损者才成为了政策终结的阻力，而政策终结的受益者还远未形成强大推动力。如果能够对政策终结的受损者进行适度的利益补偿就可以减少政策终结的阻力。利益补偿的范围较广，有直接的经济补偿，如一次了断性经济补偿；还有间接的经济补偿，如组织撤销后安排人员的去向。

2.公开政策评估结果，积极争取支持力量

政策终结支持者的态度和人数的多寡在很大程度上决定了政策终结的成败。政策终结的倡导者必须想方设法争取各种力量的支持，以推动政策终结的实现。政策评估和政策终结都是政策过程的一个环节，通常政策评估之后就可以确定政策是否需要终结。公开政策评估结果，首先可以争取到潜在的支持者。这些支持者包括：非政策标的个人或团体（标的是指政策执行的对象）、社会舆论等。公开政策评估结果，甚至还可以争取到由于政策终结利益受损失可能不大的个人或团体。因为通过公开政策评估结果，揭露某项政策无效，可以让人们明白为什么政策必须终结，如果不终结让其继续执行将对社会带来什么样的危害和损失，并让他们认识到如及时终结那些无效或失效的政策，虽然短期内自己的利益可能受到某种损失，但从长期来看，不仅会有利于社会，有利于人民，而且自己也将从中受益，这样就可能转变人们对政策终结的态度，由政策终结的反对者转而成为理解者，甚至成为支持者。

3.旧政策与新政策并行出台

“政策终结这个概念不仅隐含了一套期望、规则和惯例的终止，政策活动的停止，机关组织的撤销，而且包含了新期望的提出，新规则、新惯例的建立，崭新活动的开始，机关组织的更新与发展。”政策终结意味着打破原有的利益分配格局，这样总有一些人或团体的利益受损，他们成为了政策终结的反对者。但如果我们能同时构建新的利益分配格局，出台一个新政策，就能够大大减少政策终结的阻力，因为新政策的出台不仅可以使人们在丧失对旧政策的期望的同时得到了一个新希望，而且还可以使更多的人或团体受益。这些受益者能成为政策终结的推动力量。如1994年开始的我国税收改革政策就是利税分流包干政策的终结与分税制政策同时出台，收到了良好的效果。但这种办法要求较高，操作难度大，因为这不仅需要处理好旧政策终结，而且还需要落实好新政策的推行，需要操作者拥有完整的计划、良好的协调能力、缜密的宏观思维。安排不当，会严重影响旧政策的终结与新政策出台的进程。

4.折中妥协

在实践操作中，折中妥协通常表现为迫于某一种情境压力而放弃某一目标，同时作为交换，坚持和强调另一目标。客观地说，折中妥协是完全必要的，在实际操作过程中，绝大多数政策终结都存在这一现象，只是程度和方式不同而已。同时，这也是马克思主义“原则的坚定性和策略的灵活性”这一原理在政策过程上的体现。毕竟，这比完全不能实现政策终结的目标还是前进了一步。这种方法运用的前提是，可能由于条件不够成熟，政策终结的阻力过于强大，而政府又必须进行政策终结。在这种情形下，政府不得不接受现实，做出必要的让步，放弃较高的目标期望值，以降低目标的方式来换取较低目标的实现。在政策实践中，适当的妥协是必要的。因为政策终结也是一种政治博弈的过程。在力量对比面前，做出适度的让步在某种程度上可以看作是“正和博弈”。

5.适当运用强制力推行

任何一项政策，都会有人受益，有人受损。由于行为主体之间存在的差异，政策终结可能造成有的标的个人或团体受益多一些，有的受益少一些；有的受损多一些，有的受损少一些。在一些细节问题上难以取得完全一致，而政策终结又是唯一的出路选择，观望等待又可能错过政策终结的良机。这时需要政策终结的操作者运用强制力，采取闪电般行动结束任务。如下达行政命令，发布行政决定，甚至撤换有关单位领导人的职务等。这也是改革者在策略的选择上运用的一个有效办法。当然这需要政策终结的操作者具有政治魄力，能审时度势，当机立断。不过这种方法不能滥用，否则易引起严重后果。

6.加强法制建设，为政策终结提供法律保障

我们知道，任何一项政策的制定和实施都必须由法定的主体依据相关的法律通过相应的程序加以制定和实施，并因此而具有合法性和权威性。同样，政策终结也要求相应的法律制度的保障。就我国当前的现状而言，法律滞后是一个不争的事实，这从某种程度上影响到了政策终结的实现。因此，各级立法机关要有与时俱进的精神，根据发展变化了的客观环境及时地进行相关的立法活动，以便为政策终结提供法律制度上的保障。

7.正确处理好政策终结与政策稳定、政策发展的关系

政策决策者和执行者往往出于政策稳定性的关系而过分担心旧政策的终结和新政策的出台会使人们产生政策多变的错觉，因而在政策终结面前难以果断做出决定，部分原因在于没有正确地认识到政策终结与政策稳定、政策发展之间的相互关系。首先，政策问题和政策环境经常处于一种发展变化的状态，这是政策的动态性。同时，政策具有稳定性，政策的稳定性是与一个国家的政治、经济、社会的稳定紧密相连的。如果政策变化过于频繁、朝令夕改的话，那么将给社会埋下不稳定的伏笔，甚至造成政局的不稳定。当然，这种稳定是相对的稳定，因为随着科技的发展，信息社会的出现，社会的变化达到了前所未有的高度，政策环境每时每刻无不在发生着变化，为了适应政策环境的发展变化以及人类认知能力的有限性，及时地终止旧政策，出台新政策是非常必要的。其次，从政策发展来看，政策终结不可能无中生有，总是在原有政策及其后果的基础上产生。一项政策由于规划不当、执行不力、环境变化等原因产生失误或无效，不能达到政策目标，而被另一项政策所取代，这既是政策的终结又是政策的发展。因此说，决策者和执行者要能够正确认识政策终结与政策稳定、政策发展的相互关系，才能有效地促进政策终结，推动政府各方面工作的开展。

本章小结

本章共有四节内容。第一节为政策终结概述。分别讨论了政策终结的概念、类型，政策周期以及政策终结障碍等内容，在此，我们将政策终结的概念界定为：政策终结是指经过由政府组织或社会自发的政策评估之后，政策决策者或制定者采取一定措施，将过时的、无效的或多余的政策、计划、功能或组织予以终止或结束。关于政策终结的类型，两种分类方法具有代表性。其中又以P.德利翁根据政策层次的分类最为典型，他把政策终结分类为功能、组织、政策、项目等不同政策层次上的终结。政策周期是指政策经过制定-执行-评估-终结这几个阶段后形成的一个周期，对其研究具有重大的实践意义。此外，对阻碍政策终结的因素也应有所了解。

第二节主要介绍政策终结的必要性与可行性。政策终结的必要性表现在3个方面。政策终结有利于节约政策资源、提高效率、有利于政策过程的优化和政策质量的提高；政策终结的可行性因素主要有触发机制、政策评估、利益的分化与聚合、政治领导者的领导力以及舆论的推力等。

第三节介绍政策终结的策略，着重分析了休克策略、缓冲策略、桥梁策略、非正式终结策略及逆动策略五大策略。

第四节主要介绍中国公共政策终结的现状、困难及未来发展对策。对策主要有：适当利益补偿；公开政策评估结果，积极争取支持力量；旧政策与新政策并行出台；折中妥协；适当运用强制力推行；加强法制建设，为政策终结提供法律保障；正确处理好政策终结与政策稳定、政策发展的关系。

关键概念

政策终结　政策周期　功能终结　组织终结　项目终结　政策周期　终结障碍　休克策略　缓冲策略　桥梁策略　非正式终结策略　逆动策略

综合训练

9.1　单项选择题

1.在政策周期中，（　）阶段是核心。

A.政策制定　B.政策执行　C.政策评估　D.政策终结

2.引发政策终结的根源和驱动力是（　）。

A.公共舆论　B.利益要素

C.政治领导者的领导力　D.触发机制

3.政策终结的导火线是（　）。

A.公共舆论　B.利益要素

C.政治领导者的领导力　D.触发机制

4.政策终结的前提和依据是（　）。

A．科学客观的政策评估结果　　B．利益要素

C．政治领导者的领导力　　D．触发机制

5．政策终结的催化剂是（　　）。

A．科学客观的政策评估结果　　B．利益要素

C．政治领导者的领导力　　D．触发机制

9.2　多项选择题

1．根据政策终结所需的时间进行分类，政策终结分为（　　）。

A．爆发型　　B．复杂型　　C．渐减型　　D．混合型

2．政策终结的策略有（　　）。

A．休克政策　　B．缓冲政策　　C．桥梁政策　　D．非正式终结策略

3．公共政策的可行性一般有（　　）。

A．不断增加推力　　B．抑制和消减阻力

C．增加推力和抑制消减阻力并举　　D．直接禁止

4．中国公共政策终结状况主要表现为（　　）。

A．对政策的认识不够　　B．力度不够

C．程序不合法现象时有发生　　D．效果不显著

5．政策终结的作用有（　　）。

A．节省政策资源　　B．提高政策绩效

C．促进新的政策的实施　　D．促进法律的落实

9.3　思考题

1．政策终结的含义是什么？

2．政策终结的分类情况如何？

3．政策终结的策略有哪些？

4．政策终结可能遇到什么障碍？

5．政策终结的必要性是怎样的？

6．政策终结的可行性包括哪些内容？

7．试论述公共政策终结的未来发展对策。

第 10 章

公共政策分析

学习目标

通过本章的学习，你应该能够：

1. 理解公共政策分析的含义和意义。
2. 理解公共政策分析与知识的关系。
3. 理解公共政策分析的历史发展。
4. 理解公共政策分析的基本要素、步骤与方法。
5. 理解几种比较典型的公共政策分析模型。
6. 理解我国公共政策分析的特点、存在的问题与发展趋势。

引导案例

全国人大常委会通过废止劳教制度决定

※历史遗留问题、金钱和维稳是关键

湖北籍青年孙志刚被广州一派出所收容并惨遭毒打致死的事件，被全国媒体广泛关注。2003年6月20日，国务院发布第381号令，《城市生活无着的流浪乞讨人员救助管理办法》自8月1日起施行，1982年5月国务院发布的《城市流浪乞讨人员收容遣送办法》同时废止。新办法提出了全新的自愿救助的原则，取消了强制手段。那么，类似的劳教制度却为何一直没有废除？

※金钱利益——劳教人员成免费劳动力，为劳教机构搞创收

劳教机构是由国家财政拨款建设，工作人员工资较低，待遇普遍不好，经费保障不足，为了解决经费和被劳教人员的生活问题，强制劳动被一再强调，自己创收养活自己成为一个很现实的选择。为了免于劳教，向劳教所的工作人员和地方相关领导行贿也成为很多人的选择。曾是重庆市公安局刑警总队民警的魏某就是利用了法制处相关人员的职权，违法为4个有前科的劳教人员办理了劳教所外执行，并从中收取6.3万元“好处费”。在重庆，帮助劳教人员等所外执行的中介叫“捞人串串”，他们的生意相当不错。有网友提供的收到的短信显示：“专职为您在看守所、劳教所、监狱办理放人（取保候审、假释、保外就医）等业务，经验丰富，零风险，不成功不收费！”

※维稳需要——劳教体制被地方滥用，“三天生效，保密性好没人知道”

劳动教养制度是行政最高处罚，自然由地方官员说了算。这样，就不可避免地被地方官员滥用。影响最大和令人悲哀的就是，只要有谁信访告状，危及他们的利益，就劳教起来。等劳教结束，决定劳教的官员就调走甚至升迁了。安徽宿州灵璧县的梁茂荣，反映县委县政府下文借钱不还，侵害群众利益，告到法院，结果被行政干预不立案，法律渠道走不通；向省、市反映，也没有消息。在矛盾激化后，梁茂荣决定走信访渠道。在没有任何违法和过激行为的情况下，先后被3次劳教。在第2次劳教期间，梁茂荣牙齿全部脱落，并患糖尿病并发症（三期）。

※法律冲突——刑法与治安管理处罚法之间的矛盾

很多劳动教养案件是检察机关不批捕、不起诉案件转来的，有的是从治安管理案件转来的，若取消劳动教养则必须考虑行政处罚与刑事制裁的衔接问题。如果我国刑法能取消“数额较大”等定量规定，则劳动教养制度可以取消，而将其调整的内容统一并入刑法。但在目前情况下，要对我国刑法结构进行如此巨大的调整几乎不现实。不过，现行劳动教养制度的种种弊端又确实不容忽视，因而迫切需要对其进行改革。

2013年12月28日闭幕的全国人大常委会通过了关于废止有关劳动教养法律规定的决定，这意味着已实施50多年的劳教制度被依法废止。决定规定，劳教废止前依法作出的劳教决定有效；劳教废止后，对正在被依法执行劳动教养的人员，解除劳动教养，剩余期限不再执行。

资料来源　张维炜.劳教依法废止[J].中国人大，2014（1）.

【案例思考】

1.对中国劳教制度取消的多方面原因进行分析。

2.结合本案例，试对我国劳教制度的“前生今世”进行分析。

3.搜索了解有关“社区矫正”的相关知识，并深入分析新旧政策的短期与长期影响及其实施过程。

公共政策由来已久，但公共政策分析却是全新的领域。人类社会进入20世纪以来，面临着诸如环境、人口、能源、交通、教育、健康、贫困、犯罪等更为复杂的社会问题的挑战，对公共政策的制定与执行也有了更高的要求，由于公共政策分析在提高政策制定质量、改善政策执行环境等方面有着积极的作用，使得一些专门为决策者出谋献策的政策分析人员应运而生，并为几乎所有的国家所重视，这无论在理论还是实践上都推动了公共政策分析的发展。至今，公共政策分析已有近60年的发展历史，逐渐形成了一整套日趋完善的理论和方法体系。本章就公共政策分析的概述、公共政策分析的基本过程与分析模型，以及我国公共政策分析的发展等问题展开分析与讨论。

§10.1 公共政策分析概述

10.1.1 公共政策分析的概念与意义

1.公共政策分析的含义

“政策分析”一词是由美国经济学家林德布洛姆（Charles E. Lindblom）在1958年发表的《政策分析》一文中率先使用，用以表示一种定性与定量结合的进行对比分析的类型。现在，“政策分析”在不同的学者及分析家眼里有着不同的理解，最具代表性的观点有：

奈格尔（Stuart S.Nagel）：“政策分析是政府对社会问题决策的性质、原因和效果的研究。”

戴伊（Thomas R.Dye）：“政策分析关心的是政府做什么，为什么要做以及做出什么差别，它要描述和解释政府行为的原因和结果。”“政策分析者所希望发展的理论，绝不仅仅是适用于对某一项政策或个案的解释，而是要能适用于对不同时间、不同空间的政策进行解释。”

查尔斯·沃尔夫（C.Wolfe）：“政策分析是运用科学理论方法，去解决政策的选择和实施问题的过程，这些政策涉及国内、国际及国家安全等方面的事务。”

奎德（E.S.Quade）：“政策分析是应用研究的一种形式，用来获得对社会技术问题的更深刻的理解，并提出更好的解决办法，政策分析试图利用现代科学技术去解决社会问题，寻求可行的行动过程，产生信息，排列有利证据，并推导出这些行动过程的可能结果，其目的是帮助决策者选择最优的行动方案。”“政策分析是一种分析形态，其功用在于产生与提出资讯，用以改良决策者进行判断的基础。”

邓恩（William N.Dunn）：“政策分析是一种应用性的社会科学学科，它使用各种研究和论证方法，产生并转变政策相关信息，以便政治组织解决政策问题。”

米切尔·J.怀特（M.J.White）认为："政策分析的目的不是产生某种一锤定音的政策建议，而是帮助人们对现实可能性和期望之间有逐渐一致的认识，产生一种新型的社会相互关系与'社会心理'模式，这种模式使人们对政府的某项职能有了新的共同认识，其结果是使政治集团之间的活动或行为更趋于一致，冲突逐步减少。"

小麦克雷（Ducan Macrae Jr.）："政策分析可以定义为：凭借推理和证据的运用，在一组被选方案中选择出最好的政策。"

威廉（Walter William）："政策分析是一种综合有关政策研究结果的信息和决定未来有关政策信息的工具。"

巴顿（Carl V.Patton）："政策分析是关于被选政策方案（计划或项目）的技术和经济可行性、政治的可接受性、执行战略和政策选择结果的系统的评估。"

韦默尔（David L.Weimer）："政策分析是面向当事人提建议，这些建议与公共决策相关，并反映社会的价值（观）。"

从以上引述中可以看出，西方政策分析家对政策分析的概念及研究范围并无一致定论。**我们认为，公共政策分析就是依据一定的政策理论、知识，运用各种分析方法和技术，帮助决策者发现和解决公共政策问题，以做出正确、合理的决策，避免出现重大的决策失误的过程。**可见，公共政策分析是理论性与实践性都非常强的一门学问。

2.公共政策分析的意义

任何科学分析都有一定的目的和意义，公共政策分析也是如此。学者张国庆论述道："其基本功能或价值基点，在于应用人类社会一切可能的知识、理论、方法、技术以及直觉、判断力、创造力等能力及潜能，正确地制定公共政策和有效地执行公共政策。"因此，从根本上说，政策分析的目的和意义就是为科学制定政策、正确实施政策服务的。具体表现如下：

（1）公共政策分析有利于将社会科学理论具体应用于实践

公共政策分析是架设理论与实践之间的桥梁。它对理论进行分析和论证，使理论更切合实际，更符合客观需要，从而将公共政策的理论与实践在立足科学性的基础上融会贯通，以便更好地解决社会实际问题。公共政策分析之所以成为社会科学研究的核心领域，最重要的一点就是社会科学的研究成果要转化为生产力，实现其价值，在很大程度上依赖于其能否政策化，以及政策化的程度。换句话说，也就是社会科学的成果必须通过政策这一中介为实践服务，公共政策分析是这些社会科学理论政策化不可缺少的必要前提。

（2）公共政策分析有利于促进公共政策制定的民主化与科学化

由于社会公共事务的复杂化与多样化，致使现代政策主体必须按照一定的程序，运用科学的方法对公共政策进行系统分析，客观地考察政策主体与客体的相关要素，权衡利弊，合理取舍，使公共政策合理化、科学化。但是这种政策活动往往是个人力所不及的，即所谓"智出一群，断出一帮"。因此，智囊团、思想库、政策幕僚等应运而生，并逐渐成为公共政策主体的得力助手。他们利用先进的分析方法、科研成果以及现代化的技术和设备，帮助政策主体全面系统地分析和研究各种纷繁复杂的现象，透过现象发现问题的本质，从而做出科学的决策，这大大提高了公共政策制定的民主化程度，客观上也确保了政策制定的科学性，达到减少公共政策失误的目的。

（3）公共政策分析有利于提高公共政策能力

政策能力包括政策问题的确认能力、利益整合能力、政策制定能力和政策执行能力。作为政策过程的基础性环节，政策制定的能力是政策能力的关键。公共政策分析决定着公共政策制定能力的发挥，并影响着公共政策的作用与效果。正如汉代司马迁在《史记·淮阴侯传》中所说“成败在于决断”，而“决断在于析理”。全面、系统、科学地进行公共政策分析，将促使公共政策的实施对症下药，准确地解决政策问题，实现政策目标，收到药到病除之功效，极大地提高政策能力。反之，如果公共政策分析不到位或不周全，政策出台，就会产生“上有政策，下有对策”的现象，严重的还会出现“把令箭当鸡毛”的后果，致使政策目标无法实现，导致“政策失效”。

（4）公共政策分析有利于提高政府工作绩效

在政府管理活动中，效率是行政管理追求的基本价值目标，而工作效率的高低源自对公共政策的分析和理解。过去，由于人们对公共政策分析的忽视，致使政策失误频频出现，机构臃肿，人浮于事，相互扯皮，民主化和科学化程度较低，办事效率极为低下。另外，公共政策的分析过程可以提高政策主体、政策管理人员的素质，提高他们的认识水平和工作能力，有助于他们树立正确的工作责任感，有利于增强政策活动过程中的相互协调，进而提高工作效率。

（5）公共政策分析是政治与经济体制改革的需要

改革开放以来的实践充分证明，政策是改革的关键。我国当前的政治体制改革，恰属政策制定系统改进的范畴。如何建立更加高效、灵活的政治与行政管理体制，依赖于科学的政策分析。经济体制改革也是如此，我国的市场经济能否健康发展，能否应对加入世界贸易组织之后的挑战，在相当大程度上取决于能否制定出好的、高质量的经济政策和社会政策。而要制定出高质量的公共政策，必须依靠公共政策科学和公共政策分析的有关理论和方法。

10.1.2 公共政策分析与知识

知识是构成现代公共政策分析的方法论的基础，公共政策分析的过程事实上就是应用知识的过程，没有丰富的知识及其应用，就不可能有现代公共政策分析。在公共政策分析中，人们运用的知识从不同的角度可以划分为：常识与专业知识、自然科学知识与社会科学知识、经验知识与规范知识、显性知识与隐性知识。

1.常识与专业知识

常识是基于前人的经验而为大众认同的关于某种事物必然性的看法，并且在多数情况下这种看法可以通过自身的体验加以验证，是保证人类正常生活所必需的知识。进行政策分析时，分析人员必须掌握一定的与政策问题相关的社会常识。试想公共机构制定的政策违反了基本的常识，其政策结果必然走向失败。因此，政策分析人员必须具备政策判断能力，这就需要相关的常识。但是，要进行科学的公共政策分析，仅仅掌握一定常识是远远不够的，还必须系统地掌握并熟练地运用一定的专业知识。所谓专业知识是指由专业人员掌握并运用于解决专业问题的知识。一般而言，政策分析必须具备的专业知识主要包括三大类。一类是关于公共政策的性质、结构、功能、环境以及运行过程的知识；一类是关于对政策方案进行分析的方法与技术的知识；还有一类是关于对政策的制定、执行、评估构建各类模型的知识。作为合格的政策分析人员，必须系统地掌握并熟练地运用上述专业知识，才能保证公共政策分析的科学性和客观性。

2.自然科学知识与社会科学知识

自然科学知识是关于理解、控制和改造自然环境的知识。自然科学又可以分为传统学科和新兴学科。前者如物理学、化学、生物学等，后者如生命科学、遗传学、人工智能学等。在学科分化的今天，一个人的自然科学知识必然是有限的，我们不可能要求每一个政策分析人员是百科全书式的自然科学家，但具备多方面的自然科学知识还是必要的，它能帮助分析人员对政策内容进行正确分类，有目的地进行咨询和聘请对口的专家、学者加以指导。政策分析人员除了掌握必要的自然科学知识之外，还必须掌握一定的社会科学知识，即具备一定的关于理解、控制和改造人类社会的知识，如经济学知识、社会学知识、政治学知识、行为科学知识等。社会生活是一个比自然界更加复杂的领域，随着人类社会的发展，社会生活的分化日益细致，社会生活的知识分属于越来越多的不同学科。因此，在进行政策分析时，同样不能要求每一个政策分析人员具备所有领域的社会科学知识，作为弥补，可以在进行实际的分析时，咨询和聘请有关方面的专家、学者。

3.经验知识与规范知识

学者胡宁生认为，政策分析中，无论是常识与专业知识，还是自然科学知识与社会科学知识都包含着经验的成分与规范的成分。政策分析知识中包含的经验成分可以称作经验知识，其中包含的规范成分可以称作是规范知识。

经验知识是人类实践活动的结晶，它包含着朴素的真理和普遍的规律，经验的或然性背后存在着相当的必然性。有些经验知识是人类通过惨痛的教训得出的真知，这是经验知识在公共政策分析中值得借鉴之处；但经验知识并非完全理性的，往往是个别的、偶然的，如果将个别化的经验绝对化，经验会变成过时的、保守的东西。因此，公共政策分析人员必须合理、科学地使用人类已有的经验，将经验知识限制在一定的时间、空间和条件下，并且不断地用新的经验来补充，使其成为人们分析公共政策的一种有用工具。与经验知识相对应的是规范知识，它以大量的个别知识、偶然知识为基础，是经过逻辑加工而形成的带有必然性和普遍性的知识。在政策分析中运用规范知识，可以对政策目标的确立、政策方案的选择提供标准。但是，规范知识反映的只是一般规律和普遍情况，并不能反映某些特殊的政策需要，这就需要经验知识的补充。可见，在政策分析中，这两类知识在政策分析中各有优点，也有各自的不足，只有将二者结合起来，才能保证公共政策分析的全面性和客观性。

4.显性知识与隐性知识

关于知识，下面3个陈述是被公认的：①我们所知道的，多于所能讲出来的；②我们知道并能表达的，就被认为是真的；③我们必须相信我们所理解的。因此，基于这样一种事实，我们又可以把知识分为两大类：一类是显性知识，又称明确表达的知识；另一类是隐性知识，又称不能明确表达的知识。这两类知识各有特点，美国学者R. M.克郎对其的归纳见表10-1。

无论是显性知识还是隐性知识，对公共政策分析都具有重要的作用。显性知识对公共政策分析的重要性自不待言。张国庆认为，关于隐性知识对公共政策分析的重要性，可以

表10-1 显性知识与隐性知识特点比较

不能明确表达的知识 （通过生活体验到的）	能明确表达的知识 （通过学习得到的）
未被系统化的	清楚地表达出来的
个人的	公共的
经验性的	客观的
没有阐明的	可用言词、图表、公式、符号表达的
涉及心理过程的	逻辑性的
引导性的，可用以说明在一种科学或一门艺术中的熟练技巧的	具有清晰文化背景的事实
对人理解事物来讲是基本的，而又主要是靠世代相传而积累的	如果背离了不言而喻的那些知识，就会成为谬误的来源
作为一切知识的不可缺少的部分的	

从两个方面理解：第一，公共政策必须面对和处理极为广泛、极为复杂的自然界的问题，人类社会的问题以及自然界与人类社会的关系问题，而这些问题并不都是人类现知的、可以明确表达的知识所能覆盖的。公共政策分析常常需要借助一些虽然尚不能明确表达出来，但凭借现存的知识确实已经明确感觉或意识到其存在的知识来完善分析的逻辑过程。第二，在某些领域，例如宗教、民俗、传统等，由于时常可能出现违背常理的现象，人们不能依靠常识或理性的知识进行政策分析和作出政策决定，不得不借助感受、直觉、洞察力等超觉能力作出政策判断。这些能力严格说虽然不属于知识的范畴，但却与知识和经验密切相关。

10.1.3 公共政策分析的历史发展

威廉·N.邓恩在《公共政策分析导论》中论及："从最广泛的意义上讲，公共政策分析作为解决社会问题的一种方法产生于这样一个历史阶段，即有意识地积累知识，从而能够对联系知识与行动的可能性进行清晰和深入的检验的阶段。"但是，现代意义的公共政策分析发端于第二次世界大战之后的美国。公共政策分析之所以在这一时期产生并受到学术界的重视并不是偶然的。究其原因主要有：其一，二战后的美国，在经过一段时间的平稳发展后，国内外矛盾开始激化。到20世纪60年代，美国在越南战争中步步败退，人们对战争普遍不满，加上生活贫困、工人失业、社会犯罪、种族冲突、环境污染，以及住房、卫生、社会保障、公共交通等一系列的社会和经济问题出现，日益需要政府作出实质性的政策干预。而这些问题的复杂和棘手使政府在制定公共政策时必须借助有效的政策分析手段，以维持其对社会的有效管理和控制。正是这种来自政府的大量需求——制定有效的公共政策——刺激了政策分析学科的产生和发展。另外一个很重要的原因就是科学技术取得了突飞猛进的发展，科学技术出现了纵向分工、横向交叉融合的趋势，涌现了大量新学科，特别是系统分析、运筹学的发展为政策分析的产生奠定了方法论基础，并提供了许多行之有效的新方法和新手段，从而加速了公共政策学科的诞生。

普遍认为，最初把政策与科学直接联系并赋之以现代意义的是美国政治学学者哈罗德·拉斯韦尔。人们通常把他与丹尼尔·勒纳（Daniel Lerner）于1951年合著的《政策科学：近来在范畴与方法上的发展》一文，作为现代政策科学发端的标志。1958年美国经济学家林德布洛姆发表了《政策分析》一文，率先使用“政策分析”一词。此后，越来越多的学者把研究的视野置于公共政策分析。这一时期，政策分析在定量分析方法和技术方面，特别是运筹学、系统分析、线性规划和成本-效益分析等方法及技术上都取得了巨大的成就。

20世纪60年代，美国联邦政府率先吸收和采用了公共政策分析的成果，将其直接应用于联邦政府所面临的若干大型、复杂过程问题的研究和处理，成功地大规模集中和组织了专业力量和生产力量，解决了诸如国防、空间探索、高尖新科技开发等领域的某些问题，从而引起了各国政府和世界的普遍重视。该时期，政策分析在理论方面也有了显著的发展，如查尔斯·林德布洛姆的《渐进调适科学》，查尔斯·琼斯的《公共政策研究导论》，以及托马斯·戴伊的《理解公共政策》等，分别从不同的角度对公共政策分析作了详细的论述和分析。

公共政策分析被普遍接受且得到迅速发展，是在20世纪70年代至80年代。期间，涌现了大量的有关公共政策的专业性的研究分析咨询组织和学术刊物。最为突出的是叶海卡·德洛尔（Yehezkel Dror）在1968年至1971年短短的几年里所出版的政策科学“三部曲”——《公共政策制定检讨》（1968年）、《政策科学构想》（1971年）和《政策科学进展》（1971年）。从1967年到1971年，涌现了第一批公共政策学院或研究所，如哈佛大学公共政策学院、兰德公司研究生院、杜克大学政策科学研究所等，并开始了这方面的硕士生和博士生教育。同时，还出现了多学科专业性团体，如美国公共政策与管理协会和社会经济学团体，并创立了会刊《政策分析与管理杂志》、《政策科学》、《政策研究杂志》和《政策研究期刊》等，这些研究性团体及其刊物对公共政策分析的发展起着重要的推动作用，使得公共政策的理论和技术或在许多国家的各级政府中，或在私营部门中都得到了应用和推广，公共政策分析也逐渐呈现制度化和职业化的特点。进入80年代以后，公共政策分析作为一个学科和研究方法已不再为美国所垄断，不少有创新意义的思想、方法在欧洲涌现。目前，政策科学的理论和方法已经成为各工业发达国家政府乃至实业团体管理决策的基本方式。

§10.2 公共政策分析的步骤与方法

10.2.1　公共政策分析的基本要素

公共政策分析的内容很多，但根据小麦克雷和奎德等人的论述，可将政策分析的基本因素概括为7个方面：公共政策问题、公共政策目标、公共政策备选方案、公共政策效果、公共政策标准、公共政策模型和政治可行性。

1.公共政策问题

公共政策分析中的问题是指政策问题，即政策分析者所要分析、研究或处理的对象，是公共政策分析的逻辑起点。问题界定构成了政策分析的一个极为重要的组成部分，好的开端等于成功的一半，成功地界定问题等于完成分析问题的一半。传统观点认为，社会问题是既定的、客观的，它们自然而然地成为政府所要力求解决的对象。然而，现代政策分析家的研究表明，政策问题不仅是客观的，而且是主观的，它们在很大程度上是靠决策者和分析者以及其他社会群体创造出来的，问题的性质依不同的人或群体而有所不同；对某一群体的人来说是问题，对另一群体的人来说则未必是问题，甚至是利益。

2.公共政策目标

目标或目的是决策者凭借决策手段所要取得或达成的结果，它对于公共政策制定具有重要意义。公共政策分析人员首先要弄清楚决策者真正所要达到的目标。因为这些目标可能是多方面的，往往又被决策者以抽象的语句或笼统的方式所陈述或隐含，以至于相当模糊。因此，决策者应尽可能明确指出自己想要达到的目的，以便对公共政策分析提供帮助。如果决策者还没有目标，分析者就应认真地分析研究，并在目标应该是什么的问题上与决策者或当事人达成一致。如果决策者规划其目标时，隐含了他所要采取的行动过程，公共政策分析者的任务就是要使政策目标及取得目标的方案明确化。

3.公共政策备选方案

公共政策备选方案是决策者用来解决政策问题、达到政策目标而采取的手段、措施或办法，在不同的场合，它们可以是政策、策略、项目或行动等。拟定可供选择的各种备选方案，是进行公共政策分析的基础。在公共政策的规划阶段，应当尽可能多提出备选方案，并通过各种分析评估方法从中选出最优或较优方案，这也是合理决策、提供公共政策制定质量的一个重要条件。然而，在拟定备选方案时，备选方案之间可以不必是明显地相互排斥和相互取代，或起着相同作用的，也不只是那些决策者从一开始就知道的政策方案，而且也包括那些后来才被发现的可供选择的方案。

4.公共政策效果

指明一个特定的备选方案作为取得目标的手段意味着一系列的结果，我们称这些结果是与备选方案相联系的效果。有些备选方案是对现实目标的积极的贡献，即利益；另一些效果则是与备选方案相联系的消极的结果，即成本。与备选方案相联系还有另一种效果，我们称之为外在的结果，即经济学所讲的外部效应。不管这些外在结果的影响是大还是小，也不管它们是肯定的还是否定的，我们在政策分析中都必须加以认真的考虑，因为它们可能制约某些政策参与者的其他目标。

5.公共政策标准

公共政策标准又称决策标准，根据这些标准，可以“衡量各种备选方案实现目标的程度”。小麦克雷认为，不管是哪一种分析方法，都必须假定并运用明确的且有价值的选择标准，以便比较各种备选方案的结果。选择标准提供了一种将目标、备选方案和效果联系起来的方法。它们有时可以为目标的取得程度作出数字上的衡量。按照邓恩的看法，一般的决策标准有效能、效率、适当性、公平性、回应性和合适性等。在资源有限的条件下，政策分析常常采用成本-效益分析或成本-效能分析，以这两种分析的结果作为方案比较选择的标准。针对单一的政策目标，可资运用的标准常常不止一个。

6.公共政策模型

政策分析的焦点是一个可以预言或至少表明从一个备选方案的选择所能推出结果过程的存在或创造。也就是说，如果要实施一个行动过程，那么必须有一个框架或过程告诉我们会产生什么样的结果，以及在何种程度上达成了目标，这个过程是靠模型来完成的。它可以用来研究一项行为的结果，而不必采取实际的行动。模型有各种表现形式，如公式、物理结构、计算机程序等，甚至不过是一个心灵的图像而已。模型不仅可以用来预测备选方案的结果，而且可以应用于问题的建构或界定，甚至可以应用于整个分析过程。

7.公共政策政治可行性

对于什么是政治可行性，学者们并没有一致的定义。按照马杰（G. Majone）的说法，政治可行性是指符合在解决问题的限度内。他将政治可行性分为3个方面：①政治资源限制——包括政治支持度、政治和行政技术；②分配限制——政治是整个社会对价值作的权威性分配，分配的差距有一定限度；③制度的限制——政策不能为所欲为，必须在一定的制度限制之内进行。政策分析必须考虑政治可行性问题，这种可行性是不能靠系统分析或量化分析方法得到的。小麦克雷认为，政策分析应注意所选择的方案是否经得起立法通过及执行的考虑，必须借用政治科学及社会科学的知识，同时更应注意特殊政治形势的有关信息及实际工作人员的技术能力。

10.2.2　公共政策分析的步骤与方法

由于对公共政策的理解不同，公共政策分析的步骤与方法也就有所差异。奎德将公共政策分析过程划分为：规划问题、寻找备选方案、预测未来环境、对备选方案的影响制作模型、评估（比较和划分等级）备选方案等5个循环反复的步骤。小麦克雷和威尔德认为，政策分析包括界定问题、确定选择备选方案的标准、产生备选方案的范围、选择行使政策选择权的行动方针、就其影响评估政策等步骤。我国学者张金马将阐释目标、寻找方案、预测效果、构造模型、评估方案确定为公共政策分析的基本步骤。根据国内外学者提出的政策分析框架，结合我国的具体实践，我们认为公共政策分析的步骤与方法主要包括以下几个方面：

1.问题界定

任何公共政策都是为了解决特定的问题，政策问题是公共政策的起点。“搞清问题的性质有助于确定政策过程的性质”，毫无疑问，它是政策分析人员所完成的最重要的政策分析活动。由于公共政策的目标常常并不十分明确，或者目标的陈述是冲突的，以及随着条件的变化，问题本身动态性的特点，致使公共政策问题经常很难界定。一般来说，在错综复杂的状况下，政策分析人员可以采取以下方法来界定问题。

（1）边界分析法

这是一种通过简单快速计算以确定问题边界的方法。这种方法包括4个基本的步骤：①使用引文出处，检查这个数字是如何推导出来的细节，使用多种资料来源，如果可能，要避免使用不能提供可行性定义的方法；②进行调查，包括使用其他的全国性或地方性调查的数据资料；③推测，从已知的数据进行各种推测。④聘请专家，要保证确实是某一领域的专家，将一些专家的推测集合到一起，也许会降低可能出现的错误。

（2）综摄法

综摄法又叫类比思考法，是一种用来提高对相似问题的认识的方法，是建立在基于对问题相同或相似关系的认识将极大增强分析人员认识问题和解决问题的能力的假设基础之上的。在政策问题界定阶段，威廉·N.邓恩认为分析人员可以作以下4种类比：①个人类比：分析人员与其他利益相关人一样，以同样的方法面对问题情势；②直接类比：分析人员就两个或两个以上问题情势寻找相似的关系，根据相似的情况来确定是否把某一问题认定为政策问题；③符号类比：分析人员通过在既定的问题情势和某个符号过程之间发现相似的关系，并据此确定问题所在；④想像类比：用于分析目前探索的问题与想像中的问题之间的相似性，通过合理的比较来帮助界定问题。

（3）多角度分析法

与完全强调理性技术的方法不同，多角度分析法是专门用来解决结构不良问题的，它是通过系统地运用个人、组织及技术3个方面的知识来取得对问题及其潜在方案的更深认识的方法。它包括：①技术角度分析法：即从最优模型、运用概率理论、成本收益分析和决策分析、计量经济学及系统分析等角度来看待问题；②组织角度分析法：即将问题与解决方法看作一种组织状态向另一种组织状态有序渐进的组成部分；③个人角度分析法：即从个人的理解、需要和价值来界定问题，强调直觉、个人魅力、领导能力和自我利益。多角度分析法对于确认比较复杂的公共政策问题有着独到的作用。

（4）其他方法

除了上述3种方法外，美国政策学者邓恩还提出了比如论证方法和反论证方法、假设分析法、头脑风暴法、类别与层级分析法等，这有助于政策分析人员在政策分析过程中对政策问题的界定和细化。威廉·邓恩在《公共政策分析导论》中将各自的目标、程序、知识来源和执行的评价标准归纳为表10-2所示的内容。

表10-2 **问题界定的方法**

方法	目标	程序	知识来源	评价标准
类别分析法	澄清概念	概念的逻辑划分与分类	个别分析人员	逻辑一致性
层级分析法	明确可能、可行及合理的理由	原因的逻辑划分与分类	个别分析人员	逻辑一致性
头脑风暴法	产生想法、目标和战略	产生想法和评价	集体	一致性
假设分析法	冲突性假设的创造合成	明确利益相关人、提出假设，质疑，集中并合成	集体	冲突
论证图形化法	假设评估	合理性和重要性的评估排序并制图	集体	最佳的合理和重要性

2.目标确立

确立合理的政策目标是政策分析最关键的环节，科学地确定政策目标，既有助于对政策实施情况加以控制，顺利地实现目的，也有助于对政策结果提供评价的标准。有效的政策目标取决于政策目标设计的正确及不同参与者对政策目标的共识。没有确定明确的政策目标，就很难保证设计政策方案的准确。由于公共政策目标集中反映了不同政策主体对政策的认同程度，处于不同地位的主体，会从各自不同的政治价值观、实际利润追求标准来衡量政策目标的重要程度。

由于政策目标本身所具有的一些特性，诸如公共政策目标含混、目标被掩盖、各利益集团的利益不同以及观点上的差异，必然使得在选择公共政策目标过程中困难重重。一般来说，公共政策的目标是由政策制定者认定的，而不是由政策分析人员假定的。但对政策目标中的各种因素之间的关系可以是假设的，特别是在政策分析的最初阶段，由于缺少各种相关因素的信息和知识，这时往往需要提出一定的分析假设，即对政策目标作出一定的理解。但在随后的政策分析过程中，不断地从每个阶段、步骤中获得新的信息和知识，产生新的思想，公共政策分析的逻辑结构也会逐渐展现出来，这时我们又要重新审查原来的分析假设，必要的话还要修改这些假设。也就是说，在确立公共政策目标过程中，要根据具体环境和要求的变化随时调整政策目标，使其更加符合实际，从而确保政策目标的实现。

3.方案搜寻

方案搜寻是指分析者根据公共政策目标，寻找或设计出所有可能的备选方案的过程。它是公共政策分析的中介环节，是进行方案比较的前提。美国政策分析专家卡尔·V.帕顿和大卫·S.沙维奇指出："政策分析过程都是围绕着各种备选方案的选择而展开的。"从决策实践看，找到尽可能多的备选方案是合理决策、提高公共政策质量的一个重要条件。因为，如果不存在多种备选方案，对方案的分析和选择就无从谈起，政策效果孰优孰劣更无法辨别。方案搜寻的工作包括3个方面：首先，分析决策者提出的政策备选方案（即替代方案）；其次，对已经列出的备选方案按照规范进行整理；最后，政策分析人员根据已定的政策目标，寻找设计出其他所有能够想到的备选方案，力求设计出来的方案必须具有穷尽性。

从获得备选方案的方法来讲，首先，决策者本人是一个主要的方案来源；其次，政策分析人员还可以邀请有关方面的专家，请他们提供解决问题的方案。据卡尔·V.帕顿和大卫·S.沙维奇的总结，可根据表10-3来获得更多的选择方案。

表10-3　**方案搜寻方法**

消极等待法	连锁寻求法	触类旁通法
研究型分析与实验法	不行为（维持现状）分析法	文献述评法
实证经验比较法	被动收集与分类法	类型学的开发
类比法、隐喻法与群体生态法	头脑风暴法	理想方案对照法

在方案搜寻阶段，公共政策分析人员除了掌握以上方法外，还应当做好三方面的工作：一是广泛占有信息，要下力气去发掘、搜集、鉴别、筛选、加工信息；二是广泛地借用外脑，依据政策内容广泛地请教有关学科的专家，听取他们的见解；三是进行实际调查，获取关于政策问题、政策环境的感性认识，避免设计的备选方案与实际脱节。

4.结果预测

对公共政策结果的预测，具有至关重要的作用。政策分析人员在对选定的备选方案进行深入研究后，必须依据每个备选方案的内容与性质，对其未来实施的结果进行预测。在公共政策分析中，威廉·N.邓恩认为预测至少包括4方面的内容：①对现有政策后果的预测；②对于新政策在实施中可能产生的后果的预测；③对于新政策的制定内容的预测；④对于政策参与者和相关权力主体行为的预测。

公共政策结果预测的方法很多，常用的有4种：①推断，这是最简单和最直接的预测方法，其基本设想是把已经发生的事物进行简单延伸，该事物的近似形态；②主观概率预测，即根据未来事物出现的概率或出现的可能性大小判断事物未来走势的方法；③模型预测，就是指通过构建模型的方式，明确公共政策各因素（变量）之间的关系，从而达到预测政策结果目的的方法；④直觉预测，最快的预测通常是直觉的，尤其当时间很短且所需的资料缺乏时，政策分析人员往往依赖自己的判断和手头的关键信息来预测拟定政策的结果。

公共政策结果预测的步骤主要有：①审查备选方案，预计会出现的情况并估计其出现的概率；②研究备选方案之间可能出现的相互影响，确定某种可能的控制因素，并估计其控制范围；③在各种可能出现的情况中作出优先选择分析，并估计各种干预条件的改变对相关概率的影响；④展示分析结果，并从中导出可能的行动方案的效果。

5.模型构造

政策分析几乎都建立在一定的模型之上，政策分析的过程就是不断使用模型的过程，好的模型是分析政策问题的手段和进行决策的依据。因此，政策分析人员必须有自己的分析理论框架和方法，必须设想一个特定的政策模型，“假如没有一个模型，那么就将无法考虑变量的选择以及推理的前提条件等问题”。公共政策模型的构造工作包括：构造一个或多个关于政策系统及其环境的模型；根据模型，对政策系统的操作进行分析，并对政策系统的工作方式和工作技能作出估计。公共政策分析中基本的模型类别有5种：

（1）描述模型，亦称行为模型

它主要以政策选择与政策选择后果之间的对应逻辑关系为研究对象。具体来说，它是要通过描述现实特定社会系统的动作途径和动作方式，来说明某些变量的改变会如何影响系统内其他变量乃至整个系统的变化。

（2）规范模型，亦称标准模型

与描述模型相比较，规范模型的主要功效不在于阐述性的描述，而在于为实际的政策选择提供规则和建议。换言之，它是要在若干可能的政策选择中，通过一定的有规则的分析，帮助决策者作出最佳选择。通常在程序上，规范模型首先寻得可能产生最大效益的政策的价值，然后评估决策所期望得到的政策结果的价值，最后提出现实的选择。

（3）语句模型，亦称口头模型

在使用该模型时，政策分析人员通常依赖自然语言来表述对特定政策问题的分析判断，而不是产生以精确的数值来表示的结果。专家和外行进行沟通时，语句模型相对而言要容易些，而且成本很低。但是语句模型的分析判断很容易出现不够严谨或过于含蓄的现象，因而理解上容易出现歧义。

（4）符号模型

它使用精确的数字符号以描述那些直接影响特定政策问题属性的主要变量及其相互关系。主要通过数学的、统计学的和逻辑学的方法，以获得预测或最佳解决方案。由于其方法论上的这一特点，决定了它在外行包括政策制定者之间很难交流，甚至模型专家也常常对其基本要素心存误解。

（5）程序模型

它主要使用一系列基本的程序以阐述那些被认为足以影响一项政策问题特征的各种变

量之间的动态关系，主要用于未来研究和预测。在程序模型中，发展趋势预测及其相应的解决办法，主要是根据一定的发展过程或序列，通过对一组可能具有相关关系的变量的模拟或设定而实现的。在政策分析中，最简单的一种程序模型是决策树，在根据现存数据难以计算风险和不确定性的条件下，估计各种方案的概率，从而对不同政策方案的可能结果进行主观比较估计。

模型构造与选择是一个系统性的思维过程，也是一个创造性的设计过程。但不能为了构建模型而构建模型，必须服从于指导政策备选方案实施的根本目的；同时，模型必须尽可能地简单明了，考虑到模型构造时的成本；另外，模型构造工作应集中在政策贯彻最需要的环节，不可片面强调对任何一个环节和步骤都构造模型。

6.方案评估

方案评估即对公共政策备选方案的评估，其工作内容包括：选择一定的标准，把各种备选方案按照优先顺序排列起来，使决策者更容易作出选择。评估方案是在前一阶段的构造模型和预测结果的基础上进行的，只有对备选方案的效果作出预测，才能比较各种方案；通过比较才能按照一定标准从最优到次优，再到较差、最差的顺序排列起来。因此，公共政策方案评估的先前工作就是要确立一定的评估标准，它可以是一个，也可以同时是几个。

评价公共政策方案的方法最基本的是前后对比法，它是评价活动的基本思维框架，其他一切方法都在这种方法的指导下进行。前后对比是将政策执行前后的有关情况进行对比，从中测度出政策效果及价值的一种定量分析法，它通过大量的参数对比，使人对政策实施前后的变化一目了然，既可以帮助人们了解政策的准确效果，也可以使人们认识政策的本质和误差，它是政策方案评估中常用的基本方法。除此之外，在公共政策分析中，西方国家比较流行的方案评估方式主要有伪评价、正式评价以及决策理论评价等3种。美国政策分析家威廉·N.邓恩在《公共政策分析导论》一书中，对这3种评价方式就其目标、假设和主要形式作了基本的区分，见表10-4。

表10-4　　3种评价方式

方式	目标	假设	主要形式
伪评价	采用描述性方法来获取关于政策运行结果方面可靠而有效的信息	价值尺度是不证自明的或不容置疑的	社会实验 社会系统核算 社会审计 综合实例研究
正式评价	采用描述性方法来获取关于政策运行结果方面可靠而有效的信息。这些运行结果已经被正式宣布为政策计划目标	被正式宣布的政策制定者和管理人员的目标是对价值的恰当衡量	发展评价 实验评价 回顾性过程评价 回顾性结果评价
决策理论评价	采用描述性方法来获取关于政策运行结果方面可靠而有效的信息。这些运行结果已经被多个“利益相关者”明确地估价过	利益相关者潜在的也是正式宣布的目标是对价值的恰当衡量	评价力估计 多重效用分析

公共政策分析的以上6个步骤或环节并不是分割的，在实际分析工作中，各环节之间常常是相互交叉、渗透、重复、循环的。根据公共政策分析的基本步骤及其相互关系，爱德华·S.奎德将政策分析的重复进行过程概括如图10-1所示。

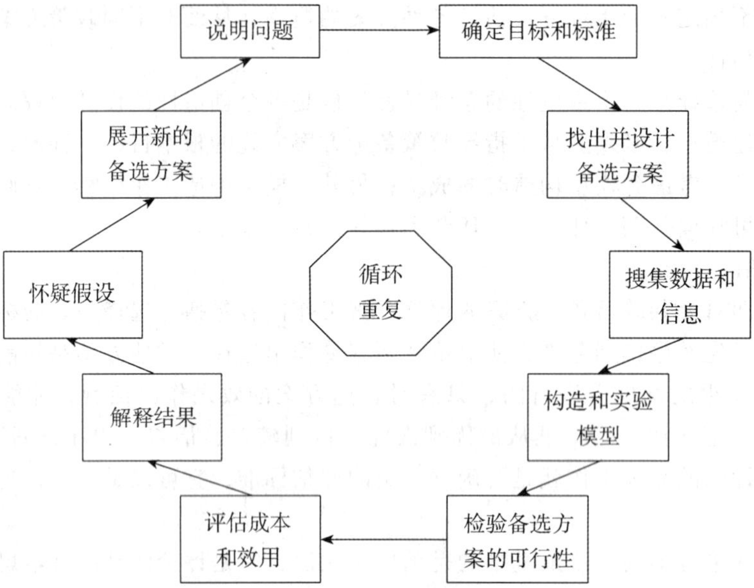

图10-1 公共政策分析的重复进行过程

§10.3 公共政策分析模型

爱德华·奎德认为，分析模型是政策分析的基础方法，任何政策分析都是利用一个或数个模式，建立一个清晰、可靠、合理的分析过程。大体上说，任何科学的政策的制定过程都是在一定政策分析模式基础上进行的。因此，正确地选择政策分析模型对于整个政策制定的过程具有十分重要的作用。公共政策分析模型的分类标准很多，本节主要讨论几种典型且实用的公共政策分析模型。

10.3.1 公共政策系统分析模型

系统分析是一种以系统论为理论基础的运用于各种对象的分析方法，从实际应用的角度看，公共政策分析与系统分析几乎是同步产生和发展，并在具体的实践中逐步走向融合的。**公共政策系统分析模型，就是指根据公共政策的系统特征，从公共政策的有机整体出发，着重分析研究公共政策整体与部分、整体与层次、整体与结构、整体与政策环境的相互作用和相互联系，以求得优化的整体政策目标效应。**因此，根据系统的本质及特征，可以将公共政策系统分析的内容相对地划分为整体分析、环境分析、结构分析、层次分析、动态过程分析和反馈分析等6个方面。

1.整体分析

整体性是系统的最基本的属性或特征之一，整体分析是构成系统分析的一个主要内容。用整体分析法进行公共政策分析的核心是：从全局出发，从系统、子系统、单元、元素之间，以及它们与周围环境之间的相互关系和相互作用中探求系统整体的本质和规律，提高整体效应，追求整体目标的优化。在面对一些复杂的、较大的系统时，要求政策分析人员把系统分解为一组相关联的子系统，在整体的指导下，协调各个子系统的目标，从而达到系统所要求的总目标，即通过求局部最优化的局部解，经过协调而得到整体的最优解。比如，在制定有关工业发展政策、资源开采政策的同时就应当考虑其与环境保护政策之间的协调。

2.环境分析

系统论认为，环境与系统之间存在着相互联系、相互作用、相互依赖的关系。一方面，环境是确定系统及其问题的边界和约束条件，环境的变化会对系统产生直接或间接的影响。在系统分析中，只有找出了相关的重要环境因素，并确定其对研究系统的影响范围及影响程度，才能使最优的政策方案在制定和模拟过程中被选出。另一方面，现实的系统是开放的系统，它的存在与发展也改变着周围的环境，系统作用的不同将引起环境发生变化。系统与环境不断进行着物质、能量和信息的交换，使系统具有环境适应性特征。公共政策分析中，我们可将政策分析对象视为一个系统，政策环境产生了需求并且支持这样一些输入，通过政治系统的加工处理转变为公共政策，这些政策的输出又作用于环境。因此，环境分析对公共政策分析来说，其意义不言而喻，将有助于公共政策更加符合现实需要，更加适应客观环境发展的规律。

3.结构分析

所谓系统结构是指系统内部诸要素的排列组合。同样一些要素，排列组合的方式不同，就可能具有完全不同的性质、特征和功能。而系统结构分析的目的就是要找出系统各要素在构成上的整体性、环境适应性、相关性、层次性的特征，使各要素及其相互关联在分布上达到最优结合和最优输出。因此，在公共政策系统分析领域，结构分析是寻求公共政策系统合理结构的途径与方法，其基本原理可以用公式表述为：

$$E=\max P(X, R, C)$$

其中：X是系统组成要素的集合；R是系统组成要素的相关关系的集合；C是系统要素及其相互关联在各层次上可能分布的形式；P是X、R、C相结合的效果函数。E表示P函数在目标、环境等约束条件下所能达到的最优结合效果。结果分析的任务，在于寻求X、R、C之间的最优结合形式，使系统在稳定的条件下输出最大、效果最优。

4.层次分析

系统论认为，任何系统都是按照一定的次序和层次组织起来的，一个系统通常又可以分为若干个子系统和亚子系统。系统的结构层次性是系统的稳定性和连续性的重要保证，也是系统发挥其最佳功能的前提条件之一。公共政策系统的层次分析的基本思路是：明确公共政策问题中所包含的变量及其相互关系，将各变量划分为不同层次，从而形成不同的层次结构，通过对各不同的层次的变量进行比较分析，建立判断方程或矩阵，并在此基础上计算判断方程或矩阵，将不同政策方案按重要性或适用性大小排列，为最优方案的选择提供依据。层次分析首先要解决系统分层及其规模的合理性问题，层次的划分要考虑到系统传递物质、能量和信息的效率、质量和费用等因素；其次要使各个功能单元的层次归属合理。

5.动态过程分析

任何系统都处在动态的过程之中，每一个要素的变化都会引起相关要素的结构及系统的变化，尤其是决定一个系统本质特性的要素一旦流到其他系统当中就会具有另一个系统的本质属性。分析一种现象就必须研究其生成和变化过程，并在变化运动中准确地把握其实质。事实上，系统各部分的变化也是可以通过观察统计出来的，是有规律可循的。因此，公共政策分析中，同样应当注重政策系统的界线及其移动变化和发展趋势，根据政策环境及条件的改变相应地制定对策，并努力改造公共政策的内外环境，实现公共政策与其环境的动态平衡，从而提高公共政策的质量。

6.反馈分析

信息反馈对于保持系统的稳定至关重要，反馈将系统活动过程的信息作为投入返回系统，直接导致系统活动过程或产出的变化。公共政策应当建立有效的反馈机制，对其进行分析，然后根据信息反馈随时调整公共政策的努力方向，调整政策组织的行为方式，并使其接近公共政策的目标。

作为一种分析方法和工具，系统分析模型在完善公共政策分析路径，改进政策制定系统的功能方面发挥了重要作用，但它绝非十全十美，其缺陷表现为：①缺乏创造性。以功效最大化为原则，只能从各种政策方案中选择出最佳方案，而不能创新方案。②缺乏对价值体系的考量。不能把价值、意识形态等非量化问题纳入政策分析的范畴。③缺乏政治分析的维度。④缺乏对制度的研究。将制度作为既定的外生变量，而不给予足够的重视。⑤忽视历史因素。⑥倾向于依赖纯逻辑式的分析推论。

10.3.2 公共政策过程分析模型

公共政策分析最常用的方法就是确定公共政策过程的不同阶段，然后对每一个具体阶段进行分析，掌握公共政策的内在规律，这就是所谓的公共政策过程分析模型。这一模型的核心理论认为，公共政策是解决公共政策问题的一系列活动过程，政策分析的主要内容是针对政策过程的整体、各环节以及影响因素的功能进行分析。关于公共政策的过程及其各阶段的主要内容和功能在公共政策分析发展历程中却有着不同分析框架。

1.哈罗德·拉斯韦尔的公共政策过程分析模型

作为西方行为主义政治学家的代表之一，拉斯韦尔在建立政策科学的同时，也较早地提出了公共政策过程分析理论，不仅概括出公共政策从产生到终结的各个动态运行环节，还分析了各个环节应该发挥的具体功能。因此，哈罗德·拉斯韦尔的分析模式也称为政策研究的“功能过程理论”。他为政策过程分析模型的完善和发展奠定了基调。拉斯韦尔的政策过程环节和针对各环节的分析内容如表10-5所示。

2.查尔斯·琼斯的公共政策过程分析模型

琼斯在《公共政策研究导论》一书中指出，政策过程架构包括认知、界定、集结、组织、代议、规划、合法化、拨款、执行、评估与终结等一系列活动，并且依据系统分析的概念，将公共政策分析的过程分为问题认定、方案发展、方案执行、方案评估和方案终结5个阶段。其主要内容可以用表10-6清楚而明确地显示出来，从该表中可以看出，公共政策分析过程各阶段的功能、政府的活动及过程输出彼此紧密联系在一起，使得政策分析过程具有复杂性和动态性的特征。

表10-5 拉斯韦尔的公共政策过程环节及分析内容

序号	过程环节	分析内容
1	情报	政策问题决策信息的搜集、分类、加工和处理
2	建议	政策建议和备选方案的形成和提出
3	法规	政策方案的通过、发布规定
4	行使	由谁来裁决是否违反法规
5	运用	政策方案的运用和实施
6	评估	政策运行过程、效果和成败
7	终止	政策变更中指的原因和方式

表10-6 琼斯的公共政策过程理论及功能

过程环节	功能活动	政府的活动	过程输出
问题认定	认知、界定、集结、组织、代议	政府接受、分析问题	需求
方案发展	规划、立法、拨款	政府采取行动	方案、建议、预算
方案执行	组织、解释、执行	政府解决问题	服务、投资、监控
方案评估	说明、度量、分析	政府检讨方案	合法化推荐等
方案终结	解决、终结	政府解决问题或变更	解决或变迁

3.詹姆斯·安德森的公共政策过程分析模型

詹姆斯·安德森对公共政策过程和功能的阐释更加明确，并提出了政策议程和政策合法化在政策过程中的重要意义。他认为，政策过程是一系列的行动模式，在每一行动模式中又涉及多类功能活动。他依据政策过程提出的分析模型如表10-7所示。

表10-7 安德森的公共政策过程及功能

过程环节	功能活动	政府的活动
政策日程	使问题引起政府注意	认定政策问题
政策形成	进入解决问题的行动	提出解决问题的措施
政策通过	使政策合法化和权威化	接受解决问题方案
政策实施	通过政府行政机器运用政策解决问题	政策用于问题的解决
政策评价	确定政策效果	使政策发生作用

詹姆斯·安德森的公共政策过程分析模型的优点在于："组织和澄清我们的思维，调查研究公共政策之形成。不过，这个架构主要用以分析美国国内政策，甚少涉及外交政策或美国以外的政治系统之政策制定。"

4.林水波、张世贤的公共政策过程分析模型

中国台湾学者林水波和张世贤是较早研究公共政策过程的东方学者之一，他们在《公共政策》合著中，在总结西方政策过程模式的基础上提出了自己的公共政策分析架构，并以此为框架建构了政策过程分析的基础理论，见表10-8。

表10-8　林水波与张世贤的公共政策过程及功能

过程环节	意义与功能
政策问题认定	影响解决方案之本质，是产生正确政策的基础
政策规划	配置资源、解决问题的行动方向
政策合法化	保证公共政策有效执行、政策目标的实现
政策执行	解决问题的实际操作
政策评估	检验政策和自行效果，是政策持续、修正或终结的基础
政策终结	问题解决，政策使命的完成，政策变更

公共政策过程分析模型能够使公共政策更加科学，因为它把公共政策看作是一个有始有终的系统运行过程，这对于从整体上把握各个运行环节在政策运行中的功能，系统检测各个环节功能发挥是否正常有着关键性作用。但是，由于这种分析模型的宏观性和一定的抽象性特征，容易导致纯理论性的抽象形式研究。现实政策的分析应是在理论框架指导下对具体内容和运行过程的综合分析，否则对于指导现实便没有太大的意义。因此，在运用过程分析模型时，应针对具体的公共政策赋予各个环节具体内容。

10.3.3　公共政策信息转换分析模型

信息转换分析模型是美国政策分析家威廉·N.邓恩提出的公共政策分析模式。他认为："公共政策分析并不限于对一般描述性理论的发展和检验。政策分析通过设法综合和改变一些学科的基本内容和方法，提供解决具体政治背景下的问题时可用的政策相关信息，而不再像传统学科那样对经验性规律进行解释。政策分析的目的也不限于提供'事实'，还应设法提供关于价值及可取的行动方法的信息。"公共政策分析的目的主要是解决价值、事实和行动三大问题。邓恩还认为，价值的实现是问题是否已被解决的主要检验标准，事实的存在会限制或促进价值的实现，行动的采纳也可能导致价值的实现。

在提供关于这3个问题的信息及合理论证时，公共政策分析人员可以运用相对应的3种方法进行分析，即经验方法、实证方法和规范方法，见表10-9。经验方法所提供的信息是描述性的，其作用主要是描述具体的公共政策的因果关系，指出事物是不是存在。与之相比较，实证方法所提供的信息是实证的，它与公共政策的价值有密切的关联，即在提供了特定公共政策的描述性信息后，分析人员根据一定标准去评价政策的价值。最后，规范方法所提供的信息是指导性、规范性的，为解决公共问题提出行动的指导，即告诉人们应该做什么，怎么做。

表10-9　公共政策分析的3种方法

方法	所要解决的主要问题	所提供信息的类型
经验方法	它现在和将来会存在吗？（事实）	描述性和预测性的
实证方法	它有何价值？（价值）	实证性的
规范方法	人们应该做什么？（行动）	规范性的

邓恩提出，公共政策分析至少应当包括5个方面的内容：第一，政策问题构建分析，明确政策问题是什么，如何解决，这是政策分析5个方面中处于中心地位的方面，会对其余4个方面的分析产生影响。第二，对已有的与将要制定的政策具有一定相关性的政策进

行分析，了解这些政策制定的原因、过程和实施的效果。第三，对解决有关问题所提供的相关政策可能产生的结果进行预测。第四，对已有的相关政策与即将产生的政策进行价值评估。第五，提供即将付诸实施的政策可能产生哪些价值的信息。可见，在公共政策信息转换分析模型中非常强调信息的作用。在公共政策分析中，以下5种信息不容忽视：①政策问题信息；②政策未来信息；③政策行动信息；④政策结果信息；⑤政策体系信息。此外，公共政策信息转换分析模式还非常注重各种政策信息之间的相互转化关系。

10.3.4　公共政策成本-效益分析模型

成本-效益分析作为社会资源分配的指南在政策研究中被广为应用，其基本价值标准就是“帕累托标准”，即当一项公共政策使至少一个人的状况变好而没有人状况变坏。但这种标准有其局限性，我们很难想像一项公共政策的实施不会使某些人状态受到影响甚至“变坏”。因此，福利经济学家又提出了“卡多-希克斯标准”，即允许在损害某些人的情况下增加另外一些人的福利，只要纯效益是正数即可，纯效益越大，政策越合乎需要，这就是进行成本-效益分析的基础。**成本-效益分析是指针对公共政策备选方案的预期成本和预期效益，通过比较确定相对最优方案的分析方法。**正如我国学者张金马所说：“公共政策分析中成本-效益分析就是针对各种备选方案的成本和它们达到特定目标的有效性程度（即效益）进行比较。如果政策成本与效益的货币价值可计算出来，那么最符合需要的、最有效的政策方案（包括非行动）就是那个可提供最大纯效益（全部效益减去全部成本）的方案。”

一般说来，公共政策分析中成本-效益分析包括以下3个步骤：

（1）验证公共政策各备选方案的所有成本和所有效益

它要求政策分析人员对公共政策的成本和效益进行必要的分类，在成本-效益分析中，公共政策的成本和效益一般可以分为三大类：①内部的和外部的。公共政策成本或效益的内部性和外部性是针对特定的目标团体而言的，政策分析人员应当尽量估计到公共政策成本效益的各个方面，尤其是外部性成本和效益。②有形的和无形的。“有形”和“无形”之间的区别在于“有形”的成本和效益相对比较容易以货币形式估价，而“无形”的则不能以货币形式估价。③首要的和次要的。首要的成本或效益是指与最重要的公共政策目标相关的成本或效益。无论是哪一类，公共政策的成本和效益都有正负之分。

（2）确定公共政策全部成本和全部效益的价值，以货币的形式使它们具有可比性

成本-效益分析试图用经济价值标准描述复杂的政策选择，它是基于如下假设基础之上的：一项政策在资源上的投入与其产生的影响可以用货币价值加以规定，这种价值与社会价值相关，而不取决于单独个人的喜好。因此，在界定公共政策各备选方案所有成本和效益的范围之后，分析人员应当将这些成本和效益转化为货币的形式，以便进行效益和成本比较。

（3）计算公共政策各备选方案的纯效益（纯效益=总效益-总成本）

将全部成本和全部效益的价值以货币形式估算出来后，就可以进行成本与效益的比较。成本-效益分析法的基本标准是社会效益的价值应超过成本的价值，并以此作为政策选择的指南。

在应用成本-效益分析对公共政策进行规划与评估时，还需注意其4个方面的不足：

第一，对于经济效率的强调意味着对于公平标准的忽略。公共政策的公共性不能完全以“有利可图”来衡量。第二，货币价值不能对回应性作出估量，因为效益的实际价值因人而异。用同一货币化的收益不能衡量不同阶层的经济满意度。第三，成本-效益缺少对风险的考虑。第四，对于那些无法用市场价格衡量的、无形的成本与效益，影子价格的引入虽然有助于政策分析，但因其常常是主观估计的产品价格，所以，这一分析有时会具有不准确性。

10.3.5 公共政策理性分析模型

所谓理性分析，是指为了达到一定的目的、为了解决一定的问题或为了应对一定的事物，人们使用冷静的、头脑清醒的、客观的和准确的计算，利用可能搜集到的信息和统计数字，对目的与手段加以分析，以求得最佳、最适当的手段或解决办法，有效率地或有效地达成设定的目标。**在公共政策分析中，理性分析方法的运用就形成了公共政策理性规划分析模型。**具体而言，围绕“理性”问题建立的公共政策分析模型主要包括完全理性分析模型、有限理性分析模型和渐进分析模型3种。

1.公共政策的完全理性分析模型

完全理性分析模型认为，分析者必须知道所有的社会价值偏好及相对权重、所有可能的备选方案及每一备选方案可能产生的所有后果；必须能够估计每一政策方案可能得到或者失去的社会价值比例，从而得出最经济有效的政策方案。政策分析中，林德布罗姆将完全理性分析模型的要点概括为：①分析者面对一个既定的问题；②理性人应该首先清楚自己的目标、价值或要求，然后予以排列优先顺序；③能够列出所有实现目标的备选方案；④调查每一备选方案的所有可能的结果；⑤比较每一备选方案的结果；⑥确定最能实现目标的备选方案以供决策者决策。因此，公共政策完全理性分析模型的分析过程可以用图10-2表示。从理想的角度而言，这一分析模型确实是非常科学化的，但由于其忽视了公共政策及其分析过程中的复杂性，在实践中必然会遇到很大的挑战。

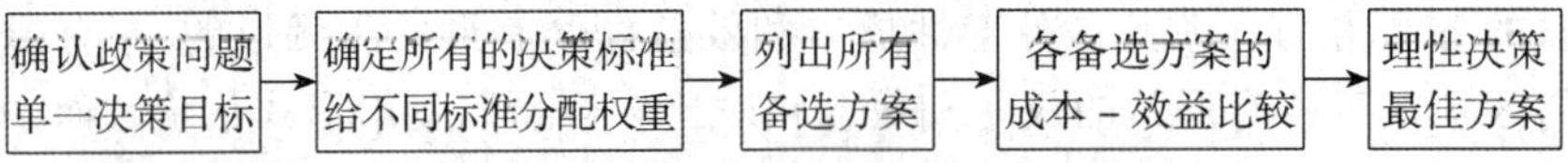

图10-2 公共政策完全理性分析模型

2.公共政策的有限理性分析模型

这是赫伯特·西蒙在批评完全（纯粹）理性分析模型的基础上提出来的。他认为，人类知识的不完备性、预测的困难以及人类活动或行为的范围有限等因素，使得完全理性在实际中是不存在的，人类的决策行为是介于理性与非理性之间的。因此，他主张以有限理性分析模型代替纯粹或完全理性分析模型。其要点是决策者在决策过程中对备选方案的选择，所追求的不是最优方案，而是次优或令人满意的方案；决策者在“满意”标准和有限理性之下，面对了一个简化了的决策，不必去检视“所有的”可能备选方案。这一模型并未全盘否定理性的作用，但突出了非理性因素在公共政策分析中的重要性。

3.公共政策的渐进分析模型

基于有限理性分析模型，查尔斯·林德布罗姆在批评理性分析模型的同时，建立了公共政策的渐进分析模型。他认为，公共政策制定的过程是各种政治力量、利益团体相互作用、讨价还价的过程，是对过程的政策加以修正、补充的渐进的过程。他假定政策制定是一个序列，经过一条政策分析步骤的长链、一条没有开端和终结、没有准确的边界的长链来展开。根据渐进分析模型，在公共政策分析中，在政策问题的界定上，分析者只需集中于人们熟悉的、有经验的那些方面；在政策目标的确立上，只需确定一个大致的方向，认为在沿着方向前进的过程中，目标会逐渐明确起来；在政策方案的设计上，分析者只需将注意力放在原有的政策基础上，对原有政策进行必要的修正，把创新限于边际性范围内；在对政策方案的抉择上，充分考虑各种政治力量的相互作用，以及讨价还价过程与结果。

10.3.6 公共政策风险分析模型

在现实公共政策分析活动中，如果能采用一定的方法预测出各种自然状态发生的概率，那么决策者就可以根据概率选择方案。但是，**概率预测是带有一定主观性的，所以据此作出的决策总要有一定的风险性，故将该种决策方式称为风险决策，与之相应的分析方法则称为风险分析模型。**公共政策风险分析的首要工作，就是明确影响公共政策分析的风险因素。一般说来，公共政策分析受到多种风险因素的影响，主要包括两大类。第一类是政策分析人员内在的主观因素，其中包括：①分析人员的智力；②分析人员的成就动机及其动机的质量；③分析人员的心理状态。第二类风险因素来自于政策分析人员外在条件，其中包括：①分析人员掌握的信息；②分析人员所掌握的时间；③公共政策分析本身的复杂程度。另外，有些政策涉及到的范围较为广泛，影响因素也较多，政策目标实现的约束条件严格，所以分析起来相对复杂些。

根据分析人员所掌握不确定性信息的方法和模拟不确定性的方法来划分，可将公共政策风险分析模型分为蒙特卡罗模型、决策树模型、确定型模型3种，见表10-10。

表10-10 3种公共政策风险分析模型比较

模型	掌握不确定性信息的方法	模拟不确定性的方法
蒙特卡罗模型	既往历史的概率分布	利用概率分布作为未来事件的基础以检验方案
决策树模型	概率估计	利用概率估计来确定每个方案的期望后果
确定型模型	可能事件的说明书	利用说明书的信息来明确会发生的结果

（1）蒙特卡罗模型

这种模型主要是借助于历史上已经发生的相似事件的概率来评价即将发生的事件的风险程度。因此，蒙特卡罗模型的第一步要做的工作就是收集整个政策过程的历史数据。这种历史数据必须具备两个特征：一是数据要有连续性，二是数据要表明时间的序列。第二步是找出数据的分布，并用数据的分布来反映不确定性。第三步是给每个分布指派随机数范围。第四步是开发一个计算机模型来模仿系统中的过程。第五步是从指派的随机数生产系统的条件。最后一步是将模拟程序与生成系统的条件结合起来，以系统存在和运行的条件为依据，来度量并描述现实系统的运行过程。

（2）决策树模型

这种模型主要是通过概率估计来评价未来事件的风险程度。它的步骤如下：第一步是列举出政策备选方案，要保证方案尽可能完备以及各方案之间的排斥性。第二步是对每个方案描述可能发生的事件，计算出不同事件发生的概率（第一阶段）。第三步是对每个方案再进行具体的决策。对于每一个备选方案都会有几个事件，要对每个事件发生的概率进行计算（第二阶段）。第四步是对每个方案序列的结果按恰当的标准作出评价。最后一步是对各个备选方案的结果用各自的概率加权，由此评价出第一阶段各决策方案的期望后果。

（3）确定型模型

这种模型主要是通过对可能事件的说明来评价未来事件的风险程度。构建确定型模型的步骤是：第一步开发系统模型。将既定系统中的所有事件的结果，都看成是确定无疑的。然后按照确定的事件，并依据其发生的先后顺序和相互间的关联，给既定的系统开发出一个运行模型。第二步撰写脚本。对系统中确定的、未来的可能事件的发生、发展进行预测，并将这种预测以脚本的形式写出来。第三步求出模型结果。依据每个脚本中的事件及其确定的结果，求出整个系统模型的总结果。

§10.4 我国公共政策分析的发展

10.4.1 我国公共政策分析的发展与特点

公共政策分析在我国的兴起与发展较之于西方国家要晚，但从政策分析雏形来看，早在我国古代的先秦时期就出现了有史可查的政策研究。当时，由于奴隶制度的没落和封建制度的兴起，引起阶级关系的大变动，统治阶级为了应付急剧变化的政治、经济形势，需要有人出谋划策。在这种情况下，食客、贤士已经开始作为一个特殊的社会阶层而独立存在。春秋战国时期，养士制度风行一时，众所周知的有齐国的孟尝君田文、赵国的平原君赵胜、魏国的信陵君魏无忌、楚国的春申君黄歇等。此外，我国古代还遗留了丰富的政策分析研究资料，如西汉时期的《论积贮疏》和《论贵粟疏》就是两部有关制定合理的农业与粮食政策的政策规划文献。在中国革命与建设史上，孙中山、毛泽东、邓小平等领袖人物从中国革命或建设的具体实践出发，撰写了大量的政策研究文章，提出了一些有效的行动方针，促进了中国革命和建设的发展，为政策分析研究提供了丰富的经验。

在我国，公共政策分析作为一门系统的科学则是20世纪70年代末80年代初的事情。20世纪70年代末期，我国开始实行改革开放政策和以经济建设为中心的大政方针，社会形势发生了巨大变化，直接促进了公共政策分析在我国的兴起和发展。尤其是在80年代初，随着政治学、行政学、社会学、法学等学科的恢复，公共政策分析也逐渐开始为学术界所认识。一些学者开始组织编写有关公共政策研究的教材与读物，同时大量中国台湾地区和国外的公共政策分析文章和书籍也纷纷被引进来。90年代以后，中国公共政策分析得到了显著发展，尤其是公共管理硕士（MPA）教育的兴起，更加促进了公共政策分析在我国的发展，其表现为公共政策分析已成为各高校政治学、行政学专业的必修课程，各种相关著作不断出现，公共政策分析的理论和方法不断提高和改进等。

与此同时，当代中国的公共政策分析和研究机构也逐渐发展壮大起来。其中包括隶属于国家党政机关及其下属各部门的行政性专职政策分析和研究机构，非国家党政机构所属和国家党政机关所属非专职的半行政政策分析和研究机构，中科院、社科院及高等院校所属的学术性研究机构，以及极少数民间或民办政策分析和研究机构。这些机构中聚集了大批的专业研究人才，为现行公共政策的制定和咨询作出了贡献，在实践上促进了公共政策分析在中国的发展。

我国的公共政策分析是公共政策分析的一般原理与我国的具体实践相结合的产物，具有与西方国家不一样的内涵和特征，主要表现在以下几个方面：

（1）公共政策分析以马克思主义哲学为理论基础和理论指导，坚持实事求是的思想路线

马克思主义理论反映的是不以人们的意志为转移的客观规律，是人们认识世界和改造世界的锐利思想武器，而实事求是是马克思主义在中国的具体运用，是一条具有中国特色的马克思主义思想路线，它要求从客观实际出发，研究、寻找其中的规律性，来指导我们的工作。在公共政策分析过程中，必须坚持一切从实际出发，理论联系实际，将马克思主义的普遍真理与中国建设的具体实践相结合，研究各种现实可行的方案，把客观存在的实际情况作为公共政策分析的基本依据，才能制定出符合中国国情的正确政策。尤其是在社会急剧变革的今天，要进行科学、客观的公共政策分析就必须掌握和自觉运用马克思主义哲学的基本理论观点，坚持实事求是的思想路线，唯有如此，才能制定出符合我国建设实践的大政方针和政策。

（2）公共政策分析非常注重调查研究方法的运用

调查研究是我们党在领导全国人民进行革命斗争和现代化建设的过程中形成的优良传统。毛泽东同志曾经强调指出：“各级党委，不许不做调查研究工作。绝对禁止党委少数人不作调查，不同群众商量，关在房子里，做出害死人的主观主义的所谓政策。”坚持调查研究是公共政策分析的关键和重要保证。公共政策分析的对象是公共政策，而政策不仅事先要经过调查研究，是总结了实践经验并从实际出发的，而且在政策的实施过程中及之后，常会发生政策变通或“走样”等不符合客观实际的情况，这就需要完善、补充和修正。在具体的公共政策中，部分地不符合客观实际的现象也时有发生，这些都需要进行调查研究才能得知。只有在进行了广泛深入的调查研究，全面了解客观情况，如实地把握客观规律的基础上，分析各项政策方案，才能确保政策方案的可行性和有效性。

（3）公共政策分析的目的在于帮助党和政府指导和规范社会行为，强调公共政策在规范社会行为、指导社会经济发展和调节社会利益等方面的性质和功能

公共政策实质是“党和政府用以规范、引导有关机构团体和个人行为的准则或指南”。在我国，中国共产党是执政党，是社会主义建设事业的领导核心。党及其领导下的政府是中国最广大人民群众利益的忠实代表。所以，党和政府作为公共政策制定和实施最重要的主体，不仅在公共政策各环节发挥着主导的作用，而且在政治与经济改革和社会发展等重大决策和方案设计等方面也起着主导作用。事实上，我们国家很多大政方针和政策都是在党的领导下，按照民主集中的原则制定的，体现出中国绝大多数人的根本利益。因此，我国公共政策分析以党和政府如何指导和规范社会行为为目的，注重政策如何更好地体现党和政府的既定目标。而公共政策分析中较少地涉及决策者的意愿、有影响的部门和利益团体的利益对公共政策的制定和实施等过程的影响。

（4）公共政策分析主要是为政府的相关部门服务，注重为政府提供政策建议和对现有政策的解释

改革开放以来，我国的社会政治经济结构发生了深刻的变化。政府也面临着更为复杂

的有关社会稳定、政治与行政体制改革和经济发展等诸多公共政策问题。这些政策问题的大量存在和提出的挑战，从某个层面而言，刺激了我国对公共政策分析的要求，公共政策分析人员往往利用自身的专业知识，以及由于其身份和地位的特殊性——他们大多在相关政府部门的政策研究机构工作。因此，往往比其他人有更多的便利和特权接触政府内部的政策信息。然而，中国的政策分析人员在政策分析方面很大程度上依然局限于传统的“士人进言”和“辅佐明君”的议政模式。他们的政策研究的取向在一定程度上围绕所依附的行政机关或者所属部门的利益需要而进行，其政策分析的选项和价值取舍也多少是围绕行政机关或者所属部门的利益需要而选择的。这无疑在一定程度上影响了政策分析结论的客观性。

10.4.2 我国公共政策分析存在的问题

公共政策分析在我国兴起和发展以来，经过理论界与实践领域的共同推动，无论是在方法论上，还是在分析技术上都取得了巨大的进步，逐渐与西方发达国家趋同。但是由于目前我国正处于转轨时期，公共政策分析面对日益深化的社会政治与经济体制改革，尚未能对政策制定者或决策者提供足够的科学的决策咨询依据，公共政策分析明显滞后于客观实际，在公共政策制定过程中尚未充分发挥政策分析的参与作用。

1.我国公共政策分析的不足与局限

（1）公共政策分析滞后于客观实际，政策分析主体缺乏前瞻性、战略性

公共政策的研究与制定，无外于两种因素：一是公共政策问题或困境的出现，需要重新对社会公共关系及相关利益进行调整和分配，以摆脱某种困境，解决某些问题；二是预见可能存在的公共问题，或预示事物发展的趋势，超前制定“游戏规则”。显然后者具有前瞻与战略的功能，能更好地促进事物有序、规范地发展。然而在实践中，人们习惯或热衷于对前者的研究，遇到问题再解决问题成为一种定型的思辨，从而导致我国公共政策分析滞后于客观实际。事实上，公共政策大多是为了解决未来的问题，科学的政策制定是建立在对公共问题未来发展趋势的正确预测基础之上的，如果不能对问题未来发展和变化趋势作出正确的判断，就不可能制定出适应环境变化和要求的公共政策。

（2）公共政策分析的理论基础相对单薄

公共政策分析的理论基础相对单薄，致使政策分析的视角、目的狭窄，政策分析的多样性、立体性受到限制。在我国，有关公共政策分析的理论基础仍相对比较单薄。从公共政策分析发展现状来看，仍处于初级阶段，基本上还处在对西方发达工业国家政策分析学科理论的引进、借鉴水平上，没有形成一套适合中国现实状况的政策分析基础理论体系。大多数人还认为，公共政策分析只是为提高公共政策质量和政策管理效率服务的理论工具，指导公共政策分析的理论和指导公共决策的理论是同源的，因而仍将公共政策分析界定在公共行政的范畴来进行研究，这就缩窄了公共政策分析的理论视角，致使我们在进行公共政策分析时有关的理论基础显得苍白无力，公共政策分析的多样性、立体性也必然受到极大的限制。

（3）公共政策分析方法单一和落后

国外公共政策分析的成功，在很大程度上是由于掌握了先进的分析方法与手段。目前我国公共政策分析方法落后，表现在：一是定性分析多，定量分析少，没有充分利用计算

机、统计学、运筹学、计量经济学等方法和手段进行定量分析；二是总结分析多，预测研究少，主要是对历史的总结和现状分析，对未来预测做得不够；三是跨学科、综合性的研究少，往往局限于本部门、本领域，就问题而分析问题，“头痛医头，脚痛医脚”，或者只注重考虑经济、技术因素，少考虑政治、社会因素；四是多局限于某个领域和某些具体政策的分析技术和方法，缺乏整个公共政策分析领域系统统一的方法论基础。

（4）公共政策分析的力量单薄，没能形成整体的合力

虽说从中央到地方均已基本建立了各种类型的政策分析机构，不少高校也有相应的政策研究部门，但总体上政策分析人员队伍数量偏少，人员构成的素质有待提高。各政策研究机构之间由于缺乏沟通与交流，致使它们处于各自为战的状态。更令人担忧的是，有些政策分析人员面对应用性研究和决策咨询研究，习惯于将自己放在与政策制定者不平等的地位上，片面地认为决策者的喜恶决定了分析成果的价值，有时为了使某些问题得以研究，不得不帮助政策制定者重新理解这个问题。造成这一现状的原因尽管错综复杂、纷繁多样，但公共政策分析机构还处于发展阶段、政策分析和研究的相对独立性不够、政策分析人员专业知识缺乏和总体素质不高是其中最重要因素。

2.改善和加强公共政策分析的基本构想

（1）加强公共政策分析基础理论研究

没有系统的政策分析基础理论与方法，就不能规范地发展政策科学和政策分析活动。中国的政策分析在刚刚起步的情况下，一方面要大胆引进、借鉴国外的相关理论，同时也要针对中国现实状况，建立适合中国具体实践的公共政策分析基础理论体系。当前，我国公共政策分析基础理论著作琳琅满目，观点各异，需要进一步对其规范。对于海外的公共政策分析理论，我们应当有选择性地引进和借鉴。首先，可以借鉴海外政策分析理论中有价值的研究思路，例如，将政策问题作为研究和分析的中心，一方面探索政策决策的科学化与政策执行的高效率，另一方面探索政策系统如何向着科学、高效方向改进。其次，也可以借鉴成熟的政策分析方法，例如，适合我国的政策研究模式、定量与定性分析方法和电脑模拟方法等。除此之外，更重要的是，我们要充分发掘和利用自身的资源，结合实际，古为今用，外为中用，创建具有中国特色的公共政策分析理论体系。

（2）构建符合社会主义市场经济体制的现代公共政策分析体系

目前，我国公共政策分析的机构主要在政府部门、隶属政府管理的专门分析机构和部分高校，其归属的性质呈“官方”和“半官方”。这一研究体系与西方发达国家相比，存在较大的缺陷，影响了公共政策分析的客观公正性。对此，在建立和健全社会主义市场经济体制的过程中，首先，国家应当允许和支持民间政策分析和研究机构的建立，允许“官方”、“半官方”和“民间”三大类别政策分析和研究机构的并存，充分发挥“民间”政策研究机构的作用。其次，要逐步推进和实施公共政策分析和研究系统的行业管理，制定“行规”，规范政策分析主体与决策主体的关系，规范分析结果的评价指标和评价方式，使“官方”、“半官方”以及“民间”的政策分析机构在竞争和承接研究项目时处在同一起跑线上。最后，实施重大政策分析和研究项目的招标、投标制度，公正、公平、公开地让不同形态的政策分析和研究机构参加竞标，公正、公平、公开地让行业评估分析结果，从而实现公共政策分析过程的民主化、科学化。

(3) 完善和充实公共政策分析的方法体系

第一，理性地看待政策分析目标。一般而言，决策者和政策分析人员总期望以最小的代价获取最大的收益，追求最优的方案。事实上，一项公共政策总是涉及众多相关利益团体和个人，无法真正做到人人满意，只能用“令人满意”的目标和方法，替代“最优化”的目标和方法。

第二，加强政策分析人员与政策制定者之间的沟通和合作。在公共政策分析和制定方面，分析人员与政策制定者并没有截然之分，只是存在有决策权的研究者与没有决策权的研究者之分。对政策不进行研究的决策者，是不能制定出切合实际的政策的。当然，公共政策分析人员与政策的制定者所处的地位和社会背景不同，两者的需求也有着本质的不同，两者看问题的角度、观点和衡量成果的标准等等均存在差异。正因为如此，政策分析中加强二者的沟通与合作就显得更为重要。

第三，规范和拓宽公共政策分析的范围。一要分析和研究如何制定出一项切合实际、较为理想的公共政策，以解决当前遇到的各种社会问题或公共问题，规范或预示什么可以做，什么不可以做，怎样做好，怎样做不行，以规范各社会团体及个人的行为。二要分析和研究公共政策出台后，执行政策的情况，密切关注新情况、新问题对现有政策的影响和要求，以便及时修正、更新或废止某项政策。三要分析和研究左右公共政策价值取向的动因，充分认识经济、科技和社会发展对公共政策的需求和制约作用。

第四，要切实加强实证性的综合理论和应用理论研究。纵观有决策权的分析人员和无决策权的分析人员，在对某一具体政策进行研究和分析时，前者注重应用，后者注重基础理论。在达不成一致意见时，两者应站在同一目的和归宿点的立场上，加强政策实证性的综合理论和应用理论的研究，相互取长补短。

(4) 加强公共政策分析人员的队伍建设

建设一支具有综合能力和高素质的政策分析队伍是当务之急。尽管我国目前具有一定数量的分析人员从事着公共政策的分析工作，但是从全国范围来讲，尤其是地方上，仍然缺乏专业人员。从目前来看，应该通过我国政府机构改革与政府职能转变，使政府工作人员在从事行政管理的实践中，人人能关注公共政策分析，人人能开展公共政策分析。采用专职与兼职相结合的方式，让从事政策分析专职人员在政府机关兼职，让政府机关的工作人员在高校或公共政策分析和研究部门深造、兼职，促使政策理论研究的专职人员在具体工作的实践中增强应用性研究的能力，熟悉具体工作；政府工作人员增强理论研究的底蕴和基础。此外，要大力发展政策科学的学科建设，在完善学科体系的同时，加快培养政策分析的专门人才，积极鼓励、吸纳有工作实践经验的人员和相关领域的研究者参加系统的学习，有效扩大公共政策分析人员的队伍。

(5) 加强公共政策分析研究的资金投入

政策分析经费不足，是造成我国公共政策分析滞后的重要原因之一。政策分析并非易事，更非一本万利的生意，它也需要相当的人力、物力、财力和时间的支持，即花费一定的成本，其中包括培养专职的政策分析人员需要投入，以及用于添加和购置专业研究设备的投资等。然而在现实中，由于政策分析工作及其价值尚未引起人们足够的重视和认同，很难指望人们能从现行政策资源中拿出部分成本作为政策分析之用，政策分析成本往往没有来源，开展政策分析工作便举步维艰。因此，加强公共政策分析研究的资金投入，是政策科学研究与实践的现实保障条件。

10.4.3　我国公共政策分析发展趋势

1.使公共政策分析方法更能为人们所理解

公共政策分析在我国已有多年的发展历史，理论界已逐渐形成了一些有价值的分析方法，但由于分析方法过于专业化等原因，致使一些在西方国家行之有效的普适性的方法在我国不能得到使用。因此目前，在我国对公共政策分析方法的研究要解决的首要问题是，如何将已有的分析方法更多更好地付诸应用，以提高政策分析的质量和水平。要应用分析方法，就必须使更多的政策分析和研究部门及其工作人员甚至决策者了解这些方法，理解它们的工作原理、使用要领和注意事项。如何以一种较显而易见的方式让大家理解公共政策分析方法就成为当前比较迫切的任务。

2.使公共政策分析方法由方法走向技术

公共政策分析方法要成为政策分析人员强有力的武器，仅仅理解是不够的，还要熟练掌握和运用，也就是说，要把政策分析的方法真正变成一门技术。政策分析方法的研究目标之一，就是要研究出具有很强通用性和可移植性的政策分析方法程序，开发不同类型的政策分析方法专用程序库，应用计算机帮助政策分析人员进行分析，将分析方法转入实用化阶段。

3.研究新的分析政策问题的方法

虽然从目前来看，并未有独立的成套的专门用于公共政策分析的方法，但这并不等于所有的政策问题，仅仅依靠现有的各种学科的分析方法就足够了。有许多政策问题，如果用现有方法解决，有的分析不了，有的分析不透，有的分析起来太不经济。研究的基本取向之一，就是不断开发公共政策分析所需要的新方法，以便更深入地分析和更经济地分析公共政策问题。

4.公共政策分析向学科化-组织化-产业化发展

学科化-组织化-产业化是发达国家公共政策分析演化、发展的道路，可以说是成功的模式。所谓学科化是指公共政策分析作为一门学科的设立、课程的开设、人才培养机制的健全以及专门学术机构的设立；所谓组织化是指培育公共政策分析机构，它可以是“官方的”，可以是“半官方的”，也可以是“民间的”；所谓产业化是指公共政策的分析组织为政府提供有偿性的公共政策服务，从而促进公共政策分析的社会化和市场化。

本章小结

现代意义的公共政策分析发端于第二次世界大战之后主要工业发达国家，它是指依据一定的政策理论、知识，运用各种分析方法和技术，帮助决策者发现和解决公共政策问题，以作出正确、合理的决策，避免出现重大的决策失误的过程。其意义主要有：①有利于将社会科学理论具体应用于实践；②有利于促进公共政策制定的民主化和科学化；③有利于进一步提高公共政策能力；④有利于促进和提高工作效率；⑤在我国，它还是满足政治与经济体制改革的需要。公共政策分析分析了常识知识与专业知识、自然科学知识与社会科学知识、经验知识与规范知识、显性知识与隐性知识在公共政策分析中的作用。

公共政策分析的基本要素包括：公共政策问题、公共政策目标、公共政策备选方案、公共政策模型、公共政策效果、公共政策标准和政治可行性。而公共政策分析的基本过程包括问题界定、目标确立、方案搜寻、结果预测、模型构造、方案评估等6个相互交叉、渗透、重复、循环的环节。公共政策分析几乎都是建立在一定的模型之上的。一般来说，现代公共政策分析的模型主要有：系统分析模型、过程分析模型、信息转换分析模型、成本-效益分析模型、理性规划分析模型与风险分析模型等6种。

我国的公共政策分析的特点是：①以马克思主义哲学为理论基础和理论指导。②注重调查研究方法的运用。③强调公共政策在规范社会行为、指导社会经济发展和调节社会利益等方面的性质和功能。④注重于为政府提供政策建议和对现有政策的解释。但目前来看，我国公共政策分析仍存在一些局限：①公共政策分析滞后于客观实际，政策分析主体缺乏前瞻性、战略性。②公共政策分析的理论基础相对单薄。③公共政策分析方法单一和落后。④公共政策分析的力量单薄，没能形成整体的合力。为解决这些问题，可以从以下方面入手：①加强公共政策分析基础理论研究。②构建符合社会主义市场经济体制的现代公共政策分析体系。③完善和充实公共政策分析的方法体系。④加强公共政策分析人员的队伍建设。⑤加强公共政策分析研究的资金投入。另外，从我国公共政策分析发展趋势看，主要表现在：第一，使公共政策分析方法更能为人们所理解。第二，使公共政策分析方法由方法走向技术。第三，研究新的分析政策问题的方法。第四，公共政策分析向学科化——组织化——产业化发展。

关键概念

政策分析　系统分析模型　过程分析模型　信息转换分析模型　成本-效益分析模型　理性分析模型　风险分析模型

综合训练

10.1　单项选择题

1. 政策能力的关键是（　　）。

A. 政策问题的确认能力　　B. 政策制定能力
C. 利益整合能力　　D. 政策执行能力

2. 下列属于隐形知识特点的是（　　）。

A. 公共的　　B. 逻辑的
C. 引用言词、图表、公式、符号表达的
D. 引导性的，可以说明在一种科学或一门艺术中能够熟练技巧的

3. 现代政策科学的开山之作是（　　）。

A.《政策科学：近来在范畴与方法上的发展》
B.《政策分析》
C.《公共政策研究导论》
D.《理解公共政策》

4. 下列不属于公共政策理性规划分析模型的是（　　）。

A. 公共政策完全理性分析模型　　B. 公共政策有限理性分析模型

C. 公共政策渐进理性分析模型　　D. 公共政策渐进分析模型

5. 公共政策分析的首要步骤为（　　）。

A. 目标确定　　B. 问题界定　　C. 方案搜索　　D. 模型构造

10.2 多项选择题

1. 政策能力的内容包括（　　）。

A. 政策问题的确认能力　　B. 政策制定能力

C. 利益整合能力　　D. 政策执行能力

2. 下列属于显性知识特点的是（　　）。

A. 能够清楚地表达出来　　B. 经验性的

C. 具有清晰文化背景的事实

D. 对人理解事物来讲是基本的，而又主要是靠世代相传而积累的

3. 德洛尔的政策科学“三部曲”包括（　　）。

A.《公共政策制定检讨》　　B.《渐进调适科学》

C.《政策科学构想》　　D.《政策科学进展》

4. 根据分析人员所掌握不确定性信息的方法和模拟不确定性的方法来划分公共政策分析模型包括（　　）。

A. 蒙特卡罗模型　　B. 决策树模型　　C. 确定型模型　　D. 赖特模型

5. 公共政策分析的3种方法包括（　　）。

A. 案例研究法　　B. 经验方法　　C. 实证方法　　D. 规范方法

10.3 思考题

1. 什么是公共政策分析？公共政策分析的意义有哪些？

2. 简述知识在公共政策分析中的运用。

3. 公共政策分析包括哪些基本因素？

4. 简述公共政策分析的基本步骤与方法。

5. 公共政策分析的模型主要有哪些？

6. 结合实际，试述我国公共政策分析存在的问题与对策。

7. 我国公共政策分析发展的趋势主要有哪些？

主要参考文献

一、外文及译著文献

[1] COHEN EIMICKE.Tool for innovators[M].San Francisco：Jossey-Bass Publishers，1998.

[2] VEDUNG.Public policy and program evaluation[M].New Brunswick and London：Transaction Publishers，1997.

[3] MKICKERT，LIJN，MKOPPENJAN. Managing complex networks：starategies for the public sector[M].London：SAGE Publication，1997.

[4] MARSH，RHOLDES.Policy networks in british government [M].Oxford：Clarendon Press，1992.

[5] EDWARDS III，SHARKANSKY.The policy predicament [M].San Francisco：W.H.Freeman Co，1978.

[6] CHRISTOPHER，WEIBLE，SABATIER.Comparing policy networks：marine protected areas in california[J].Policy Studies Journal，Vol.33，No.2，2005.

[7] 莱斯特，斯图尔特.公共政策导论[M].英文2版.北京：中国人民大学出版社，2004.

[8] 费希尔.公共政策评估[M].吴爱民，等，译.北京：中国人民大学出版社，2003.

[9] 戴伊.自上而下的政策制定[M].鞠方安，吴忧，译.北京：中国人民大学出版社，2002.

[10] 邓恩.公共政策分析导论[M].谢明，等，译.2版.北京：中国人民大学出版社，2002.

[11] 休斯.公共管理导论[M].彭和平，等，译.北京：中国人民大学出版社，2001.

[12] 帕顿，沙维奇.政策分析和规划的初步方法[M].孙兰芝，等，译.2版.北京：华夏出版社，2001.

[13] 格斯顿.公共政策的制定[M].朱于文，译.重庆：重庆出版社，2001.

[14] 奥尔斯.集体行动的逻辑[M].陈郁，等，译.上海：上海人民出版社，2000.

[15] 德巴什.行政科学[M].葛智强，施雪华，译.上海：上海译文出版社，2000.

二、中文文献

［16］陈振明.政策分析导论[M].北京：中国人民大学出版社，2015.

［17］李培林.社会改革与社会治理[M].北京：社会科学文献出版社，2014.

［18］倪星.公共管理学[M].大连：东北财经大学出版社，2014.

［19］涂子沛.大数据[M].桂林：广西师范大学出版社，2014.

［20］王辉耀，苗绿.大国智库[M].北京：人民出版社，2014.

［21］王名，等.社会组织与社会治理[M].北京：社会科学文献出版社，2014.

［22］俞可平.论国家治理现代化[M].北京：社会科学文献出版社，2014.

［23］李培林，贺海仁.国家治理与社会建设[M].北京：社会科学文献出版社，2013.

［24］钟仁耀.社会保障概论[M].大连：东北财经大学出版社，2013.

［25］陶学荣，陶叡.走向乡村治理——乡村治理中的博弈分析[M].北京：中国社会科学出版社，2011.

［26］宁骚.公共政策学[M].2版.北京：高等教育出版社，2011.

［27］谢明.公共政策分析概论[M].北京：中国人民大学出版社，2011.

［28］张军涛.第三部门管理[M].大连：东北财经大学出版社，2010.

［29］林毅夫，姚洋.中国奇迹[M].北京：北京大学出版社，2009.

［30］陶学荣，崔运武.公共政策分析[M].武汉：华中科技大学出版社，2008.

［31］竺乾威.公共行政理论[M].上海：复旦大学出版社，2008.

［32］倪星.公共管理组织理论[M].北京：高等教育出版社，2007.

［33］王绍光.安邦之道：国家转型的目标与途径[M].北京：生活·读书·新知三联书店，2007.

［34］张成福，党秀云.公共管理学[M].北京：中国人民大学出版社，2007.

［35］陈振明，孟华.公共组织理论[M].上海：上海人民出版社，2006.

［36］王乐夫，倪星.公共行政学[M].北京：高等教育出版社，2006.

［37］孟华.政府绩效评估：美国的经验与中国的实践[M].上海：上海人民出版社，2006.

［38］陈振明.公共管理学[M].北京：中国人民大学出版社，2005.

［39］胡税根.公共部门绩效管理——迎接效能革命的挑战[M].杭州：浙江大学出版社，2005.

［40］王乐夫.公共管理（MPA）简明教程[M].桂林：广西师范大学出版社，2005.

［41］张国庆.公共政策分析[M].上海：复旦大学出版社，2004.

［42］张金马.公共政策分析：概念、过程、方法[M].北京：人民出版社，2004.

［43］王骚.政策原理与政策分析[M].天津：天津大学出版社，2003.

［44］傅思明.中国依法行政的理论与实践[M].北京：中国检察出版社，2002.

［45］刘斌，王春福.政策科学研究[M].北京：人民出版社，2002.

［46］桑玉成.利益分化的政治时代[M].上海：学林出版社，2002.

［47］毛泽东.毛泽东选集[M].第1卷.北京：人民出版社，1991.

［48］马克思，恩格斯.马克思、恩格斯全集[M].第26卷.北京：人民出版社，1975.